Morderse la lengua

Ciencias Humanas y Sociales

Darío Villanueva

Morderse la lengua

Corrección política y posverdad

ESPASA

Avinguda Diagonal, 662, 6.ª planta. 08034 Barcelona (España)
www.espasa.com
www.planetadelibros.com

Adaptación de la cubierta: Booket / Área Editorial Grupo Planeta a partir de la idea original de Cèl-lula.com
Ilustración de la cubierta: © Martí Sáiz
Primera edición en Colección Booket: marzo de 2022

Depósito legal: B. 2.513-2022
ISBN: 978-84-670-6519-0
Impresión y encuadernación: Liberdúplex, S. L.
Printed in Spain - Impreso en España

Biografía

Darío Villanueva es profesor emérito en la Universidad de Santiago de Compostela, de la que fue rector entre 1994 y 2002. Desde 2008 ocupa el sillón D de la Real Academia Española, cuya dirección asumió de 2014 a 2018, al tiempo que la presidencia de Fundéu y de la Asociación de Academias de la Lengua Española. Es correspondiente de la Accademia della Crusca de Florencia y de siete academias de ASALE. Sus últimos libros publicados en 2020 son *Teorías del realismo literario* (tercera edición), *El Quijote antes del cinema: Filmoliteratura* y *De los trabajos y los días. Filologías*.

Para Ion y su primo Darío

No he de callar por más que con el dedo,
Ya tocando la boca o ya la frente,
Silencio avises o amenaces miedo.
¿No ha de haber un espíritu valiente?
¿Siempre se ha de sentir lo que se dice?
¿Nunca se ha de decir lo que se siente?

FRANCISCO DE QUEVEDO

Porque no mundo mengou a verdade
Puñei un día de a ir a buscar.

AIRAS NUNEZ

[*Porque en el mundo menguó la verdad,*
me empeñé un día en irla a buscar.

Traducción de Matilde Penalonga]

O judgement! Thou art fled to brutish
[*beasts,*
And men have lost their reason. Bear with
[*me.*

WILLIAM SHAKESPEARE

[*¡Ay, buen juicio! Te has ido con las bestias*
[*irracionales,*
Y los hombres han perdido la razón. Perdo-
[*nadme…*

Traducción de M. P.]

¡Qué falta de respeto,
qué atropello a la razón!

ENRIQUE SANTOS DISCÉPOLO

ÍNDICE GENERAL

PREÁMBULO

QUIEN AVISA…

Todos los idiomas, amén de un número muy elevado de palabras, poseen un repertorio más o menos amplio de frases hechas; de locuciones verbales, paremias, dichos, adagios, refranes, facecias, proverbios o consejas en los que se decanta, gracias al transcurso de los años o de los siglos, la sabiduría del pueblo creador y dueño de su lengua. En la mayoría de los casos, no nos consta el origen de esas expresiones acuñadas del saber popular; no podemos atribuir al ingenio de un hablante en concreto el hallazgo de la fórmula expresiva consagrada en el tiempo por el consenso de toda la comunidad. Son, por el contrario, creaciones mostrencas, a la vez que generalizadamente reconocidas como sabias y certeras.

He buscado una de esas frases hechas para dar título a este libro que trata de dos asuntos en los que, como no podía ser de otro modo, se implican lengua y sociedad: la llamada corrección política y la posverdad.

En efecto, en nuestro idioma *morderse la lengua* significa, según el diccionario académico, «contenerse en hablar, callando con alguna violencia lo que quisiera decir». Lo mismo también se puede expresar con «atarse la lengua»; en Cuba, sujetarse o tragarse la lengua. Tal autocontrol es difícil para los que tienen la lengua larga o muy larga, son ligeros de lengua o simplemente tienen mucha lengua, le dan mucho a la lengua o, no digamos, echan sin tasa la lengua al aire e incurren en el vicio de irse de la lengua, de dejar que se les escape la lengua. Como consecuencia, no es imposible que los tales lenguaraces tengan en algún momento que meterse la lengua en el culo. Es decir (más finamente): morderse la lengua.

No solo los hispanohablantes pasamos por ese trance de mordernos la lengua, sino que es servidumbre compartida en otros pagos. En inglés *to bite one's tongue* (o también *one's lips*) significa igualmente dejar de decir algo, incluso parando en seco, cuando te das cuenta de que sería una declaración inconveniente. Para los franceses, existe asimismo *se mordre la langue,* para los italianos *mordersi la lingua* y sobre todo en el portugués de Brasil se da con el mismo significado *morder a lingua* (en Portugal es preferida la expresión *meter-se em copas*). Tampoco es ajena la expresión a la lengua china, según mis informantes nativos, como el modismo culto ¨齰舌缄唇¨ que se pronuncia ¨zé shé jiān chún¨ e incluye *labios,* además de la obligada mención a la lengua.

Pero si esta locución no solo española sirve, creo que muy cabalmente, para describir la exigencia fundamental de lo que en inglés se ha dado en llamar *political correctness,* la «corrección política», la *post-truth* de los anglosajones, nuestra «posverdad», nos suscita inmediatamente el recuerdo de otra de nuestras acuñaciones populares: *comulgar con ruedas de molino.* O simplemente, en registro coloquial, *tragar.*

En la misma onda, he escogido para encabezar este preámbulo la primera parte de un refrán castellano: *Quien avisa no es traidor.* Y dejo para el último capítulo, que consistirá en un epílogo documental, el cierre de la expresión. Por supuesto que recurro a esta sugerencia paremiológica de precaución en un sentido figurado, muy lejos de advertir con ella al discreto lector de que se atenga a las consecuencias si no sigue mis dictados. Soy yo el que honradamente quiero de tal guisa advertirle de algunos extremos en lo referente a la redacción de mi libro para que no se dé a engaño, ni tan siquiera a sorpresa, al leerlo.

El refrán mencionado tiene también otra variante, probablemente más utilizada: *El que avisa no es traidor.* La referencia en ambos casos es la misma: advierte a toda persona de la precaución que comentábamos. Pero hay un matiz lingüístico (gramatical) que viene al caso. El que avisa es quien avisa, hombre o mujer. Por el contrario, si el enunciado fuese *La que avisa no es traidora,* los hispanohablantes entenderíamos que exclusivamente quien nos advierte para no traicionarnos es del sexo femenino. Tiene ello que ver, como en su momento comentaremos, con la naturaleza de la gramática no solo de nuestra lengua, sino de muchas otras, entre ellas todas las neolatinas: me refiero al carácter inclusivo del género gramatical masculino. Asunto que trae cola en el escenario actual de la corrección política. Y puesto a elegir, dado que el paradigma del castellano me ofrece dos opciones para expresar lo que quiero en el título de este preámbulo y del anunciado epílogo, opto, en ejercicio de mi soberana libertad de hispanohablante, por *Quien avisa no es traidor*.

Mi aviso va en el sentido de que el que escribe es un profesor de Filología, al que además en un momento determinado de su vida se le abrió un paréntesis académico (en la RAE). No quiero, pues, ocultar esta información, aunque pueda resultar disuasoria para algunos posibles lectores. Obviamente, los dos temas de que trataremos, que poseen marcada índole política, no son ajenos a la lengua, a la semántica (lo que las palabras significan) y a la pragmática (la relación entre las palabras y los que las usan en circunstancias concretas para entenderse entre sí). La corrección política suscita de suyo el recuerdo de procedimientos lingüísticos comunes como el eufemismo o el circunloquio, y la posverdad atenta contra ese principio básico del contrato implícito que se da entre el que habla y el que escucha: la veredicción (la verdad de lo que se dice). Nada sorprendente, por otra parte, pues lengua y sociedad van de la mano, la una no puede existir sin la otra, y en el comercio o contubernio entre ellas tiene lugar la política. En su momento tendré que recurrir inevitablemente a la autoridad de Aristóteles, que tanto como en sus tratados de *Poética* y de *Retórica* se ocupa del lenguaje en otra de sus obras fundacionales titulada precisamente *Política*.

Uno de los autores que nos será de utilidad a la hora de tratar sobre la posverdad, Christian Salmon (2007), reconocía en su libro que a los universitarios siempre nos encandila la posibilidad de que nuestras pesquisas salgan de los polvorientos repertorios bibliográficos para aplicarse a la realidad social, y eso es lo que ocurre tanto con el asunto antes indicado como con el no menos actual de la corrección política, que hoy por hoy está en boca de todos. Pero semejante logro gratificante para el investigador lleva en su seno algún que otro riesgo, como reconocía en 2012 Fernando Vallespín en otra obra que viene a cuento, titulada muy expresivamente *La mentira os hará libres*. Se refería a que en ese salto circense desde una escritura exclusivamente académica a otra dirigida a «un público culto general», peligra la vida del trapecista, que puede precipitarse entre los escollos de la pedantería (Escila) y la pesadez estomagante (Caribdis), para tortura del lector ahíto de citas y notas a pie de página.

Pero tampoco se puede incurrir en un vicio muy común en nuestra época de liquidez posmoderna, cual es el adanismo: actuar como si no hubiese habido nunca nada antes de nosotros. Y a buena fe que sobre posverdad y corrección política —y temas conexos— han corrido —y lo seguirán haciendo— ríos de tinta. Aquel vicio adámico por una parte puede llevarnos a que descubramos continuamente mediterráneos ya sobradamente conocidos, pero también hacernos correr el serio peligro de un fraude: apropiarse de los hallazgos y reflexiones de otro sin reconocerlo. Aviso, pues, que quiero desde ya dejar constancia de todas las deudas informativas y conceptuales que he contraído para poder escribir *Morderse la lengua,* pero que pretendo hacerlo del modo que se me imagina más sutil, sin desesperar a mis lectores. Para ello este preámbulo que avisa remite al epílogo documental concebido por mí para no ser traidor mediante el expediente de ordenar en sucesivos apartados temáticos las referencias bibliográficas de las fuentes en las que me he basado. Mientras tanto, como he comenzado ya a practicar, el nombre del autor y, entre paréntesis, el año de la primera edición de su obra en lengua original hará identificable mi deuda.

Se da, por otra parte, una circunstancia excepcional. Esto es, poco común, que estimula más si cabe la osadía de un universitario para ocuparse ante un público amplio de estos dos grandes asuntos. Me refiero a que es unánimemente reconocido por todos los que se han interesado por la corrección política que su origen estuvo en los campus norteamericanos a partir de los años ochenta del pasado siglo. Desde ellos, descritos de manera implacable por el historiador Alfredo Jocelyn-Holt en el diario chileno *La Tercera* (el 31 de agosto de 2019) como lugares doctos pero desde aquel entonces asediados por un sectarismo puritano procedente, sobre todo, de departamentos de Humanidades en franca decadencia, la corrección política se ha extendido a modo de un virus implacable al conjunto de la sociedad dentro y fuera de los Estados Unidos, inficionando la información, las relaciones personales y profesionales, la creación y las expresiones artísticas incluso.

Pero soy de la idea, y en este libro procuraré justificarla, de que la posverdad tampoco es ajena a esa influencia, bastante insólita y poco común por otra parte, de la universidad. Cierto que el presidente Donald Trump se convirtió en el catalizador ecuménico de la *post-truth*, de la que oficiaba como sumo sacerdote gracias a la catarata diaria de sus tuits y de sus declaraciones públicas en las que, desde su toma de posesión en enero de 2017, los rastreadores de mentiras políticas han llegado ya a atribuirle más de treinta mil. Pero no puedo por menos que relacionar ese desprecio absoluto hacia la veracidad de los enunciados con el asombroso triunfo intelectual de la llamada «French Theory», que François Cusset (2003) ha estudiado detalladamente en su libro sobre las mutaciones de la vida intelectual en Estados Unidos.

Yo también soy de la creencia de que la llamada *deconstrucción* de Jacques Derrida y las teorías de Foucault, Deleuze & Cia. —como los llama Cusset— son responsables del auge de la posverdad, pues los gurús franceses del «pensamiento débil» destruyeron la solvencia del lenguaje en cuanto portador de sentidos, caricaturizándolo como una algarabía de ecos, un discurso *contado por un idiota, lleno de ruido y furia, y que no significa nada* («told by an idiot, full of sound and fury, signifying nothing»), en palabras del *Macbeth* de William Shakespeare (no de Jacques Derrida).

No me cabe duda, tampoco, de que posverdad y corrección política representan otros tantos síntomas de época, y que deben ser estudiadas y comprendidas a la luz de los nuevos tiempos que desde el tránsito entre los dos milenios han dado lugar a una nueva sociedad globalizada de la información y la comunicación, resultante de una profunda transformación debida sobre todo al desarrollo de la tecnología digital: la galaxia Internet. Tendremos, en consecuencia, que dedicar al menos un capítulo del presente libro a la relación de todo ello con la llamada posmodernidad. Pero he de avisar, asimismo, de que junto a fuentes filosóficas, sociológicas, políticas o históricas —no exclusivamente por inclinación «profesional» de filólogo estudioso de la literatura sino por el convencimiento profundo de su pertinencia—, recurriré *cum grano salis* a la ayuda que ficciones novelísticas de diversa procedencia me puedan prestar para comprender lo que nos está pasando. Concibo la novela como juego lingüístico y literario, pero también como revelación imaginativa de la realidad pasada, presente o por venir. En este sentido, dedicaré un capítulo a la verdad de las distopías, porque autores como Zamiatin, Huxley, Orwell, Nabokov o Bradbury, escribiendo entre los años veinte y cincuenta del siglo XX, adelantaron fenómenos que caracterizan nuestras sociedades de hoy en día, entre ellos, precisamente, la corrección política y la posverdad.

Aparte del adanismo que ya he denunciado como uno de los riesgos y fracasos de mi empresa actual si no reconociera lo mucho que se ha escrito ya sobre estos dos asuntos, también sería otra expresión de lo propio pensar que estamos ante hechos absolutamente novedosos, fruto de la más radical posmodernidad. Tengo por ello presente el muy citado versículo del *Eclesiastés,* el *Kohelet* hebreo que nuestros judíos de Ferrara tradujeron de manera espléndida: *Y no nada nuevo debaxo del sol.* No, no son novedades en modo alguno ni lo que ahora hemos dado en denominar posverdad ni la corrección política.

Lenguaje y lenguas

Los paleontólogos de Atapuerca certifican que, de acuerdo con la información aportada por los fósiles del yacimiento burgalés, los humanos que allí residieron eran ya capaces de hablar hace medio millón de años. Sus hioides —los huesos situados en la base de la lengua y encima de la laringe— eran ya muy distintos a los de los chimpancés, y su evolución posibilitaba, junto a otros elementos anatómicos relacionados con la fonación, articular los sonidos en modulaciones muy amplias que, asociadas al significado, darían paso a la comunicación interpersonal entre los individuos.

Aunque con frecuencia usemos ambas palabras como sinónimas, cabe atribuir significados diferentes a *lenguaje* y *lengua,* tal y como el fundador de la lingüística moderna, Ferdinand de Saussure, formuló en su *Cours de linguistique générale* publicado póstumamente en 1916.

Para el lingüista ginebrino, el *lenguaje* se apoya en una facultad que nos da la naturaleza, mientras que la lengua es cosa adquirida y convencional. Se trata, pues, de esa dotación genética que todos los humanos poseen en virtud de su anatomía y configuración neuronal. De hecho, no se ha encontrado nunca una comunidad humana, por primitiva y remota que fuese, cuyos individuos no se sirviesen de aquella competencia lingüística para comunicarse entre ellos. Otra cosa ocurre en el caso de los llamados «niños bravíos» o «selváticos»

—el más famoso de todos, Victor de l'Aveyron, hallado en los bosques del Languedoc en 1799 y cumplidamente estudiado por el doctor Jean Itard—, que aparecen desprovistos del habla por haber permanecido aislados de los humanos los primeros años de su vida. Porque para que el fenómeno de la realización lingüística llegue a producirse en plenitud es imprescindible la existencia de la *lengua,* un producto social de la facultad del lenguaje y un conjunto de convenciones necesarias adoptadas por el cuerpo social para permitir el ejercicio de esa facultad en los individuos. La *lengua* existe en virtud de una especie de contrato implícitamente suscrito entre los miembros de una determinada comunidad. A este respecto, es igualmente muy famoso el caso de las gemelas californianas Grace y Virginia Kennedy, que hasta los ocho años utilizaron una lengua privada, convenida entre ellas, en la que sus respectivos nombres eran Poto y Cabenga, como resultado del aislamiento al que su familia las había sometido, con los padres ausentes y la única atención adulta de su abuela materna, que no hablaba inglés.

Mas ese sistema de expresiones compartidas acordado por un grupo humano implica una tercera dimensión no menos importante. Y es aquí donde la equivalencia natural entre los términos mencionados del francés y el español (*langage/lenguaje, langue/lengua*) tuvo que ser sustituida por una variación necesaria para resolver con justeza la traducción del tercero de los conceptos fundamentales de la lingüística saussereana: *parole.*

Fue uno de los más eminentes discípulos de don Ramón Menéndez Pidal, Amado Alonso, el que abordó la tarea de verter al español el *Curso de lingüística general,* publicado en Buenos Aires en 1945, y su elección fue acertada cuando decidió designar como *habla* la vertiente individual del lenguaje, en francés *parole.*

La *lengua* es social en su esencia e independiente del individuo; el *habla* se encarna en cada uno de ellos —de nosotros— y es de índole psicofísica. El habla «es la suma de todo lo que las gentes dicen», y comprende, por tanto, las combinaciones individuales de los elementos del sistema de acuerdo con la voluntad de los hablantes y los actos de fonación, igualmente voluntarios, imprescindibles para ejecutar aquellas combinaciones.

Estamos, pues, ante un fenómeno complejo, que tiene que ver con el resultado de la evolución de una especie privilegiada, con la sociabilidad y socialización de los individuos, y, finalmente, con la apropiación por cada uno de ellos del sistema consensuado de la lengua para realizar, conforme a sus reglas, la competencia personal del lenguaje. Biología, sociología y psicología a la vez. En todo caso, un hecho que roza el prodigio y que, sobre todo, puede ser calificado como radicalmente igualitario y democrático. Salvo condicionantes patológicos, toda persona es dueña de, al menos, una lengua, a cuyas reglas comunales debe someterse, pero que ejecuta —y puede modificar— mediante el ejercicio de su habla soberana.

El prodigio al que aludíamos incrementa considerablemente su espectro si reparamos en una nueva perspectiva. En la realización verbal del lenguaje es inevitable que actúe la función representativa de la realidad que Karl Bühler (1934) consideraba como una de las tres fundamentales, junto a la emotiva —o expresiva— por la que manifestamos nuestros sentimientos, y la llamada función conativa —impresiva o apelativa— de la que nos servimos para incidir sobre la conciencia y la conducta de los demás. Nuestro yo individual y social se expresa, respectivamente, mediante estas dos últimas funciones; la primera, la representativa, nos sirve por el contrario para relacionarnos con la realidad. «Los límites de mi lenguaje significan los límites de mi mundo», escribió Ludwig Wittgenstein en su *Tractatus Logico-Philosophicus,* y si bien luego se retractó de este esencialismo lingüístico por el que se hace del lenguaje una especie de mapa a escala del mundo entero, en su obra de 1921 no dejaba de apuntar hacia una de las potencialidades que desde siempre se le ha atribuido a la facultad humana del lenguaje.

Efectivamente, antes incluso de la primera de las revoluciones tecnológicas que han afectado a la palabra —la que permitió a través de la escritura fonética su fijación en signos estables y de fácil combinación y descifrado—, el ejercicio de esta ha ido acompañado del poder demiúrgico no solo de reproducir la realidad, sino también de crearla.

No es casual, pues, que en el libro del Génesis la creación del mundo se justifique en términos acordes con el *Tractatus* de Wittgenstein. Yaveh la realiza allí mediante una operación puramente lingüística, cuando «Dijo Dios: "Haya luz"; y hubo luz. Y vio Dios ser buena la luz, y la separó de las tinieblas; y a la luz llamó día, y a las tinieblas noche, y hubo tarde y mañana, día primero». Del mismo modo es creado el firmamento, las aguas, la tierra, y así sucesivamente.

Mas, en términos muy similares al Génesis judeocristiano, la llamada «Biblia» de la civilización maya-quiché, el *Popol-Vuh* o *Libro del consejo,* narra la Creación de este modo: «Entonces vino la Palabra; vino aquí de los Dominadores, de los Poderosos del Cielo [...]. Entonces celebraron consejo sobre el alba de la vida, cómo se haría la germinación, cómo se haría el alba, quién sostendría, nutriría. "Que esto sea. Fecundaos. Que esta agua parta, se vacíe. Que la tierra nazca, se afirme", dijeron [...], así hablaron, por lo cual nació la tierra. Tal fue en verdad el nacimiento de la tierra existente, "Tierra", dijeron, y enseguida nació».

No muy diferente resulta el comienzo del *Enuma elish,* el *Poema babilónico de la Creación,* que data de la Mesopotamia de hacia los años 1200 antes de Cristo: «Cuando en lo alto el cielo no había sido nombrado, no había sido llamada con un nombre abajo la tierra firme...».

Como más adelante tendremos ocasión de comentar, determinadas argumentaciones de la corrección política, por ejemplo, en lo que afecta al sexismo lingüístico y la denominada «invisibilidad» de la mujer, parten de un supuesto en cierto modo heredero de este fundamentalismo rastreable en textos sagrados como los citados, que describen en términos teológicos (míticos) la Creación. Planteamiento semejante al que en la filosofía escolástica medieval resurgirá bajo el rubro de *nominalismo.* Posmodernamente también se aduce en ocasiones que el lenguaje crea la realidad, cuando lo cierto es que las palabras son un epifenómeno de lo que realmente cuenta, que son las cosas en sí mismas. De otro modo sería muy fácil arreglar el mundo, simplemente por dejar de dar nombre a todo lo que en él nos hiere o desagrada: desde las enfermedades y la propia muerte hasta las injusticias, los agravios y las violencias. ¿Desaparecerían así?

Las palabras no crean: son creadas. Consisten en una construcción fonética estructurada en eslabones —sonido, sílaba, palabra— cuyo acoplamiento a una referencia —el objeto, hecho o realidad que se quiere designar— se basa en el principio de la arbitrariedad. El funcionamiento operativo de las referencias depende, pues, de un acuerdo o contrato social. Hoy estamos muy lejos ya de una teoría empírica del lenguaje como la que John Locke formulara en 1690, y que en lo sustancial llegó al primer Wittgenstein del *Tractatus* (1921), según la cual las palabras resultan ser imágenes directas de la realidad, de las cosas percibidas a través de los sentidos.

Para poner en solfa esta «falacia referencial» a la que se referirá, pasando los siglos, Umberto Eco, el escritor satírico irlandés Jonathan Swift (1726) hace que Lemuel Gulliver, en uno de sus viajes que lo lleva a Balnibarbi, una isla del Pacífico norte entre Japón y California, conozca un bizarro proyecto que tienen en mente los miembros de la Academia de Lagado.

En su escuela de idiomas, aquellos arbitristas pretenden suprimir completa y absolutamente las palabras, pues su uso debilita los pulmones de los hablantes y, en consecuencia, reduce sus respectivas esperanzas de vida.

La solución que encuentran es de una sencillez abrumadora (y nunca mejor aplicado el adjetivo): como las palabras son simplemente nombres de cosas, lo más práctico sería que todos llevaran encima los objetos que necesitaran para expresarse. Los sabios ideadores de tal revolución —pensada, por supuesto, «para mayor comodidad y salud del individuo»— contaban con la oposición inicial de la plebe, empecinada en seguir hablando en su lengua materna, pero para paliar la evidente incomodidad del nuevo procedimiento proponían el recurso de una buena cohorte de criados encargados de transportar las cosas necesarias para mantener una conversación sabrosa. En todo caso, el esfuerzo valdría la pena, habida cuenta del mayor beneficio del invento: el triunfo, al fin, de un idioma universal, válido para el entendimiento entre sí de todas las naciones civilizadas «cuyos productos y utensilios son por lo general del mismo tipo o casi parecidos».

Aquel poder demiúrgico de la palabra como creadora —más que reproductora— de la realidad que está en los Génesis se fortaleció con la escritura, al proyectar aquel efecto desde el momento de su primera enunciación a través del tiempo y el espacio, pero también se vio incrementado con la segunda gran revolución tecnológica al servicio de la lengua, la de la imprenta, y lo está haciendo de forma redoblada con los avances de nuestra era de la comunicación audiovisual digitalizada. Del sonido, a la voz; y de la voz a la letra manuscrita o proliferante gracias al invento de Johannes Gutenberg.

Para el pensador canadiense Marshall McLuhan, la historia de nuestra civilización comprendía, fundamentalmente, tres etapas: la segunda era precisamente la instaurada con la invención de la imprenta, cuando se rompe con la tradición anterior en la que la palabra oral era predominante. La máquina gutenbergiana, al facilitar la lectura individualizada de los textos, produce una desconexión social, una apropiación por parte de cada sujeto de los conocimientos que el escrito atesora. Este periodo de la «galaxia» definida por McLuhan en su famoso libro de 1962, que él llama «moderno», da lugar posteriormente al periodo contemporáneo, que surge cuando la tecnología permite la transmisión de mensajes a través de las ondas, en conexión con las innovaciones electrónicas. Esta nueva galaxia de la transmisión del sonido, e incluso también de la imagen a través del éter, supuestamente iba a acabar con la galaxia anterior, de manera que los libros y la escritura estaban destinados a convertirse en residuos de una época pretérita. En esta clave, el pasado sería, a nuestros efectos, la escritura, la literatura y el periodismo tradicional, y el futuro la comunicación audiovisual.

Lo curioso del caso, en la teoría de Marshall McLuhan, es que con este gran avance tecnológico de la radio, la televisión y los medios de comunicación audiovisual de masas a través de las ondas se da un regreso a situaciones premodernas; es decir, de nuevo la palabra oral se impone a la palabra escrita, y de nuevo la recepción de los mensajes, en vez de ser individualizada, reflexiva y racionalizada por cada sujeto, se hace de una manera colectiva, lo que permite fenómenos de sugestión universal con lo que alcanzamos ese estado de lo que se denomina macluhianamente «aldea global». Es decir, se produce una paradoja muy profunda posibilitada por una sociedad donde los medios de comunicación se producen en términos equiparables en lo sustancial a los de épocas muy arcaicas, pero con todos los avances de la tecnología moderna.

Tecnologías de la palabra

A principios de los años ochenta del pasado siglo Walter Ong publicó *Oralidad y escritura,* en cuyo título completo expresamente utiliza el término «tecnologías de la palabra» para referirse al complejo de asuntos a que nos estamos refiriendo. El alfabeto fonético, es decir, el descubrimiento de la escritura, significó la quiebra entre el ojo y el oído, entre el significado semántico y el código visual, y solo la escritura fonética tuvo el poder de trasladar al ser humano de un ámbito tribal a un ámbito civilizado, dándole el ojo como oído. En las culturas analfabetas, el oído tiranizaba la vista, exactamente lo contrario de lo que ocurre tras la aparición de la imprenta, que lleva el componente visual a su intensidad más extrema en la experiencia comunicativa.

La cultura del manuscrito seguía siendo fundamentalmente oral. Lo auditivo siguió, no obstante, dominando por algún tiempo después de Gutenberg. Sin embargo, pasados los siglos la impresión sustituyó la pervivencia del oído por el predominio de la vista, que tuvo sus inicios en la escritura, pero que solo prosperó con la ayuda de la imprenta propiamente dicha. La imprenta sitúa las palabras en el espacio de manera más inexorable de lo que nunca antes hiciera la escritura, y esto determinó una verdadera transformación de la conciencia humana.

La galaxia Gutenberg, conforme a la profecía de McLuhan, empieza a perder su predominio con la *comunicación eléctrica,* como él la denominaba. El telégrafo fue, a mediados del XIX, un avance puramente instrumental y comunicativo. El paso más destacado a este respecto fue sin duda la radio, que después de los precedentes con Marconi, alcanzó con De Forest a principios del siglo XX su formulación definitiva. La televisión, por su parte, es un hallazgo de los años treinta, cuando el cine también se hace sonoro. La gran urbe y el universo entero pasaban a ser aldeas globales, y más tarde o más temprano la palabra impresa iba a desaparecer.

Frente a los apocalípticos del rupturismo, cabe realizar una interpretación integradora de todos estos fenómenos y revoluciones comunicativas. El propio Umberto Eco (1990), tratadista de la cultura medieval, semiólogo y hermeneuta, en su libro sobre los límites de la interpretación proporciona una teoría muy interesante a este respecto. Para él, la comunicación electrónica va a representar la síntesis entre la galaxia Gutenberg —es decir, la letra impresa— y la galaxia de la comunicación por impulsos eléctricos a través de las ondas o de las redes digitales de fibra óptica que McLuhan contraponía.

Hoy en día, a través de la computadora, que tiene un aspecto de televisor —el icono de la nueva civilización de la imagen—, lo que estamos recibiendo es, en gran medida, texto escrito. Es la síntesis posmoderna por la que la palabra se sustenta en lo que aparentemente representaba el instrumento preferido de su enemigo audiovisual: la pantalla. Y eso es lo que no solo comenzó ocurriendo con el teletexto, sino algo que se ha ido incrementando en la medida en que ya podemos recibir a través de nuestras terminales informáticas o incluso televisivas los periódicos de información común junto a los libros o incluso las revistas científicas que ya han empezado a dejar de editarse en papel. Esa integración de opuestos reales o aparentes se ve fortalecida, además, por el hecho de que la cultura de la oralidad, superada por la de la escritura, haya vuelto otra vez por sus fueros gracias a las revoluciones tecnológicas ya comentadas.

En el cuarto de siglo que nos separa de su fallecimiento ocurrieron acontecimientos transcendentales para la historia de la humanidad vista desde la perspectiva que McLuhan hiciera suya. En sus escritos se menciona ya el ordenador como un instrumento más de fijación electrónica de la información, pero lo más interesante para nosotros resulta, sin duda, la impronta profética que en algunos momentos el canadiense manifesta a este respecto. Unos pocos años más tarde de su libro de 1962, en la extensa entrevista que una conocida y muy popular revista norteamericana le hace, McLuhan expresa una premonición referida a los ordenadores que habla de lo que en aquel momento no era más que un sueño y, por lo contrario, hoy es la realidad más determinante de lo que, con Manuel Castells (2001), podríamos denominar la *galaxia digital de Internet,* y que otros como Neil Postman (1993) prefieren calificar como «la Era de la Comunicación Electrónica». Decía McLuhan que el ordenador mantiene la promesa de engendrar tecnológicamente un estado de entendimiento y unidad universales, un estado de absorción en el logos que podría unir a la humanidad en una familia y crear una perpetuidad de armonía colectiva y paz. Este era para él el uso *real* del ordenador.

El propio Manuel Castells ratifica esta última referencia cuando afirma que, si bien es cierto que Internet estaba ya sobre la mesa de los informáticos desde principios de los sesenta, que desde 1969 se disponía ya de una red de comunicación entre ordenadores y que, en consecuencia, surgieron varias comunidades interactivas de científicos y jáquers, para la sociedad en general Internet nació en 1995. En los países desarrollados podemos hablar ahora de más de tres cuartos de la población como internautas, pero el porcentaje alcanza el 95 % en los grupos de edad con menos de 30 años.

Siendo como es el problema de la verdad tan antiguo como la humanidad, adquiere no obstante nuevas y preocupantes dimensiones en la era posmoderna que vivimos, con su invención de la llamada realidad virtual y los prometidos desarrollos de la inteligencia artificial. Como veremos en su momento, es evidente, por ejemplo, la proliferación de los bulos y patrañas (y de las *fake news*) gracias a las múltiples posibilidades de comunicación entre individuos que proporciona la sociedad digital.

Regresando a Saussure (y a Aristóteles), fenómenos de tanta actualidad como la corrección política remiten también inexcusablemente a esas dos dimensiones del lenguaje que son el *habla* (lo individual) y la *lengua* (el código o contrato social). Y las tensiones que les son conexas estaban ya previstas en la tercera obra de Aristóteles, junto a la *Poética* y la *Retórica,* que trata de eso mismo: el gran teatro del lenguaje. Leemos así, en el libro primero de la *Política,* que la razón de que el hombre sea un ser social, más que cualquier abeja y que cualquier otro animal gregario, es clara. La naturaleza no hace nada en vano. Solo el hombre, entre los animales, posee la palabra. Y añadía el Estagirita (2005): «La voz es una indicación del dolor y del placer; por eso la tienen también los otros animales. (Ya que por su naturaleza han alcanzado hasta tener sensación del dolor y del placer e indicarse estas sensaciones unos a otros). *En cambio, la palabra existe para manifestar lo conveniente y lo dañino, así como lo justo y lo injusto.* Y esto es lo propio de los humanos frente a los demás animales: poseer, de modo exclusivo, el sentido de lo bueno y lo malo, lo justo y lo injusto, y las demás apreciaciones. La participación comunitaria en estas funda la casa familiar y la ciudad» (la cursiva es mía).

Quiere ello decir que el idioma que usamos sirve para que requebremos y enamoremos, para que nos portemos bien, para que seamos educados. Pero también vale para lo contrario: para ser canalla, injusto, grosero, machista.

Una manifestación de creciente incidencia en este terreno viene derivada precisamente de la corrección política y afecta a la naturaleza y contenido de los diccionarios. Pero sería inconcebible un diccionario solo de las palabras bonitas. Sería un diccionario censurado. Y a estas alturas no podemos permitir la censura. Cuando los fundadores de la Real Academia Española comenzaron a publicar en 1726 su primer vocabulario —el conocido como *Diccionario de autoridades*—, advertían en el prólogo que esa obra, integrada aproximadamente por 33 000 lemas, no contendría nombres propios (esto es razonable, porque los nombres propios pertenecen a las enciclopedias) y añadían: «Y tampoco aquellas palabras que designen desnudamente objeto indecente». Y, efectivamente, en el *Diccionario de autoridades* no hay palabras que denominen los órganos o las prácticas sexuales, las cosas relacionadas con el cuerpo, la escatología. Era un diccionario con censura. ¿Hoy se admitiría esto? No, y tampoco podemos permitir que el *Diccionario* prescinda de determinados vocablos en función de que a un grupo les resulten ofensivos. Es una censura procedente de ese ente existente, pero gaseoso, que es la sociedad civil. ¿Dónde ponemos el límite? ¿Quién es el que decide que una palabra gusta o no gusta? Evidentemente, detrás de todo esto está el uso. La Academia no inventa palabras desagradables y tampoco las promociona. Escribía con un punto de hipérbole el filósofo José Ortega y Gasset (1983) en su libro *El hombre y la gente* que en los diccionarios están todas las palabras de una lengua y, sin embargo, el autor de ellos es el único individuo que cuando las escribe no las dice. Cuando, con todo el escrúpulo de filólogo, anota los vocablos *estúpido* o *mamarracho,* no los dice de nadie ni a nadie.

Volveremos en próximos capítulos a estas mismas consideraciones. Porque la lengua expresa todo lo bueno y lo malo que hay en la realidad y en la persona. No crea, sin embargo, ni lo uno ni lo otro. Y lo hace no por el designio de alguien, de algún poder trascendente o personal que elige las palabras para hacer el bien o causar el daño. No se puede, pues, afirmar que el lenguaje se comporta injustamente, como se podría pensar si tenemos en cuenta algún caso concreto como, por ejemplo, el del tratamiento en castellano (y no solo en esta lengua) que merece un animal tan amable como es el perro.

PALABRAS INJUSTAS

El movimiento del *especismo* hace ya medio siglo que defiende la discriminación basada en la diferencia de especie entre los animales. Todo viene de un cierto antropocentrismo moral, que infravalora, cuando no desdeña, los derechos e intereses de los individuos que no son *homines sapientes.* Desde semejante doctrina se identifica a los fanáticos de la especie como primos hermanos de los que conceden preeminencia a una raza sobre otra. Esto es, los *racistas*. Y adalides del *poshumanismo* como la filósofa feminista Rosi Braidotti (2013), a la que hemos de volver a referirnos en otro capítulo, hace suyo el término de *carnofalologocentrismo* puesto en circulación por Jacques Derrida para denunciar la violencia epistémica y material ejercida por el poder de la especie humana sobre los animales, y proclamar a los cuatro vientos su militancia en contra de la *antropolatría,* la arrogancia del hombre como especie dominante cuya prepotencia justifica el acceso sin limitación alguna al cuerpo del animal que es, sin embargo, el «más necesario, familiar y precioso *otro* del *anthropos*».

Para Braidotti, la dimensión posthumana del postantropocentrismo representa una expresión más del movimiento deconstructivo. Significa la deconstrucción de la supremacía de nuestra especie, mediante la negación de toda idea estable y preponderante de la naturaleza humana, del *antrhopos* y el *bios* como «categóricamente distintos de la vida de los animales y no-humanos, o sea, de *zoe*».

En clave de la corrección política pensemos en cuál sería la respuesta al tratamiento de las voces relacionadas con el *perro* en nuestro diccionario por parte de una asociación cívica denominada, por ejemplo, «El mejor amigo del hombre» —o «El mejor amigo del perro», indistintamente—, que cargaría contra la segunda y tercera acepciones del lema principal como «persona despreciable» usada como insulto, o el mal o daño que se ocasiona a alguien al engañarle en un acuerdo o pacto.

Lo mismo sucede con la voz *perrería,* cuyas primeras acepciones están referidas tanto al conjunto o agregado de personas malvadas como a toda acción mala o inesperada contra alguien. La discriminación se hace todavía más cruda, dirían, si consideramos que para *hombría* se ofrece el significado de cualidad buena y destacada del hombre, especialmente la entereza o el valor. *Hombrada* es toda acción generosa y meritoria, mientras que *perrada* viene a definirse como acción villana que se comete faltando bajamente a la fe prometida o a la debida correspondencia.

No les faltaría razón si adujesen que la maldad humana es infinitamente más activa, abigarrada y perversa que la de los perros, pese a lo cual nuestro diccionario dice del adjetivo *humano* «comprensivo, sensible a los infortunios ajenos», y por el contrario se sirve de *perruno* para adjetivar la sarna o la tos bronca y espasmódica. Por no hablar de *canino,* que se asocia a desórdenes como la bulimia o con plantas malolientes como la *cinoglosa.* En Venezuela, cuando se quiere ser despectivo, se alude a la gente de condición humilde como *perraje.* Y, también coloquialmente *perrero,* después de cuatro oficios distintos, significa lisa y llanamente mal pagador.

Más todavía. El *cínico*, que aparte de sinvergüenza también se denuncia como impúdico y procaz —y antaño, incluso, como desaseado—, remontándonos hasta su etimología se define como «propiamente perruno». Mientras el *cinismo,* reconocido luego como la doctrina de los discípulos de Sócrates, ofrece como primera acepción la de desvergüenza en el mentir o en la defensa y práctica de acciones o doctrinas vituperables, el *humanismo* sale mucho mejor parado, tanto como cultivo o conocimiento de las letras humanas como el reconocido movimiento renacentista o la doctrina y actitud vital basada en una concepción integradora de los valores humanos.

Lo cierto es que *perro* adjetiva lo muy malo o indigno —«una vida perra», «muerte de perro», «noche perra»—, y en El Salvador dícese de personas enojadas o de genio áspero. No más benévolo es el repertorio sustantivo. La primera acepción de esta palabra prometía resultados mejores, pues después de la obligada referencia zoológica, afirma del *perro* que no solo tiene el olfato muy fino, sino que también es inteligente y muy leal al hombre. Hasta aquí todo va bien, pero enseguida irrumpen los problemas con el especismo. En la segunda acepción se alude ya a que las gentes de ciertas religiones usan *perro* para referirse, por afrenta y desdén, a los fieles que profesan otras; la tercera es, simplemente, persona despreciable, y también se define el nombre como el mal o daño que se ocasiona a alguien al engañarle en un acuerdo o pacto. Y así, coloquialmente la locución verbal *dar perro a alguien* significa «causarle mal, daño o molestia al no cumplir lo acordado». Tratar a alguien como un perro es tanto como maltratarlo o despreciarlo.

Y qué decir de *perra,* amén de hembra de perro. Puede significar acreditadamente, además del insulto machista, rabieta de niño, obstinación o borrachera... No mejor es el tratamiento de los canes en cuanto a expresiones o locuciones verbales. *Echar a perros algo* consiste en emplearlo mal o malbaratarlo. *Echar, o soltar los perros a alguien* equivale a vituperarlo, abroncarlo. *Irle a alguien como a los perros en misa,* coloquialmente significa para los colombianos sobrevenirle percances e infortunios, irle muy mal. Y en Cuba y Uruguay, el dicho de una persona *meada por los perros* significa que suele tener muy mala suerte. Finalmente, para significar que todas las desgracias le han venido a alguien de una vez, o que llegará el día en que tendrá que pagar todos los males o daños que haya hecho, se usa la expresión coloquial *todo junto, como al perro los palos.*

Llegados a este punto, y ante tanta injusticia léxica bien podríamos preguntarnos: ¿por qué no *perrería* como «cualidad buena y destacada del perro, especialmente la fidelidad y el valor»? ¿Y carecería de sentido que una *hombrada* fuese también, como tantas veces de hecho lo es, toda acción propia de un hombre desalmado o ruin? Pero la realidad de nuestra lengua, fielmente recogida en el *Diccionario*, no es esa. Y de acuerdo con el proceso colectivo e histórico de construcción del vocabulario de todos los idiomas, no podemos atribuir la responsabilidad concreta de esta manifiesta discriminación semántica hacia la raza canina a nadie, salvo al antropocentrismo que tratadistas como Mary Midgley (1978), la autora de *Beast and Man: The Roots of Human Nature,* prefiere denominar «humanismo exclusivo», manifestación de un chovinismo humano carente de empatía hacia los animales, equiparable al chovinismo nacionalista, racista y sexista.

No es exactamente el caso de la corrección política actual, y acerca de este asunto trataré en el correspondiente capítulo, pero es cierto que a lo largo de la historia ha habido numerosos ejemplos de injerencia en los términos de los idiomas por parte de los poderes políticos o religiosos institucionalizados. Si calificásemos estas intervenciones como ejemplos de corrección política *avant la lettre,* extremo que no tengo nada claro, podríamos concluir que, por el fracaso que acompañó a la gran mayoría de ellas, es razonable vaticinar que algo parecido sucederá con las conminaciones a mordernos la lengua que menudean en nuestra posmodernidad.

Así por ejemplo, una vez promulgado en el año 313 el Edicto de Milán por el que los dos emperadores, Constantino I el Grande y Licinio, reconocían el cristianismo como religión oficial del Estado no tardó en manifestarse la oposición por parte de los clérigos a que los días de la semana siguieran identificándose con los nombres de los dioses paganos. A finales del siglo V fue especialmente beligerante contra esta circunstancia el obispo Cesáreo de Arlés, y en la centuria siguiente Martín de Braga.

Así, el primero clamaba porque «nullum diem daemonum appellatione dignum ese iudicemus, et nunquam dicamus diem martis, diem mercurii, diem iovis; sed primam et secundam vel tertiam feriam». Sus diocesanos, hablantes de un latín vulgar que estaba ya evolucionando hacia lo que sería el romance francés, hicieron sin embargo caso omiso de su reconvención, y acabaron confirmando el *mardi*, *mercredi* o *jeudi*, e incluso el todavía más perverso *vendredi*, el día venéreo (*dies Veneris,* dedicado a la diosa Venus). Más suerte tuvo, por el contrario, el prelado bracarense, dado que el portugués es la única lengua neolatina en la que los días de la semana se denominan *segunda*, *terça*, *quarta*, *quinta* y *sexta feira*. No existió problema, sin embargo, con el domingo, *dies dominicus* o «día del Señor», y el sábado, día «del descanso», procedente del hebreo *šabāt*.

No mayor suceso tuvieron, en un empeño semejante al de los obispos medievales, los revolucionarios franceses de 1789. La Convención Nacional decretó un *Calendrier républicain* que tuvo vigencia entre 1792 y 1806. Diseñado por un matemático, Gilbert Romme, y secundado por varios ilustres astrónomos, los nombres concretos para los meses salieron de la minerva del poeta Fabre d'Églantine: *Germinal, Floreal* y *Pradial* para la primavera; *Mesidor, Termidor* y *Fructidor* para el verano; *Vendimiario, Brumario* y *Frimario* para el otoño; y los meses invernales eran *Nivoso, Pluvioso* y *Ventoso*. Abolidas las semanas como unidades de cuenta, los meses se dividían en tres décadas de diez días (desde el *primidi* hasta el *décadi*), y para anular definitivamente la referencia al santoral cristiano a la hora de identificar cada día del año, tal y como hacía el calendario gregoriano, se recurría a la identificación con una planta (*raisin*...), un mineral (*ardoise*...), un animal (*cochon*...) o una herramienta (*hoyau*...).

Napoleón abolió este *Calendrier républicain* el 1 de enero de 1806 (el día *Argile* del mes *Nivôse)*, por conveniencia política (congraciarse con los católicos y el papado) pero también pragmática (el resto de Europa y América seguía fiel al gregoriano). Con el derrocamiento del corso se restauró el calendario en 1814, y también fue rescatado por la Comuna de París en 1871, pero ambos renacimientos fueron efímeros, y las sucesivas Repúblicas francesas acabaron por ignorar en este terreno aquel atisbo de corrección política intentado por la revolución primigenia.

Con tales antecedentes, no se puede ser excesivamente optimista acerca de la consagración de iniciativas semejantes de nuevo cuño posmoderno. Por ejemplo, la *Calendaria* que, arropada en inglés por el lema YES WOMEN CAN, la Unidad de Igualdad y Conciliación de la Universidad (española) de Granada propuso en 2017. Los nombres de los doce meses son feminizados sin mayor dificultad; basta con sustituir la O —réproba letra del abecedario que en su calidad de morfema gramatical del género masculino (e inclusivo) actúa como ariete del heteropatriarcado— por la A feminista: Enera, Febrera, Marza, Abrila, Maya, Junia, Julia, Agosta, Septiembra, Octubra, Noviembra y Diciembra. No resulta muy clarificadora la explicación que el director de la Unidad de Igualdad da para tan sorprendente empeño: «El machismo ha presentado la realidad como una incógnita con el objeto de quitarle el significado a cada día, a cada mes… a todos los años. No podemos caer en su trampa y presentar sus consecuencias como accidentes, porque son el resultado de todas las circunstancias que hacen que formen parte de ese siempre que nos ha acompañado a lo largo de la historia».

Y mencionado ya Bonaparte, de su mano viene a cuento el pensamiento del más brillante y cínico de los tratadistas políticos del Renacimiento, Niccolò Machiavelli, a propósito de la mentira y el *nihil novum sub sole.*

MAQUIAVELISMOS

No tienen desperdicio los comentarios a pie de página, lacónicos y sucintos, que el emperador francés escribió en su ejemplar de *Il principe*. Que la *mentira* forma parte de los recursos propios de la práctica política Nicolás Maquiavelo (1513) lo deja muy claro. Allí no tiene empacho en afirmar que un gobernante prudente no puede ni debe mantener la palabra dada cuando tal cumplimiento redunda en perjuicio propio y cuando han desaparecido ya los motivos que le obligaron a darla. Napoleón apostilla: «No hay otro partido que tomar».

No le faltarán, además, al imperante razones legítimas con las que disimular su inobservancia de lo prometido (y Bonaparte remacha: «Tengo hombres ingeniosos para ello»). El que manda debe ser un gran simulador y disimulador. Y concluye Maquiavelo con una máxima que sigue siendo de plena aplicación hoy en día: las personas somos tan crédulas y estamos tan condicionadas por las urgencias cotidianas que el que engaña encontrará siempre quien se deje engañar.

Esta última aseveración maquiavélica es suscrita por el exitoso político y militar francés, para quien «el mundo está compuesto de necios; entre la multitud esencialmente crédula, se contarán poquísimas gentes que duden, y ellas no se atreverán a decirlo».

Un ejemplo literario de esto lo encontramos en el relato de «Frate Cipolla», el último de la sexta jornada de *Il Decamerone* de Bocaccio que sin duda Maquiavelo leyó. Este fray Cebolla vive de exponer a los fieles por pueblos y aldeas falsas reliquias, como por ejemplo una pluma de sus alas que el arcángel san Gabriel perdiera cuando el trance de la Anunciación. Dos botarates amigos suyos, para burlarlo, se la roban y la sustituyen por carbones. Pero con descaro y suma habilidad retórica, el clérigo los presenta a su encandilado auditorio como los carbones con los que «fue asado el bienaventurado mártir San Lorenzo». Y la *stolta moltitudine* se volcó en pedir que los tocase a todos ellos con la inverosímil reliquia dándole en agradecimiento por ello mayores limosnas que nunca antes.

Aquellas reflexiones en las que coinciden Maquiavelo y Bonaparte suscitan un tema lúcidamente desarrollado por un riguroso coetáneo del florentino, Erasmo de Rotterdam, en una obra que me ha acompañado (e iluminado) durante la preparación de este libro tanto como *El príncipe.* Volveré, pues, sobre ello con la venia del paciente lector.

Uno de los políticos de la transición española con mayor bagaje intelectual, el socialista Enrique Tierno Galván, actualizó estos planteamientos maquiavélicos en una página de sus memorias *Cabos sueltos* (1981). Mencionando el gran esfuerzo mental que le exigían las intervenciones en los mítines de su primera campaña electoral, reconoce sin embargo que la sangre no llegó al río porque consabidamente se admite que en tales discursos o arengas «la responsabilidad es poca, que a las palabras se las lleva el viento y lo que dices y los periódicos recogen, se puede desmentir más tarde sin que haya nadie que se queje o, por lo menos, sin que la queja se contabilice en el debe moral o en el debe público de quien ha hecho la afirmación».

En términos de la pragmática lingüística, aquella disciplina que trata del funcionamiento del discurso en relación al que lo pronuncia y a quien lo recibe, y al contexto de ambos, disciplina que Tierno Galván conocía muy bien pues no en vano tradujo del alemán el *Tractatus Logico-Philosoficus* de Ludwig Wittgenstein, la afirmación de Maquiavelo hecha suya por el Viejo Profesor equivale a decir que los actos ilocutivos producidos en un mitin político son aserciones exentas del requisito de la verificación.

Victoria Camps, en un interesante libro colectivo de 1988 compilado por Carlos Castilla del Pino, explica certeramente las especificidades, a estos efectos, del lenguaje de los políticos. Las suyas son mentiras «medio aceptadas, verdaderas *co-mentiras*», fruto de un juego en el que participan el mendaz y su víctima, que no lo es tanto. Aquí la falsedad se justifica hasta cierto punto porque no es unilateral, sino que existe una complicidad subyacente.

Muchos electores quieren ser engañados; más aún, negarían sus votos al candidato que les dijese la verdad si esta es contraria a sus prejuicios; a lo que, como veremos con más detalle al tratar de la posverdad, los psicólogos sociales denominan «sesgo de confirmación» o «sesgo confirmatorio», actitud consistente en la tendencia a favorecer, buscar, interpretar y recordar la información que confirma las propias creencias rechazando todas las posibles alternativas. También implica interpretar que las pruebas ambiguas apoyan la postura preexistente. El éxito de ese profeta de la *post-truth* que es Donald Trump da razón de esta paradoja de votar a sabiendas a favor de su posverdad.

También fueron coetáneos Napoleón Bonaparte y el marqués de Condorcet, un aristócrata de la Ilustración elogiado por Voltaire como «filósofo universal» que desde sus convicciones racionalistas hizo suya la causa de la revolución de 1789 y actuó como secretario de la Asamblea Legislativa para la que llegó a redactar un borrador de Constitución. Defensor del laicismo en la educación y de la inclusión de las mujeres en el derecho de ciudadanía —como propone un escrito suyo de 1790—, contrario a la pena de muerte y por ello a la ejecución de Luis XVI, se alineó en el sector de los girondinos, finalmente derrotados en la Asamblea por los jacobinos de Robespierre. Caído en desgracia, fue condenado por traición y finalmente, en 1794 llevado a la cárcel, donde probablemente se suicidó.

En relación al tema de la mentira política, Nicolás de Condorcet se sitúa en las antípodas de Maquiavelo (y Napoleón). En 1790 publica un opúsculo en el que trata sobre la conveniencia o no de engañar al pueblo, con lo que afronta un dilema que al florentino no le planteaba el más mínimo problema de conciencia. Su origen está en la noción de la «mentira piadosa» o «mentira noble» que Platón describe en *La República* como aquella que, administrada por los que mandan, puede contribuir a la paz social, el buen gobierno y la felicidad de la ciudadanía. Deslumbrado sin duda el marqués por la potencia de las luces de la razón, incurre en la ingenuidad de afirmar tajantemente que «los hombres no nacen estúpidos ni locos», y que en consecuencia «la voluntad de la mayoría estará siempre de acuerdo con la razón». Igualmente, sostiene que la verdad, y no ningún tipo de mentira, «es útil para el pueblo». Las leyes, los libros y la educación son garantes del «restablecimiento de la verdad», porque Condorcet advierte ya preocupantes síntomas de que parece no haber «ninguna verdad claramente definida sobre ningún argumento posible, o bien todo aquello que se cree es completamente falso». El triunfo y el progreso de la verdad dependen, en definitiva, del «libre juicio de los hombres ilustrados».

A propósito de la posverdad actual, el escritor Julio Llamazares formuló al final de una de sus columnas en el diario *El País* (22 de abril de 2017) sus dudas acerca de lo benevolente de la denominación: «La posverdad no es una forma de verdad, es la mentira de toda la vida». En su correspondiente capítulo veremos, así, cómo la posverdad obedece a los designios de una época y una sociedad marcada por la quiebra de la racionalidad y el rechazo indiscriminado hacia todo lo que representó en la historia —no solo de Occidente— el Siglo de las Luces. La ya citada por mí Rosi Braidotti, inspirándose expresamente en Derrida y Michel Foucault, se declara firme defensora del «postantropocentrismo posthumanista», y denuncia algunos de los presupuestos fundamentales de la Ilustración, entre ellos la idea del progreso de la humanidad «a través del uso autorregulador y teleológicamente orientado de la razón y la racionalidad científica laica, que se suponían vueltas a la *perfectibilidad del Hombre*». Precisamente aquello en lo que creía a pies juntillas Marie-Jean-Antoine Nicolas de Caritat, marqués de Condorcet.

Con anterioridad, ya en los salones de la Francia del preciosismo, muchos de ellos sustentados por mujeres cultas e influyentes como la marquesa de Rambouillet o Madeleine de Scudéry (2017), se debatía sobre la mentira, el disimulo y la sinceridad. Igualmente, al principio del siglo de la razón se publicó en Inglaterra *El arte de la mentira política,* que circulará profusamente en francés a partir de 1773 en edición publicada en Amsterdam. Su atribución a Jonathan Swift fue desde un principio apócrifa, y el acceso póstumo a su correspondencia en 1784 aclaró definitivamente la superchería. Lo que sí resulta cierto es que con anterioridad el escritor irlandés había intervenido en una polémica para hacer valer su convicción de que, dada «la natural propensión del hombre a mentir y las muchedumbres a creer», la máxima comúnmente aceptada de que la verdad siempre se impone era insostenible. Ya Plutarco, en *Iside et Osiride,* proclamaba que ni Dios puede dar, ni el hombre recibir nada más excelente que la verdad. En ello creía a pies juntillas nuestro Miguel de Cervantes, según, entre otras ocasiones, manifiesta en *El Quijote* («La verdad adelgaza y no quiebra, y siempre anda sobre la mentira, como el aceite sobre el agua») y en *Los trabajos de Persiles y Sigismunda:* «La verdad bien puede enfermar, pero no morir del todo». Tales convicciones las ratificaba enfáticamente el candidato Pedro Sánchez en el debate televisivo prelectoral de 4 de noviembre de 2019: «No hay nada más fuerte que la verdad. No hay nada más fuerte que la verdad. Y yo por eso pido llanamente el voto».

En realidad, el verdadero autor de *The Art of Political Lying* había sido el escocés John Arbuthnot, médico de la reina Ana y ferviente admirador del estilo satírico de Swift. Es muy interesante comparar sus ideas de ilustrado británico con las del humanista Maquiavelo. Ambos reflexionan acerca del arte de mentir en política, una *pseudología* que, muy en el registro del despotismo ilustrado, le parece a Arbuthnot «el arte de hacer creer al pueblo falsedades saludables y hacerlo a buen fin», en la estela, evidentemente, de Platón. La diferencia entre el florentino y el escocés es clara: para el primero, mentir era legítimo como una estrategia imprescindible para el ejercicio competente y eficaz del poder; para el segundo, la legitimidad de la mentira política radicaba en el principio del «todo para el pueblo, pero sin el pueblo». Según Arbuthnot, la gente del común no tenía derecho alguno a conocer la verdad de la práctica gubernativa, como tampoco lo tenía «a pretender poseer grandes patrimonios, tierras o casas señoriales».

En un escenario ideológico, histórico y cultural muy distinto, ya a finales del siglo XIX, resurgirá con fuerza el cinismo maquiavélico en torno al engaño de la verdad con el diálogo literario sobre *La decadencia de la mentira* escrito por otro irlandés excéntrico al sistema de valores de la época victoriana, Oscar Wilde (1898).

El debate que mantienen en una casa de campo de Nottinghamshire Cyril y Vivian trata en principio de literatura, de la preeminencia en sus creaciones de la realidad o la ficción. Por boca de Vivian, el autor de la *Balada de la cárcel de Reading* expresa su absoluta inclinación hacia el Arte por el Arte, a la búsqueda exclusiva de la belleza a través de la creación literaria, y su desprecio hacia el realismo perseguido por la novela francesa de un Émile Zola, cuyo método de trabajo le parece que conduce a un «absoluto fracaso».

Pero cuando, alejándose por un momento de sus discusiones literarias, Cyril menciona a los políticos como eficaces cultivadores del arte de la mentira, su interlocutor protesta pues no ve en ninguno de ellos las virtudes del auténtico mentiroso, «con sus aseveraciones desvergonzadas y atrevidas, su espléndida irresponsabilidad y su sano desprecio natural por cualquier tipo de prueba».

La brillantez de su cinismo lo lleva a denunciar que incluso los periódicos «han degenerado y en la actualidad uno puede fiarse ciegamente de ellos». Más allá del verismo de las novelas que pretenden emular a la realidad, desafortunadamente parece triunfar «la mórbida y malsana facultad de decir la verdad», una «monstruosa devoción por los hechos». Y en especial le repugna el que los Estados Unidos hubiesen adoptado como héroe nacional a un hombre (George Washington) «que, según él mismo confesaba, era incapaz de decir una mentira».

Vivian, sosias del propio Wilde a estos efectos, echa en falta al «mentiroso culto y cautivador», «el auténtico pilar de la sociedad civilizada». Como arquetipo del anti-George Washington, primer presidente de los Estados Unidos, bien podría servirnos el cuadragésimo quinto, al que hemos calificado ya como «apóstol de la *post-truth*». Pero ¡qué difícil resulta identificarlo con el mentiroso culto y cautivador de Oscar Wilde! A pesar de que a veces, cuando reflexionamos sobre sus salidas de tono y sus actuaciones desaforadas, se nos ocurre pensar temerariamente en que pueda ser lector de Orwell, Foucault o Derrida. El porqué de tan estrambótica sugestión será objeto por mi parte de todo un capítulo del presente libro.

Saltando de mi interés por los orígenes de la posverdad a otra de mis obsesiones cual es la corrección política, y continuando en la línea de las ideaciones peregrinas, a veces doy en pensar que un buen ejemplo de esa forma de eufemismo censorial tan en boga en nuestra posmodernidad la podemos encontrar en la traducción al castellano del título *Enchomion Moriae seu Laus Stultitiae* de Erasmo de Rotterdam, texto prácticamente coetáneo de *El príncipe* de Maquiavelo que lo escribió en 1513, dos años después de que el filósofo y teólogo neerlandés publicara el suyo.

Desde su primera edición en castellano, y así hasta hoy, la obra es conocida en nuestra lengua como *Elogio de la locura,* cuando es patente que tanto en griego como en latín el autor avisa de que va a tratar de la necedad o estulticia. ¿Pensó nuestro primer traductor de Erasmo (1511), y luego todos sus editores y nuevos traductores hasta hoy, que esa mención era políticamente incorrecta porque algunos podrían darse por aludidos? Aludidos y ofendidos; algo que con toda certeza no ocurriría con los orates, a los que, por otra parte, la sociedad hace desde siempre mucho menos caso que a los estúpidos.

Mas la lectura de las sesudas, irónicas, mordaces y valientes páginas erasmianas no deja lugar a dudas acerca de quiénes son el objeto de su atención, aunque el autor se cure en salud adelantando que no nombrará a nadie en concreto a la hora de pasar revista a las ridiculeces que ha registrado en determinados comportamientos humanos. Y esa prudencia le viene sugerida por un prurito muy extendido hoy: «la delicadeza de los oídos de nuestros días; casi no pueden escuchar sino los títulos aduladores».

Es la propia Necedad la que habla en primera persona para ponderar que, desde Sófocles, es comúnmente aceptado que la vida es más agradable no sabiendo absolutamente nada. No espera respuesta para esta pregunta retórica: «¿Hay alguien más feliz que esos hombres a quienes las gentes llaman estultos, necios, imbéciles y tontos, nombres que son a mi entender hermosísimos?».

Denunciaba Isaac Asimov a este respecto la falacia de pensar que la democracia debe asumir afirmaciones como «mi ignorancia es tan buena como tu conocimiento», algo que ya está en un verso del soneto 66 de Shakespeare al mencionar al necio que fingiéndose docto se atreve a juzgar el talento («And folly, doctor like, controlling skill»). Volveremos sobre el asunto, de tanta actualidad como acredita un libro de Tom Nichols (2017) sobre la muerte del conocimiento (*The Death of Expertise*) y un espléndido artículo de Antonio Muñoz Molina de título complementario, «El regreso del conocimiento», publicado en el diario *El País* (25-III-2020), en donde el novelista y académico hace algunas reflexiones al hilo de la pandemia provocada en todo el mundo por la COVID-19. La calamidad de la peste nos ha hecho abrir los ojos ante «la importancia suprema del conocimiento sólido y preciso, para esforzarnos en separar los hechos de los bulos y de la fantasmagoría y distinguir con nitidez inmediata las voces de las personas que saben de verdad, las que merecen nuestra admiración». Y a la vez nos acongoja «habernos acostumbrado o resignado durante tanto tiempo al descrédito del saber, a la celebración de la impostura y la ignorancia».

Tom Nichols, por su parte, repara en la auténtica campaña contra el conocimiento establecido desde fuentes fiables, nacidas de la ciencia y del testimonio de los expertos, vicio que no es novedad de última hora, como veremos en capítulos posteriores, sino que ha estado jalonada como tal campaña por hitos programados al servicio de la política y los intereses económicos, muy próximos en sus estrategias y objetivos a los que son propios de la posverdad.

La exacerbación actual del *science denialism,* el negacionismo científico que intenta desautorizar las teorías que demuestran el cambio climático, la incidencia del tabaco en el cáncer, la eficacia de las vacunas o, incluso, la propia existencia de la pandemia provocada por el coronavirus tiene evidentemente mucho que ver con la proliferación democratizadora de la información a través de Internet, con el empoderamiento de ciudadanos sin mayor cualificación formativa e intelectual que la que ellos se conceden a sí mismos, y con el desdén acomplejado —cuando no agresivo— hacia la competencia de quienes dedican su vida a la adquisición rigurosa del saber para comprender cabalmente la complejidad de nuestras realidades. No oculta Nichols la vinculación entre esta rebelión contra los sabios, tratados como una despreciable secta elitista, y sobresaltos políticos como el acceso de Donald Trump a la presidencia de los Estados Unidos y la extensión de los populismos. La bandera de esta rebelión lleva inscrito un lema rotundo: *I'm as good as you.*

En el tratado de Erasmo leemos también que si la Sabiduría consiste en seguir la Razón, la Necedad aconseja dejarse llevar por las pasiones. La Fortuna favorece a los necios. Los sabios son inútiles para los menesteres de la vida, y la Historia demuestra que los Gobiernos más funestos han sido los que han estado en mano «de algún filosofastro o de algún aficionado a las letras». Pero si alguno de estos busca el éxito como escritor, cuantas más tonterías escriba más aplaudido será por la multitud de necios ignorantes, por esa «enorme y poderosa bestia que llamamos pueblo». E introduciéndose en el terreno propio de su coetáneo de la Florencia medicea, reconoce la Necedad que «gracias a mi auxilio», los reyes «dejan a los dioses» los exigentes cuidados de «ocuparse de los intereses comunes [...] y hacer la dicha del género humano» para darse ellos «a la buena vida» y no escuchar «más que a quienes les hablan de cosas divertidas por no ser turbado en su ánimo». Por supuesto, en sintonía con Maquiavelo, la propia Necedad afirma que «los reyes no aman la verdad». Precisamente, la voz protagonista del Eclesiastés bíblico, que Erasmo aduce como autoridad para fundamentar sus tesis, el rey de Israel Cohelet, hijo de David, admitía que «en muchedumbre de sciencia, mucha saña; y el que añade sabiduría, añade dolor». Cierto que el sabio tiene ojos en la frente y el necio anda en tinieblas, pero una misma será la suerte de ambos, y en definitiva morirá el sabio igual que el necio.

La impronta del mal titulado en español *Elogio de la necedad* siguió vigente hasta hoy. En una carta de 1754 a la ilustrada Madame du Deffand el mismo Voltaire pontificaba que si no hay personas completamente inteligentes, sí las hay completamente mentecatas, y que él y la dama nunca llegarían a ser tan felices como los cenutrios. Afirmaba asimismo Bertrand Russell que el problema con los ignorantes es que están siempre seguros, y los discretos, en cambio, llenos de dudas. Además, aquellos cuentan en la sociedad digital con un sinfín de posibilidades y artilugios para difundir globalmente sus simplezas o necedades.

Por su parte, el novelista inglés Martin Amis (1986), en un libro cuyo título —*The Moronic Inferno*— le fue sugerido por Saul Bellow, recuerda que este y Gore Vidal coincidían en el convencimiento de que en su país, los Estados Unidos, «la estupidez es profundamente reverenciada», y eso que todavía no había sobrevenido la presidencia trumpiana, confirmada electoralmente en 2020 con diez millones de votos más que cuatro años antes. Amis sí que escribe, con la mirada perspectivística de un inglés oxoniense, desde el conocimiento directo de Reagan y George W. Bush. Reconoce que el primero de ellos sabía hablar y actuar fotogénicamente ante las cámaras, pero su entronización anunciaba el triunfo de líderes mediocres que harían de Gerald Ford «un Bismarck, un Napoleón, un Alejandro». Y para explicar semejante depauperación, aducía que el electorado norteamericano iba a votar directamente desde su poltrona televisiva. Ya lo había vaticinado Gore Vidal cuando cubría periodísticamente una convención republicana en 1968: a medida que se afianzase la era de la televisión, los Reagan serían la norma, no la excepción.

Igualmente, se ha atrevido a estudiar este fenómeno, intemporal, ucrónico y utópico del que se ocupara Erasmo de Rotterdam Carlo Cipolla (1988) quien, con una metodología no ajena a su condición de profesor universitario de Economía y una clara inspiración en la filosofía utilitarista de Jeremy Bentham, traza las cinco leyes fundamentales de la estupidez humana. Según este catedrático de Pavía y de Berkeley, por lo general se infravalora el número de estúpidos que andan por el mundo adelante. La probabilidad de que una persona incurra en esta condición es independiente de cualquier otra de sus características personales. Los tales se caracterizan por causar pérdidas o daños a los demás sin beneficio propio, o incluso perjudicándose a sí mismos. Infravaloramos, además, su poder dañino. Y, sin embargo, la persona estulta encierra un peligro máximo. Añadiré por mi parte: la estulticia interviene, de una u otra manera, en el terreno de la posverdad y la corrección política del que nos ocupamos, causando un daño insoportable a la sociedad y a las lenguas que la sustentan.

Ya en el contexto actual de la posmodernidad líquida, el poshumanismo y la inteligencia emocional, Ricardo Moreno Castillo (2018) ha publicado un breve tratado sobre la estupidez humana, en el que sagazmente propone como una de las muestras más palmarias de ella la «obsesión por no incurrir en un lenguaje políticamente incorrecto», afirmación en la que coincide su prologuista Francesc de Carreras. Juan Luis Cebrián, por su parte (2020), atribuye con buenas razones el caos en que vivimos a «el poder de los idiotas».

Y cumple, además, tener en cuenta otro factor relevante, que en capítulos posteriores relacionaremos precisamente con el auge de esos dos fenómenos cuya afectación a la lengua nos ocupa. Me refiero a la incidencia de las nuevas tecnologías de una información y comunicación, proliferantes hasta extremos antaño inconcebibles, en la omnipresencia de la estulticia. Así lo señala Andreu Jaume en su ensayo compilado por Jordi Ibáñez Fanés en su libro de 2017: si la Ilustración soñaba con un mundo universalmente educado en la razón, nuestra pesadilla posmoderna consiste en una aldea global hipercomunicada «donde la estupidez humana nunca había sido tan visible y rentable como ahora». Dándole la vuelta a la confusión producida en torno al título de Erasmo de Rotterdam, la última compilación de sus artículos de prensa que Umberto Eco (2016) preparó poco antes de morir se titula *De la estupidez a la locura* y en ella, con la brillante ironía que lo caracterizaba, se atreve a «cuantificar el número de los necios: son trescientos millones como mínimo», sobre la base de que la Wikipedia había perdido esa misma cifra de usuarios y Eco los identificaba con navegantes que preferían estar en línea desabarrando con sus iguales a buscar informaciones enciclopédicas.

Gracias también al semiólogo italiano (2006) tuve noticia del anuncio en Internet de una *Scientific and Technical University for Politically Intelligent Development,* indentificada por el acrónimo STUPID. En su web se dan datos sobre la organización de su campus, en donde por el prurito de la diversidad sus señales y letreros para orientar el tráfico están en cinco lenguas y en braille. Entre los cursos ofrecidos se incluye, por caso, el dedicado a la contribución de los aborígenes de Australia y los indios de las Aleutianas a la mecánica cuántica, o cómo el ser *vertically challenged* favoreció la creatividad de investigadores como Einstein, Newton o Galileo. Desde la cosmología feminista, el *Bing Bang* tiene claras connotaciones eyaculatorias, por lo que la teoría alternativa es la del *gentle nurturing*, que explica el nacimiento del universo no por una explosión falocrática, sino por una suave y demorada gestación.

En la definición académica de la frase hecha que da título a mi libro hay algo que me sugiere desarrollar la reflexión siguiente. Dícese, en efecto que *morderse la lengua* significa tanto como «contenerse en hablar, callando *con alguna violencia* lo que quisiera decir». Y he subrayado las palabras que interesan a mi propósito: esa mención a «alguna violencia» que nos obliga, con enfado o desgana, a cerrar la boca.

¿Es aplicable esta circunstancia a la corrección política? Adelanto al capítulo siguiente que en mi opinión así es. Desarrollaré, pues, la idea de que estamos ante una forma posmoderna de censura que, al menos inicialmente, no tiene su origen, como era habitual, en el Estado, el Partido o la Iglesia, sino que emana de una fuerza líquida o gaseosa, hasta cierto punto indefinida, relacionada con la sociedad civil. Pero no por ello menos eficaz, destructiva y temible.

Así lo demuestra el caso del profesor Antonio Calvo, que desarrollaba una tarea bien apreciada por sus colegas y alumnos como director del programa de lengua española en una prestigiosa universidad norteamericana. En abril de 2011 la prensa anunciaba que *a politically incorrect* Princeton University *educator* se había suicidado cuatro días después de ser despedido de su trabajo, un trance que él mismo describió como una insoportable «tortura emocional» provocada por la campaña de desprestigio de la que fue inmediatamente objeto a raíz de un comentario suyo a un alumno al que instó para que trabajara más y no siguiera perdiendo «demasiado tiempo tocándote los cojones».

Esta expresión del español coloquial provocó la apertura de un proceso reservado por parte de las autoridades universitarias, sobre el supuesto de que representaba un intento de acoso sexual —*sexual harrassment in the work place*— que la presidenta de Princeton, Shirley M. Tighman, justificó por carta a los miembros de la comunidad universitaria. A resultas de dicho proceso el profesor Antonio fue fulminantemente despedido por «conducta incorrecta», cuando de lo que se trataba, según las declaraciones del novelista argentino y profesor en Princeton Ricardo Piglia al diario *Clarín,* era de una mera malinterpretación idiomática.

Este episodio no es baladí, y confirmaba en 2011 los extremos más dolorosos de una situación que casi veinte años antes había sido ya objeto de todo un volumen compilado por Paul Berman (1992) sobre la controversia de la corrección política en los *colleges*. Allí se denuncia la *atmosphere of campus repression* que estaba generando un nuevo hábito, obligado por las circunstancias: usar un lenguaje en privado y otro diferente y eufemístico en público.

EL REY DESNUDO

Junto a las lecturas de Maquiavelo y de Erasmo de Rotterdam, durante la escritura de *Morderse la lengua* me ha inspirado una breve pieza dramática de un autor sapiencial que siempre me acompaña, Miguel de Cervantes. Me refiero a su *Entremés del retablo de las maravillas* publicado por el autor en 1615 junto a otras siete piezas cortas y ocho comedias «nunca representadas».

La historia que presenta en escena es bien conocida, y procede de una fuente oriental imprecisa sobre la que Hans Christian Andersen escribió uno de sus cuentos más populares, titulado *El traje nuevo del emperador*. Pero ya con anterioridad al siglo XIX, el infante don Juan Manuel había incluido en su *Libro de los enxiemplos del Conde Lucanor et de Patronio* una versión del relato titulada *De lo que contesció a un rey con los burladores que fizieron el paño.*

En estos dos casos de adaptación de una fuente común que viene de la riquísima literatura narrativa de Oriente la situación básica es la misma. Se trata de la estafa que unos falsos sastres quieren hacerle a un emperador, rey o gobernador vendiéndole un traje maravilloso cuya tela tiene la virtud de no ser visible por aquellas personas indignas, que son estúpidas o adolecen de cualquier otro vicio grave.

En el caso del relato castellano de hacia 1335, serían los hijos ilegítimos los ciegos delante del traje del rey, que tampoco ve nada cuando sus burladores lo revisten con las fingidas galas del paño milagroso, pero se calla porque en su silencio va la legitimidad de su corona. Andersen incluye aquí la variante de que la causa de la invisibilidad será la torpeza e incapacidad para desempeñar su cargo de quien mire y no vea. Como en la versión de don Juan Manuel, tampoco aquí nadie se atreve en principio a denunciar que el rey va desnudo, ni el propio emperador, que de hacerlo se encontraría totalmente desacreditado en cuanto a su exigible competencia. Solo dos individuos, un negro «que guardava el cavallo del rey et que non avía que pudiesse perder», y un niño inocente son, respectivamente, los que se atreven a pinchar el globo de la ilusión y desmontar la superchería con la que se quería engañar a todos.

La genialidad de Cervantes es, a este respecto, espectacular por la forma en que presenta la historia, modificando aspectos importantes de la anécdota y, sobre todo, por el modo en que lo resuelve todo. Yo quisiera ver en ello una influencia de Maquiavelo que me parece muy clara en cuanto al trasfondo político del engaño y la credulidad del pueblo, deudora de la propia estupidez.

En el *Entremés del retablo de las maravillas* los dos estafadores, Chanfalla y la Cherinos, para hacer triunfar un «nuevo embuste» abordan a las máximas autoridades del pueblo al que llegan: el gobernador, el alcalde, el regidor y el escribano. Les ofrecen un espectáculo de títeres compuesto por el sabio Tontonelo, «nacido en la ciudad de Tontonela», de donde viene el adjetivo *atontoneleado*. La representación es cosa de magia, porque no podrá ser vista, como en el caso del *enxiemplo* de don Juan Manuel, por quien «no sea habido y procreado de sus padres de legítimo matrimonio». Pero hay una novedad en esto sumamente original, y de muy intenso significado político en la España de Cervantes: tampoco verán nada quienes tengan «alguna raza de confeso».

Fue Américo Castro, autor en 1925 de *El pensamiento de Cervantes* y estudioso de la huella de Erasmo en nuestra cultura, quien más y mejor reveló lo que esto significaba en su obra de 1954, reiteradamente editada, *La realidad histórica de España*, preludiada años atrás (1948) por *España en su historia.* La conflictiva identidad española tiene su índice máximo —y también, al menos en parte, su origen— en la segregación, implícita en el seno de nuestra sociedad, de los judeoconversos y los marranos, ciudadanos españoles que incluso después de la expulsión de los judíos en 1492 estaban estigmatizados, cuando no sometidos a procesos inquisitoriales que por lo general desembocaban en actos públicos, los llamados «autos de fe», en que los reos cantaban la palinodia de su condición indigna y se retractaban de sus creencias más íntimas.

Así, el alcalde Benito Repollo alardea, en una frase felicísima que expresa de manera insuperable el conflicto descrito y analizado por Américo Castro, de que «cuatro dedos de enjundia de cristiano viejo rancioso tengo sobre los cuatro costados de mi linaje. ¡Miren si veré el tal Retablo!».

Comienza el espectáculo, que no lo es tal en modo alguno. El engaño consiste en que, sin que nada se vea, Chanfalla vaya narrando, con no menos facundia que el Fray Cipolla de Bocaccio, una trama cuyo protagonista es Sansón en el trance de derribar las columnas del templo. El gobernador reconoce para sus adentros «así veo yo a Sansón ahora, como el Gran Turco», pero calla «pues en verdad me tengo por legítimo y cristiano viejo».

Solamente cuando el furrier que llega al pueblo con los caballos de la milicia protesta que no ve a la doncella Herodías en la presentación de las «maravillosas maravillas» que enuncia Chanfalla comienza la catarsis. El escribano Capacho enseguida señala, amenazante, al soldado con una frase que en el Evangelio de Mateo una criada de Caifás dirige a san Pedro cuando el apóstol niega ser discípulo de Cristo: «¡De *ex illis* es!». A lo que el furrier responde conforme a su registro expresivo, muy poco políticamente correcto, bramando: «¡Soy de la mala puta que los parió!». Y resolviendo la disputa espada en mano, para contradecir con su cólera cuartelera la suposición del alcalde: «Nunca los confesos ni bastardos fueron valientes».

Ex illis es también el grito de batalla con el que los detentadores del poder que da la aplicación no reglada por ninguna ley de la corrección política denuncian, desautorizan y agravian a los que no se muerden la lengua. Y por lo mismo, es la fuente de temor por el que muchos optan por cerrar la boca, tal y como se denunciaba en el libro compilado por Paul Berman ya en 1992. Y con posterioridad, otro profesor de Princeton como Piglia, esta vez de Políticas, Keith E. Whittington (2018), aboga por la defensa en las universidades —que deben ser «bastions of free thought and critical dialogue»— de la libertad de expresión, la *Free Speach.* Un historiador español, que profesa en los Estados Unidos, Felipe Fernández-Armesto, confirma el mismo diagnóstico en una entrevista periodística de 2019 (*El Mundo,* 13 de julio): la hegemonía de lo políticamente correcto en los campus va de la mano de la renuncia a la búsqueda de la verdad «y no educamos para ejercer la crítica ni la responsabilidad en el sentido moral»

No obstante, dentro y fuera de los recintos universitarios, quienes osan expresarse en libertad y no se resignan quevedianamente a callar, aunque se les señale con el dedo *avisando silencio y amenazando miedo,* corren el riesgo cierto de sutiles formas de muerte civil, amenaza que desde 2020 se ha denominado *cancellation* y contra la que han reaccionado numerosos intelectuales y artistas indignados por la tiranía de la corrección política y otras agresiones conexas. De ser finalmente adaptada la voz al español como un anglicismo semántico debería definirse, a lo que creo, en la línea de la tercera acepción del verbo *cancelar:* «Borrar de la memoria, abolir o derogar algo».

Quienes ejercen como guardianes de la corrección política, actitud que les dota de un plus de autoestima y de presunta dignidad pública por su ostentación de supuestas virtudes que no tienen por qué ratificar con sus actos, atribuyen sin mesura a sus víctimas los calificativos de machistas, sexistas, racistas, imperialistas, eurocentristas, cuando no los de elitistas, racionalistas, humanistas…

El *ex illis* más dulce que se suele esgrimir contra los réprobos desde el Olimpo de la corrección política es el de *conservador* o, incluso, *reaccionario.* El diccionario académico recoge a este respecto, con la marca de voz coloquial de carácter despectivo, *facha:* «De ideología política reaccionaria». Pero en su primera acepción es sinónimo de *fascista.* Y no resulta en exceso aventurado afirmar que desde la corrección política se está contribuyendo a ese preocupante fenómeno de generalización y banalización de unos calificativos que son palabras mayores. Sumamente injuriosas y ofensivas porque remiten en su origen a una ideología destructiva, a partidos políticos perversos dotados de medios y prácticas concebidas para el mal, y, en última instancia, a talantes personales brutalmente deshumanizados.

Asistimos, así, a un abuso de lengua —el *abuse des mots* de los Ilustrados y sus precursores del siglo XVII— sumamente preocupante por el cual cada vez se emplea menos este calificativo de *fascista* en su sentido recto, que es el de perteneciente o relativo al fascismo, el movimiento político y social de carácter totalitario caracterizado por el corporativismo y la exaltación nacionalista que desde Italia irradió hacia movimientos surgidos en otros países, entre ellos España, y que encontró una de sus concreciones más brutales y destructivas en el nazismo del III Reich.

El hecho de lengua al que me estoy refiriendo va más allá, incluso, de la otra acepción reconocida al respecto, según la cual *fascista* se identifica con toda actitud autoritaria y antidemocrática que socialmente se considera relacionada con el fascismo. Por el contrario, *fascista* se está convirtiendo, y no solo en nuestra lengua, en el comodín predilecto para utilizarlo como arma arrojadiza contra cualquiera que no coincida con la ortodoxia de quien, de este modo, lo somete a *cancelación*. *Ex illis*.

Las hemerotecas, y los corpus lingüísticos elaborados por las Academias y las universidades, nos nutren de sobrados ejemplos de este abuso. En 2020, la presidenta del Congreso ordenó retirar del diario de sesiones el calificativo de *fascista* que una diputada de Junts per Catalunya endilgó al coronel Pérez de los Cobos. El rapero Nega y el diputado Rufián tachan de *fascista* al portero de fútbol Pepe Reina. Belén Rodríguez califica del mismo tenor a su contertuliana del programa *Sálvame* María Patiño. El socialista Cerdán hace lo propio con Iñaki Iriarte, de Navarra Suma. Lo mismo el independentista Sala-i-Martín con el socialista catalán Miquel Iceta. El líder de los *mossos* partidarios de la independencia considera fascista al diputado del PSC José Zaragoza. Otro independentista radical llama en la televisión fascistas a sus padres y provoca un tornado en las redes sociales. La actriz y presentadora Paula Vázquez considera *cobardes fascistas* a quienes no apoyan determinadas medidas el Gobierno. Un profesor de la academia de la Ertzaintza define no como cobardes, pero sí como fascistas a algunos policías nacionales. El partido ERC incluye entre los fascistas a Inés Arrimadas y Ciudadanos, como ya el líder de Podemos había hecho en 2018 con Albert Rivera. Pero la misma consideración le merecen los cazadores deportivos a Fanny, la activista que se hizo famosa denunciando la violación de las gallinas por los gallos. En agosto de 2018 la CUP llama fascista al presidente Rajoy, y el Partido Popular hace lo propio con Puigdemont. Los seis mil asesinados en Paracuellos de Jarama en 1936 eran fascistas según Pablo Iglesias. Santos Cerdán, desde la sede de Ferraz, llama también fascistas y *patriotas de pacotilla* a Casado y Rivera. Pilar Rahola afirma que la familia de joyeros Tous son fascistas por oponerse al secesionismo. El actor Willy Toledo consideraba en 2017 que el cantante Miguel Bosé era un *fascista de toda la vida*.

No estamos, por supuesto, ante un hecho exclusivamente español, sino de mucha más abierta vigencia. De ello y de su conexión con toda la problemática de la corrección política da cuenta Geoffrey Hughes (2010) en uno de los estudios más completos y solventes sobre este tema, que él aborda sobre todo desde el punto de vista de la semántica y de la cultura en general. En un apartado de su libro, bajo el título de «Exploitation of Fascist icons», recuerda así cómo cuando la canciller alemana Angela Merkel criticó en la cumbre Europa-Africa de 2007 al régimen de Mugabe, el ministro de información de Zimbawe la tachó ante la asamblea de racista, fascista y nazi.

En todo caso, entre sus conclusiones, al tiempo que Hughes reconoce que la corrección política ha contribuido a la generalización de valores positivos favorables a la multiculturalidad y la diversidad, subraya que también ha causado «daños colaterales» de considerable gravedad. Por ejemplo, cuando una persona con una acreditada trayectoria biográfica de probidad y rigor intelectual pasa a ser fácilmente destruida social y profesionalmente si es denunciada en público por el empleo de supuestas expresiones —no por la práctica de acciones— políticamente incorrectas según el criterio de quienes la tachan de racista, sexista, homófoba o fascista.

CANCELACIÓN

En este sentido, la corrección política puede representar la exacerbación posmoderna de un hecho social que ya había descrito en el siglo XIX (1835) Alexis de Tocqueville en el capítulo que dedica en

La democracia en América a qué especie de despotismo deben temer las naciones democráticas. Para politólogos como Elisabeth Noelle-Neumann (1995), Tocqueville fue el primer observador consciente de la *espiral del silencio* entendida como el proceso que, por temor al aislamiento, conduce a las personas a autocensurar sus opiniones particulares cuando no coinciden con las que prevalecen socialmente. Porque no se trata solo del poder político, sino también de la presión social ejercida por una opinión pública anónima por nadie impugnada que pesa inmensamente sobre el espíritu de cada ciudadano, hasta doblegar toda voluntad opositora, reduciendo al silencio a los disconformes.

Para Tocqueville, el *favor público* puede resultar tan necesario como el aire que se respira, y, en cierto modo, estar en desacuerdo con lo que se consagra como políticamente correcto equivale a no vivir. La sociedad civil no necesita recurrir a las leyes para doblegar a quienes se alejan de esa corrección, le basta con su desaprobación. Y el ciudadano estigmatizado, señalado como *ex illis,* sucumbe ante el peso de su aislamiento y su impotencia. Viene a coincidir así el autor de *La democracia en América* con las ideas de sus coetáneos norteamericanos Alexander Hamilton, James Madison y John Jay, quienes en *El federalista* reconocían en 1788 que la razón humana es tímida y cautelosa cuando está sola, y se afirma y confía cuando se ve acompañada. En una utópica «nación de filósofos» el cumplimiento de las leyes estaría garantizado por el predominio de la razón ilustrada. Pero, a fuer de realistas, los «Gobiernos racionales» no deberían desdeñar nunca como una ventaja positiva el tener a la opinión pública de su parte.

El más grave problema que plantea la corrección política es cuando las «noliberal forms of government» de las que se ocupa Stanley Fish (2019) en su libro sobre la primera enmienda a la Constitución norteamericana se encarnan no en el Gobierno, sino en una nueva instancia autoritaria emanada de la sociedad civil. Para no ser víctima de su despotismo no hay un código u hoja de ruta a la que someterse, pues sus prescripciones son volátiles; tampoco identificaremos funcionario o responsable político al que dirigirnos, pues la autoridad que nos persigue es inconcreta, difusa, anónima, colectiva y mutante.

Desde muy pronto, desde los primeros años noventa, la irrupción y el triunfo rampante de la corrección política generó controversia sobre todo en lo que en él había de censura, y en la atribución de sus virtudes a la izquierda frente a la derecha que la rechazaría.

A este respecto, fue muy interesante el encuentro organizado en Toronto, el 18 de mayo de 2018, por la Aurea Foundation, especialista en debates sobre políticas públicas, luego publicado en forma de un libro ya traducido al español (2019). Dos de los invitados, Michael E. Dydson y Michelle Goldberg, argumentaban a favor; Jordan Peterson y Stephen Frye, en contra. Este último —escritor inglés de origen judío— se expresa de manera especialmente pugnaz: «Pero ¿cómo es que lo que nosotros llamamos *corrección política* ustedes lo llaman *progreso*?». Su toma de partido procede de la defensa de la libertad de expresión, y su rechazo consecuente contra «la santurronería, la devoción, la arrogancia, el rencor y la rabia, la ortodoxia, las acusaciones, las denuncias, los escarnios...». Su conclusión es que la corrección política «recluta adeptos para la derecha».

Fue el moderador del debate, Rudyard Griffiths, el que mencionó como un factor importante del movimiento políticamente correcto el #MeToo. De acuerdo con el programa de estos conocidos como *Debates Munk (Peter y Melanie),* al final se procedió a una votación entre el público con un 70 % de opiniones favorables a la postura defendida por Frye y Peterson y un 30 % en la línea de Dydson y Goldberg. ¿Se podría deducir de este resultado, producido dos años antes del momento en que escribo *Morderse la lengua,* que existe un cierto cansancio popular hacia la corrección política, que sería percibida ahora ante todo como una forma de censura?

Esa polaridad se apuntaba ya en uno de los primeros debates sobre la cuestión, en este caso difundido a través de un libro de autoría colectiva compilado por Sarah Dunant (1994) bajo un título prometedor: *The War of the Words.*

Por aquel entonces ya se había publicado en el *New York Magazine* del 21 de enero de 1991 un provocador artículo, *¿Are you politically correct?,* que definía al movimiento como un nuevo fundamentalismo, enemigo de las libertades, especialmente la de expresión. Extremo que niega, por ejemplo, Deborah Cameron, que lo identifica con una saludable *higiene verbal.* Yasmin Alibahi, de la Universidad de Brown, afirma que lejos de ser una aberración intelectual, la corrección política es el resultado positivo de una lucha ideológica contra el sexismo, la esclavitud y la colonización. Lisa

Appiagnanesi da sesudas razones para justificar por qué este fenómeno no estaba arraigando en Francia, en parte por la vigencia de los valores republicanos emanados de la Ilustración y en parte también porque las universidades francesas, a diferencia de las norteamericanas, de las que surgió con fuerza la corrección política, están totalmente integradas, topográfica, cultural y políticamente en la vida social del país. Stuart Hall aduce, por su parte, que en el fundamento cultural del fenómeno hay que apuntar los excesos de lo que los filósofos denominan *the linguistic turn,* el giro lingüístico por el que el lenguaje es el más terrible instrumento del poder, y si cambiamos el nombre de las realidades, estas desaparecen.

Pero me resulta especialmente interesante entre los testimonios que este compendio sobre la *guerra de las palabras* compila el de Mellanie Phillips títulado «Iliberal Liberalism».

Cuenta cómo surgió en el Reino Unido el debate acerca de que el inglés estándar que se estudiaba en los colegios era elitista, y su enseñanza representaba una forma de opresión contra la libertad de los alumnos que traían de sus casas idiolectos personales y familiares de muy diverso pelaje. Cuando en su columna de *The Guardian* Phillips se mostró contraria a tales tesis, por considerar que de esta forma se dejaría en desventaja a los niños que no fuesen capaces de dominar correctamente el idioma del país, empezó a recibir reiterados ataques verbales, que se intensificaron cuando también apoyó a un profesor jubilado, John Sanders, que se había quejado de que los maestros se estuviesen marginando a sí mismos, aceptando el papel de meros *facilitadores* o *dinamizadores* de acuerdo con las teorías pedagógicas que primaban la espontaneidad de los alumnos para que buscasen y encontrasen los conocimientos por sí solos.

Mellanie Phillips enumera los calificativos que le fueron endilgados en este proceso de linchamiento social obediente a la *espiral de silencio* de que había tratado ya Tocqueville: ignorante, *silly* (tonta), viciosa, irresponsable, elitista, peligrosa, *shallow* (superficial), estridente, reaccionaria, cuasihistérica, bienpagada, *unbalanced* (desequilibrada), perjudicial, *rabid* (rabiosa), venenosa, patética, prejudiciosa...

A la intimidación de la derecha le parece que le estaba entrando en competencia la intimidación de la izquierda, ambas en la empresa de forzar la conformidad («in the business of enforcing conformity»). Y concluía que los expurgadores de la corrección política, lejos de defender a los proscritos de toda clase, en realidad querían hacer ostentación de su pureza moral y su sensibilidad máxima hacia las maldades de los prejuicios y la discriminación, siempre ejercidas por «los otros».

Me pregunto cuáles serían los ataques de los fustigadores que respondieron de la manera reseñada a las columnas de Mellanie Phillips ante afirmación, tan políticamente incorrecta, como la que Alain Finkielkraut hace, por ejemplo, en su libro de 1987 sobre *La derrota del pensamiento,* cuando amenaza con negarse a poner en un plano de igualdad, al margen de razas, a un europeo como Ludwig van Beethoven y un jamaicano como Bob Marley.

Cuando el Premio Nobel de Literatura Saul Bellow, de origen judío, se preguntó retóricamente «¿quién es el Tolstoi de los zulús y el Proust de los de Papúa?» no recibió ninguna crítica de manera inmediata, pero esta declaración suya fue recordada en su obituario publicado por *The Times* el 18 de abril de 2005, y en *The Guardian* fue acusado también póstumamente de racista por su «desafortunada palabra» *niggerlove* empleada en su obra *Herzog,* y ¡de antisemita! por la presencia del término *kike* en otra de sus novelas, *El legado de Humboldt.*

También se sintió víctima de parecidos ataques la periodista Oriana Falaci (2001) a raíz de su reacción al ataque a las Torres Gemelas de Manhattan, que ella vivió *in situ.* En sus artículos manifestó su indignación y su rechazo al papanatismo occidental proclive a comprender y explicar el fanatismo islámico. Se mostraba totalmente opuesta a ver «mi racionalismo, mi ateísmo, ofendido y perseguido y castigado por los nuevos Inquisidores de la Tierra», los agentes de la yihad, a la que ella define como una cruzada al revés. El resultado fue que «se abrieron los cielos. Me pusieron en la picota, me crucificaron. "¡Racista, racista!"». Y concluye situando a los *hipócritas defensores del islam* en la misma línea que los comisarios de la corrección política.

El paso del tiempo no alivió el peligro de muerte civil que Oriana Falaci comenzó a padecer en sus carnes desde la publicación de su libro *La rabia y el orgullo,* escrito bajo el impacto emocional e intelectual que para todo el mundo representó el atentado de las Torres Gemelas. Su tesis principal era la necesidad de defender nuestra civilización no solo contra el terrorismo fundamentalista, sino contra concepciones de la cultura, la sociedad y el poder totalmente contrarias, opuestas a lo que nuestro progreso había consagrado a partir del Renacimiento y la Ilustración como logros irrenunciables de la humanidad. Pero precisamente por la continuidad del ensañamiento con ella, que incluyó frecuentes amenazas de muerte, la apertura de un proceso judicial en París bajo la imputación de racismo, xenofobia, blasfemia e instigación al odio contra el islam, y una esperpéntica demanda de su extradición cursada al Estado italiano a instancias de la Oficina federal de Justicia de Berna, la escritora publicó en 2004, dos años antes de su fallecimiento, un libro valiente e intenso, titulado *La fuerza de la razón.*

Falaci no se priva de culpar a los políticos por su falta de liderazgo ante este problema, que atribuye en parte al miedo a las represalias del aparato políticamente correcto, y en una *cartita* [sic] dirigida al presidente de la Comisión Europea, toca, sin nombrarlo literalmente, el tema de la posverdad: «Uno de los defectos que los caracterizan a ustedes, los políticos, es la presunción de que pueden engañar a la gente, tratarla como si fuera ciega o imbécil, obligarla a tragarse cualquier mentira, negar o ignorar las realidades más evidentes». Dicho en castellano sentencioso: obligarnos a comulgar con ruedas de molino.

Me parece igualmente muy significativa la posición tomada a este respecto por la Premio Nobel de Literatura Doris Lessing (2005), que fortaleció su antirracismo en Rodesia del Sur, la actual Zimbabue, y publicó en 1962 *El cuaderno dorado,* obra de referencia para el feminismo en todo el mundo. Su texto titulado *Censhorship* define sin ambages la corrección política como la «más poderosa tiranía mental» existente en el llamado mundo libre, tan invisible y deletérea como un «gas venenoso».

Denuncia los orígenes de esta *new tyranny* en las universidades, sobre todo de los Estados Unidos, en cuyos departamentos vino a sofocar la libertad de pensamiento e investigación, que constituyen los fermentos naturales de la vida académica e intelectual, así como de la creatividad artística, en favor paradójicamente de quienes precisan para vivir de dogmas e ideologías, «always the most stupid». Narra algunos episodios concretos en que ella misma sufrió los zarpazos de esta «autoperpetuadora máquina para expulsar al inteligente y al creativo» (*the self-perpetuating machine for driving out the intelligent and the creative*). Y concluye que a las intolerancias religiosas y a la de los comunismos —partido al que ella misma había pertenecido en Gran Bretaña hasta la invasión soviética de Hungría en 1956— venía a sucederles *their mirror image:* la corrección política.

En este escenario políticamente correcto, cinco minutos y dos tuits bastan para destruir toda una reputación construida a lo largo de muchos años de talento, creatividad y esfuerzo. Así ha ocurrido, por caso, con la universalmente famosa autora de la saga de *Harry Potter,* J. K. Rowling, a raíz de su toma de posición en 2019 a favor de Maya Forstater, que fue despedida de su trabajo por haber escrito en un tuit que los hombres no pueden convertirse en mujeres. Pese a sus antecedentes feministas y sus declaraciones a favor del colectivo LGTBI+, esta última intervención pública le granjeó el sambenito transfóbico y provocó el rastreo minucioso y suspicaz de su saga juvenil en busca de antisemitismo, antifeminismo, clasismo y discriminación hacia los gordos.

Aquel empacho al que me refería a propósito de la votación final sobre nuestro tema en el debate canadiense de 2017 ha dado paso a una auténtica rebelión de intelectuales, escritores y artistas eminentes (uno de ellos, la propia Joanne Rowling) promovida inicialmente en los Estados Unidos, pero que ha tenido eco inmediato en otros países, entre ellos España.

En julio de 2020 la prestigiosa revista norteamericana *Harper's Magazine* publicó un manifiesto suscrito por 153 figuras de la cultura internacional de reconocida tendencia *liberal,* término que en el inglés de los Estados Unidos significa *progresista* o incluso *izquierdista* (cuando no socialista, en labios de Trump). Entre los firmantes figuran Martin Amis, Anne Applebaum, Margaret Atwood, John Banville, Noam Chomsky, Francis Fukuyama, Anthony Grafton, Michael Ignatieff, el mexicano Enrique Krauze, Mark Lillla, Steven Pinker, Salman Rushdie o Judith Shulevitz.

Esta carta reivindicativa constituye una protesta en toda regla contra la llamada *cultura de la cancelación* (del inglés *cancel culture,* expresión que comenzó a circular en 2015) consistente en el sometimiento a diversas formas de ostracismo a quienes se han expresado alguna vez libremente en contra de lo que se considera políticamente correcto por parte de determinadas instancias de poder no gubernamental. Estos empresarios, gestores culturales, editores, productores, líderes de opinión, directores de medios, publicitarios, etc., con tal actitud parecen secundar la propia intransigencia tuitera de Donald Trump, incluso desde posiciones identificables con un nuevo puritanismo de izquierdas.

Ese ostracismo y boicot nacidos de la intolerancia hacia las opiniones de los otros ha dado paso en los Estados Unidos no solo a graves perjuicios profesionales, sino también a la humillación pública de los que son señalados como *ex illis.* Y así, desde España otros tantos intelectuales salieron en apoyo del manifiesto contra la cultura de la cancelación norteamericana, entre ellos el Premio Nobel de Literatura Mario Vargas Llosa y escritores que, de una u otra forma, se habían manifestado ya con anterioridad contra la censura de la corrección política y del pensamiento único: Félix de Azúa, Juan Luis Cebrián, Adela Cortina, Ricardo Dudda, Daniel Gascón, César Antonio Molina, Félix Ovejero, Carmen Posadas o Fernando Savater, por citar solo algunos.

En su carta dejaron claro su apoyo a quienes luchan contra el sexismo, el racismo o el menosprecio hacia los emigrantes, pero al mismo tiempo su rechazo frontal «al uso perverso de causas justas para estigmatizar a personas que no son sexistas o xenófobas», coartada para «introducir la censura, la cancelación y el rechazo al pensamiento libre, independiente, y ajeno a una corrección política intransigente».

Denuncian a la vez algo ya advertido por los primeros críticos de los excesos cometidos desde la corrección política, como por ejemplo algunos de los que mencionamos como coautores del libro de 1994 compilado por Sarah Dunant. Me refiero a tendencias supuestamente progresistas que, sin embargo, se comportan con una intransigencia radical contra expresiones libres, razonadas y bien intencionadas. Desde posiciones de *nueva radicalidad* se reavivan pulsiones censoriales compartidas con la extrema derecha, desde un autootorgado supremacismo moral contrario a cualquier ideología de justicia y progreso.

En un apasionado panfleto de Roberto Vaquero (2019), titulado *Resistencia y lucha contra el posmodernismo,* el autor, a la sazón secretario general del PML (RC) —Partido Marxista Leninista (Reconstrucción Comunista)— considera que la corrección política nace del pensamiento único del sistema capitalista, y se muestra dispuesto a luchar contra ella junto con sus camaradas «independientemente de los ataques, las presiones y los linchamientos».

El manifiesto de *Harper's Magazine* reclama también la restauración de las normas propias del debate abierto y la tolerancia de las diferencias ideológicas. Las ideas más controvertibles deben ser combatidas mediante la argumentación y el convencimiento, no el silenciamiento y la *cancelación* (reitero que, en mi opinión, la adaptación al castellano de este anglicismo semántico debería abordarse a la luz del verbo *cancelar* en su tercera acepción: «borrar de la memoria, abolir o derogar algo»). Y el eco que el clamor llegado desde el otro lado del océano suscita en nuestro país insiste también, según nuestros intelectuales, en que «la cultura libre no es perjudicial para los grupos sociales desfavorecidos: al contrario, creemos que la cultura es emancipadora y la censura, por bienintencionada que quiera presentarse, contraproducente».

Todo ello tiene incidencia directa en la problemática de la corrección política cuyos orígenes históricos y desarrollo último voy a abordar en el próximo capítulo de *Morderse la lengua.* En suma, se trata de un movimiento fundamentalmente ligado, en mi criterio, a la sociedad civil, sobre todo en sus comienzos. Y existe amplia coincidencia en situar su irrupción a principios de los años ochenta del pasado siglo en los campus norteamericanos, desde los que se extendió al conjunto de la sociedad y cruzó el Atlántico para fondear primeramente en universidades británicas.

CAPÍTULO PRIMERO

LA CORRECCIÓN POLÍTICA

Muy a finales de los años ochenta fui durante el semestre de otoño profesor visitante en la universidad norteamericana de Colorado, en Boulder.

Me las prometía muy felices, pues conocía ya, por estancias anteriores, las magníficas condiciones docentes que mi posición me concedería. Entre ellas, y no la de menor importancia, la de disponer de un grupo muy reducido de estudiantes en cada uno de los cursos de posgrado que hube de impartir. Hablo de entre seis y ocho.

Por supuesto, contaba también la libre elección del tema. El primero de los cursos que monté versaría sobre la novela picaresca española, cuyo corpus no demasiado nutrido comprende desde el *Lazarillo de Tormes*, de hacia 1554, hasta *La vida y hechos de Estebanillo González, hombre de buen humor, compuesta por él mismo,* publicada en Amberes en 1646. Más o menos un siglo de producción narrativa que sienta las bases, junto a *El Quijote,* de lo que sería la novela realista moderna, arco temporal jalonado por dos textos de escritor anónimo, si bien no faltan atribuciones de autoría para el alfa y el omega de la serie. Por ejemplo, la de Alfonso de Valdés para el *Lazarillo* o la de Gabriel de la Vega para el *Estebanillo.*

La regalía mayor era, para mí, la de leer, literalmente, con mis alumnos los textos principales de la picaresca, cosa difícil en otras circunstancias que no fuesen las que el campus de Boulder me proporcionaba, en una recoleta sala del departamento de Español y Portugués junto al pequeño lago de la universidad.

Pesaba en mi decisión el recuerdo de un artículo de George Steiner publicado en el *Times Literary Supplement* en el que el gran humanista, preocupado por el empacho deconstructor que, por el embrujo de Jacques Derrida, tanto daño hizo sobre todo en los departamentos humanísticos norteamericanos, concluía con una propuesta tan simple como la siguiente: no nos convienen ya más teorías, métodos o nuevas perspectivas críticas en la enseñanza de la literatura, «lo que necesitamos son lugares: por ejemplo, una mesa con unas sillas alrededor donde podamos volver a aprender a leer, a leer juntos». Porque, paradójicamente, esa competencia puede que se esté perdiendo, y existe la contradicción de que, en nuestras sociedades, si profundizamos un poco bajo el oropel de la epidermis nos encontramos con que la capacidad de comprensión de los textos complejos por parte de los ciudadanos que salen del sistema educativo es cada vez menor.

Comencé, pues, con entusiasmo mis *lecciones,* que lo eran en el más genuino sentido etimológico de la palabra latina: *lecturas* compartidas por el profesor y sus seis alumnos. Todo iba sobre ruedas con el *Lazarillo,* texto ideal para poner a prueba nuestra capacidad para entender que la ironía consiste en escribir exactamente lo contrario de lo que se quiere decir, dejando a la inteligencia del receptor la conversión de lo uno en lo otro. Pero he aquí que llegamos al episodio del negro Zaide, con el que la madre de Lázaro, ya viuda, se amanceba, al que acaba dándole un «negrito muy bonito» que, cuando se le acercaba su padre, respondía asustado con un «Madre, coco». Fue entonces cuando reparé que una de mis alumnas era negra. Me apresuré a calificar la facecia como rematadamente racista, y ella, mi alumna, con el humanísimo desparpajo que quizá proviniera de su origen dominicano, rio junto con sus compañeros la situación textual y la que se había creado en el aula, y no hubo más que decir.

El problema vino con *Historia de la vida del Buscón, llamado don Pablos; ejemplo de vagamundos y espejo de tacaños,* obra de un extraordinario escritor y antisemita confeso, Francisco de Quevedo y Villegas. Acabábamos de descubrir en mi universidad un texto suyo titulado, ni más ni menos, *Execración contra los judíos*, fechable en 1633, y ese talante asoma explícita o implícitamente en numerosas páginas del *Buscón.*

En el aula leían conmigo dos alumnos judíos, en cuya condición de tales yo no había reparado en ningún momento. Se sintieron ofendidos porque un profesor como yo escogiera un texto de ese cariz, y lo hiciese leer ante la clase en voz alta, y así lo denunciaron ante el director del departamento y el decano. Ambos enfocaron el asunto a la luz de la libertad de cátedra, y me dieron crédito sin reservas. No solo esto, sino que consiguieron convencer a los denunciantes de que no había mala intención, antisemita, en mi sílabo del curso, sino que para explicar la picaresca era obligado estudiar el *Buscón*. El asunto no fue a más, pero como profesor visitante español en la Universidad de Colorado no me cabe duda de que me dejé algunos pelos en la gatera.

Pero tuve ocasión pintiparada para reivindicarme. Concluíamos nuestras lecturas con el *Estebanillo González,* pícaro de vida indigna, en nada ejemplificante, que él mismo describe en sus facetas más reprobables haciendo uso de una sorprendente característica del género, la autodenigración, pues la novela está escrita en primera persona. Estebanillo dice haber nacido en Salvaterra do Miño, y ello puso en bandeja un colofón que me vino como anillo al dedo. Recuerdo que les dije a mis alumnos: «La novela picaresca española, escrita en tiempos muy distintos a los nuestros, entre mediados del siglo XVI y del XVII, está, como hemos podido comprobar mediante su lectura, en las antípodas de la corrección política. Es más, con frecuencia obedece deliberadamente a un designio discriminador y ofensivo, denigrante contra las minorías. Lo hemos visto en el caso de los negros con el *Lazarillo*, con los judíos en el *Buscón*. Y ahora, como despedida, le toca la china a otra minoría, la de los gallegos, objeto de burlas constantes e injustas en la literatura española del Siglo de Oro por su supuesta condición de zafios y lerdos. Minoría, por cierto, a la que yo pertenezco: nací en Vilalba, provincia de Lugo, en 1950».

Tuve mejor suerte, en definitiva, que el protagonista de la novela del escritor norteamericano de origen judío Philip Roth, *La mancha humana* (*The Human Stain*), publicada en 2000. Narra la desgracia del exdecano y profesor de Clásicas de una universidad sin lustre de Nueva Inglaterra, Coleman Silk, expulsado por la denuncia de un estudiante, situación semejante a la que se dio en la realidad con el profesor Calvo en Princeton, cuyo fatal desenlace he relatado ya en mi preámbulo.

Embriagado por la fraseología homérica, en el transcurso de una clase Silk preguntó si alguien conocía a sus alumnos absentistas o se habían desvanecido como *espectros* o *fantasmas*. El traductor al español opta —discutiblemente— por dar una versión no recta, sino metafórica, *negro humo*, acaso para no tener que explicar en nota que la palabra usada por Roth —«Do they exist or are they *spooks*?»— es una denominación peyorativa contra los negros en el inglés coloquial de los Estados Unidos. Alusión que tomó en su sentido literal y discriminatorio un estudiante de ese color. Antes Silk había tenido otro problema: la denuncia de una alumna que consideraba insultantes para las mujeres las tragedias de Eurípides que explicaba en su curso *Dioses, héroes y mitos*.

En el funeral de Coleman Silk, fallecido en un oscuro accidente de automóvil, el director del departamento de Ciencia Política del Athena College Herbert Keble, de raza negra, se lamenta por no haber defendido en su momento a quien le había prestado incondicionalmente su apoyo cuando, como decano, lo recibió en el *college*. Afirma que la conducta políticamente incorrecta que se le atribuyó y lo hizo caer en desgracia nunca había existido —«Coleman Silk never once deviated in any way from totally fair conduct in his dealings with each and every one of his students»—, y su linchamiento reputacional era fruto de la «morally stupid censorious community» universitaria a la que pertenecían y de la cobardía de sus miembros, dominados por la «espiral de silencio» que ya hemos comentado a propósito de Tocqueville.

Aquella experiencia mía de Boulder era la confirmación de que la corrección política, la nueva forma de censura, había llegado para quedarse. Una censura perversa, para la que no estábamos preparados, pues, como ya he escrito en páginas anteriores, no la ejerce el Estado, el Gobierno, el Partido o la Iglesia, sino estamentos difusos de lo que denominamos «sociedad civil». Ricardo Dudda (2019) habla, a este respecto de una minoría militante que se mantiene misteriosamente ilocalizable.

Corrección política y tolerancia represiva

La primera advertencia crítica de todo esto que yo conocí fue, en 1993, el libro *La cultura de la queja,* de Robert Hughes. El escritor australiano sacaba a la luz lo que estaba ocurriendo con el llamado multiculturalismo, que en las universidades norteamericanas representó el desplazamiento y la «cancelación» de los autores y obras considerados clásicos. Denuncia la sociedad de Estados Unidos «que se muestra escéptica ante la autoridad y cede fácilmente a la superstición; cuyo lenguaje político está corroído por la falsa piedad y el eufemismo».

De la misma fecha data el libro compilado por Sarah Dunant sobre la «guerra de las palabras» en el que se define la corrección política como un movimiento surgido en los campus norteamericanos a mediados de los años ochenta desde los departamentos de Artes y Humanidades entregados muy activamente a aquella causa del muticulturalismo. Se trataba de deconstruir el canon literario, filosófico y artístico, dominado por el racionalismo eurocentrista, para incluir a representantes de las minorías invisibilizadas hasta entonces, especialmente las mujeres y los no blancos; de replantear los supuestos desde los que la Historia se seguía enseñando; de promover la igualdad sexual y racial incluso por medios de discriminación positiva; y poner el lenguaje al servicio de todas estas causas, introduciendo en la comunidad universitaria códigos políticamente correctos de conducta y, sobre todo, de expresión. En cualquier caso, se parte de la convicción de que no existe la neutralidad del lenguaje ni de que sea legítima y justa la defensa de la libertad de expresión. Todo está sometido al poder hegemónico, como también lo está —y esto es interesante desde el punto de vista de la posverdad que nos espera en próximos capítulos— la propia verdad o mentira de las creencias o afirmaciones.

Según uno de los más rigurosos expertos en el tema también apellidado Hughes (Geoffrey) —cuyo libro de 2010 fue significativamente dedicado a la memoria de George Orwell— la clave está en cierta forma de «ingeniería semántica» que actúa al servicio de una inequívoca forma de censura. El problema reside en que su origen no es identificable con una sola fuente, reconocida y definible como tal, sino con varias, desde las que se pone todo el énfasis en el lenguaje considerado ofensivo, en las actitudes prejuiciosas y en los comportamientos insultantes contra las minorías marginadas por causa de su raza, su etnia, su discapacidad, adiciones, enfermedades como el sida o las dolencias mentales, el género y la orientación sexual. Igualmente, la corrección política toca otros terrenos como los derechos de los animales, la xenofobia, la pervivencia de actitudes poscolonialistas, el eurocentrismo elitista o el medio ambiente. Ya en 1991 el *Random House Webster's College Dictionary* definía *political correctness* como la adhesión a una ortodoxia tópicamente progresista en lo tocante especialmente a «race, gender, sexual affinity, or ecology».

En cuanto a los orígenes remotos de la expresión, se ha encontrado una sentencia del juez James Wilson y otros magistrados en el caso «Chisholm vs Georgia» visto por la Corte Suprema de los Estados Unidos en 1793, en la que se declara *not politically correct* emplear en un brindis el sintagma *The United States* en vez de *The People of The United States*. El asunto de fondo era de mucha mayor trascendencia, más allá de la literalidad de las palabras (la metonimia de sustituir a los ciudadanos por la entidad política emanada de ellos), y sería el fundamento dos años después de la undécima enmienda de la Constitución norteamericana, según la cual «El poder judicial de los Estados Unidos no debe interpretarse que se extiende a cualquier litigio de derecho estricto o de equidad que se inicie o prosiga contra uno de los Estados Unidos por ciudadanos de otro Estado o por ciudadanos o súbditos de cualquier Estado extranjero». Pero habrá que esperar hasta los movimientos contraculturales y la efervescencia de la *American New Left* en las universidades a partir de los años sesenta para que arraigue el concepto así denominado con el significado justo y preciso que hoy sigue teniendo.

Se atribuye la adopción de este concepto de la *political correctness* a la influencia de las traducciones al inglés del *Little Red Book* (1964) y otros escritos de Mao Tse-Tung que desde finales de los años veinte mostraban la preocupación del líder por el mantenimiento de la ortodoxia ideológica en la actuación del partido. Se menciona, por ejemplo, un escrito de 1929 traducido con el título *On correcting mistaken ideas in the Party.* Mao insiste en consignas acerca de que la *línea correcta* pasa necesariamente por la lucha sin cuartel contra la *línea incorrecta*. Coincide así, según se ha estudiado, con la *correcta perspectiva política* que Trotski había enunciado ya en su texto de 1932 *Problemas de la Revolución china,* y su pensamiento a este respecto encuentra eco, por caso, en otro de los principales dirigentes comunistas, caído en desgracia cuando la revolución cultural, Liu Shao Chi, para quien, asimismo, la «línea correcta del Partido no podía separarse de su correcta línea organizativa».

La propia Doris Lessing postuló los orígenes comunistas de esta fraseología, utilizada también por Czeslaw Miłosz para describir la opresión del régimen polaco en su libro de 1951 *La mente cautiva*. Geoffrey Hughes registra a partir de 1970 frecuentes citas a la corrección política en libros y artículos periodísticos, a menudo asociadas a debates feministas.

Sin embargo, se ignora una fuente, no tanto de la expresión cuanto del concepto, que me parece de suma importancia, vinculada a la intensa vida política de los campus en aquellos años entre el comienzo de la guerra del Vietnam y el aplastamiento de la llamada «primavera de Praga» y sus secuelas.

Los centros californianos fueron un escenario privilegiado de estos movimientos, y en ellos profesaba el politólogo alemán Herbert Marcuse, que había sido asistente de Heidegger en Friburgo y luego había formado parte, junto a Adorno y Horkheimer, de la Escuela de Frankfurt, para convertirse ya en los Estados Unidos en el filósofo favorito de la *New Left*.

En plena movilización estudiantil publica en 1964, primer año de la guerra de Vietnam, su obra más destacada, *El hombre unidimensional. Estudios sobre ideología en la sociedad industrial avanzada*, pero me interesa más vincular con la corrección política otra línea de sus trabajos que había comenzado en 1956 con un libro del que es coautor junto a Paul Wolff y Barrington Moore titulado *Una crítica de la tolerancia pura*.

En el desarrollo de sus primeros postulados, Marcuse (2010) llegará a formular una teoría resumida en un oxímoron: la *tolerancia represiva*. En ella está el fundamento ideológico de la actitud coercitiva que desde el ámbito escolar universitario promoverá el salto de la corrección política hacia el conjunto de la sociedad.

Existe para él una *tolerancia destructiva* que es aquella consentidora de los ataques a la verdad, que cree poseer en exclusiva el que la ejerce. De este modo, se conceden bazas inadmisibles y políticamente incomprensibles a los detentadores de intereses espurios contrarios a la revolución social. Por ello, en el contexto en el que Marcuse se mueve —dedica su alegato a los estudiantes de la Universidad de Brandeis, en Massachusetts— propone una *tiranía educativa* que se enfrente a la *tiranía de la opinión pública,* dominada por agentes reaccionarios. Eso exige retirar la libertad de expresión y asociación a los grupos o movimientos «partidarios de una política de agresión, rearme, chauvinismo y discriminación por motivos raciales o religiosos», así como a todos los opuestos a cualquier política socialmente avanzada. Igualmente, será necesario implementar «nuevas y rigurosas limitaciones de las doctrinas y prácticas de las instituciones pedagógicas» que no vayan en la línea correcta, sin renunciar tampoco a ejercer la intolerancia «frente a la investigación científica que se realiza en interés de mortíferos "medios de intimidación"».

El ejercicio de esta *tolerancia represiva* debía partir, como así ocurrió realmente con la corrección política, del sector de la educación, de los estudiantes y profesores universitarios, para convertirse luego en una presión masiva y generalizada antesala de una franca subversión. La «suspensión» de la falsa tolerancia daría paso, si la gravedad de la situación de la sociedad así lo reclamase, a la «radical supresión del derecho de libre expresión y libre reunión», porque «es menester ayudar a los reducidos e impotentes grupos que luchan contra la falsa conciencia: su conservación es más importante que el mantenimiento de derechos y libertades de que se abusa y que permiten que surja aquella violencia legal que oprime a tales minorías». Como ya quedó apuntado, sin que Marcuse utilice todavía, hasta donde yo alcanzo con mi lectura de sus obras, la expresión *corrección política,* que comenzará a circular poco tiempo después, en su pensamiento militante, enfocado intensamente hacia las comunidades educativas de su país de adopción, está el más claro fundamento de esa forma de *tolerancia represiva* que llegará a arraigar hasta hoy fuera de los recintos universitarios, justificando lo que Ricardo Dudda resume en una frase impactante: «Los censores son hoy los buenos». También Félix Ovejero (2018) nos ha advertido acerca de nuevas pulsiones oscurantistas amparadas por un falso progresismo que prefiere la intimidación a los argumentos, de lo que tendremos la oportunidad de comentar más adelante algunos ejemplos.

Como antecedente remoto, e ideológicamente no marcado, de estos planteamientos cabe recordar que en 1939 el sociólogo alemán de origen judío Norbert Elías, en vísperas de la efímera, pero brutal, apoteosis nazi, puso en circulación el concepto de *proceso de civilización* tendente no tanto a conseguir la eliminación de la agresividad, la coerción brutal y la violencia cuanto a apartarlas de la vista y el conocimiento de las «personas civiles», como cuando se barre debajo de la alfombra. Para ello sería necesario un pacto colectivo en el seno de la sociedad civil para erradicar los comportamientos que la propia comunidad considerase reprobables por su zafiedad, grosería, impertinencia, descortesía, injusticia, agresividad, intransigencia, etc.

Pero no es de obviar la existencia de otros fermentos intelectuales o ideológicos que, procedentes de la vieja Europa, cayeron como agua de mayo sobre los campus en un momento de especial efervescencia política. Tales ideas solo podrían encontrar acomodo en esa especie de «reservas» libérrimas, consentidas en el ámbito de una democracia sólida pero férreamente ahormada por el sistema del capitalismo liberal. Si acabamos de atender al arraigo allí de los sociólogos neomarxistas de Frankfurt, diez o quince años después, no ya en los departamentos de Ciencias Políticas, sino en los de Humanidades triunfarán los santones de la «French Theory», que se convertirán en verdaderas estrellas en aquel firmamento académico, con un reconocimiento por parte de estudiantes y profesores muy superior al que encontraban en su propio país y entre los intelectuales europeos.

François Crusset (2003), ya mencionado por mí, bien refleja este sorprendente hecho en su libro sobre Foucault, Derrida, Deleuze y compañía, a los que atribuye la responsabilidad de significativas y radicales mutaciones en la vida intelectual norteamericana, aceptadas sin reserva en principio por los *scholars* y luego transmitidas en cierto modo a la sociedad. Entre esas mutaciones está, por cierto, las que yo relacionaré con la propia corrección política y con la posverdad.

Aquel capítulo sorprendente en la historia del comercio de ideas entre Europa y América, protagonizada ahora por los teóricos franceses, ha recibido un tratamiento narrativo irreverente y seductor a cargo de Laurent Binet, que publicó en 2015 su novela *La séptima función del lenguaje.* El mismo título prometía la presencia como personaje de la ficción del gran lingüista ruso Roman Jakobson, que dobló de tres a seis las funciones lingüísticas formuladas inicialmente por Karl Bülher, también emigrado, como Jakobson, a los Estados Unidos, donde falleció en 1963. Binet traslada desde París y Vincennes hasta Ithaca, la pequeña villa en la que está la Universidad de Cornell, a Derrida, Sollers, Kristeva, Lacan, Guattari, Deleuze, Baudrillard, Cixous y Barthes como si fuesen una manada de descabellados y estrambóticos figurones, que son recibidos con desigual talante por sus colegas norteamericanos, entre ellos Chomsky, Searle, Camille Paglia o Paul de Man.

Precisamente a un estudiante de Cornell se atribuye en este *thriller* académico de Binet la afirmación de que «en honor a la verdad,

Foucault es mucho más sexy que Chomsky», y el autor de *L'ordre du discours,* publicado en 1971, es el verdadero protagonista de la historia narrada, habida cuenta de que esta comienza con el accidente parisino de Barthes que le acarrearía la muerte en 1980. La fama de Foucault lo sobreviviría, y ya en nuestro siglo, cuatro lustros después de su fallecimiento, *The Times Higher Education Guide* lo destacará todavía como el autor más citado del mundo en el ámbito de las humanidades.

Más adelante me atreveré a valorar la impronta que algunas ideas suyas dejaron sobre los asuntos de que nos ocupamos, desde la «muerte del hombre» a la inconsistencia de la verdad como creación ficticia y arbitraria por parte del poder. Foucault se desengañó profundamente del Partido Comunista francés, pero flirteó con el maoísmo del grupo Izquierda Proletaria. A este respecto, como complemento a la teoría de Marcuse ya reseñada, considero igualmente fundamental para el arraigo de la corrección política la afirmación de Foucault (1970), incluida en *El orden del discurso,* de que no tenemos derecho a decir todo, no podemos hablar de todo en cualquier circunstancia. En definitiva, su propuesta de que «quienquiera que sea no puede hablar, por fin, de sea lo que sea» *(«que n'importe qui, enfin, ne peut pas parler de n'importe quoi»).*

Tan lacónica aseveración implica todo un modelo de censura como control textual que Stephen Packard traza en el libro de Marijan Dović (2008) de esta guisa: no digas ESTO; no digas esto DE ESTA MANERA; no digas esto EN ESTE CONTEXTO; TÚ no digas esto; y, por último, no digas esto HACIENDO ESO. Programa que la corrección política, en sus actuaciones más exacerbadas, cumple al pie de la letra.

Tabú y eufemismo

En términos de la lingüística, los investigadores de la semántica, desde Pierre Guiraud (1960) y Kurt Baldinger (1970) hasta Stephen Ullmann (1972) y Salvador Gutiérrez Ordóñez (2002), se han ocupado de dos cuestiones íntimamente relacionadas y de gran relevancia desde el punto de vista de la ciencia del significado.

La primera de ellas trasciende en principio la esfera del lenguaje, aunque tiene inmediatas repercusiones en él. Se trata del *tabú,* una palabra polinesia que el capitán Cook introdujo en su acepción prístina de aquello que está prohibido. En su estudio sobre el tema, Sigmund Freud destacará, así, que el tabú se expresa esencialmente en forma de prohibiciones y restricciones. Pero en cuanto a las lenguas, el tabú determina que la interdicción aplicada sobre ciertas personas, animales y cosas se extienda también a los nombres que los designan. Y la primera consecuencia de esta interdicción traslaticia es que la palabra inicial de lo que es tabú será descartada y sustituida por otra considerada en principio inofensiva, un *eufemismo,* término de origen griego y latino que se define en el diccionario académico como la manifestación suave o decorosa de ideas cuya recta y franca expresión sería dura o malsonante. O políticamente incorrecta, me permito añadir por mi parte.

Pero hay una diferencia fundamental, a lo que creo, entre el tabú propiamente dicho y su apuntada variante posmoderna. En el primero de los casos es la sociedad entera la que comparte, por razones religiosas, culturales o por mera superstición, el rechazo hacia tabúes de miedo, de delicadeza o de decencia, que imponen el respeto hacia aquello que no se debe pronunciar sino mediante eufemismos. Estos, por otra parte, deberán ser muy pronto desechados y sustituidos por otros términos, pues lo tóxico de la cosa acabará más tarde o temprano contaminando la palabra. Por eso los especialistas encuentran en este fenómeno una de las causas más activas del cambio semántico, del dinamismo lingüístico.

Por el contrario, la corrección política nace del rechazo a determinadas expresiones que designan realidades ingratas consideradas como tales por un grupo étnico, racial, religioso, político, ideológico o sexual. Es un tabú «sectorial», no atávico, generalizado, sustantivamente consensuado e incuestionado, rasgos en los que se identifica y funde con la solidez y estabilidad del lenguaje común, compartido por toda la sociedad.

Curiosamente, desde los mismos comienzos del fenómeno de la corrección política surgió una expresión eufemística para designarlo: la de *higiene verbal,* puesta en circulación a principios de los noventa por Deborah Cameron, que le dedicará todo un libro en 1995, luego secundada en Italia por Edoardo Crisafulli (2004). Se trata de introducir un conjunto de prácticas «higiénicas» con el objetivo de limpiar el lenguaje manteniendo su tradición o proponiendo mejoras ambiciosas, por ejemplo, las ortográficas o, en concreto, las tendentes a imponer la corrección política. En el fondo, el movimiento esperantista obedece a ese mismo impulso de higiene verbal. Pero la manifestación ahora más potente de dicha limpieza idiomática es la que, según Cameron, persigue adaptar rigurosamente la propia estructura y los usos de la lengua a los ideales de belleza, verdad, eficacia, lógica, corrección y civilidad que determinados grupos sociales dicen profesar. En esta línea, Geoffrey Hughes, más que de higiene verbal, habla de intervención abiertamente puritana para desinfectar el lenguaje suprimiendo algunos de sus rasgos considerados más desagradables y perjudiciales.

Algo que se había dado ya, a la luz de la Ilustración, con el rechazo de los revolucionarios franceses de 1789 hacia el denominado *abus des mots,* estudiado por Sabine Schwarze en la compilación realizada por Ursula Reutner y Elmar Schafroth (2012).

Inspirándose en la llamada de atención a este respecto hecha por John Locke en su *Essay Concerning Human Understanding* de 1690, sesenta años después Claude-Adrien Helvétius revitaliza el proyecto de liberar la lengua de los usos abusivos, incluyendo entre ellos no solo las inconveniencias y los prejuicios sino también las imprecisiones y enunciados confusos. Y como un brazo activo al servicio de estas propuestas, la *Societé des amateurs de la langue française,* fundada en 1791, brega por extender a través de su *Journal* la obra liberadora de la Revolución «a la lengua del primer pueblo libre», sobre el supuesto de que «sin una lengua bien hecha» (políticamente correcta, podríamos decir hoy), no prevalecerían «las ideas sanas», y sin ellas no hay felicidad posible («*il n'est point de bonheur*»). Mas, como la experiencia propia y la memoria histórica vienen a demostrarnos, a veces con buenas intenciones se producen malos resultados, según hemos visto ya en el caso de la sustitución fallida del calendario gregoriano por el revolucionario.

La misma autora de esta *Verbal Hygiene* objeta, sin embargo, que en estas operaciones profilácticas, de antes y de ahora, van implícitos ciertos riesgos; por ejemplo, el someter el lenguaje a violencia y destruir la libertad de los hablantes pervirtiendo el significado de las palabras, o el trivializar la política por centrarse en la supuesta culpabilidad de lo que se dice y cómo se dice, y no en la realidad subyacente.

No menores reservas hacia los excesos de una *igiene verbale,* identificada con la corrección política, manifiesta Edoardo Crisafulli, que no duda en hablar de un «oscurantismo anti-iluminístico», de un «bolchevismo cultural» que amenaza la libertad de palabra y somete a las mejores inteligencias a un *bieco* (siniestro) conformismo intelectual. Censura la *intimidazione publica* a que son sometidos los discrepantes de esta corrección, reos del ostracismo social y profesional. E identifica el movimiento, que considera también nacido en los campus norteamericanos bajo la influencia del multiculturalismo, como una expresión anacrónica del nominalismo escolástico, filosofía idealista según la cual la política de higiene verbal puede cambiar la realidad de las pulsiones sociales más ingratas e injustas. Para Cristafulli, los filósofos y filólogos posmodernistas se pirran por los *giochi di parole*.

En este sentido, el tratadista italiano, que comparte la postura sumamente crítica de Giovanni Sartori sobre el multiculturalismo, es mucho más claro en su libro sobre la higiene verbal que su colega de Oxford Deborah Cameron. Ella se manifiesta, así, abiertamente crítica contra las ideas de George Orwell sobre el *newspeak* que en su momento pudieron parecer distópicas, pero hoy por hoy se ajustan asombrosamente a lo que está ocurriendo con la corrección política, según tratará mi último capítulo. Pero a la vez, Cameron reacciona en términos severos contra Robert (no Geoffrey) Hughes, cuyo libro *Culture of Complaint: The Fraying of America* se había publicado dos años antes de la primera edición de *Verbal Hygiene*.

En concreto, rechaza abiertamente que los excesos correctivos que Robert Hughes denuncia, y en algunos casos describe con ironía o, incluso, sarcasmo, vayan a destruir la lengua. Su defensa del *common language* le parece a Cameron fuera de lugar, pues este se basa «on a massive repression of difference». Aunque reconoce la existencia de un cierto *language instinct,* una amplia cultura popular del lenguaje compartida por mucha gente, para ella, autora en 1985 de un enérgico estudio sobre *Feminism and Linguistic Theory,* el sueño de un «lenguaje común» es totalizante e imperialista, de modo que cuando Robert Hughes defiende la integridad de la lengua, en realidad está sobreactuando como si esta fuese de su propiedad.

Cameron contrapone a este presunto patrimonialismo, por ejemplo, el derecho de cada grupo social a elegir su propio nombre, a exigir ser denominados como desean sus miembros, lo que debe imponerse como un principio de uso comúnmente aceptado. Umberto Eco (2006), al tiempo que considera los excesos que denunciamos como una huida hacia delante que a lo más que llega es a suprimir las palabras, pero no los problemas reales, sugiere practicar con mesura la corrección política «utilizando el sentido común» para lo que acaso haya que «dejar que los otros decidan cómo quieren ser llamados».

Más recientemente, y entre nosotros, Ricardo Dudda ha coincidido en distanciarse del catastrofismo que encerraba la tesis de la neolengua en la distopía orwelliana, cuyas predicciones le parecen que no se están cumpliendo. Viene a identificar básicamente a los enemigos de la corrección política con el conservadurismo, pese a que ni Orwell ni Doris Lessing ni Phillip Roth fuesen derechistas. Reconoce que el clima universitario del que nace la corrección, y sus consecuencias políticas, tienden a arrumbar el universalismo racionalista e intelectual para cultivar exacerbadamente la diferencia, algo que está, como también veremos, en la base de teorías populistas como las de Ernesto Laclau y Chantal Mouffe. Pero coincide con los seguidores de Foucault en negar la neutralidad del lenguaje, los símbolos y la propia libertad de expresión, y valora la corrección política como «un intento loable de reducir la crueldad y fomentar el respeto y una defensa de la dignidad de individuo». En Estados Unidos un destacado *scholar* en el campo de la teoría literaria, Stanley Fish (1994, 1995 y 2019), milita desde el comienzo de estos debates en el bando de los que niegan que la libertad de expresión sea absoluta, un fundamento intocable, casi sacral, de la democracia, y acepta la legitimidad de los *Speach codes* impuestos por las autoridades universitarias en sus recintos.

Códigos que pueden ir más allá de cómo se habla. Hay, por ejemplo, videos que establecen las normas para poder disfrazarse con corrección política, sin ofender a nadie. Bien lo sabe el primer ministro canadiense, Justin Trudeau, que en plena campaña electoral en otoño de 2019 tuvo que disculparse por una vieja fotografía en la que aparece caracterizado de Aladino durante una fiesta de disfraces cuando tenía 28 años.

La revista *Time* publicó la foto y llovieron las expresiones de *cancelación* contra el político, tachado de racista y culpable de otro frente abierto cual es el de la llamada «apropiación cultural», por la que se entiende utilizar desde una posición hegemónica elementos pertenecientes o asociados a una determinada cultura que se considera minoritaria o «minorizada». Trudeau, del Partido Liberal, se ha distinguido siempre en Canadá y fuera de su país por su defensa del multiculturalismo y la diversidad. Pero las fiestas de disfraces están sometidas a un riguroso escrutinio por parte de la corrección política, porque además del racismo se comete «apropiación cultural» si alguien se disfraza de indio de las praderas sin serlo, o de samurái no habiendo nacido en Japón.

Precisamente Robert Hughes denunciaba hace ya décadas un lenguaje sometido a la corrección y corroído por la «falsa piedad y el eufemismo». Así, las dos dimensiones fundamentales del fenómeno que él fue uno de los pioneros en analizar son las siguientes. En primer lugar, lo que denomina con desparpajo *el culto al niño interior maltratado.* Según él, en la sociedad norteamericana, a la que pone en evidencia, «los únicos héroes posibles son las víctimas», y «la queja te da poder, aunque ese poder no vaya más allá del soborno emocional o de la creación de inéditos niveles de culpabilidad social». Se crea, así, una «infantilizada cultura de la queja, en la que papaíto siempre tiene la culpa y en la que la expansión de los derechos se realiza sin la contrapartida de la otra mitad de lo que constituye la condición de ciudadano: la aceptación de los deberes y las obligaciones». Por otra parte, con posterioridad otros estudiosos de la corrección política o de fenómenos conexos como, por ejemplo, Theodore Dalrymple (2017), han apuntado que en este contexto una víctima es todo aquel que se considera a sí mismo como tal, sin que su declaración sea sometida a escrutinio, camino que puede conducir a verdaderas imposturas como la que Javier Cercas narra en su novela de 2014 sobre el falso superviviente de los campos de concentración nazis Enric Marco Batlle. Volveremos más adelante sobre este asunto, que sigue vigente con redoblada virulencia tal y como vienen a demostrar Bradley Campbell y Jason Manning en su libro (2018) sobre lo que denominan «cultura del victimismo».

Anunciaba también Hughes las primeras contaminaciones de la corrección política en el lenguaje como el triunfo del eufemismo. La palabra *afroamericano,* por ejemplo, lo es, por volver al episodio de Zaide de mis cursos en Boulder. Pero no podemos desconocer que su falta de idoneidad y decoro para denominar a los negros se ha puesto en evidencia con el nombramiento de Kamala Harris presentada como «la primera afroamericana en aspirar a la vicepresidencia de la Casa Blanca», cuando es hija de india y jamaicano, una mujer eminente a la que Trump, con su estrambótica retórica, se apuró a calificar como «desagradable, la más mala, la más horrible, la más irrespetuosa de todos en el Senado». Entre la última bibliografía española que he leído para redactar *Morderse la lengua* figura precisamente un libro de Felipe Botaya (2016) titulado sensacionalistamente *¡No le llame negro, llámele subsahariano! Guía para conocer y evitar ser «políticamente correcto»*.

Más o menos cuando yo me veía en aquella comprometida situación picaresca, en 1988 el *New England Journal of Medicine* exigía a sus colaboradores, cirujanos o forenses, no escribir nunca la palabra *cadáver*, sino sustituirla por la forma compleja «persona no viva». Con humor concluía Hughes: «Por extensión, un cadáver gordo es una persona no viva de diferente tamaño». En la misma clave risueña, al constatar que la exigencia de un lenguaje políticamente correcto no había tenido prácticamente ninguna resonancia en Europa, salvo, quizás en el Reino Unido, Hughes se permite un chiste: en Francia a nadie se le había ocurrido hasta el momento cambiar el nombre de Pipino el Breve por el de «Pipino el verticalmente desajustado». Umberto Eco (2006), en sus escritos en contra del populismo mediático, aconseja no llamar a su máximo responsable, el presidente Berlusconi, «persona verticalmente desfavorecida pendiente de poner remedio a una regresión folicular» en términos políticamente correctos.

No es difícil hacer caricatura de algunas ocurrencias políticamente correctas, pero hay que comprender también la razón que tienen en otras ocasiones personas o grupos que se sienten ofendidos en sentimientos suyos, que son nobles, por la forma en que las palabras de uso común los designan. En el próximo capítulo, cuando comente palabras y expresiones concretas, mencionaré, por ejemplo, el caso de *kamikaze,* que en varios idiomas se usa actualmente sobre todo para referirse a un terrorista que lleva a cabo un atentado suicida, y para los japoneses sigue siendo un héroe que entrega en batalla su vida al emperador y a su país.

En mi opinión, sin embargo, pecó Hughes por excesivo optimismo cuando sugiere que la marea de lo políticamente correcto bajaría, al menos en parte, porque los jóvenes acabarían hartos de tanta mojigatería verbal en los campus.

No está siendo así, desafortunadamente. Y la única *reacción* contra esta marea negra de las mentes y de las palabras se viene produciendo en el doble sentido de la palabra *reacción,* el político y el puramente etimológico de «acción en retroceso». Me refiero al rechazo de lo políticamente correcto por parte de los *reaccionarios* de la América profunda que votan a Donald Trump, quien también brama contra ello en sus mítines y en sus tuits al tiempo que se convierte en el gran padrino de la posverdad, como tendremos oportunidad de tratar más adelante. Asombrosa paradoja: el cuadragésimo quinto presidente de los Estados Unidos, que superó al parecer la prueba selectiva para entrar en la universidad *per interposita persona* y que siempre se manifiesta hostilmente contra estos reductos de «liberales», se ha convertido en el látigo fustigador de la corrección política practicando exactamente lo contrario, un lenguaje opuesto a las más elementales normas no solo de la diplomacia, sino de la simple cortesía y buenas formas en que las familias educan a sus hijos. Pero a la vez abusa de la posverdad, expresión posmoderna de las inveteradas mentiras de empleo generalizado en el debate partidista y eficaces colaboradoras del poder, que, como intentaré justificar en el correspondiente capítulo de *Morderse la lengua,* debe mucho al sustrato filosófico aportado por el nihilismo epistemológico y la quiebra poshumanista de la racionalidad.

Lo cierto, volviendo a la profecía fallida de Robert Hughes, es que en los campus de Estados Unidos, y también de Inglaterra, treinta años después de *La cultura de la queja* incluso podría decirse que vamos a peor.

ESPACIOS SEGUROS

La corrección política, exacerbada, ha dado lugar últimamente a la aparición de los llamados *safe* (o *safer*) *spaces*. Consisten en una iniciativa dinamitadora del ideal filosófico que la enseñanza universitaria debería alentar; esto es, el de regir nuestras conductas y, en general, nuestras vidas, no exclusivamente por los sentimientos, las emociones, los prejuicios o las pasiones, sino por la racionalidad, atributo privativo de nuestra especie. La filosofía nos enseña a tener criterio propio, a no dejarnos engañar por los cantos de sirena de unos y otros, y el conocimiento en general nos hace sabios como para ello.

Pero este ideal, vigente desde la Ilustración o incluso desde antes, desde el humanismo renacentista, está cediendo terreno al *razonamiento emocional,* formulado por David D. Burns en su obra de

1980 *Feeling good: the new mood therapy* (no confundir con la canción de Nina Simone), con antecedentes directos en libros de autoayuda como, por ejemplo, *I'm OK, You're OK* que Thomas A. Harris había publicado en 1969. Según Burns, hay que dejar que sean nuestras emociones y sentimientos los que determinen nuestras interpretaciones de la realidad. Y hay que evitar que la presentación cruda de esta altere nuestro equilibrio interior. Por eso, en la universidad se debe eludir la controversia. Los profesores deben olvidarse de la libertad de cátedra, y preocuparse sobre todo de cómo sus lecciones puedan afectar al estado emocional del alumnado.

La profesora Judith Shulevitz fue una de las firmantes de la carta contra la llamada «cultura de la cancelación», y publicó también en 2020 en la *Sunday Review* de *The New York Times* del 22 de marzo un artículo titulado «En la universidad, a salvo de las ideas que dan miedo». Su postura coincide, con total independencia, con la línea del grupo FIRE (Foundation for Individual Rights in Educaction), defensor de la libertad de cátedra y de expresión. Aparte de mencionar casos de linchamientos como los del protagonista de Phillip Roth por la aplicación de códigos de lenguaje a expresiones inocentes realizadas al amparo de la libertad en el aula, pero causantes de la destrucción reputacional de los profesores, Shulevitz ya había contado con anterioridad lo que había sucedido cuando en una universidad de Nueva Inglaterra (Brown) se organizó un debate sobre las agresiones sexuales en el campus, en el que participó un intelectual libertario, Wendy McElroy, junto con la líder feminista Jessica Valenti (mi fuente, también la *Sunday Review* de *The New York Times*, 21 de marzo de 2015).

Pues bien, un grupo de alumnos más bien timoratos protestaron porque plantear y discutir ideas o prácticas negativas y controvertidas podía desequilibrarlos, cuando la universidad debería ser para ellos, y para todos los alumnos, un *espacio seguro*.

Y las autoridades educativas se sintieron concernidas: habilitaron a tal fin una sala contigua a la de los debates donde los afectados pudieran acudir para recuperarse y, si se sentían con fuerzas, regresar luego a la mesa redonda. La equiparon con cuadernos para colorear, juegos de plastilina, cojines, música relajante, mantas, galletas, chuches y un video con perritos juguetones. Añadieron la presencia activa de algunos psicólogos de apoyo. Por el «lugar seguro» pasaron al menos dos docenas de personas, al parecer inseguras de sí mismas ante las provocaciones académicas exteriores. Una dijo que había sido su salvación, pues «me sentía bombardeada por unos puntos de vista que van en contra de mis creencias más íntimas».

Desafortunadamente, están proliferando en el mundo anglosajón estos *safe spaces,* o *safer spaces,* también denominados *positive spaces*. En septiembre de 2016, la *premier* Theresa May advirtió contra ellos. Y en USA, sus partidarios llegan a argüir que la Primera Enmienda de la Constitución no justifica el uso de un lenguaje que pueda producir daños emocionales entre los alumnos, cuyo desarrollo psicológico en ciernes los mantiene todavía en un alto nivel de vulnerabilidad. Un profesor de Cardiff, Richard Dawkins, lo ha dicho con claridad: la universidad no puede ser eso. El que busque semejante seguridad, que se vaya a casa, «abrace a su osito de peluche y se ponga el chupete hasta que se encuentre listo para volver». Keith E. Whittington (2018), uno de los profesores de Princeton más activos en la lucha por recuperar la libertad intelectual, fue asimismo tajante al denunciar que los estudiantes que reclaman espacios seguros tenían su sitio en un Starbucks y no en un *college.* Y Van Jones, un activista y también consejero de Barak Obama para la promoción de los llamados *green* o *eco jobs,* los empleos ligados a actividades respetuosas con el ecosistema y la biodiversidad, en una intervención de 2017 ante estudiantes de la Universidad de Chicago rechazó igualmente el *safetysm* de algunos diciéndoles: «No quiero que estéis seguros emocionalmente. Quiero que seáis fuertes. Es muy distinto. No voy a pavimentar la selva para vosotros. Quiero que os calcéis las botas y aprendáis cómo bregar contra la adversidad».

Por suerte, la reacción contra estas tendencias destructivas de la esencia universitaria no tardó en producirse. A raíz de las demandas estudiantiles de «espacios seguros», esa misma Universidad de Chicago había creado ya en 2015 un comité para reafirmar los principios de la libertad de expresión en sus recintos presidido por el profesor de derecho Geoffrey Stone. La conclusión principal de su informe fue que seguía siendo un compromiso ineludible defender el principio de que el debate y la deliberación no podían nunca ser coartados por el hecho de que las ideas presentadas fuesen consideradas por algunos —o incluso por la mayoría de los estudiantes— mal enfocadas, insensatas, ofensivas o inmorales.

Había sido muy controvertida también la presencia en Yale del Premio Nobel William Shockley, defensor de la inferioridad intelectual genética de la raza negra. Y en este caso fue el historiador C. Vann Woodward el que lideró el comité que afirmó la libertad sin trabas, «el derecho a pensar lo impensable, discutir lo inmencionable y desafiar lo indiscutible», pues la universidad es, por su propia naturaleza y misión, «un foro para lo provocativo, lo perturbador y lo no ortodoxo».

Subyace a tan sorprendente regresión una hipersensibilidad egocéntrica relacionable con aquella idea expresada por Hughes de que la víctima es el héroe de nuestro tiempo. Va ello acompañado por la sustitución de la reflexión y la argumentación racional por la experiencia y los sentimientos personales. Surge, así, en estos «espacios seguros» un clima de suspicacia infantiloide que genera su propia terminología, con frecuencia tomada en préstamo de las terapias relacionadas con el desorden provocado por el estrés postraumático (PTSD, «posttraumatic stress disorder»).

Cualquier nimiedad en la relación interpersonal puede ser considerada una *microagresión;* por doquier pueden asomar *trigger warnings,* avisos de posibles traumas; ello favorecerá la práctica del *nonplatforming* (negación de cualquier posibilidad de expresarse en una tribuna pública a los que postulan ideas distintas); una *call-out culture,* o práctica del chivatazo contra las *misconducts,* los comportamientos inadecuados, que pueden ser enseguida calificados como expresiones de *hate speech* (discurso de odio) o *cultural appropiation* (que se produce, como he mencionado ya a propósito de los disfraces, cuando alguien de una cultura recurre, o incluso defiende, elementos de otra distinta); florecerán, por tanto, los individuos concentrados en el *virtue signalling,* en marcar a los demás el rumbo verdaderamente virtuoso, el sendero de la corrección política de la que esas personas se consideran curadoras por mor de su incuestionable superioridad moral, totalmente laica, por supuesto.

Paréntesis: en capítulos posteriores trataré de cómo la tecnología sustenta en nuestra sociedad muchos desarrollos tanto de la corrección política como de la posverdad. Los algoritmos lo gobiernan casi todo, y resulta fascinante, cuando no motivo de preocupación, pensar en el futuro de la inteligencia artificial. Por eso no dejaré de mencionar un caso extremo relacionado con las patologías sociales que se manifiestan en fenómenos como los «espacios seguros».

Facebook tuvo que pedir disculpas el 6 de julio de 2018 después de clasificar como discurso del odio la Declaración de Independencia de los Estados Unidos. Hubo de restituir en su plataforma la publicación *The Liberty County Vindicator* porque la máquina había considerado políticamente incorrectos los párrafos (del 27 al 31) de la Declaración, que se referían a los «despiadados indios salvajes».

Universidades como la de Michigan o Wisconsin llegaron a establecer listas con distintas «categorías de victimización» que debían ser protegidas contra aquel discurso del odio, y en ambos casos sus resoluciones en este sentido fueron declaradas inconstitucionales por los jueces. El Dickinson College de Pensilvania elaboró también su propia lista con diez posibles perfiles de víctimas, y reguló lo que denominaba *bias incident protocol* para procesar las denuncias contra posibles agresiones, ejecutadas o simplemente amagadas.

Discurso de odio es una etiqueta que puede abarcar una vaga y a veces disparatada panoplia de supuestas o reales ofensas, y que en los Estados Unidos ha abierto la puerta, como denuncia Whittington, a una selectiva y abusiva ejecución de prácticas coercitivas contra conferenciantes e ideas. Desde un pequeño campus de Vermont en el que fui visitante, Middlebury College, trascendieron en 2017 a todo el país los escraches contra un científico social conservador, Charles Murray, que había sido invitado a disertar en uno de sus auditorios y no pudo hacerlo en ninguno, perseguido por los gritos de *go away, racist, sexist anti-gay.*

Igualmente, en su último libro a la fecha, Stanley Fish (2019) comenta el caso del Reed College, de Oregon, donde un grupo autodenominado *Reedies against Racism* (RAR) se opuso drásticamente contra un curso de Humanidades —y contra la justificación del mismo por sus profesores— que incluía lecciones sobre Mesopotamia, Persia, Egipto y el Mediterráneo, por considerarlo eurocéntrico, «caucasoide» y, en todo caso, «oppressive». Protestaban también, literalmente, por verse «forzados a estar sentados varias horas siguiendo clases baldías oyendo a cenizos adultos disertando sobre Aristóteles». Varios de estos profesores así calificados pidieron la baja por depresión.

En el Oberlin College de Ohio se exigió, asimismo, que los docentes borrasen de sus sílabos todos los textos que podrían servir como *trigger* —literalmente «gatillo»— de una amplia gama de agresiones relacionadas con los privilegios y la opresión. En el Occidental College de Los Ángeles los alumnos declararon que la bandera norteamericana era *particularly triggering* y no podía ondear por ello en el recinto, incluso en una ceremonia de recuerdo a las víctimas del 11 de septiembre. En Wellesley, prestigiosa universidad femenina de Massachusetts, hubo que retirar del museo una escultura de una muchacha sonámbula porque suscitaba el temor a un asalto sexual. Y ante la intensificación de estas demandas de *trigger warnings,* la propia American Association of University Professors protestó porque se estuviese priorizando el supuesto confort emocional de los alumnos en vez de la exigencia de formarlos intelectual y humanamente. Ya en 1940 esta organización había hecho público su *Statement of Principles on Academica Freedom and Tenure* en que advertía clarividentemente el peligro de censurar en las universidades lo inconveniente, lo molesto, lo ofensivo o lo simplemente impopular, y afirmaba que para los docentes y administradores no había otra alternativa que oponerse tajantemente *if we are dedicated to the pursuit of truth,* lo que constituía para ellos «la más noble e importante misión de la universidad moderna».

Como reacción a este neopuritanismo coercitivo y censorial, desde 2018 un grupo de universitarios anglosajones publican un *Journal of Controversial Ideas,* tribuna abierta a la publicación anónima de artículos académicos que podrían acarrear represalias a sus autores si pusieran sus respectivas filiaciones al frente, en aras de la preservación contra viento y marea de la libertad de cátedra e investigación.

Sin embargo, y por desgracia, algunas de las más reconocidas instituciones de enseñanza superior en el Reino Unido tampoco se han mantenido al margen de estas tendencias contrarias a la libertad académica y de expresión surgidas al otro lado del Atlántico. Keith E. Whittington (2018) recuerda cómo el King's College de Londres exige a los conferenciantes invitados la entrega de los textos de sus intervenciones antes de que estas se produzcan; el University College no autoriza las presentaciones que puedan resultar «ofensivas o provocativas», y prohibió un «Nietzsche Club» por la admiración de Hitler y muchos de sus partidarios hacia el filósofo alemán.

Los agentes —en muchos casos estudiantes— empeñados, en virtud de aquel *virtue signalling,* en imponer la senda de la corrección política a los gentiles se sienten investidos —como ya apunté— de una superioridad moral laica. Hablamos de una ética ajena al cristianismo, pero también al imperativo categórico kantiano. Ambos extremos, religioso y filosófico, sustentan una «concepción excesivamente racionalista de la ética» que, como apunta Victoria

Camps (2011), «el discurso actual sobre las emociones pretende corregir». Inmersos en el «culto a la emoción» del que habla Michel Lacroix, se pretende sustituir el reduccionismo racionalista por un reduccionismo emocional. Pero el sentimentalismo —tal y como lo define Camps— es el sentimiento sin la guía de la razón, pese a lo cual en demasiados ámbitos de la actividad humana, y muy destacadamente en la política, parece triunfar el abandono de los razonamientos para recurrir directamente al corazón: «En suma, hay que sentir en lugar de aprender a pensar».

Enclaves privilegiados para el cumplimiento de tal designio son los lugares seguros, los *safe spaces* a los que nos referíamos líneas atrás. Para ello hay que sacrificar, en la universidad, las libertades de expresión y de cátedra, para preservar enfermizamente el equilibrio emocional de unos alumnos a los que nada, ni la propia verdad de las cosas, debe alterar. Estudiantes condenados a abandonar los anfiteatros, laboratorios y bibliotecas de los campus con una incólume mentalidad y personalidad infantil. Y la corrección política coadyuvando siempre.

Apunta esta estrategia, efectivamente, hacia una quiebra de la racionalidad que en otro capítulo he de analizar como sustrato de una posmodernidad alentadora de la posverdad y la corrección política. Una regresión reaccionaria, aunque en algún caso promovida desde sedicentes posturas progresistas, que niegan frívolamente los logros y atentan contra los beneficios aportados a la humanidad por la Ilustración.

Cuando Inmanuel Kant (1784-1798) respondía a finales del Siglo de las Luces a la pregunta de qué es la Ilustración, la definía como la liberación del ser humano de su culpable incapacidad. Culpable por la falta de decisión en servirse de la propia inteligencia para comprender el mundo. Y así, el lema que propone el filósofo de Königsberg se resume en dos palabras latinas tomadas de una epístola del poeta Horacio: *Sapere aude!* Atrévete a saber, ten el valor de servirte de tu propia razón. Exactamente lo contrario de lo que se postula en los *safe spaces,* concebidos y programados para perpetuar la infancia intelectual de los universitarios. Para que no abandonen, con ayuda de sus tutores profesorales, la cómoda condición de eternos pupilos, que no necesitan emanciparse, a los que no les hace falta pensar. Renuncian a la libertad de hacer uso público de su razón inteligente.

Uno de los precursores de la defensa de esta tradición, en la que tantos nos sentimos realizados como seres pensantes y ciudadanos demócratas, fue Alain Finkielkraut, que en los albores de la deconstrucción posmoderna tocó a rebato en 1987 avisando de la *derrota del pensamiento*. Incluso, y son sus palabras, pronosticando el triunfo de la memez sobre el raciocinio.

Por una parte, y en la misma dirección de lo que he expuesto a propósito con los «espacios seguros», Finkielkraut muestra su preocupación, que seguimos compartiendo casi cincuenta años después, por lo que califica «una sociedad finalmente convertida en adolescente». Radicalmente crítico con la deriva de los sistemas educativos en el primer mundo, pese al objetivo ilustrado que finalmente se logró de la democratización masiva de la enseñanza, denuncia la confusión en las aulas entre *el maestro que instruye y el amo que domina.* Ello implica también «la destrucción del lenguaje», «la aniquilación de la significación» que es el mantra de Jacques Derrida y sus torpes acólitos en el nuevo mundo norteño, y conduce a la aporía de «mirar a los jóvenes como a los mensajeros de no sé qué verdad absoluta». Lo malo, según el implacable diagnóstico de aquel otro maestro francés, es que «la barbarie ha acabado por apoderarse de la cultura. A la sombra de esa gran palabra, crece la intolerancia al mismo tiempo que el infantilismo». *Intolerancia:* léase con Marcuse *tolerancia represiva*. En dos palabras (que Finkielkraut por supuesto no usa: era un poco pronto), *corrección política.*

Pero también he de hacerle los honores a Alain Finkielkraut por la vinculación que establece entre los lodos posmodernos y polvos que vienen de un pasado contradictorio con la luminosa consagración de la racionalidad en el siglo XVIII. Porque frente a aquellos «apacibles legisladores de la razón» que fueron los ilustrados europeos de la época, surgen voces totalmente opuestas, cuyos ecos llegan hasta nuestro presente, y explican varias de las miserias que nos agobian. Por ejemplo, el pensamiento de Johan Gottfried Herder, secundado por contrarrevolucionarios franceses como Joseph-Marie de Maistre, la antítesis de Emmanuel Kant. Herder hizo condenar por el tribunal presidido por la diosa Diversidad todos los valores universales proclamados por el autor de la *Crítica de la razón pura* y asumidos por las revoluciones políticas e intelectuales que dieron paso a la modernidad.

Finkielkraut establece una relación arriesgada, pero yo no creo que arbitraria ni incongruente, entre la dialéctica Kant (universalismo) versus Herder (el particularismo del *Volkgeist*) y la evolución de la política cultural liderada por Naciones Unidas a través de su brazo específico que es la UNESCO. En 1945, cuando todo comienza después del apocalipsis de la Segunda Guerra Mundial producida en medio siglo, némesis de la adolescente modernidad, la organización de la ONU para la educación, la ciencia y la cultura se inspira inicialmente en la filosofía de la Ilustración, que es de la que viene también la Declaración Universal de los Derechos Humanos adoptada y proclamada por la asamblea general de París en diciembre de 1948. Pero muy pronto aquel sólido punto de partida y fundamento se ve socavado por el virus de la mala conciencia europea, alimentada en gran parte por el pensamiento, entre otros, del antropólogo Claude Lévi-Strauss.

A modo de un prestidigitador, el autor de *La pensée sauvage* y *Le regard éloigné* proclama desde la tribuna de UNESCO que no se trata de convocar a los demás a la razón, sino de abrirse a la razón de los demás. La cultura europea no es una referencia, sino una variedad perecedera y fugitiva en la evolución de la humanidad. En 1971 la organización lo invita a inaugurar el año contra el racismo, y su intervención consagra lo que Finkielkraut califica como la «religión de la diferencia», palabra y concepto este con el que jugará Derrida. Asume, de tal modo, la filosofía de la descolonización, crudamente combativa contra el eurocentrismo, amparándose en los argumentos forjados en la lucha dialéctica contra las Luces por el Romanticismo alemán, del que Herder fue paradigma. Como proclamará enseguida Foucault, ha sobrevenido la muerte del hombre y la decadencia de los valores universales. Reina ahora la «identidad cultural», cuyas bestias negras son el individualismo racionalista y el cosmopolitismo. Y la conclusión, premonitoria, de Finkielkraut es inequívoca: «Los profetas de la *posmodernidad* exhiben actualmente el mismo ideal».

Sentimentalismo tóxico

No resultará inapropiado, llegado a este punto de mi capítulo sobre la corrección política, servirme de un concepto de enunciado tan expresivo como el de *sentimentalismo tóxico.* El médico inglés que firma con el seudónimo de Theodore Dalrymple (2010) entiende por tal el culto exacerbado de la emoción hecha pública que puede estar corroyendo nuestras sociedades. También lo denomina en algunos casos *sentimentalismo romántico,* lo que en cierto modo resulta un pleonasmo, una redundancia en las palabras innecesaria salvo por exigencias estilísticas, ya que el Romanticismo representó en el siglo XIX un desvío del racionalismo anterior en lo que militaron pensadores, por ejemplo, como el recién citado Herder, que adelantó algunos de los rasgos menos favorables de la posmodernidad.

De todo ello pienso tratar en un próximo capítulo de *Morderse la lengua,* así como de la conexión entre este sentimentalismo con la llamada «inteligencia emocional». Pero no me demoraré en reseñar que, según Dalrymple, la corrección política representa un intento de que el sentimentalismo sea casi obligatorio, o al menos socialmente exigible.

Porque para Dalrymple, la lingüística, y sus aplicaciones a la educación, están aliadas con él. A partir del libro *El instinto del lenguaje* de Steven Pinker, gran defensor más recientemente de la Ilustración (2018), se ha generalizado, sobre todo en el Reino Unido —como ya he mencionado muy de pasada—, la tesis de que la lengua no es necesario enseñarla, sino que forma parte del bagaje inherente a la dotación genética y biológica de todos los niños, sin que la forma en que cada uno se expresa sea superior o inferior a cualquier otra.

De ahí proviene, según Dalrymple, la idea de que la instrucción y el conocimiento son enemigos del genio natural común a todos nosotros, porque hablamos como las arañas tejen sus telas. Y de tal modo, la práctica de educar jugando o intuitivamente ha llevado a un adoctrinamiento basado en el sentimentalismo.

Así, por ejemplo, en la enseñanza de la historia, incluso en las universidades, percibe un predominio absoluto del moralismo emocional, que sobre el supuesto de que siempre ha habido una lucha entre opresores y oprimidos, afirma la autoestima moral por parte del estudiante. El estudio, por caso, de los genocidios ha desplazado, según el autor, cualquier otro aspecto o dimensión de la historia.

Y en cuanto al lenguaje, la corrección política, tan arraigada en los campus, lleva en su seno la pretensión de reformarlo a favor de un fin político, que Dalrymple considera por lo general utópico, y por lo tanto romántico y sentimental, algo que «al mismo tiempo se desea —o al menos se dice que se desea— y que se sabe imposible».

Como consecuencia insana, se ha inculcado en la población británica, a la que se refiere casi exclusivamente el autor, el hábito de insinuar la falsedad, ocultando la verdad, a través del recurso constante al eufemismo de la corrección política. Aduce, a este respecto, la orden «absurda, grandilocuente y sentimental» recibida por los profesores de niños severamente incapacitados para que los llamaran siempre «estudiantes», como si la dura realidad de su situación pudiese alterarse por un simple decreto burocrático.

Dalrymple define el sentimentalismo romántico o tóxico como la expresión de las emociones sin juicio, lo contrario de lo que Victoria Camps postula en su libro ya citado. Se caracteriza, además, este sentimentalismo por un exceso de emociones no siempre genuinas, sensibleras y sobrevaloradas si se las compara con el ejercicio de la razón pensante. Y destaca, además, un rasgo que también encontramos en la corrección política: no basta con derramar una furtiva lágrima en privado, sino que hay que hacerlo ante un auditorio cuanto más amplio mejor; y no digamos, ante las cámaras de la televisión en los llamados *reality shows*.

Pero yo advierto una nueva convergencia entre sentimentalismo y corrección. En el primero, según Dalrymple, siempre hay algo «coercitivo o intimidatorio» transmitido al público. A los sentimientos expresados es obligado unirse, o al menos abstenerse de enjuiciarlos negativamente, para no ser tachado de insensible «o incluso cruel». Hay que participar de ese «fétido pantano emocional», como también morderse la lengua frente a las expresiones políticamente «incorrectas».

Esta «superficialidad emocional moderna» consagra aquello que Robert Hughes ya proclamaba: el protagonismo heroico de las víctimas. Dalrymple atiende también, desde su teoría del sentimentalismo romántico o tóxico, al segundo gran tema de mi libro, la posverdad. Y recurre a un caso concreto, debidamente contrastado. Una belga católica, Monique de Wael, se hizo pasar por judía, con el nombre de Misha Defonseca, que huyendo del gueto de Varsovia acabó en Ucrania prohijada por una manada de lobos. No fue arduo, dado lo inverosímil de su historia, demostrar la falsedad de esta biografía apócrifa, difundida además en forma de libro, pero su autora no se retractó de lo escrito aduciendo que su verdad no era del tipo de la que se corresponde con la realidad fáctica. No era «una historia», adujo, sino «mi historia». Ya en el reino de la posverdad, una asesora de Trump (Kellyanne Conway), que se ha hecho famosa por ello, justificaba uno de los embustes más burdos del presidente porque estaba basado en «hechos alternativos».

Habida cuenta de este panorama, la conclusión de ese médico y ensayista británico cuyo nombre real es Anthony Daniels resulta poco halagüeña. Hoy por hoy, para ser considerado una buena persona hay que mostrar unos sentimientos intachables y profusos, a ser posible espectaculares (incluso histriónicos), y expresar siempre pensamientos políticamente correctos, sin preocuparse en demasía de nuestro comportamiento real.

El culto exacerbado a los sentimientos destruye nuestra capacidad de pensar, según Dalrymple. Ha rebajado al máximo los estándares educativos, condenando con su indulgencia y abandono a generaciones enteras de niños. Causa grave inestabilidad emocional por culpa de las relaciones humanas que promueve, y algunas de las políticas en él inspiradas han sido y siguen siendo fuente de violencia.

Me parece del máximo interés rastrear la presencia de planteamientos similares a los que Dalrlympe expuso en su libro de 2010, basado fundamentalmente en la situación del Reino Unido, en otra obra, esta vez de 2018, de Greg Lukianoff y Jonathan Haidt, *The Coddling of the American Mind,* que trata desde su propio enunciado titular de cómo las buenas intenciones y las malas ideas estaban abocando al fracaso a las nuevas generaciones. La inmediata traducción española realizada en Chile aparecía con un título sumamente expresivo, todo un reclamo para los posibles lectores: *Malcriando a los jóvenes estadounidenses.*

La situación educativa de las universidades en Estados Unidos —en donde, según las estadísticas, el 50 % de los jóvenes pasan por los *colleges*—, tal y como la hemos estado describiendo con la ayuda de expertos que las conocen perfectamente, es la responsable, según Lukianoff y Haidt, del triunfo de tres grandes falacias, entendiendo por tales aquellos planteamientos que contradicen la sabiduría secular y las modernas investigaciones psicológicas en torno al bienestar humano, y perjudican por lo tanto a los individuos y a las comunidades de que forman parte. A estos efectos, los campus proveen a la población joven del inconsistente refugio aportado por impenetrables burbujas autoconfirmatorias. Y producen individuos débiles, hiperestésicos y maniqueos.

Se trata de la falacia de la fragilidad, la falacia del razonamiento emocional y la falacia de *Nosotros versus Ellos*. Dicho de otra manera, que lo que no te mata te hace más débil; que siempre hay que confiar en los sentimientos de uno mismo; y que la existencia se libra a base de una batalla constante entre los buenos y los malos.

El origen de esta crítica estuvo en un artículo de *The Atlantic* (11 de agosto de 2015) titulado *Los argumentos de la miseria. Cómo los campus enseñan distorsiones cognitivas*. En contra de las reservas con que sus autores esperaron las respuestas a sus tesis, que temieron fuesen muy negativas, su éxito entre los lectores del diario y los internautas en la web fue extraordinario, y el propio Barack Obama se hizo eco del artículo en un discurso decididamente favorable a que los estudiantes no fuesen «consentidos ni protegidos» contra puntos de vista diversos. Es decir, toda una diatriba del presidente —profesor de Derecho que había sido en la Universidad de Chicago— contra los *safe spaces*. Precisamente, el punto de partida de Lukianoff y Haidt era la destructiva implicación de los propios estudiantes en las campañas y movimientos, a veces violentos, a favor de limpiar los recintos universitarios de palabras, ideas y asuntos que pudiesen incomodar a alguien. Es decir, el caldo de cultivo del sometimiento total del lenguaje a las normas de la corrección política.

Tanto este asunto de la corrección política, como el de la posverdad que enseguida abordaremos, tienen que ver fundamentalmente con el uso de esa facultad privativamente humana que es el lenguaje, y con las lenguas a través de las cuales se manifiesta dicha capacidad. La corrección política implica —he de repetirlo de nuevo— una forma nueva de censura, e inexorablemente hace derivar la expresión recta de los hechos y las opiniones hacia el circunloquio y el eufemismo. En cuanto a la posverdad, el problema está en la correlación entre los enunciados y la realidad de las cosas. Cualquier acto de habla lleva implícito un contrato de veracidad que se establece entre el emisor y el receptor. Si yo me encuentro en la Puerta del Sol con un turista japonés que me pregunta dónde está el Museo del Prado, debe darse por supuesto que las indicaciones que yo le proporcione sirvan para conducirlo efectivamente a su destino, y no, por caso, al Palacio de la Moncloa.

Ambas cuestiones ocupan un lugar destacado en la más lograda distopía de la literatura contemporánea, que George Orwell tituló

1984 (Nineteen Eighty-Four), publicada en 1949, y que cobra cada vez mayor actualidad. Abordaré el tema ya por extenso en el último capítulo de *Morderse la lengua,* sin olvidarme, entre otros novelistas «distópicos», de Zamiatin, Huxley, Nabokov o Ray Bradbury, pero por el momento tan solo utilizaré la mención al escritor inglés para introducir la cuestión del poder.

Orwell se inspira para todo ello, obviamente, en las experiencias totalitarias de regímenes como el fascismo mussoliniano o el nazismo, estudiado este último por el filólogo judío Victor Kemplerer (1947) en un sustancioso libro de aquellos mismos años cuarenta titulado *LTI. La lengua del Tercer Reich,* donde las siglas significan en latín *Lingua Tertii Imperii.* Las palabras reinas en aquel idioma fascista eran *pueblo* (la sombra de Herder), *país* y *raza.* Entre las proscritas, *conciencia* y *moral.* Se trataba de despojar al individuo de su esencia individual, «en narcotizar su personalidad, en convertirlo en pieza sin ideas ni voluntad de una manada dirigida y azuzada en una dirección determinada, en mero átomo de un bloque de piedra en movimiento. La LTI es el lenguaje del fanatismo de masas». Y en relación a los avisos de Finkielkraut a propósito de Herder, Kemplerer no tiene tampoco duda alguna: los elementos constitutivos del nazismo estaban ya en germen en el Romanticismo. A saber, el destronamiento de la razón, la animalización del ser humano, la glorificación de la idea de poder y la entronización «de la fiera, de la bestia rubia…».

Por su parte, Giovanni Lazzari (1975) se ocupó de *Le parole del fascismo*, Augusto Simonini (1978) estudió la lengua de Mussolini, Gabriella Klein ha investigado sobre *La política lingüística del fascismo* —obra publicada en 1982—, y Enzo Golino, en su libro *Parola di Duce* (2010), nos ilustra acerca del lenguaje totalitario del fascismo y el nazismo. Con posterioridad, en la compilación de Reutner y Schafroth (2012), Susanne Kölh, parafraseando a Kemplerer, trata de la *lingua nostrae aetatis;* esto es, de las manipulaciones del idioma en la Italia contemporánea, cuyos eufemismos no siempre obedecen al propósito de lo políticamente correcto sino a otros intereses del poder. Habla por ello de una auténtica «retórica berlusconiana», que en ciertos casos puede coincidir con la corrección, cuando, por ese caso, a una encubierta amnistía para los defraudadores del erario público se la denomina *scudo fiscale.*

Se ha relacionado con estos antecedentes todo intento del poder político por imponer normativas del lenguaje ajustadas a su ideología. Pero la cuestión del lenguaje políticamente correcto plantea un escenario diferente, mucho más matizado, porque como ya manifesté en páginas anteriores, y más de una vez, se trata de una forma de censura relativamente novedosa, para la que últimamente no estábamos preparados, pues no la ejerce el Gobierno, el Partido o la Iglesia, sino una instancia indefinida que, si perseguimos su filiación, nos lleva hacia el ámbito de la sociedad civil. Robert Hughes hablaba, a este respecto, de una minoría militante que se mantiene misteriosamente ilocalizable, y Ricardo Dudda coincide en que esta nueva ortodoxia expresiva no emana de ningún poder establecido, «sino de un consenso ilusorio construido por activistas hipermovilizados».

Existen dos visiones diferentes de lo que sea la llamada «sociedad civil», analizada en su naturaleza y manifestaciones por Jürgen Habermas junto a otro concepto fundamental para la Ciencia política cual es el de «esfera pública», concebida como la suma de los espacios de espontaneidad social al margen de las interferencias gubernativas, las imposiciones de los mercados y la manipulación de los medios de comunicación.

Tengo muy en cuenta la distinción que Víctor Pérez Díaz (1997) hace a este respecto entre dos posturas encontradas de los politólogos y sociólogos. Él mismo considera que puede ser considerado como uno de los «generalistas», así denominados porque incluyen en la sociedad civil, amén de los distintos agentes activos en la «esfera pública», el aparato gubernativo, las instituciones del Estado, los mercados económicos y el pluralismo de los medios.

Distinto es el enfoque de los «minimalistas», de inspiración procedente de Gramsci y Habermas, o de sociólogos no marxistas como Parsons y Gouldner, que prefieren «referirse a una sociedad civil reducida a una peculiar combinación de tejido asociativo o asociaciones (y movimientos sociales) y esfera pública», excluyendo los componentes estatales, gubernamentales y económicos. Esto es, una «sociedad civil no gubernamental».

Coincido con Pérez Díaz en que la universidad es una pieza extremadamente importante de esa esfera pública y, por ende, de la sociedad civil. Esa era también la idea de Habermas, en cuanto que la esfera pública necesita en su realización efectiva de espacios de debate y prospectiva basados en la racionalidad inteligente de sus miembros, verdaderas factorías independientes proveedoras de argumentos para la construcción de una opinión pública con voluntad de influir e ilustrar críticamente a los políticos, gobernantes y empresarios.

En el siglo XIX se impuso la evidencia de que las universidades fungían como piezas inexcusables en la constitución y funcionamiento de la sociedad civil, igual que en el siglo XX ocurrió lo propio con los medios de comunicación «eléctricos», como los denominaba McLuhan —radio y televisión— y en este nuevo milenio está sucediendo con todas las potencialidades, que parecen no tener límites, de la sociedad digital. Se da, además, otra circunstancia apreciable: mientras la prensa, la radio y la televisión, aun estando abiertas al público, obedecían a los designios de sus propietarios, la red digitalizada y el entramado de las redes sociales —así denominadas, precisamente— abren también infinitas posibilidades, para bien y para mal, de expresión libre al alcance de los componentes individuales, asociados libérrimamente, de la sociedad civil. Por cierto: queda desde ya enunciada una perspectiva fundamental, nacida de la proliferación tecnológica de nuestra sociedad digital, para describir y explicar los dos fenómenos de la posverdad y la corrección política cuya incidencia en el lenguaje es el eje de *Morderse la lengua.*

Hemos visto ya cómo lo políticamente correcto se incuba, nace, se desarrolla y proyecta hacia el exterior desde los campus universitarios norteamericanos a partir de los setenta, después de la nueva era de activismo político surgida en torno al comienzo de la guerra de Vietnam, cuya efervescencia ideológica contribuyeron a alentar filósofos como Marcuse, padre de la *tolerancia represiva.* Y bien que me cuesta tener que admitir la evidencia de que con estas aportaciones —la corrección política y la posverdad, cuya vinculación académica también intentaré demostrar en un próximo capítulo— la universidad traicionó su compromiso de contribuir a una sociedad civil heredera de la mejor tradición racionalista e ilustrada. Lo que, con palabras que no puedo por menos que suscribir sin reserva alguna, Víctor Pérez Díaz (1997) resume así: «Si en el panteón universitario el dios máximo es la verdad, la comunidad universitaria debe ser ante todo una comunidad de buscadores de la verdad», empeñados todos sus miembros, como decía el poeta Airas Nunes en versos que puse al pórtico de mi libro, en el logro «de una sociedad de ciudadanos razonables, capaces de enfrentarse a sus demagogos locales, y capaces de contribuir a la creación de grandes conjuntos civilizados y, en último término, de una sociedad civil universal».

Siendo una realidad, como creo a pies juntillas, este origen de la corrección política en el seno de la sociedad civil, incluso yo diría de la sociedad civil universitaria norteamericana, a lo largo de las casi cuatro décadas de existencia al día de hoy de su forma de censura difusa pero extraordinariamente pugnaz no es menos cierto que desde algún momento su impulso de «tolerancia represiva» fue asumido por distintas instancias del poder institucionalizado, gobiernos, partidos, sindicatos o, incluso, por el propio poder legislativo a la hora de elaborar constituciones nacionales. En cuanto a la injerencia del ejecutivo, es especialmente sensible la que se produce en el ámbito educativo, en donde, por caso, los docentes encargados de la enseñanza de la lengua o lenguas conforme, lógicamente, a lo establecido por decantación secular de sus gramáticas y a lo recopilado en su caudal léxico, se ven presionados para aceptar criterios contradictorios que les vienen impuestos por guías de lenguaje no sexista, por poner un ejemplo bastante común.

Como he tenido ya ocasión de ilustrar con varios ejemplos concretos, la coerción impuesta por la corrección política emanada de la sociedad civil puede alcanzar alto grado de eficacia, y en España ha dado lugar a la autoproclamación como héroes de la libertad de articulistas tales como Cristina López Schlichting (2005) o José Luis de Vilallonga (2006), que le han puesto a alguno de sus libros el título de *Políticamente incorrecto.*

Pero no cabe duda de que el sesgo de esta irrupción en la esfera de las libertades individuales cobra preocupantes matices de seriedad cuando es ejercida desde fuentes oficiales. En todo caso, hay que diferenciar entre dos modalidades de la corrección política que bien podríamos calificar de institucional u oficial. Por una parte, estaría la modalidad ilocutiva, por la que la instancia de poder simplemente comunica, con propósito de ser escuchada, una guía o código de conducta expresiva que desearía ver arraigada entre el público. Y por otra —y ya serían palabras mayores—, la variante perlocutiva del mismo intento. Se trataría, ahora, no ya de sugerir o proponer la adopción potestativa de ciertas normas, sino de una propuesta hecha desde la autoridad para que los administrados la aplicasen sin titubeos, habida cuenta además de que a los que mandan los respaldarían diversas formas de sanción contra los desatentos.

A este respecto, marcó todo un hito en el año 2000 el personamiento en el escenario de la corrección política de la *Greater Manchester Police,* cuyo Chief Constable era David Wilmot, prologuista del documento titulado *The Power of Language. A Practical Guide to the Use of Language.* En su elaboración tuvo un papel decisivo la organización «Appropiate Language Working Party», que evacuó consultas con una veintena de entidades externas o integradas en la estructura policial, como fue el caso de la «Equal Opportunities Commission» y la «Gay Police Association».

En el preliminar de este documento de 16 páginas se justifica el trabajo por la conveniencia de proteger a los casi siete mil oficiales, más de tres mil funcionarios y 685 alguaciles de la policía mancuniana ante los riesgos de cometer errores involuntarios de expresión en sus relaciones con los ciudadanos. Lo que se pretendía, totalmente en la línea de la corrección política, era respetar «las visiones y los sentimientos de los otros, y no usar un lenguaje que pueda ofenderlos». Pero la extraordinaria minuciosidad con que reseñan lo decible y lo indecible, aportando la solución correcta en cada caso problemático, fue acogida con desigual anuencia por los propios policías. En algún caso adujeron que ya tenían bastantes problemas en su trabajo como para perder el tiempo preocupándose de unas instrucciones como aquellas; que se sentían mal considerados, como si no fuesen capaces de dar respuesta con humanidad a las *tricky* (peliagudas) *situations* en que continuamente se veían inmersos; que la guía estaba inoculando en ellos el miedo a abrir la boca (*open our mouths*), y propiciando que se les acusara de ofender a la gente. Les inquietaba, pues, el tener, a partir de entonces, que morderse la lengua —el equivalente en inglés: *biting your tongue*— en el ejercicio de sus comprometidas funciones de guardianes de la ley y la seguridad ciudadana.

La guía práctica para el uso del lenguaje que se propuso en 2000 a la policía de Manchester contiene, como antes quedó dicho, un completo repertorio de indicaciones referentes a diversos tabúes, y enumera una larga lista de correspondientes eufemismos, como por ejemplo *elderly* y no *old* para viejo, a la hora de referirse a nuestros mayores o a la tercera edad a la que yo mismo pertenezco. Se debe tener sumo cuidado con todo lo que se relaciona también con la muerte, la enfermedad, las adicciones y las discapacidades. Un sordomudo (*deaf and dumb*) será así un *deaf without speech*. Remedando aquella referencia ridícula a *cadáver* que comenta irónicamente Robert Hughes, *corpse* debe ser sustituido por «persona no viva» o «metabólicamente diferente». Los agentes tienen que verse frecuentemente con alcohólicos y drogadictos, pero nunca a un *drunkard* deben llamarlo por este nombre, sino por la perífrasis «bebedor problemático», y un *junkie* debe ser para ellos un *substance abuser,* un *drugg addict* o un «desafiador químico» (*chemically challenger*). Un sicópata será, así, un «socialmente no alineado»; lo que en el inglés no correcto era un *subnormal* pasa a ser una persona «mentalmente desventajada», y un *perverted,* alguien «sexualmente disfuncional». *Homosexual* es totalmente inaceptable por ser un término procedente de la ciencia médica para referirse a *gays* y *lesbians*.

Los *bobbies* mancunianos —nuestros *polis*— en la prestación de sus servicios se las ven frecuentemente con *homeless,* individuos «involuntariamente indomiciliados» por ser *poor*, es decir *deprived*. Y también con *convicts,* que en realidad deben ser considerados «clientes del sistema correccional» (en español, simplemente «internos»). Nunca dirán los agentes *whore* o *prostitute* sino *sex care provider.* Y entre ellos mismos, deben rechazar la denominación machista de *policeman,* y sustitirla por *police officer* o la más alambicada de *law enforcement officer.* Por las mismas razones, *mailman* será *mail carrier,* y el sufijo *-man* de *chairman*, *salesman*, *fireman* o *spokesman* ha de ser sustituido por el de *-person*: *chairperson, fireperson*, etcétera.

En la misma dirección, y desde instancias del Gobierno, es de destacar la *cartilha Politicamente correto & Direitos humanos* publicada por la Secretaría Especial dos Dereitos Humanos de la Presidencia da República Federativa do Brasil en 2004, bajo el mandato de Luiz Ignácio Lula da Silva.

El subsecretario de Promoção e Defesa dos Direitos Humanos presenta el documento como un glosario que reseña primero las palabras y «expressões pejorativas» para comentarlas después con el propósito de incentivar el debate y fomentar la reflexión, habida cuenta además de que para muchos de los afectados por esas formas de hablar que mal esconden prejuicios y discriminaciones, «nós é que somos os «"diferentes"».

La primera entrada del centenar que integran la cartilla corresponde a «A coisa ficou preta», en español, «la cosa se puso negra», que tiene «forte conotação racista contra os negros». Sin embargo, se reconoce (como también ocurre en Estados Unidos con *black*) que los militantes en la defensa de esta raza pueden preferir *negro* en vez de *preto.*

Del mismo modo, hace unos años, concretamente en 2003, hubo en Uruguay una campaña pública para que el *Diccionario de la lengua española* retirara la forma compleja o frase hecha *trabajar como un negro.* La iniciativa, promovida por la Casa de la Cultura Afrouruguaya, reunió cinco mil firmas de apoyo en solo 24 horas, entre ellas la de afrodescendientes como el viceministro de Energía, la directora del Instituto Nacional de las Mujeres o el músico Rubén Rada, deportistas, periodistas y escritores. Aparte del objetivo expurgatorio, la secretaria de la institución promotora valoraba como no menos importante «lograr visibilidad», una pretensión muy relacionada con nuestra sociedad mediática que, como veremos más adelante, suele acompañar a la vez muchas de las reivindicaciones nacidas de la corrección política. Por otra parte, en nuestro país, la Red Española de Inmigración y Ayuda al Refugiado instó la consideración como racista de la decimoséptima acepción de *negro* como sustantivo, que designa a la «persona que trabaja anónimamente para lucimiento y provecho de otro, especialmente en trabajos literarios». La denominación equivalente en inglés es metafórica: *ghostwriter* (escritor fantasma). En cambio, en francés también existe el *nègre littéraire,* que en 2017 el Ministerio de Cultura solicitó que se sustituyera por *prête-plume* o *écrivain fantôme* a instancia del consejo de representación de las asociaciones negras que rechazaban el carácter colonial y las connotaciones esclavistas de *nègre littéraire.*

Igualmente, se rechaza en la *cartilha* brasileira la denominación de *velha* para la persona de edad, que deberá ser calificada de *idosa,* «añosa» diríamos en español, designando así al grupo eufemísticamente identificado como la «tercera edad».

En el portugués de Brasil, el homosexual masculino recibe la denominación ofensiva de *veado,* como también la de *bataiola* o *boiola* (aplicadas igualmente a mujeres), que debe ser remplazada por «gay» o «entendido», del mismo modo que *gilete* es el bisexual, y *traveco* el trans. *Sapatão* es la forma incorrecta de designar a las «entendidas» o «lésbicas». En este mismo campo semántico, *homossesualidade* debe desplazar a «homosexualismo», término al que se atribuye una «forte carga pejorativa ligada à crença de que a orientação homosessexual seria uma doença, uma ideología ou un movimiento político», esto último adoptado de modo voluntario por una persona.

Se denuncia también que solo se llama *ladrão* a los pobres que roban, mientras que a los ricos se les aplica en el mismo caso el calificativo de *corruptos* lo que demuestra que hasta los insultos (*xingamentos*) participan de un sesgo clasista. El término discriminador para los enfermos de sida es *aidético,* cuando lo correcto sería *seropositivo* si solo tienen síntomas y *doente ou pessoa de Aids* si ya le está diagnosticado el mal. Lo mismo cabe proponer para evitar *canceroso,* «forma grosseira, indelicada, usada para estigmatizar o portador de cáncer».

En alguna de sus cien entradas, la cartilla corrige eufemismos que también considera inconvenientes. Así, por ejemplo, *aleijado* no debe ser suplido por «persona deficiente o excepcional» ni dueña de habilidades excepcionales o *especiais,* lo que no contribuye a preservar su dignidad, como sí lo puede hacer la mera mención a que es «portadora de deficiencia» o, simplemente, una «persona con deficiencia». Ni *melhor idade* ayuda a incrementar la autoestima y el respeto social hacia las personas de la *terceira idade*. Tampoco *menino de rua* conviene a los niños que no disfrutan de un hogar estructurado, sino que es preferible la perífrasis «meninos en situação de rua». Ni *pessoas especiais* en lugar de *pessoas com deficiencia.*

Es curiosa la explicación por la que una denominación que nos sorprende ver clasificada como políticamente incorrecta —*funcionario público* —se propone sustituir por *servidor público,* demanda de los propios interesados después de que el Gobierno neoliberal de Collor de Melo los sometiese a «sistemáticas campanhas de desprestigio».

Con esta última referencia al que fue durante dos años, de 1990 a 1992, el trigésimo segundo presidente constitucional de la República Federativa de Brasil se me abre la puerta para comentar algunos casos interesantes a propósito de la incidencia de lo políticamente correcto en el ámbito constitucional.

Es destacable el estudio de Ingrid Hudabiunigg, que encontramos en Reutner y Schafroth (2012), sobre el debate acerca de lo políticamente correcto y la palabra *indio* durante la presidencia de Evo Morales, que comprendió trece años, desde 2006 hasta 2019, con la aprobación en 2009 de la *Constitución política del Estado plurinacional de Bolivia,* bajo cuya inspiración se promulgó al año siguiente la «Ley contra el racismo y toda forma de discriminación».

Estaba desde antiguo muy viva la controversia en torno a la denominación de los individuos pertenecientes a las comunidades nativas bolivianas. La palabra *indio* era sentida, así, como radicalmente discriminatoria, utilizada incluso por los urbanitas para denigrar a sus compatriotas de aquella procedencia como personas inferiores por su aspecto y su lengua. Pero *indígena* resultaba también en parte ofensiva, y tampoco se consideraba libre de incorrección *campesino.* La complejidad de estos debates llevó a que la Constitución de 2009 instaurase definitivamente la fórmula «pueblos indígenas originarios campesinos», descartando por completo, lógicamente, la denominación de *indio* a la hora de mencionar a los componentes ciudadanos del Estado plurinacional de Bolivia. A tal formulación se llegó, además, tras largas negociaciones y por consenso. Los representantes de la región de Tarija se autoidentificaban como *campesinos.* Los del Oriente y la Amazonía, por el contrario, preferían *originarios.* La solución inclusiva, que los aglutinaba a todos fue, pues, la indicada: *pueblos indígenas originarios campesinos.* Pero tampoco la fórmula constitucional parece haber dado en el clavo, y cada vez más los bolivianos sienten fundamentada su dignidad, dependiendo de las regiones, a partir de las denominaciones de *aymara, quéchua, guaraní, ayoreo, mojeño* (o *moxitano*), etc. Es de notar que las cuatro primeras palabras designan las respectivas lenguas que hablan los individuos pertenecientes a los diferentes pueblos.

Pero la historia no acaba aquí. La ley contra el racismo y toda forma de discriminación se promulgó en 2010 e incluye sanciones contra expresiones racistas tipificadas en el artículo 23 del Código Penal. Esto provocó una reacción muy fuerte desde el propio debate de la ley en la Cámara de Senadores, y, aprobada esta, en el conjunto del país con una intervención muy activa de la Asociación de Periodistas y el Colegio de Comunicadores de Santa Cruz, la Asociación Nacional de Prensa y la Federación de Trabajadores de la Prensa. La hostilidad del presidente contra los medios, a los que descalificaba genéricamente como racistas, se basaba en serias razones políticas, pues los consideraba mero instrumento de presión por parte de los plutócratas contra la democracia popular. Por su parte, los periodistas, editores y comunicadores en general denunciaban que aquella y otras leyes conexas vulneraban abiertamente, y restringían la libre expresión, el derecho a la información y la libertad de prensa. Y que su mera promulgación inoculaba en todos ellos el fantasma de la autocensura.

Hay una sorprendente deriva de este mismo problema. En 2018 una marca de cervezas promovió en Colombia, a través de la publicidad y la red, la recolección de firmas para solicitar de la RAE la retirada de la sexta acepción de *indio* en el *Diccionario de la lengua española,* marcada como despectiva y propia del castellano de Bolivia, Colombia, Guatemala, Nicaragua y Venezuela, que reza así: «inculto (|| de modales rústicos)». El gerente cervecero argumentaba, en nombre de todos los firmantes, «que esta acepción no define quienes somos». Lo que en este caso, y en el de Bolivia, apuntaba primordialmente hacia la corrección política de las expresiones racistas contra los indígenas, en otras constituciones se centra más abiertamente en el sexismo, la igualdad entre hombres y mujeres y la visibilización de las ciudadanas.

En este orden, destaca la Constitución de la República Bolivariana de Venezuela aprobada en 1999 bajo la égida del presidente Hugo Chávez. Su redacción, a la que volveré en el próximo capítulo, consagra sistemáticamente el doblete de los dos géneros gramaticales que se reiteran sin excepción en contra de la condición inclusiva que la gramática del castellano y de muchas otras lenguas atribuye al masculino. Así lo hace ya el artículo 35, «Los venezolanos y las venezolanas por nacimiento no podrán ser privados o privadas de su nacionalidad». Y el artículo 41, incluido en la misma «Sección segunda: De la Ciudadanía», lleva a su máxima expresión el principio del desdoblamiento de los géneros masculino y femenino.

Sin embargo, existe un interesante estudio, incluido en la compilación de Reutner y Schafroth (2012), que contrasta lo políticamente correcto de la redacción inclusiva en la Constitución bolivariana con el uso del lenguaje populista por Hugo Chávez. Su autora, la filóloga Romana Castro Zambrana, detecta en la política del líder una «estrategia de la realización lingüística» tendente a lograr la construcción de la «realidad» por medio del lenguaje. El presidente calificaba la carta magna de 1999 como «la mejor constitución del mundo», pero cuando con el escalpelo científico se aplican los criterios de la corrección política al discurso del gobernante «sacamos la conclusión de que son diametralmente opuestos y por tanto incompatibles». La investigadora, tras el demorado análisis de sesenta alocuciones y discursos presidenciales pronunciados entre 2006 y 2007, llega al convencimiento de que «el chavismo favorece el uso del lenguaje discriminatorio», «viola las normas de la corrección política por discriminaciones implícitas y explícitas», como ocurre en el caso de la minoría judía, a cuyos miembros, invirtiendo los términos víctima y verdugo, califica reiteradamente como fascistas.

Trataré también enseguida de la incidencia de lo mismo en España, en donde en 1997 un polifacético personaje muy popular, José Ramón Martínez Márquez, más conocido como Ramoncín, publicaba el libro *Políticamente correcto. O como decir las cosas sin llamarlas por su nombre.* Porque, como apunta con buen criterio Marta Galiñanes Gallén en la citada compilación de Reutner y Schafroth, en nuestro país se ha producido un «cambio de dirección». El movimiento de la corrección política «que iba de abajo a arriba», desde grupos muy activos en la esfera pública a la hora de defender a los marginados ante la sociedad y el poder, llega un momento en que invierte su rumbo «produciéndose la identificación entre los órganos de gobierno y lo políticamente correcto». Y otro trabajo perteneciente a la misma publicación, en el que Alf Monjour estudia el asunto el discurso político-mediático de la España de hoy, se hace eco de una declaración muy expresiva de un bloguero difundida en 2004: «Lo peor de ZP es ser la corrección política hecha presidente».

Comentario aparte, que abordaré en el siguiente capítulo, merece la cuestión planteada desde el Gobierno español en julio de 2018, año en que por iniciativa de las Cortes generales se llevaron a cabo numerosas iniciativas de todo tipo para conmemorar el cuadragésimo aniversario de la promulgación de la Constitución española de 1978, ratificada en referéndum el 6 de diciembre de ese año, con la que se restablecía la democracia cuarenta y dos años después del comienzo de la guerra civil que dio paso a la dictadura franquista.

La vicepresidenta del Gobierno y ministra de la Presidencia, Relaciones con las Cortes e Igualdad denunció en sede parlamentaria que «tenemos una Constitución en masculino, de ministros y diputados, que se corresponde hace cuarenta años» y anunció que era intención del ejecutivo promover una reforma de nuestra Ley de leyes para acabar con la obsolescencia de su redacción en este punto y promover su adecuación a un lenguaje «inclusivo, correcto y verdadero [sic] a la realidad de una democracia que transita entre hombres y mujeres».

Hizo público también el encargo que pensaba elevar a la Real Academia Española para que elaborase un informe sobre este asunto, que el Gobierno enviaría luego a las comisiones de Igualdad y Constitucional del Congreso. Y así lo hizo en carta al director de la corporación el 11 de julio, cuyo texto circuló enseguida en los medios de comunicación. Afirmaba allí su compromiso personal e institucional para que «la igualdad de todos los españoles, hombres y mujeres, y con independencia de su orientación sexual e identidad de género, etnia, opiniones y creencias, discapacidad u otra circunstancia, sea real y efectiva».

Consideraba que «el lenguaje, como forma de expresión y comunicación, puede ayudar a construir una sociedad más respetuosa e inclusiva de todas las personas que conforman nuestra ciudadanía», para lo que consideraba imprescindible contar con un «estudio de la Real Academia Española sobre el buen uso del lenguaje inclusivo en nuestra carta magna, lo que también permitirá adaptar otros textos legales a las pautas apoyadas por la RAE».

A tal fin, se constituyó inmediatamente una ponencia formada por dos académicas y dos académicos de número, todos ellos acreditados lingüistas, entre los que se encontraban el director de la vigesimotercera edición del *Diccionario de la lengua española* (2014) Pedro Álvarez de Miranda, la directora de la siguiente edición del propio diccionario, que ya se estaba elaborando, Paz Battaner, el ponente de la *Nueva gramática de la lengua española* (2009) Ignacio Bosque, e Inés Fernández Ordóñez, directora desde 1990 del «Corpus oral y sonoro de español». Este informe, después de sucesivas revisiones y su discusión en la comisión delegada del pleno académico, quedó listo para su aprobación en este supremo órgano de gobierno de la RAE en diciembre de 2018.

En torno a esta iniciativa gubernativa surgió enseguida un debate social, ampliamente recogido por los medios de comunicación. Se vinculó también a un asunto de gran trascendencia cual sería una reforma constitucional reclamada por diversas instancias en relación a otros aspectos no lingüísticos. Pero no se dejaba de reconocer la dificultad de afrontar este reto dada la situación política del país y la composición de las Cortes. Según el artículo 168 de la propia Constitución, su reforma exigiría la aprobación del nuevo texto por dos tercios de los diputados y otros tantos senadores. Una vez logrado este quórum, se disolverían las Cortes, y las surgidas de las nuevas elecciones tendrían que sancionar la nueva Constitución en los mismos términos de su aprobación anterior. Finalmente, el pueblo español debería ratificarla en referéndum.

Junto a decididas muestras de apoyo a la propuesta del Gobierno por parte de organizaciones feministas o personas independientes, en el propio parlamento hubo quien puso en duda que esta reforma concreta de la Constitución fuese una prioridad, incluso para la acción del Ministerio de Igualdad. Se suscitaba así la cuestión de si las palabras crean realidades o son meramente epifenómenos de estas. La vicepresidenta coincidía, acaso inconscientemente, con la postura del primero Wittgenstein (1921), luego radicalmente modificada por el autor del *Tractatus Logico-Philosophicus*: que lo que no se nombra no existe.

Un expresidente de la comisión de educación y cultura del Congreso de los Diputados llegó a publicar una «Carta al director de la RAE» en la que lo instaba a que declinase la solicitud del Gobierno. Respondiendo con un informe, la RAE —argumentaba— «se verá involucrada en una batalla político-ideológica de alcance imprevisible». Y concluía Eugenio Nasarre que el planteamiento de revisar en este punto la Constitución encubría una operación que iba «mucho más allá que cambiar su lenguaje». Igualmente, en función de la necesidad de recurrir a los dobletes de género en contra del principio gramatical del masculino inclusivo, algún diario tituló intencionadamente *La reforma lingüística que propone Calvo está en la carta magna bolivariana*.

Este episodio de nuestra vida política e institucional, cuyo desenlace hasta el momento (año 2020) ocupará algunas páginas de mi próximo capítulo, en lo que tuvo de debate público confirma el sesgo polémico que acompaña desde sus orígenes a la corrección política. Representa una muestra más de esa implicación viva y profunda que todo lo relacionado con el lenguaje tiene en la esfera pública.

Ya he recurrido a testimonios tomados de una compilación de Sarah Dunant sobre lo que ella misma titulaba en 1994 «la guerra de las palabras», y me he hecho también eco del diálogo a cuatro voces, a favor y en contra, realizado en Toronto en 2018 por la Aurea Foundation en el marco de los «debates Munk». Los libros publicados a lo largo de los últimos treinta años como fruto de estas discusiones acerca de «the politics of political correctness», como reza el título del libro compilado por Edith Kurzweil y Williams Phillips en 1994, han sido muchos, pero, junto a los ya mencionados, destaca el reunido por Paul Berman en 1992 bajo el rubro *Debating P. C. The Controversy over Political Correctness on College Campuses.*

Viene a confirmar el origen fundamentalmente universitario y estadounidense de este controvertido asunto, dado a conocer públicamente desde esa especie de reductos o reservas que son muchos de los recintos fuera de las grandes concentraciones urbanas donde radican bastantes universidades. El arraigo en ellos, sin ninguna interferencia gubernativa, de tendencias posmodernistas de considerable productividad ideológica, como la deconstrucción, el multiculturalismo o el poshumanismo, llamó la atención muy pronto de instancias externas, tanto en el ámbito de la esfera pública como de otras fundamentalmente vinculadas a la comunicación.

Pro y contra la corrección política

Después de la publicación en otoño de 1990 del artículo, ya mencionado por mí, sobre lo problemático de la corrección política en *The New York Times,* el tema se convirtió en un tópico profusamente abordado no solo por la prensa y revistas de ideas como *The Partisan Review* y *Dissent,* o semanarios de tendencia liberal (para nosotros, progresista), por ejemplo, *The Nation,* sino también por la televisión y otros foros, entre ellos el PEN American Center de Nueva York. Y así, muy pronto el presidente George Bush se hizo eco de todo ello en una intervención en la Universidad de Michigan defendiendo la libertad de expresión en los campus frente a la tiranía de lo políticamente correcto, que algunos comentaristas no especialmente progresistas no tardarían en relacionar con la huella odiosa del senador McCarthy.

Representó un hito en estas controversias el libro de Dinesh D'Souza, *Illiberal Education: The Politics of Race and Sex on Campus.* El espaldarazo nacional al debate suscitado por su publicación en 1992 se lo dio la extensa entrevista televisiva con el autor, —un comentarista político conservador de origen indio—, en el programa de Robert MacNeils que podemos leer en la compilación de Paul Berman.

Este libro contiene también los textos que jalonan el desarrollo de estas polémicas, trabadas en diferentes foros como la convención de la Modern Language Association de Chicago en 1990, o la Universidad de Tejas, donde la controversia surgió a raíz del establecimiento de un nuevo sílabo para la asignatura «English 306» con el rubro de «Writing about Difference».

En estos debates intervinieron destacados intelectuales, casi todos con vinculación académica según es normal en aquel país, como el lingüista John Searle, el profesor de Literatura Comparada Edward W. Said y el teórico literario Stanley Fish.

Este último, uno de los *scholars* de mayor prestigio y reconocimiento en el ámbito de las humanidades, desde un primer libro de 1994 hasta el último de 2019, se manifestó provocativamente partidario de un concepto muy limitado de la libertad de expresión ratificada por la primera enmienda de la Constitución norteamericana de 1776, una de las diez que no sin gran debate parlamentario se aprobó en el mismo año de la Revolución francesa, para configurar como complemento de la Ley de Leyes el *United States Bill of Rights*. Textualmente, la enmienda prohibía toda limitación de la libertad de expresión y de prensa («Congress shall make no law [...] abridging the freedom of speech, or the press»), lo que según el criterio de Fish solo es aplicable a la crítica contra las decisiones gubernamentales y no a la manifestación sin trabas de ideas consideradas políticamente incorrectas por la sociedad civil. A esto volveré enseguida.

A raíz de la publicación de su obra de 1994, *There's No Such Thing as Free Speech and it's a Good Thing Too,* la compilación de Paul Berman recoge una aportación de Fish encabezada por una descarada paráfrasis manipuladora de una cita de Samuel Johnson: «Hoy en día la primera enmienda es el primer refugio de los sinvergüenzas» (la sentencia del doctor Johnson era literalmente *Patriotism is the last refuge of a scoundrel*).

Es inevitable establecer alguna conexión entre esta *boutade* y la enemiga contra los escritores e intelectuales que se han manifestado en contra de la corrección política como una forma posmoderna de censura. Ya había ocurrido con George Orwell, al que nunca se perdonó, pese a su inequívoca identificación con la izquierda socialista y anarquista, su denuncia del «doble pensar» de los políticos de uno y otro bando, su rechazo a la imposición de una «neolengua» y, sobre todo, a la manipulación sistemática de la verdad de los hechos, algo que él sufrió a raíz de los episodios del choque entre anarquistas y comunistas en Barcelona vivido por Orwell en primera persona durante nuestra Guerra Civil. Hay quien considera que el escritor inglés «hizo mucho daño» por ello a la causa más justa. Y en su contra se aduce una circunstancia relacionada con el terrorista noruego Andrew Berwick, que en 2011 causó ocho muertes en el centro de Oslo y masacró a sesenta y nueve adolescentes en un campamento de verano en la isla de Utøya. Este asesino, que se las daba de teórico del supremacismo eurocéntrico, gustaba citar a Orwell, manipulando siempre sus frases. Manipulación que desde muy pronto se ha venido haciendo de manera sistemática con los escritos periodísticos, ensayísticos y distópicos del autor de *1984*.

Muy distinta es la receptividad que hacia George Orwell muestra Amin Maalouf (2019) en su libro sobre *El naufragio de las civilizaciones,* en el que la distopía descrita en *Nineteen Eighty-Four* es de referencia constante. El autor contempla, con una mirada entre catastrofista y nostálgica, un «mundo en descomposición en el que prevalece el egoísmo sacro de las tribus, de los individuos y de los clanes», todo ello en medio de una crisis de efectos no calculados a raíz del cambio climático. El escritor francolibanés, que recuerda el dilema orwelliano entre libertad y felicidad, se sitúa así, a su sombra, en la estela de grandes escritores europeos de expresión alemana que mucho antes de nuestra posmodernidad advirtieron ya el fin de una civilización. Así lo predecía, antes de su suicidio en 1942, Stefan Zweig en *El mundo de ayer* para cuando la norma de la razón sucumbiese ante la emoción de las masas y el «triunfo salvaje de la brutalidad», pulsiones que alientan en los dos protagonistas, junto a Hans Castorp, de *La montaña mágica* (1925): Lodovico Settembrini y Naphta, respectivamente.

Igualmente, ya he comentado el rechazo que entre algunos provocó el libro de Robert Hughes sobre las que el escritor australiano, perito en ironías, denominaba ya, en 1993, «trifulcas norteamericanas» en el subtítulo de *La cultura de la queja.* Quedó desde entonces confinado en el grupo de los conservadores por mostrar sus reservas

—y justificarlas— ante la sistemática manipulación censorial y eufemística del lenguaje.

En lo que se refiere a Stanley Fish, su posición es, en principio, razonablemente defendible, por abiertamente pragmaticista en el sentido que le da al término la teoría lingüística, pero por eso mismo muy polémica. Es decir, para él los enunciados no tienen un valor absoluto en sí mismos, por su pura forma verbal, sino que dependen del funcionamiento del lenguaje en la sociedad, lo que abre un muy amplio margen de relativismo.

Considera, así, como apunté hace unos momentos, que la libertad de expresión ratificada por la primera enmienda norteamericana representa en sí misma, sin duda alguna, un valor, pero su aplicación, y sobre todo su efectividad social, le parecen muy problemáticas. Se trata de una enmienda constitucional establecida fundamentalmente para garantizar la libertad de expresión de los ciudadanos para criticar las decisiones del ejecutivo nacional. Pero Fish no ve nada claro que este principio pueda extenderse generalizadamente a otros supuestos sociales. Para él, no es entendible como un derecho o una garantía constitucional para poder expresarse libremente en cualquier contexto. La realidad demuestra que no es así en el trabajo ni en las relaciones sociales. Si hablamos sin mordernos la lengua no estamos a salvo de sufrir consecuencias negativas para nuestros intereses de acuerdo con reacciones diversas, no gubernativas, de nuestro entorno más o menos próximo. Y aduce el caso concreto del abogado de origen judío Aaaron Schlossberg que increpó a unos meseros de Nueva York porque hablaban en español, los amenazó con denunciarlos ante el Servicio de Inmigración y Aduanas de los Estados Unidos, por considerarlos presumiblemente indocumentados, y acabó denunciado en los papeles y las redes y desahuciado por el casero que le había alquilado la sede de su bufete.

Stanley Fish concluye, coincidiendo con Donald Trump, en que la libertad de expresión *no* es un valor académico universitario, si bien el presidente lo afirma para atacar a las universidades como reductos del «liberalismo» progresista, cuando no del inverosímil socialismo del Partido Demócrata. Pero el autor de *The First. How to Think About Hate Speech, Campus Speech, Religious Speech, Fake News, Post-Truth, and Donald Trump* confirma con ello su actitud, que viene de los mismos años noventa del pasado siglo, comprensiva con la censura de la corrección política. Como ya expuse, en mi criterio esta se inspira en la «tolerancia represiva», teoría formulada en los sesenta por Herbert Marcuse, al que Stanley Fish cita expresamente en un apartado de su último libro (hasta el momento en que escribo) titulado «What do students want?».

La propuesta de Marcuse revive cincuenta años después en la voz y la pluma de quienes se manifiestan abiertamente a favor de la corrección política, que el provocador novelista francés Michel Houellebecq (1998), incluido en el grupo de los «nuevos reaccionarios», gusta de calificar como *cobarde obsesión* (la «lâche hantise du *pollitically correct*»). En su opinión incluye la seudotolerancia y el compromiso particularista con las minorías o la lucha feminista que en nuestra sociedad pospolítica constituye la base del sistema capitalista.

Paradójicamente, entre nosotros esta conexión marcusiana se hace presente en obras que aparentemente tratan de la libre expresión. Daniel Gamper, en su libro *Las mejores palabras* (2019), manifiesta preferir «los errores por conocer que aquellos que ya conocemos». En la línea del posmoderno pensamiento débil, herencia confesa «de la genealogía nietzscheana», se opone a los enemigos de la corrección política considerándolos falsos mártires a los que se ha privado de la «libertad del amo» y «los privilegios de otrora», exhibicionistas del resentimiento, plañideras de la libertad de cátedra, caciques desesperados ante la pérdida de sus bienes y su poder, presuntas víctimas de una censura atribuida a una turba libertadora que exige un nuevo lenguaje y el acceso a nuevas violencias, a nuevas restricciones que son sentidas como tales tan solo por los que han tenido desde siempre «el poder de decidir qué se podía decir». En este orden de cosas, los ataques a la libertad de cátedra de los profesores «es, a largo plazo y desde una perspectiva más amplia, nada más que un reequilibrio de poderes».

Y en la misma dirección, después de la publicación de la carta en *Harper's* contra la llamada «cultura de la cancelación» y sus ecos entre los intelectuales españoles, también se han manifestado opiniones contrarias, como, por caso, la de Andrés Barba en un artículo del diario *El País* del 14 de julio de 2020.

Movimientos como #MeToo (o, en un plano completamente diferente, Black Lives Matter) pretenderían, así, más la búsqueda de la justicia que el oprobio de los machistas, sexistas y racistas. Representarían la reacción pendular contra otra situación perversa: la impunidad de los poderosos, de los detentadores de privilegios ilimitados más allá de su signo ideológico o político. Porque, en palabras de Barba, «cuando las figuras del *establishment* afirman que se debería "restaurar" y proteger la libertad de expresión se refieren casi siempre a la de ellos». Estas actitudes favorables a la corrección política vienen a confirmar que, medio siglo después, las tesis de la *tolerancia represiva* que Herbert Marcuse formuló en plena efervescencia universitaria californiana siguen conservando vigencia.

No seré yo el que contribuya a ello, convencido —como está claro desde el propio título de *Morderse la lengua*— de que la corrección política puede convertirse en la censura de la posdemocracia. Y me preocupa además sobremanera su incidencia en la creatividad literaria y artística en general. Aparte de lo que pueda afectar a las artes plásticas y al cine, muchas de las obras literarias que más admiro podrían ser objeto de un revisionismo políticamente correcto que abocaría, como ya está ocurriendo en casos concretos que he mencionado, a su descrédito primero, luego a su preterición.

Y qué decir de la comedia en todas sus distintas expresiones genéricas. La catarsis que provoca en quienes disfrutamos de ella, que nos ayuda a sublimar nuestras propias frustraciones y miserias, nace del desenfado, de la desinhibición, de la ligereza y la libertad, de un uso ingenioso de todos los recursos del lenguaje, incluso los que pueden ser considerados más irreverentes que la ironía, la parodia o el sarcasmo. Carlos Núñez Cortes (2007) ha estudiado los palíndromos, retruécanos «y demás yerbas» en el brillante y dilatado repertorio de Les Luthiers, el grupo de cómicos argentinos del que formó parte durante casi medio siglo, desde 1969 hasta 2017, y con el que disfrutó de un éxito continuado tanto en Argentina y España como en el conjunto de los países hispanohablantes, de lo que ha dado cumplida cuenta Daniel Samper Pizano (2014). Porque, efectivamente, la constante adhesión del público a sus representaciones se explica, junto a la originalidad de los estrambóticos instrumentos musicales por ellos mismos inventados y construidos, como el Contrachitarrone da Gamba, el Latín o violín de lata, la Mandocleta, el Nomeolbidet, el Bolarmonio o el Tubófono Silicónico Cromático, por el juego con las ilimitadas posibilidades humorísticas de la lengua española en la sucesión de *sketches* que conforman sus espectáculos.

Pero también, creo yo, se ganaron desde un principio a los espectadores, de muy diferentes perfiles tanto por su procedencia geográfica como por la generacional, gracias a la inteligencia de sus viñetas escénicas, construidas a base de ingeniosos diálogos e interpretaciones musicales, por la vis cómica de las actuaciones de todos los miembros del grupo en escena, pero también por la elegante habilidad en el tratamiento satírico de los temas abordados.

Siendo Les Luthiers un grupo de argentinos porteños, se ríen de sí mismos, y sus espectadores nos reímos con ellos, en el *sketch* de Mastropiero en Buenos Aires. En esa misma función del año 2000 «Daniel y el Señor» ironiza sobre el judaísmo, y llevan la voz cantante Marcos Mundstock y Daniel Rabinovich. Igualmente, «Gloria de Mastropiero» se fija en el Vaticano, y «Educación sexual moderna», musicalmente basado en el canto gregoriano, nos presenta las angustias de un joven e inexperto fraile. En varias de sus piezas, el tema central es la relación hombre/mujer, como ocurre en «Serenata tímida (Canción pusilánime)» y «Serenata intimidatoria (Último aviso)», acogidas con regocijo entusiasta tanto por el público femenino como por el masculino. No hay constancia de que nadie, en los teatros, haya rechazado a Les Luthiers cuando escenificaban las situaciones, por caso, de «El negro quiere bailar», «Las majas del bergantín (Zarzuela náutica)» o el «Bolero de los celos (Trío pecaminoso)». Lo que, en definitiva, habla del buen criterio de los espectadores y del nulo apoyo que el público inteligente daría, en su caso, a la irrupción en la platea de un posmoderno agente censor. De esa «neoinquisición» de la que habla Axel Kaiser (2020) en su libro sobre persecución, censura y decadencia cultural en el siglo XXI.

Porque en vez de corrección política, de lo que se trataría en tal caso sería de una verdadera y deplorable corrección artística.

CAPÍTULO SEGUNDO

CÓMO NOS MORDEMOS LA LENGUA

Como pude ya apuntar en páginas anteriores, la corrección política es un hecho nacido sustantivamente de la naturaleza social del lenguaje, y tiene su ámbito primero de presencia en la esfera pública. Su origen radica en instancias de la sociedad civil, de modo que lo que pueda haber en este fenómeno de coerción y censura en principio debe ser atribuido a fuentes hasta cierto punto indefinidas, no a la intervención de poderes constituidos como puedan ser los religiosos, partidarios, gubernativos o estatales. Pero, igualmente, es un hecho probado que desde estos últimos poderes pueden ser asumidos los objetivos de la corrección previamente arraigados en la sociedad civil, con lo que aquella impronta prescriptiva adquiere un sesgo identificable con los precedentes censoriales «institucionalizados», por así decirlo.

Expresión de esto último es la proliferación de guías para un empleo políticamente correcto de la lengua publicadas, según he comentado ya, por Gobiernos como el brasileño o por entidades como la policía de Manchester. Estas propuestas con frecuencia inciden, prioritaria o exclusivamente, sobre la denominada «comunicación inclusiva para construir un mundo igualitario», según reza la directriz promulgada en 2019 por el Ayuntamiento de Barcelona, con precedentes nacionales en el caso del Ayuntamiento de Madrid con su propia guía para el uso inclusivo del lenguaje de 2017, e internacionales como la «Guía de lenguaje inclusivo de género» debida al Consejo Nacional de la Cultura y las Artes del Gobierno de Chile (2016) o el «Informe sobre lenguaje no sexista en el Parlamento Europeo» elaborado por el «Grupo de Alto Nivel sobre Igualdad de Género y Diversidad» en 2008.

En este último documento se relaciona la preocupación por el lenguaje no sexista con la corrección política, pero se le concede una trascendencia especial en lo referente al trabajo del Parlamento, habida cuenta además de su desarrollo multilingüe. Y se enumera una serie de cuestiones comunes a la mayoría de las lenguas que, lógicamente, serán objeto de mi atención en este capítulo: el uso genérico inclusivo del masculino, predominante en las gramáticas europeas, los nombres de las profesiones y cargos, y los tratamientos según el sexo y el estado civil. Al tiempo que se manifiesta con este informe la sensibilidad del Parlamento europeo hacia la problemática relacionada con el lenguaje no sexista, este «Grupo de Alto Nivel» advierte que lo que sirve para una lengua puede no servir para otra, dadas las diferencias culturales existentes entre sus respectivas sociedades, pero insta a que los traductores del Parlamento sean plenamente conscientes de los principios y exigencias del lenguaje no sexista. Pero concluyen que este será aceptado mejor por los ciudadanos europeos «si es natural y discreto». Por lo tanto, «deben buscarse alternativas neutrales e inclusivas genuinas en lugar de expresiones que se presten a controversia», para lo que ofrecen orientaciones específicas en función de cada idioma.

En lo que se refiere a la vida de las lenguas, no resulta imprescindible para su bienestar la existencia de una Academia. El inglés carece de ella, y esto no le impide ocupar el lugar de *lingua franca* que le granjeó la victoria en la Segunda Guerra Mundial. Pero en Europa las lenguas neolatinas disponen en la mayoría de los casos de instituciones, generalmente seculares, dedicadas a cuidar de sus respectivos idiomas. Así ocurre para el italiano con la decana de las academias, la florentina «della Crusca» que data de 1583, y con la Académie française, fundada por el cardenal Richelieu en 1635. A diferencia de esta última, en la que abiertamente se inspira la Real Academia Española —cuya acta fundacional fue suscrita el 3 de agosto de 1713—, el origen de la nuestra no está en ninguna decisión gubernativa, sino precisamente en lo que hoy denominamos «sociedad civil», como formalización del interés de un grupo de hablantes por contribuir al mejor mantenimiento y desarrollo del castellano. Ese interés se plasmó, como reza el folleto de 1715 titulado *Fundación y estatutos de la Real Academia Española,* en «la elección de empresa para los sellos, que fue la de un crisol en el fuego, con esta letra: *Limpia, fija y da esplendor*». En la *Historia* de la corporación, que se incluye como uno de los preliminares al diccionario de 1726, se explica con mayor detalle el mote: «en el metal se representan las voces, y en el fuego el trabajo de la Academia, que reduciéndolas al crisol de su examen, las limpia, purifica y da esplendor, quedando solo la operación de fijar, que únicamente se consigue apartando las llamas del crisol, y las voces del examen».

Entre las empresas asumidas desde el comienzo por sus miembros destacan principalmente tres: establecer unas reglas ortográficas que armonizaran las formas dispersas de reproducir por escrito los sonidos de la lengua y las palabras construidas a partir de ellos; actualizar la descripción e interpretación del código gramatical que la lengua se había dado a sí misma, en la tradición de la que fue la primera gramática moderna de un idioma europeo, la de Elio Antonio de Nebrija publicada en 1492; y la tarea de hacer un diccionario «copiosso y exacto, en que se viese la grandeza y poder de la lengua», como reza el prólogo de 1726 al primer tomo del que finalmente sería conocido como *Diccionario de autoridades,* porque sus 37 000 entradas o lemas no solo definen la palabra en sus distintas acepciones, sino que aportan ejemplos de escritores clásicos y otros documentos de época para autorizar la definición.

Aquel *Diccionario de la lengua castellana, en que se explica el verdadero sentido de las voces, su naturaleza y calidad, con las phrases o modos de hablar, los proverbios o refranes y otras cosas convenientes al uso de la lengua,* cuyo sexto y último tomo aparecería trece años después, en 1739, incluye un *Discurso proemial de la Orthographia de la lengua castellana,* que se transformará en 1741, ya como obra exenta, en la *Ortographía española.* Desde su novena edición de 1820 y hasta 1959, la *Ortografía* pasará a publicarse como parte de la *Gramática* académica, si bien en 1844 se inicia la publicación del *Prontuario de ortografía de la lengua castellana* de uso obligado en las escuelas públicas, que tuvo trece ediciones hasta 1866. De 1870 data la aparición de un nuevo *Prontuario de ortografía de la lengua castellana en preguntas y respuestas,* que tuvo treintaiuna ediciones hasta 1931, las tres últimas referidas ya en el título a la *lengua española.*

Aparte de este repertorio necesariamente incompleto del acervo lexicográfico del idioma, el otro gran código de la lengua está en la gramática, cuya primera formulación por parte de la RAE hubo de esperar hasta 1771. Después de otras treintaitrés ediciones que se van sucediendo hasta 1931, en 1973 aparecerá un *Esbozo de una nueva gramática de la lengua española,* pero solo será en diciembre de 2009 cuando se presente una monumental *Nueva gramática de la lengua española*, elaborada conjuntamente por las veintidós academias de la lengua española pertenecientes a ASALE, bajo la dirección del académico español Ignacio Bosque.

Aquel diccionario fundacional, que fue el primer cometido abordado por la RAE —el comunmente conocido como *Diccionario de autoridades*— dio paso en 1780 a una nueva obra que prescinde de ellas (de las citas de los autores seleccionados para autorizar las voces y acepciones) para transformarse en un diccionario de uso en un solo tomo, al que seguirán veintidós ediciones hasta 2014. La que había aparecido en 2001 fue la primera que se ofreció en su versión digital a través de la página web de la RAE, y viene recibiendo año tras año una media de setenta millones de consultas cada mes procedentes sobre todo, pero no exclusivamente, de los países hispanohablantes.

Desde junio de 2011 la elaboración del nuevo *Diccionario de la lengua española,* que se presentó en Madrid y en México en otoño de 2014 como cierre del tricentenario de la RAE, se enriquece con la participación de los usuarios que, a través de la Unidad Interactiva del *DRAE,* pueden hacer sus correcciones, sugerencias y propuestas. De tal modo se facilita el cumplimiento del propósito que el preámbulo de la 22.ª edición formulaba así en 2001: «Para mejorar este Diccionario solicita, y agradece de antemano, la Academia la colaboración de todos. Las críticas, sugerencias y propuestas pueden ser presentadas en el modo tradicional o en la página especial del Diccionario que se abre en Internet. La Academia las estudiará todas de inmediato y ofrecerá en el mismo medio, y en ediciones más frecuentes, todas las resoluciones que se vayan acordando».

Todas esas aportaciones son de agradecer, y confirman la implicación con su lengua compartida íntimamente por muchos de los hispanohablantes. A veces adquiere un sesgo especialmente simpático, como cuando se ofrecen desinteresadamente nuevas palabras creadas por una persona en particular. Así, en septiembre de 2019, en carta manuscrita, Mateo, de seis años, proponía desde Suiza, donde vivía con su familia, que se incluyera en el *Diccionario de la lengua española* (*DLE*) su creación de la palabra *diminúscula*. Lo había animado para escribirme el que su padre le hubiese dicho que yo era «el jefe de la letra D, así que tú decides». Años atrás, un joven chicano nos escribía también escandalizado por el uso abusivo entre los hispanohablantes del anglicismo crudo *brunch,* para designar esa colación de media mañana hecha en los días no laborables. Proponía asimismo el ingreso en el *Diccionario* de su creación léxica: *desmuerzo*. Un calco palmario de la palabra inglesa, fusión de *breakfast* y *lunch*, de *desayuno* y *almuerzo*.

En ambos casos, la solución no estaba, por supuesto, en la inmediata incorporación de los dos inventos verbales al *DLE,* sino en que trascendieran del idiolecto particular del inventor, empezasen a ser utilizados por otros hablantes, pasasen en consecuencia a la documentación escrita u oral registrada en los corpus lingüísticos y, en definitiva, diesen el salto del *habla* (individual) a la *lengua* (social), en los términos establecidos a principio del pasado siglo por Ferdinand de Saussure, invocado ya al principio de mi libro. No se trata de una quimera la posibilidad de que este proceso se culmine con éxito. En agosto de 2005 una joven, Carolina Alguacil, escribió una carta al director del diario *El País* que fue encabezada por la frase «Yo soy *mileurista*». Nueve años después, la 23.ª edición del *DLE* recogía ya este neologismo de autoría precisa, definido como «Dicho de una persona: Que percibe un sueldo mensual que se sitúa en torno a mil euros y generalmente se considera por debajo de sus expectativas profesionales». La marca *Esp.* que abre la redacción del lema indica, lógicamente, que es un término exclusivo del castellano de España.

ACADEMIAS, ORTOGRAFÍAS, GRAMÁTICAS, DICCIONARIOS

Sin una Academia como las antes mencionadas, la lengua inglesa no carece, sin embargo, de instancias en las que se referencia el buen uso y el mantenimiento de la unidad del idioma. A este respecto, tanto en el caso del inglés como en el del español y los demás idiomas, es fundamental la educación, el sistema de enseñanza que solo en el siglo XIX empezó a configurarse con el designio de alcanzar a amplias capas de la población. Enseñar a los estudiantes a hablar y escribir bien su lengua fue uno de los objetivos fundamentales, si no el primero de ellos, para las escuelas, los liceos, gimnasios y universidades. Y para llevar adelante este programa docente, la propia sociedad se dotó a sí misma de gramáticas y diccionarios elaborados por filólogos, lexicógrafos y lingüistas, cuando no por escritores.

En el caso del inglés es, así, reconocida como una fuente de autoridad durante mucho tiempo indiscutida, el *Oxford English Dictionary*. Su redacción se inició en 1857, y comenzó a publicarse en 1884. Ya en el siglo XX, la primera edición fue actualizada mediante sucesivos suplementos. En 1989 apareció la segunda edición del *OED* y desde 2000 la versión en línea es objeto de millones de consultas al mes.

Al igual que las academias fueron objeto de crítica desde el mismo momento de su creación, pero lo son ahora con máxima intensidad, muchas veces desde presupuestos de un modo u otro ligados a la corrección política, lo mismo cabe decir del *OED*, cuyos objetores le confieren la responsabilidad de ser la máxima autoridad a la que objetar. El énfasis logocentrista de la epistemología occidental criticado por Jacques Derrida favorece que el diccionario se considere una fuente autorizada para constituir realidades a través de las palabras que las designan, en muchos casos con unos resultados que no son considerados políticamente correctos.

Así por ejemplo, Jonathan Green (1996), en un estudio sobre los diccionarios y, sobre todo, sobre la condición de quienes los hacen, descalifica a los redactores de *Oxford English Dictionary* —anunciado por sus editores actuales como el más completo y dotado de mayor autoridad— por ser burgueses, masculinos, chovinistas, imperialistas y despreciativos hasta el insulto de los grupos minoritarios. Y en la misma dirección, pero en un tono más circunspecto, John Willinsky (1994) ya había sometido esta monumental obra lexicográfica a un serio escrutinio en su libro *Empire of Words. The Reign of the OED*. Para este autor, lejos de representar un reflejo ecuánime y completo del inglés real, está lastrado por el predominio de fuentes literarias y periodísticas victorianas en su primera hornada, y de documentación americana y generada por los medios en la segunda edición contemporánea y en su versión electrónica. Pero ninguneando siempre, según Willinsky, a las mujeres, a los trabajadores y a los angloparlantes de otros países que no sean la metrópoli británica.

Condición privilegiada (y para algunos, prepotente) que, por supuesto, se otorga también a los Estados Unidos, en donde existe una recia tradición autóctona en lo que se refiere a la lexicografía. En 1806 Noah Webster publicó *A Compendious Dictionary of the English Language,* que ejerció a la vez una influencia considerable sobre la ortografía del idioma. La siguiente entrega se tituló así, ya en 1828, *American Dictionary of the English Language,* y fallecido su autor, desde 1845 el diccionario continuó su vida hasta hoy con la incorporación de George y Charles Merriam, cuyo apellido se uniría al del fundador de la estirpe lexicográfica norteamericana que mira de tú a tú a la de Oxford.

Cada uno de los hablantes de un idioma se siente con toda legitimidad dueño de la lengua. Reside en ella como quien ocupa un lugar en el mundo. Sabe también que las palabras que la componen no solo sirven para decir, sino también para hacer; para crear, incluso, realidades. Y de esta condición vienen las tensiones que de hecho se producen, sobre todo, en la valoración popular de los acuerdos que las academias u otras instancias de autoridad lingüística toman en cuanto al diccionario, la gramática o la ortografía. Hay quienes reclaman mayor energía normativa; para otros, las academias se extralimitan con sus decisiones como si olvidaran que —según la frase así acuñada— la lengua no es propiedad de nadie, sino que pertenece al pueblo.

Una manifestación de creciente incidencia en este escenario de tensiones viene derivada obviamente de la «corrección política». Y las academias francesa y española han tenido que intervenir, haciendo honor a la responsabilidad secular que las acompaña desde su fundación, en varios frentes. Destaca, entre ellos, el revisionismo lingüístico vinculado a la reivindicación de un lenguaje inclusivo, que comprende propuestas relacionadas tanto con la ortografía y el léxico como con la gramática de nuestras lenguas y que dio lugar a una «Déclaration de l'Académie Française sur l'écriture dite *inclusive*», aprobada por unanimidad de sus miembros el jueves 26 de octubre de 2017.

Prestando especial atención a las propuestas ortográficas integradas en el concepto de lenguaje inclusivo, que en francés son sumamente complejas mientras que en español se suelen concentrar en la novedosa utilización de la arroba (@) o de la equis (x), los «inmortales» franceses se manifestaron en un comunicado escueto pero no exento de tintes apocalípticos, como bien se puede apreciar en este párrafo que traduzco: «Más que cualquier otra institución, la Academia francesa es sensible a las evoluciones y a las innovaciones de la lengua, porque tiene por misión codificarlas. En esta ocasión, menos como guardiana de la norma que en calidad de garante del porvenir es como la Academia lanza un grito de alarma: ante esta aberración "inclusiva", la lengua francesa se encuentra actualmente en peligro mortal, del que nuestra nación es desde hoy responsable ante las generaciones futuras».

La fraseología empleada en este comunicado es tajante: habla de *cri d'alarme,* de *aberration inclusive,* de *péril mortel.* Y no deja de mencionar la dimensión supranacional de la lengua francesa, algo que debe ser tenido en cuenta especialmente en el caso del español, con la diferencia de que la francofonía agrupa en el mundo seis veces menos de hablantes que el español global. Preocupa al otro lado de los Pirineos que «si la lengua francesa se empeña ella misma en seguir este redoble de complejidad» (se refieren a los dobletes de los dos géneros por la negación del masculino inclusivo), ello redundaría en beneficio de otras lenguas —léase inglés— que sacarían tajada en su propósito hegemónico («au bénefice d'autres langues qui en tireront profit pour prévaloir sur la planète»). Pero también, por qué no, junto al inglés, está el español, que supera a esa lengua franca en el número de hablantes nativos, cerca de quinientos millones, solo por debajo del chino mandarín.

En el país vecino, en todo caso, el problema ha saltado a la palestra pública, y no han faltado voces en la misma dirección que la Academia, como las del filósofo Raphaël Enthoven, la escritora Catherine Millet, la autora francoiraní Abnousse Shalmani o los ministros de Educación, Jean-Michel Blanquer, y de Cultura, la feminista Françoise Nyssen.

A falta de una academia de la lengua germana equivalente en sus funciones a las nuestras, la Asociación de la Lengua Alemana, con sede en Dortmund, hizo pública en marzo de 2019 una carta abierta reclamando *igualdad sí, locura de género no,* redactada por el lingüista Wolf Schneider y suscrita, entre otras personalidades, por Dorothee Bär, secretaria de Estado para Digitalización, el filósofo Rüdiger Safranski, el novelista Peter Schneider, las escritoras Angelika Klüssendorf y Cora Stephan, y el exdirector de *Bild Zeitung* Kai Diekman. Aducen con toda razón un argumento de fuerza: el que en alemán la palabra *canciller* sea masculina no ha impedido que Angela Merkel haya ocupado el cargo durante varias legislaturas, y critican soluciones a favor del lenguaje inclusivo que violentan la naturaleza del alemán, como introducir sufijos femeninos (*in, innen*) tras un asterisco o una I mayúscula, por ejemplo en «Lehrer*innen» o «LehrerInnen» como alternativa al doblete inclusivo «Die Lehrer und Lehrerinnen» (profesores y profesoras).

A las soluciones ortográficas o flexivas (gramaticales) que el lenguaje inclusivo propone, como la arroba @ o la *x* neutralizadora de la oposición de los morfemas de género o los sufijos alemanes que acabo de mencionar, en castellano se ha añadido otra ocurrencia, la de sustituir los morfemas *-o*/*-a* por *-e,* entendiendo que esta vocal neutralizaría aquella oposición y desplazaría definitivamente al masculino como género neutro, inclusivo. Sería útil a la vez para incluir a las personas *-trans* o las que no se identifican con ninguno de los dos sexos. Así ocurre, por ejemplo, en la India con la comunidad *hijra,* que posee reconocimiento legal y social como «tercer género». Las personas que se identifican así, son asignadas inicialmente al sexo masculino, y luego evolucionan hacia aquella opción, que en algunos casos se califica como de un «otro» afeminado. De la complejidad del asunto, frente a las simplificaciones que en Occidente son tan comunes en cuanto a estos temas, da fe la definición religiosa de la identidad *hijra,* vinculada a ceremonias de fertilidad en cuyos rituales intervienen como oficiantes benéficos e indispensables estas personas *hijra.* Adoran a la diosa Bajuchara Mata, pues en la religión hinduista las divinidades son sexuadas sin que exista, sin embargo, rechazo al reconocimiento de un tercer sexo, amparado ya legalmente por el tribunal supremo de la República de la India.

Varias universidades argentinas se mostraron dispuestas en 2019 a aceptar esta prevaricación ortográfica de la *-e* como morfema inclusivo, y en la campaña presidencial del candidato Alberto Fernández ya fue de empleo habitual. Ello puede producir una autoexclusión limitada y parcial de un sector reducido de los quinientos millones de hispanoparlantes que los haría quedar fuera de un pacto gramatical y ortográfico mantenido por siglos. Al unísono, un tuit del Santuario Animal Almas Veganas, que alcanzó gran repercusión pública en otoño de 2019, denunciaba la violación de las gallinas por los gallos, y justificaba el uso de la palabra *violación* «porque no queremos utilizar palabras diferentes para humanes y no humanes ya que nosotres no hacemos distinción entre especies». Las responsables, que se definen como *feministas antiespecistas* o *antiespecistas* *antifascistas*, militantes en las filas de un *transfeminismo interseccional,* escribían también lo siguiente: «Aquí en el santuario estamos rodeades de personas increíbles de otras especies [...]. Aquí en el santuario viven una vida digna, sin ser utilizades ni esclavizades porque son considerades individues, no recursos».

Por cierto, esta utilización de la letra *-e* como morfema de género inclusivo en vez de *-a/-o* no es la única solución propuesta por algunos hispanohablantes. En 2018 un ciudadano de Valladolid proponía la *-i,* y ejemplificaba con el artículo 14 de la Constitución, que quedaría así: «lis españolis son iguales ante la ley». Dado que, en su opinión, cuando alguien se refiere a sus padres está excluyendo a su madre, la solución estaría en el plural *mis pamis*. Y no siendo capaz de encontrar el vocablo conveniente, proponía a la RAE «inventar un nuevo término para nombrar a Dios, como hombre-mujer, o masculino-femenino».

En la lengua inglesa también se atribuye a la prepotencia del patriarcado el antropomorfismo del lenguaje religioso que incluye una imagen sexuada de la divinidad. No es un problema fácil de resolver, sino imperfectamente a base de circunloquios del tipo *God, the Mother and Father*. Recuerdo, a este respecto una experiencia de 1987 que viví directamente en la universidad norteamericana de Middlebury, en Vermont. Al acabar un curso intensivo de verano, en el teatrillo del campus se representaba una función con contenido musical, lúdico y, sobre todo, paródico. En esto último, como es lógico, los alumnos hacían carne de cañón con nosotros, los profesores. Y me impresionó el profundo disgusto que causó en una brillante profesora feminista de Literatura la escena representada en la que una estudiante hacía el papel de ella sometida a un tercer grado en el que, entre otras imputaciones, se le acusaba de no creer en Dios. A lo que la así interpelada respondía: «Eso es falso. Todos los días sin faltar uno hablo con Ella».

FEMINIZACIÓN LINGÜÍSTICA

En lo referente a la Académie française, es de destacar la publicación en febrero de 2019 de otro importante documento sobre *La féminisation des noms de métiers et de fonctions* redactado por dos académicas, Danièle Sallenave y Dominique Bona, y dos académicos, Gabriel de Broglie y Michael Edwards, que reconocieron que ya no había «ningún obstáculo de principio a la feminización de los nombres» de empleos, cargos o funciones en la Administración pública y el Gobierno de la República. Algo a lo que hasta el momento los «inmortales» franceses se habían opuesto, incluso de manera expresa, como cuando en 1998 la institución criticó duramente al socialista Lionel Jospin por pedir a las Administraciones públicas que usaran el término femenino para referirse a las profesiones donde era corriente hacerlo. Incluso se mantenía, por ejemplo, el uso de la expresión «Madame le ministre» (señora ministro) en lugar de «Madame la ministre» (señora ministra).

Con esta posición Francia, en cuyo Gobierno hay una «Délégation générale à la langue française et aux langues de France» que no tiene ningún departamento homólogo en la Administración española, se mantenía al margen de una evolución con respecto al asunto que ya se estaba dando en otros países francófonos. Así ocurría desde los años sesenta del pasado siglo en Québec, donde existe asimismo una «Office québécois de la langue française», y donde en los decenios siguientes las instituciones políticas se involucran en propugnar la eliminación de los estereotipos sexistas, como acabarán recogiendo determinados diccionarios quebequenses. Suiza, por su parte, hace lo propio en 1991. En Bélgica se promulga en 1993 un decreto que regula la feminización de las designaciones profesionales en los escritos del sector público y la oposición que suscita no es tan fuerte como en Francia, donde la Académie coadyuva a frenar las iniciativas tomadas por el Gobierno francés en esta materia entre 1984 y 1998.

El problema se había abordado previamente en el Ejecutivo y el Parlamento galo después de que se empezase a extender preocupantemente el uso del llamado punto mediano, utilizado para incluir en una misma palabra los morfemas de los dos géneros (por ejemplo, *fermier·e),* solución duramente criticada por la Académie. El entonces primer ministro, Éduard Philippe, emitió en noviembre de 2017 una circular con diversas normas gramaticales de empleo obligatorio en los textos difundidos por la Administración, entre las cuales estaba la prohibición del punto mediano y la propuesta de que se utilizase el artículo femenino para referirse a Madame *la Ministre,* y no, como hasta entonces, a Madame *le Ministre.* Ello dio pie a que Isabelle Rauch, diputada de la mayoría presidencial en la Asamblea

Nacional, propusiese una enmienda a la Constitución de la V.ª República en este sentido, sin incluir soluciones ortográficas como el punto mediano.

Los académicos franceses que redactaron el documento de febrero de 2019, aprobado por el conjunto de la corporación, justifican el abandono de posiciones anteriores por la propia evolución de la sociedad, cuyo análisis les indujo a «abstenerse de toda posición dogmática y adoptar por el contrario una actitud pragmática en materia de feminización de los nombres de oficios y de funciones en la lengua francesa de hoy». Por ello, después de hacer algunos comentarios sobre hechos idiomáticos concretos, confirman que «la Academia se guardará, pues, de dictar *reglas* de feminización de los nombres de oficios: basándose en el uso, que decidirá y resolverá en última instancia, indicará los limites en los cuales pueden ser consideradas las formas que tomará esta adaptación legitima de la lengua a las mutaciones de la sociedad».

Este importante documento anuncia que la feminización de los nombres de oficios, empleos y funciones aparecerá reflejada en la nueva edición del *Dictionnaire de l'Académie française* que se publicará en versión digital, lo mismo que sucederá con nuestro *Diccionario de la lengua española* a partir de la vigesimocuarta edición (la anterior apareció, como bien se sabe, en 2014. La novena del diccionario francés comenzó en 1994). En entregas anteriores, como la de 1925 en que se introdujo ya *catedrática,* el *Diccionario* había ido incorporando sucesivas feminizaciones en la misma dirección. Desde 1992, *embajadora* es definida como «agente diplomático de primera clase», corrigiendo el diccionario de 1925 donde se recoge ya la acepción «mujer que lleva una embajada» junto a la única reseñada hasta entonces, «mujer del embajador». Y en la vigesimosegunda edición, de 2001, para *ministro* y *ministra* se dan, entre otras, las siguientes acepciones: «Persona que forma parte del Gobierno como responsable de uno de los departamentos en que se divide la Administración Superior del Estado» y «Agente diplomático con un rango determinado».

Porque en la formación de femeninos de profesión no existe ni ha existido ninguna reticencia por parte de la RAE, de acuerdo con la evolución de la lengua que tampoco tuvo ninguna reserva al respecto. Son lo que los lingüistas denominan «casillas vacías» en el sistema que cuando los hablantes lo estiman oportuno, por la propia dinámica de la sociedad, se pueden rellenar. Es cierto que han existido discriminaciones sociales que no han posibilitado o no han favorecido el acceso de la mujer a determinados puestos laborales o cargos de responsabilidad. Pero una vez eliminadas esas trabas, cuando las profesionales han ocupado tales puestos, inmediatamente se crea el significado femenino. El idioma lo admite primero a través de la concordancia de determinantes y de adjetivos (*el juez/la juez*; *el diputado/la diputado*) y, con posterioridad, incluso con el desdoblamiento flexivo que en el caso de *juez* no sería necesario (*juez/jueza*), como sí en el de *diputado/diputada*.

Ante la irrupción de un nuevo nombre de estas características, la Academia analiza si está bien o mal formado, y en caso positivo procede a su incorporación al *DLE*. Por cierto, en mayo de 2011 un ciudadano escribió a la RAE argumentando que había sido él quien había «inventado» en 1995 la palabra *jueza* «al traducir del *alemán richterin*» (¿?), y que solicitaba una entrevista con el secretario para «reclamar mis derechos» y que se le proporcionara una certificación de su invento léxico. Se le respondió que la RAE no reconoce autoría ni propiedad intelectual sobre las palabras que se incorporan al *DLE* y que, en todo caso, en los corpus o base de datos de la corporación se registran ya ocurrencias de *jueza* en textos periodísticos españoles e hispanoamericanos desde 1991.

También fueron en su momento muy comentadas las propuestas de dos creaciones léxicas de muy discutible conveniencia y necesidad, aportadas por sendas responsables políticas con el designio de contribuir a la visibilidad femenina. En 2008 la entonces ministra de Igualdad, Bibiana Aído, en su primera comparecencia ante la comisión correspondiente del Congreso, utilizó el término *miembra* para dirigirse a las diputadas presentes. La séptima acepción de *miembro* en el *DLE,* con la marca de género masculino y femenino, es la que se refiere a todo «individuo que forma parte de un conjunto, comunidad o corporación», mientras que la primera, esto es, el significado al que el *Diccionario* concede prelación en el uso (pues el antes mencionado es metafórico) corresponde a «cada una de las extremidades del ser humano o de los animales articuladas en el tronco». Y no hay que olvidar que el étimo de la palabra es el *membrum* latino, que es neutro. Pero si admitimos que la lengua es un sistema en donde cada elemento está condicionado por y condiciona a todos los demás, la alteración de este equilibrio lingüístico, como ocurre también con el ecológico, obligaría a forzar nuestro idioma y referirnos a los brazos como *miembros*, pero a las piernas como *miembras*. Sin tener en cuenta que el femenino de ciertos sustantivos suelen llevar consigo connotaciones peyorativas, como es el caso de *individua, prójima, tipa* o *fulana*. Igualmente, la portavoz del partido (entonces) Unidos Podemos y luego asimismo ministra de Igualdad reclamaba para sí, diez años después de Bibiana Aído, la denominación de *portavoza*, asunto del que me ocuparé en un próximo capítulo.

Un destacado lingüista, José Antonio Martínez (2006), aprovechó la lección inaugural del curso académico 2006-2007 en su Universidad de Oviedo para afirmar que la intencionalidad de la corrección política va en la línea de «erradicar las actitudes y pensamientos nocivos por la vía de reemplazar palabras de uso corriente con neologismos de nuevo cuño», ideados en gabinetes donde generalmente brillan por su ausencia estudiosos de la lengua. Y mientras instituciones creadas *ad hoc* como las Academias van siempre por detrás y al ritmo de la lengua común, a la que consideran patrimonio exclusivo de sus hablantes, «las organizaciones de origen democrático parecen confiar más en la "iniciativa privada" y en la práctica de cierto despotismo ético o moral». Por mi parte, añadiría que a partir del concepto —formulado ya en 1939 por el sociólogo judío-alemán Norbert Elías— de «proceso de civilización», que implica la eliminación paulatina pero decidida de los comportamientos inaceptables, la corrección política ha introducido una variante tóxica, la de eliminar las palabras o expresiones que los designan, confiando una prerrogativa abiertamente censorial y represiva a minorías o grupos regidos por estímulos y pulsiones emotivas, y no por la racionalidad.

No cabe duda, pues, de que en los planteamientos reivindicativos de la feminización de las lenguas influyen considerablemente —junto a lo más importante: la evolución de la sociedad a favor de la igualdad entre los sexos— las aportaciones ideológicas del feminismo, que han alcanzado un extraordinario nivel de formalización e influencia en el mundo intelectual, universitario y comunicativo en los últimos cincuenta años. Y por eso mismo, debo recordar aquí un caso anterior en que la vinculación entre ideología y lengua dio lugar a un interesante debate, resuelto en última instancia por el líder de la URSS Iósif Stalin, que poco antes de su muerte publicó en *Pravda*, en 1950, una serie de artículos luego reunidos bajo el título de *El marxismo y los problemas de la lingüística*.

En ellos refuta implacablemente las tesis del lingüista Nikolái Marr, fallecido años atrás (en 1934), quien consideraba la lengua una superestructura íntimamente ligada con los intereses de la burguesía, un arma a su servicio en la lucha de clases, de modo que, con el triunfo del proletariado y el establecimiento de una base o infraestructura materialista completamente opuesta, la lengua zarista debería ser sustituida por otro ruso, ahora revolucionario.

Marr fue durante decenios el lingüista más influyente en toda la URSS, director de la Biblioteca Nacional y vicepresidente de la Academia de Ciencias de la Unión Soviética. Elaboró una teoría monogenética del lenguaje, la conocida como «teoría jafética», y defendía el origen común de los idiomas caucásicos, el etrusco y el euskera. Y postulaba que el triunfo final del comunismo provocaría la fusión de todas las lenguas en una. Su caída en desgracia, póstuma para su suerte, fue acompañada de una desautorización radical de sus aportaciones e, incluso, de su propia figura. En el texto firmado por Stalin se llega a decir que Marr «quería, efectivamente, ser marxista y se esforzó por serlo, pero no lo consiguió». Introdujo, además, en su disciplina «la fórmula errónea, no marxista, de que la lengua era superestructura, y se hizo un embrollo, embrolló a la lingüística. Es imposible desarrollar la lingüística soviética basándose en una fórmula errónea».

A su propuesta de crear un nuevo ruso, el de la revolución, contrapuso Stalin el argumento de que el marxismo, con la precisión de su terminología aportada por el riguroso pensamiento de su fundador, considera que el paso de la lengua de una vieja cualidad a una cualidad nueva no se produce por explosión ni por destrucción de la lengua existente y creación de otra, sino por acumulación gradual de los elementos de la nueva cualidad y, por tanto, por extinción gradual de los elementos de la vieja cualidad.

Para el dictador soviético, la estructura gramatical y el caudal básico del vocabulario constituían la base del ruso y la esencia de su carácter específico. Y ponía el ejemplo de la revolución burguesa de Francia entre 1789 y 1794, periodo en el que la gramática y el vocabulario básico del francés se mantuvieron sin cambios esenciales. Porque la lengua es producto de la sucesión de épocas y ciclos que se producen en una determinada sociedad, y por eso tienen una vida incomparablemente más larga que cualquier base y que cualquier superestructura. La historia asiste a la desaparición o, incluso, destrucción de sucesivas bases y de sus correspondientes superestructuras, y sin embargo esto no lleva consigo la liquidación de la lengua existente en cada momento y el nacimiento de otra con nuevo vocabulario y estructura gramatical.

Porque de acuerdo con el marxismo soviético, la lengua no es obra de una clase cualquiera, sino de toda la sociedad, de todas las clases sociales, del esfuerzo de centenares de generaciones. La lengua no ha sido creada para satisfacer las necesidades de una clase cualquiera, sino de toda la sociedad, de todas las clases sociales. A ello, precisamente —concluye la argumentación de Stalin—, se debe el que la lengua pueda servir por igual al régimen viejo y moribundo y al régimen nuevo y en ascenso, a la vieja base y a la nueva, a los explotadores y a los explotados. Y, en todo caso, no puede darse la lucha de clases si estas no se relacionan entre sí, y para ello necesitan un medio de comunicación que en Rusia fue la común lengua nacional. Para Stalin, la historia demostraba que una lengua nacional no es una lengua de clase, sino idioma común a todo el pueblo, instrumento de comunicación perteneciente a todos los miembros de la nación y único para ella.

El texto de Stalin incluye una pregunta retórica, pero de incuestionable valor perlocutivo ante la sociedad soviética dada la omnímoda e implacable autoridad de quien la enunciaba: «¿Quién puede necesitar que la variación de los vocablos en la lengua y su combinación en las oraciones no se hagan con arreglo a la gramática existente, sino ateniéndose a una gramática completamente distinta? ¿Qué provecho obtiene la revolución con semejante cambio en la lengua? [...] ¿Cómo se puede destruir la lengua existente y crear en su lugar otra nueva en unos cuantos años sin llevar la anarquía a la vida social, sin crear un peligro de disgregación de la sociedad? ¿Quién, de no ser un quijote, puede plantearse semejante tarea?».

En este relevante texto de 1950 que traigo a colación se afirma que la estructura gramatical y el caudal léxico más general constituyen la base de la lengua y la esencia de su carácter específico, y se reconoce que aquella es todavía más sólida y estable que las palabras que recogen los diccionarios. No se menciona la ortografía, y si embargo en algunas expresiones de la corrección política, por ejemplo, las vinculadas al lenguaje inclusivo, como hemos visto ya se hacen a la sazón propuestas poco responsables. No menor gravedad encierran los experimentos con reglas gramaticales profundamente arraigadas en la entraña de nuestros idiomas, como las que afectan a la negación del carácter neutro del masculino o la inclusión de un nuevo morfema de género. Pero hay que reconocer que el caballo de batalla primero del lenguaje políticamente correcto reside en los diccionarios.

CORRECCIÓN POLÍTICA Y DICCIONARIOS

Probablemente, los dos que están sometidos a una mayor presión de lo políticamente correcto son el *Oxford English Dictionnary* y el *Diccionario de la lengua española* por la proliferación de sus ediciones y la millonaria consulta que de ellos se hace en la red como corresponde a la segunda y la tercera lengua con más hablantes en todo el mundo. Ya he mencionado alguna de las diatribas que el *OED* recibe y dispongo de cumplida información para hacer lo propio a propósito del *DLE.*

En el origen de las interpelaciones de todo tipo que estos y otros diccionarios reciben están dos ideas que merecen comentario aparte.

La primera de ellas ya ha surgido en páginas anteriores. Es ni más ni menos que la perpetuación de una creencia mítica originada en los libros del Génesis correspondientes a varias culturas de, al menos, tres continentes: la idea de que los dioses crearon el universo pronunciando palabras. Es sorprendente cómo el escepticismo laico de nuestras sociedades no ha sido capaz de arrumbar con esta creencia, que encuentra, incluso, una formulación continuamente citada a partir de Wittgenstein —*Los límites de mi lenguaje representan los límites de mi mundo: Die Grenzen meiner Sprache bedeuten die Grenzen meiner Welt*— de la que él mismo acabaría retractándose en 1953 con la segunda de sus grandes obras, las *Investigaciones filosóficas*. Pero el hecho es que siguen reiterándose, como pruebas para justificar recias posturas ideológicas, argumentos, repetidos como mantras, del tipo «lo que no es dicho no existe», y que la palabra crea la cosa, de modo que, si esta es indeseable, la supresión de aquella resuelve el problema. Gran propuesta, como los cientos de soluciones muy fáciles para lo complejo, que solo tienen un inconveniente: todas son falsas.

Y la segunda idea muy activa en las diatribas a las que me refiero consiste, simplemente, en culpabilizar a los redactores de los diccionarios de los males del mundo por inventar las palabras que los erigen y sustentan, y difundirlas a través de esos repertorios perversos. Comparando la situación del diccionario español y el inglés en este trance, la conclusión es muy desfavorable para el nuestro, pues el *OED* es fruto de una iniciativa privada, en cierto modo anónima, amparada solo por el prestigioso sello editorial que se responsabiliza de la obra, mientras que detrás del *DLE* está la Real Academia Española con sus cuarenta y seis miembros con nombre y apellidos, y junto a ella, codo con codo, las otras veintitrés corporaciones que en Asia, África y América dan cuerpo a ASALE, la Asociación de Academias de la Lengua Española. Cada uno de sus numerarios son, además, académicos correspondientes de la RAE.

Un caso muy especial se planteó en los siguientes términos. En el *DLE* la palabra *chapero* es calificada como jergal y definida con el significado de «homosexual masculino que ejerce la prostitución». El 9 de enero de 2018 un señor así apellidado reclamaba «que restituyan el honor de mi apellido antes de tomar medidas, que [sic] se vilipendia y utiliza como afección de algo asqueroso y vulgarmente callejero... yo ni me prostituyo ni soy eso que pone el diccionario, ¡qué vergüenza! Espero una respuesta breve para no molestar al Defensor del pueblo, para ver qué opina».

Precisamente la entonces Defensora del Pueblo intervino varias veces a lo largo de 2013, 2014 y 2015 ante la RAE para exigir, a instancia de parte, la retirada de la única definición de *gitanada* como *trapacería,* que lleva la advertencia «Úsase como ofensivo o discriminatorio», y de la quinta acepción de *gitano* («trapacero»). La sexta, por el contrario, definida como coloquial, es «que tiene gracia y arte para ganarse las voluntades de los otros».

Desde el principio de este contencioso, la Real Academia Española manifestó públicamente su máximo respeto y consideración hacia la comunidad gitana y todos y cada uno de sus miembros. Pero afirmó igualmente que no podía declinar su compromiso, mantenido desde hacía tres siglos, de ofrecer al conjunto de nuestra comunidad lingüística el repertorio más fiel que fuese posible de las palabras que los hispanohablantes usan libre y espontáneamente en todas sus acepciones.

Se insistía igualmente en que el hecho de que una palabra o acepción figure en el *Diccionario de la lengua española* no es fruto de una invención o de la voluntad arbitraria de la Academia, sino que obedece a la obligada incorporación a este repertorio lexicográfico de los usos léxicos del español utilizado en la realidad social. Al plasmarlos en el *Diccionario,* el lexicógrafo está haciendo un ejercicio de veracidad; está reflejando usos lingüísticos efectivos, pero no está haciendo proselitismo ni a favor del uso de la palabra ni, mucho menos, de los comportamientos o actitudes que designa.

Es más, y sigo creyendo que este es un argumento poderoso, aducido incluso por feministas: con esta práctica se proporcionan los datos necesarios para que la propia sociedad identifique la existencia de usos lingüísticos inconvenientes, cuya erradicación ha de fomentarse precisamente a través de la educación. Esta, la enseñanza y formación integral de la ciudadanía, es una tarea que ningún diccionario puede suplir.

Pese a estas explicaciones, hechas públicas en todos los medios en noviembre de 2014, en enero de 2015 la Confederación Española de la Asamblea Nacional del Pueblo Gitano anunció su propósito de denunciar inmediatamente a la RAE ante el Tribunal Europeo de los Derechos Humanos, y solicitarle que impusiese la modificación de los términos en cuestión y —literalmente— «que se condene tanto al Estado español como a la RAE a una ejemplar indemnización por los perjuicios y daños morales que históricamente se han producido con el pueblo gitano debido a esta definición».

Efectivamente, antes de 2014, en el preámbulo de la vigesimosegunda edición del *DLE* se advertía, en 2001, que «con frecuencia se solicita, y a veces de manera apremiante, que sean borrados del Diccionario términos o acepciones que resultan hirientes para la sensibilidad social de nuestro tiempo». Para salir al paso de tales diatribas, la Academia recordaba que la obra estaba concebida «para la comprensión de textos escritos desde el año 1500», y que, las voces molestas recogidas lo eran «sin que ello suponga prestar aquiescencia a lo que significan ahora o significaron antaño». La constante revisión del *Diccionario* permite matizar cada una de sus definiciones de acuerdo con la sensibilidad del momento, pero, siempre, «sin ocultar arbitrariamente los usos reales de la lengua». Usos que el *Diccionario* ilustra además con marcas en abreviatura que, antes de la definición, indican si se trata de una voz o acepción coloquial, despectiva, desusada, eufemística, inusual, jergal, malsonante, peyorativa o vulgar.

Estos planteamientos se aplican escrupulosamente a las redacciones que se proponen de los más de 90 000 lemas y 200 000 acepciones incluidas en el *DLE* actual, tanto a través de su edición impresa como la ofrecida en línea. Así, por ejemplo, una propuesta cursada a través de la ya mencionada institución del Defensor del Pueblo a instancias de la Asociación Ateneo Génesis, secundada por la Dirección para España del Observatorio Europeo de Derechos Humanos, determinó la modificación, en la vigesimotercera edición de 2014, de la entrada correspondiente a la *francmasonería,* también *masonería.* La voz aparece en el diccionario en 1884, con la calificación de «asociación clandestina», que en 1925 se cambia a «asociación secreta». La redacción en 1992 y 2001 sigue siendo «asociación secreta de personas que profesan principios de fraternidad mutua». Pero, entre otras razones, el hecho de que el artículo 22.5 de la Constitución española de 1978 prohíba expresamente las sociedades secretas, junto al reconocimiento legal de la masonería en nuestro país condujo a la versión actual del lema: «Asociación universalmente extendida, originariamente secreta, cuyos miembros forman una hermandad iniciática y jerarquizada, organizada en logias, de ideología racionalista y carácter filantrópico».

Como ya recordé en mi preámbulo, en el *Diccionario de autoridades* están ausentes «todas las palabras que significan desnudamente objeto indecente», por ejemplo, las referentes al sexo que para los hispanohablantes de hoy ya no son tabú. Pero expurgar a estas alturas el *Diccionario* para hacerlo seráfico y biempensante no dejaría tampoco de ser una reiterada expresión de una nueva forma de censura difusa, impuesta por la etérea instancia que decreta lo políticamente correcto, aunque pueda darse también, como de hecho se da, la injerencia de algún organismo vinculado a los poderes gubernativos.

Estas consideraciones remiten inexcusablemente a esas dos dimensiones del lenguaje que son el *habla* (lo individual) y la *lengua* (el código o contrato social), el escenario en el que actúan desde hace siglos las academias mencionadas. Y las tensiones aludidas estaban ya previstas en la *Política* de Aristóteles, como ya tuve ocasión de recordar en páginas anteriores. Según el Estagirita, *la palabra existe para manifestar lo conveniente y lo dañino, así como lo justo y lo injusto,* pero los seres humanos tenemos la facultad de discernir entre lo uno y lo otro, así como de actuar en consecuencia.

Y, sin embargo, a la RAE se la acusa una y otra vez de agraviar a individuos o grupos simplemente por incluir palabras consideradas ofensivas por ellos, palabras que existen en el uso del idioma y están ampliamente documentadas por escrito o, incluso, a través de testimonios orales. Palabras que la Academia, por lo tanto, no ha inventado, sino simplemente recogido de la lengua soberana, creada y utilizada por los hablantes; palabras que, por supuesto, los académicos no jaleamos ni promocionamos.

Semejantes acusaciones van acompañadas implícitamente de una exigencia que nunca se podría aceptar: censurar el diccionario. Tal cosa representaría su destrucción. Pues siempre podría haber una persona que pusiera su *obstat* a un determinado vocablo por puras razones subjetivas. Emocionales. La gran pregunta es inexcusable: ¿dónde se pondría el límite a los expurgos a instancia de parte? ¿Quién estaría autorizado para imponer su criterio inquisitorial? ¿Qué fundamento le sería exigible, o tan solo bastaría con su apreciación o valoración personal de la palabra reprobable y de su perniciosa incidencia en la sociedad?

Nunca se podría asumir un protocolo para la relación entre el *Diccionario* y los hispanohablantes que siguiera pautas como estas: yo me siento ofendido por una palabra en concreto. Me autoproclamo víctima de ella. Tengo derecho a prohibirla. Por lo tanto, es obligación de los responsables del *DLE* desterrarla de sus páginas.

Citaré un caso concreto de los numerosos que ya se han producido: el de una señora que el 9 de diciembre de 2017 reclamaba airadamente la retirada de la palabra *mayormente,* porque, cito al pie de la letra de su correo electrónico, «su pronunciación hace rechinar los oídos, su escritura hace llorar los ojos». Y añadía: «Lamento el tono de mi queja, pero como escritora tengo hiper sensibilidad [sic] hacia las palabras». Ese mismo día invernal dos interpelantes le escribían al director de la RAE que consideraban «una completa falta de respeto el poner en el vocabulario español la palabra *racional* en el cual [sic] yo, M. C. y mi colega A. Z. estamos en total desacuerdo ya que ofende a una parte de la sociedad que no forma parte de los seres racionales».

En otros casos, los individuos o grupos presuntamente ofendidos recurren con frecuencia a organismos oficiales como el Parlamento, los ministerios, el Defensor del Pueblo, embajadas, sindicatos o asociaciones, para que ejerzan su presión. Valgan algunos ejemplos.

En el capítulo anterior resumíamos, a partir de los ya numerosos autores que se han ocupado del lenguaje políticamente correcto y de la llamada «higiene verbal», los campos semánticos más concernidos, entre ellos los relacionados con las enfermedades y las minusvalías, definidas en el *DLE* como discapacidades físicas o mentales de alguien por lesión congénita o adquirida.

El tabú que en todas las sociedades acompaña el drama de las patologías adquiere especial virulencia en lo tocante a las palabras con que se designan. Los eufemismos utilizados a este respecto tardan muy poco en contaminarse de la toxicidad que viene de la realidad designada, y son sustituidos por nuevos términos, con frecuencia perífrasis o expresiones pluriverbales —por ejemplo, «persona con capacidades diferentes» o «especiales»— a los que les aguarda la misma suerte.

Así el *DLE* advierte que el adjetivo *subnormal,* hoy rechazado por los hablantes como designación de una persona, equivale a un insulto o expresión despectiva. Lo mismo se señala a propósito de *mongólico,* que remite al *síndrome de Down,* cuya definición en el diccionario de 2001 (vigesimosegunda edición) empezaba erróneamente con la palabra *enfermedad.* La última edición de 2014 ha perfeccionado considerablemente la redacción sin desvirtuar en modo alguno la realidad de fondo, que se define ahora como «anomalía congénita» caracterizada «por distintos grados de discapacidad intelectual y un conjunto variable de alteraciones somáticas». Se ha prescindido con buen criterio de la última frase de 2001, que nada añadía para la comprensión cabal de esta forma compuesta *síndrome de Down* al referirse al «aspecto típico» del rostro.

Algo semejante ocurrió con la cuarta acepción de la palabra *cáncer,* definida como «Proliferación en el seno de un grupo social de situaciones o hechos destructivos», e ilustrada con un ejemplo: «*La droga es el cáncer de nuestra sociedad*». En este caso, los reclamantes llegaron a solicitar del Congreso de los Diputados que obligara a la Academia a retirar dicha acepción del *Diccionario* por ser manifiestamente ofensiva contra los pacientes de la enfermedad, y perjudicial para su recuperación. Lo mismo le había ocurrido ya a la escritora Susan Sontag en 1967, cuando publicó en *Partisan Review* un artículo titulado «What's happening in America» en el que afirmaba que «la raza blanca es el cáncer de la historia humana» y tuvo que retractarse asumiendo que esta expresión representaba una «calumnia» —*slander*— contra los pacientes de tal enfermedad.

En febrero de 2015, la Confederación Autismo España envió al Ministerio de Sanidad, Servicios Sociales e Igualdad un «escrito de denuncia» exigiendo que se impusiera a la RAE la eliminación del *Diccionario* de la tercera acepción de *autista,* que reza así: «Dicho de una persona: encerrada en su mundo, conscientemente alejada de la realidad». Acusaban a la RAE de falta de información y de sensibilidad hacia las personas que padecen autismo, así como de sugerir un «deseo intencionado de aislamiento y alejamiento del contacto social». Por otro conducto se personó en la misma demanda una asociación para la solidaridad comunitaria de las personas con diversidad funcional y la inclusión social, invocando el cumplimiento de la Convención de la ONU sobre los derechos de las personas con discapacidad (diversidad funcional).

Sin embargo, este uso de *autista* está ampliamente documentado, sobre todo en prensa. En enero de 1995, Iñaki Anasagasti, portavoz del PNV en el Congreso de los Diputados, decía en el diario *El Mundo* que el presidente Felipe González «no oye a la calle. Está autista, fuera de la realidad». Pero, según los reclamantes, que el *Diccionario* recogiese este uso «vulnera los derechos del colectivo de personas con Trastorno del Espectro de Autismo (TEA) y sus familias».

Por sorprendente que pueda parecer que los familiares de quienes padecen autismo se consideren a sí mismos *víctimas* de la agresión onomasiológica perpetrada por el *DLE* —en la senda de lo que hemos visto ya denunciado por Robert Hughes, Theodore Dalrymple o Campbell y Manning—, no se trata de una reacción excepcional, pues incluso se registra en otro caso que encierra especial interés.

Tiene que ver, por una parte, con ese mantra de que lo que no se nombra ya no existe, y por otra con una expresión del narcisismo egocéntrico que se está generalizando en nuestra posmodernidad mediática. Algo que se suscita en la conversación de 2017 entre Thomas Leoncini y Zygmunt Bauman a propósito de una de las transformaciones de la nueva sociedad poblada por la que ellos denominan «generación líquida». Me refiero a la constatación que ambos hacen de que esa «invisibilidad» «no es más que la peor "enfermedad" social moderna». El «nativo líquido» se caracteriza, así, por moverse no solo en la órbita de su propia individualidad, sino que se afana en hacerla patente y notoria en el escenario de la esfera pública. Y con frecuencia lo hace con un talante invasivo. Christopher Lasch, refiriéndose en 1979 a su país, lo consideraba uno de los síntomas más preocupantes de una *cultura del narcisismo,* que cuenta asimismo en su configuración con otros rasgos identificables con la «apoteosis del individualismo», el culto a la «vida agotadora» (*strenous*) de los gimnasios, del *jogging* o del, por mal nombre, *footing,* del *CrossFit* y similares, o con la abdicación de la autoridad y la paradójica entrega a un paternalismo sin padre.

Precisamente, a finales de 2017 la prensa se hizo eco de la queja que un grupo organizado de padres que habían perdido un hijo por enfermedad o accidente manifestaban por el hecho de que no existiese en el *DLE* un adjetivo que los definiera. *¿Huérfilos?: el dolor de estos padres no tiene nombre* era uno de los titulares, ejemplo magnífico del «sentimentalismo tóxico» de Darlrymple, que daba paso a un extenso reportaje con entrevistas a varios promotores de la iniciativa, uno de los cuales se expresaba claramente en los términos que acabo de traer a colación de la mano de Bauman: «Somos *huérfilos* —habla José Antonio padre, que ofrece su testimonio a familias que están en las mismas circunstancias en que estuvo él—. Las cosas hay que nombrarlas. Lo he padecido y lo sé: necesitamos una palabra que nombre, algo que adjetive, algo que acote… Los psicólogos dicen que es bueno ponerles nombre a las cosas. Si no, es como si no existiésemos».

Su demanda, expresada públicamente en aquel año desde la plataforma Change.org, llegó hasta la Academia en forma de una petición, reiterada en 2019, en este caso no de que se suprimiera una palabra o acepción, sino de que se añadiera al caudal léxico del castellano *huérfilo.* Pero pese a que entre los demandantes figuraban incluso profesores universitarios, su aportación lexicográfica adolecía de aberrantes vicios de forma y de fondo, y su imperfección parece indicar algo sobre lo que insistiré varias veces a lo largo de mi libro: una absoluta falta de respeto hacia la lengua, que sin conocerla bien, hay quien quiere moldearla a su libérrimo gusto ignorando los principios más elementales de la lingüística, como es la interacción saussereaana entre *lengua* (el contrato social) y *habla* (la realización individual), por no hablar de la historia, que decanta con el paso de los siglos los hechos idiomáticos.

En primer lugar, no es cierto que el castellano no disponga de un término para designar a los padres que han tenido la desgracia atroz de perder un hijo. En realidad, dispone de dos. Uno que desde la edición del *DLE* de 1791 está consignado hasta hoy: «**deshijado, da.** adj. desus. Dicho de una persona: que ha sido privada de los hijos». Efectivamente, poco usado, pero que el poeta romántico Antonio Ros de Olano, en su composición «Angelitos del cielo», utiliza: *la deshijada madre del angelico / de aquella pobre cuna miró el vacío.*

Pero no es justificable ignorar que desde 1925 el *DLE* recoge esta segunda acepción de *huérfano*: «poét. Dicho de una persona: A quien se le han muerto los hijos». Esta acepción tiene distinguida prosapia: ya estaba en griego, según se documenta en las *Olímpicas* de Píndaro, en *Hécuba* de Eurípides, o en *Antígona* de Sófocles. Y mantiene plena vigencia en el español de hoy. Sergio del Molino Molina narra la pérdida de su hijo en su novela *La hora violeta* (2013), en donde escribe, recordando a Francisco Umbral: «Y le he dicho que de todo lo que he leído sobre niños muertos, sobre padres huérfanos y sobre enfermedad y ruina, *Mortal y rosa* es, con mucho, el libro más bello, hondo y suicida que he sufrido». Y el colombiano William Ospina, en *De la Habana a la Paz,* publicado en 2016, denuncia que la guerra no consiste en estadísticas, sino que detrás de las cifras hay «incontables horas de angustia, ríos de desesperación, miles de hijos huérfanos de sus padres y miles de padres huérfanos de sus hijos».

Y el segundo vicio que campa por sus respetos en *huérfilo* es su propia composición. O mejor dicho, la descabellada invención u ocurrencia de su composición. Merece el título de «palabra frankenstein». Se supone que nace de la fusión entre *huérfano* (palabra en su origen griega pero asimilada por el latín) y *filius,* que en latín significa 'hijo varón'. Pero como se omite en el segundo étimo la letra *i*, que está en todos los derivados castellanos de *filius* —*filial* o *filiación* (y no *filal* o *filación*)—, el resultado es que se confunda con el elemento compositivo griego *-filo,* que significa 'amigo' o 'amante de': *filósofo*, *anglófilo, filólogo,* etc. De modo que un *huérfilo* vendría a ser, en zarrapastrosa formulación, algo así como 'quien ama la orfandad'. Esto es, exactamente lo contrario que un deshijado o un padre huérfano.

El riquísimo refranero hispánico llama a esto «hacer un pan como unas tortas» (o «unas hostias»), lo que me lleva por pura asociación intrascendente, que no por causa de mayor enjundia, a recordar otro episodio en el que se manifestó asimismo el desconocimiento real del idioma y de su acerbo por parte de unos reclamantes alentados por alguna forma de corrección política, pero que en realidad tan solo perseguían aquella visibilidad de los «nativos líquidos» de que hablaban Bauman y Leoncini, en este caso vinculada sin lugar a dudas a intereses comerciales. Me refiero al «colectivo de panaderos artesanos» que, en mayo de 2017, con cierta movilización mediática, presentaron ante la Academia un escrito de firmas para «acabar con la connotación negativa» del refrán *pan con pan, comida de tontos,* apoyando además su operación en Internet a través de un sitio específico. Pero en esta oportunidad, como en la anteriormente comentada, se yerra el tiro, porque ni en su *Diccionario* ni en ninguna de sus obras el oprobiante mensaje proverbial está recogido por la RAE.

En el mismo campo semántico de la *familia,* la segunda acepción de *madrastra* es «Madre que trata mal a sus hijos». Una madrastra en la acepción primera, esto es, la «mujer del padre de una persona nacida de una unión anterior de este», escribió muy dolida el 18 de febrero de 2016 preguntando por el responsable al que podría entregarle «las miles de firmas recogidas para que desaparezca la definición». Y se quejaba del siguiente tenor: «Estamos desamparados ante la ley, sin recursos, sin derechos y sin reconocimiento, lo que menos necesitamos es que la RAE nos insulte de esa manera». Justifica su disgusto por el hecho de que «nosotros aceptamos a unos niños que no son nuestros y los acogemos como tal [sic] por amor hacia su progenitor y hacia ellos mismos». Y concluía: «Hablamos de un porcentaje muy grande de familias reconstruidas en toda España, por favor, eliminen esta definición que no nos define a nadie».

Un año más tarde, otro corresponsal se quejaba por la existencia de palabras «que para mí tienen un sentido despectivo» construidas con los sufijos *-astra/-astro,* como precisamente ocurre en *madrastra* y *padrastro,* pero también *hijastro.* Su argumento era el siguiente: «pienso que se hace una ofensa a personas que a veces cumplen una hermosa labor», de manera que «se deberían buscar otras palabras para designar a quienes son como padres y madres alternativos y a los hijos de sus parejas». Como ejemplo de esa higiene verbal en el ámbito familiar aduce dos vocablos «que tienen relación con los padres y madres y que suenan muy bien, madrina y padrino».

De 2015 datan varias solicitudes relacionadas con los lemas del *DLE cannabis* y *marihuana* procedentes en algunos casos de agrupaciones de «usuarios responsables» de estas sustancias. Su objeción era que «solo se identifica el cánnabis-mariguana como algo claramente negativo dando a entender que solo es un estupefaciente, cuando a lo largo de la historia de la humanidad ha significado mucho más que eso y ha sido materia prima imprescindible y necesaria para textil, navegación, medicina, etc.». Igualmente, se critica que en la definición del tabaco «no se lancen connotaciones tan nocivas», ni tampoco se atribuya al alcohol la responsabilidad de causar trastornos físicos y mentales.

El jueves 19 de noviembre de 2017, un representante de la embajada de Japón ante el Reino de España escribía en una carta al director del diario *El Mundo* recordando el heroísmo de los pilotos suicidas en la Segunda Guerra Mundial, por lo que —decía— «me resulta triste y doloroso ver que los medios utilizan el término *kamikaze* para describir a terroristas que matan indiscriminadamente a civiles inocentes». Días después, en términos muy razonables y corteses, como corresponde a la diplomacia y a la cultura nipona, la propia embajada se dirigía a la RAE para que reconsiderara la inclusión en el lema *kamikaze* de la cuarta acepción como «terrorista suicida», pues su retirada «contribuiría a profundizar aún más la comprensión mutua entre nuestros dos países». Tal acepción está muy generalizada, sin embargo, y no solo en nuestra lengua. Ya el 12 de septiembre de 2001, *El País* hablaba de «cuatro aviones, dos de los cuales serían dirigidos por unos kamikazes contra las Torres Gemelas de Nueva York», lo que «dibuja una capacidad terrorista desconocida hasta ahora». Y el uso se extiende por todos los países hispanohablantes. En 2004 *La Hora* de Quito, bajo el titular «Terrorismo en Uzbekistán», informaba de lo siguiente: «Al menos 19 personas, incluidos dos kamikazes y seis policías murieron…». Y en 2008, por poner un ejemplo más, en *Hoy Digital* de Santo Domingo se daba la noticia de que «al menos 18 fieles chiítas murieron y 75 resultaron heridos en un doble atentado, perpetrado por dos mujeres kamikazes al sur de Bagdad».

De la misma manera respetuosa, la Compañía fundada por san Ignacio de Loyola ha manifestado en más de una ocasión (la última, el 21 de diciembre de 2015) su deseo de que se retirara del *DLE* la segunda acepción de *jesuítico,* «dicho del comportamiento: hipócrita, disimulado», y la tercera, calificada como «coloquial», de *jesuita*: «hipócrita, taimado», «acepciones peyorativas que van en detrimento de la buena fama de una institución socialmente reconocida como es hoy la Compañía de Jesús».

Algo semejante sucede con la acepción, señalada en el *DLE* como despectiva, de *judío:* «Dicho de una persona: Avariciosa o usurera». Y con la primera de *judiada*, que coloquialmente es una «mala pasada o acción que perjudica a alguien». En su uso común nada hay de antisemitismo; se ha producido una lexicalización «neutra», por así decirlo, que provee además de un término menos grosero en el sentir de los hispanohablantes que otros sinónimos, como *putada* («faena, mala pasada») o *cabronada,* ambas con registro coloquial malsonante. Pero los objetores aducen que aquella acepción y este vocablo resultan ofensivos para toda la comunidad judía, amén de ser «definiciones falsas» que no tienen nada que ver con una religión o con un pueblo.

En relación con esta palabra, el escritor Javier Marías, a poco de ingresar en la RAE, publicaba un artículo el 11 de mayo de 2008 titulado «No esperen por las mujeras», en el que justificaba por qué no se podía borrar *judiada* del *Diccionario* «por mucho que su origen nos resulte antipático o condenable». Entre todos los hispanohablantes se podría desterrarlo del uso actual, «pero no somos nadie, ni siquiera la RAE, para quitarle a nuestra lengua un término que, nos guste o no, ha existido y es historia y se encuentra en los textos clásicos». Y desde su experiencia de excelente traductor, repara en lo que le ocurriría a sus colegas en tan imprescindible ocupación si «por melindre o diplomacia estúpida», el *OED* y demás diccionarios ingleses hubiesen expurgado *Spanish pox,* que es ni más ni menos que la *sífilis,* dolencia también señalada en español como *mal francés*.

Al poeta y también académico Francisco Brines le había sido remitida en 2006 una carta por el secretario de comunicación de la Federación de Enseñanza de la CGT protestando por el tratamiento en el *Diccionario* de la voz *anarquía*. La primera acepción, «ausencia de poder público» le parece a su interpelante totalmente errónea «porque en modo alguno ningún pensador ni militante anarquista ha formulado la anarquía» de tal guisa, sino que lo cuestionado era «la estructura y naturaleza de ese poder [...] impuesto por unos pocos al pueblo».

Y en cuanto a la segunda acepción, «Desconcierto, incoherencia, barullo», que es totalmente coloquial, se rechaza su «enorme carga negativa que la ideología capitalista ha querido imponer [...] con la intención de desprestigiar esta construcción ideológica, así como el movimiento que la intenta desarrollar, es decir el anarquismo». Que, efectivamente, en el *DLE* es definido como «doctrina que propugna la supresión del Estado y la eliminación de todo poder que constriña la libertad individual». Y el corresponsal de Brines, al que se dirige en términos sumamente corteses y literariamente meritorios, concluye que, al contrario de lo que reza en el *Diccionario,* la anarquía «es la máxima expresión del orden social, pues se basa en el libre acuerdo y no en la coerción y la violencia».

Desde otra asociación defensora de los derechos profesionales de los guardias civiles, a través de su secretario jurídico, se planteaba en 2016 la retirada del *Diccionario* de la novena acepción del sustantivo *número,* «individuo sin graduación en la Guardia Civil». Desde el punto de vista semántico, se trata de una construcción basada, como muchas otras, en la metonimia, pues denomina a una persona por algo que solo parcialmente la define (por ejemplo, el *corneta,* por quien toca ese instrumento musical; o, en catalán, *paleta* por *albañil*). Algo semejante ocurre aquí, pues el *número* que se utiliza como sinónimo de *agente* viene del guarismo que identifica a cada uno de ellos en el escalafón profesional —en este caso, militar— correspondiente. Pero el rechazo a la palabra viene en este caso de la despersonalización que sugiere, lo que «genera una indiferencia hacia los guardias civiles, a quienes no ven como las personas que somos». Esta despersonalización —en el *DLE* *despersonalizar* es «quitar a alguien su carácter y atributos personales, hacerle perder la identidad»— se recuerda que «fue utilizada por los nazis en los campos de concentración, donde, entre otras técnicas, se cambiaba el nombre de la persona por un número».

Por su parte, la Universidad de Alicante se ofrecía en octubre de 2017 para colaborar en la demanda de que la RAE retirara del *DLE* la tercera acepción de *alicantina,* coloquialmente definida como «treta, astucia o malicia con que se pretende engañar» expresión que portavoces del Ayuntamiento habían declarado ya ofensiva para las mujeres de la ciudad. Otro caso llamativo me sirve de introducción al gran tema del sexismo y el lenguaje al que me referiré con cierto detalle enseguida. En esta ocasión, es un hombre el que protesta por la definición de *cenutrio,* un adjetivo coloquial usado también como sustantivo, con el significado de «lerdo, zoquete, estúpido». Y exigía que el *DLE* incluyese también la acepción de «mujer lerda, zoqueta, estúpida». La vigesimotercera edición del *Diccionario* (2014) recoge ya *cenutrio, tria,* como adjetivo coloquial con el mismo significado en masculino y femenino.

El sexismo en el lenguaje

Y estas últimas referencias nos dan paso para retomar un asunto que sigue de gran actualidad, como es el del sexismo en el lenguaje. Son muchas las implicaciones en torno a él, de todo tipo, no solo estrictamente lingüísticas, por supuesto. Historia, sociedad, política, cultura, ideologías confluyen en este escenario en el que algunas elaboraciones teóricas han incidido con fuerza, no siempre para clarificar la complejidad de cuestiones que tienen sin duda alguna enorme importancia, pues están ligadas a derechos humanos básicos como el de la igualdad de los sexos y su reconocimiento tanto por parte de los poderes públicos como por los individuos componentes de la sociedad civil.

En determinadas circunstancias, la confusión entre sexo y género resulta especialmente perjudicial. Manteniendo aparte la categoría de «género gramatical» que, lógicamente, sigue vigente en lingüística, desde el ámbito de las ciencias sociales se ha generalizado la noción del género como el grupo al que pertenecen los seres humanos de cada sexo entendido este desde un punto de vista sociocultural en lugar de exclusivamente biológico. Se trata, pues, en gran medida de una *construcción* que impone pautas, percepciones, comportamientos e incluso valores más allá del determinismo natural de la genética y la configuración anatómica y fisiológica de la mujer y del hombre.

Pude comprobar por propia experiencia, sin embargo, la confusión que puede darse en algunos casos entre género y sexo a raíz de la pregunta que me hizo una joven asistente a una conferencia que di en el Instituto Cervantes de Shanghai en septiembre de 2018. Quería que le respondiera afirmativamente a su valoración del español como una lengua machista, según estaba convencida que demostraba el hecho de que en nuestro idioma la palabra *triunfo* fuese del género masculino y, al contrario, *derrota* fuese femenina. Para mi interpelante, esto era tanto como un agravio continuo e intencionado del español contra las mujeres. No fue difícil encontrar una respuesta, pese al desconcierto inicial que la cuestión me había provocado. Además de invocar lo inconveniente de aquella confusión, le propuse que considerara dos sinónimos de los vocablos por ella escogidos: en vez de *derrota* (femenino), *fracaso* (masculino); y en vez de *triunfo* (masculino), *victoria* (femenino).

El feminismo constituye la gran revolución, no bélica además, de nuestra época, sobre todo en su vertiente social y política, en la que los primeros movimientos organizados de reivindicación de la igualdad por parte de las mujeres han alcanzado en este siglo un desarrollo considerable, y unos logros irrevocables; eso sí, no en todos los lugares del mundo. Pero también en los últimos cincuenta años ha creado un corpus teórico e ideológico que está modificando no solo la investigación y el estudio en las universidades, sino también las propias proposiciones y los debates en el ámbito de la esfera pública.

Después de los aportes protofeministas que a lo largo de la historia se han ido rastreando, el término *feminismo* arraiga en la Francia del XIX en el contexto de la acción de sufragistas como Hubertine Auclert. Y este movimiento reivindicativo del voto femenino se vuelve especialmente activo en el Reino Unido y los Estados Unidos ya a principios del siglo XX, con el resultado del reconocimiento de este derecho a partir de 1918. No obstante, es de destacar que el impulso primero del feminismo en la era moderna se produce a las luces de la Ilustración racionalista, pese a que destacadas figuras de entre los que, a veces, son denominados «iluministas», como Kant o Rousseau, no estuviesen a favor, reacción contrarrestada por otros intelectuales destacados como Nicolás de Condorcet o, ya en el siglo XIX, John Stuart Mill.

Es cierto que la Revolución francesa de 1789, que se inspira en aquellos principios, ignoró a la mujer en la trascendental *Declaración de los derechos del hombre y del ciudadano,* lo que provocó que en 1871 Olympe de Gouges le enmendase la plana a la Asamblea Nacional constituyente con su propia *Declaración de los derechos de la mujer y de la ciudadana,* valerosa osadía que tuvo consecuencias fatales para ella.

Fue la inglesa Mary Wollstonecraft la que tomó el testigo con singular energía proactiva y militante con su *Vindicación de los dere-*

chos de la mujer publicada a finales de ese mismo Siglo de las Luces, en 1792. Entre nosotros, otra ilustrada, Josefa Amar y Borbón, hacía otra aportación singular al movimiento feminista en 1786 con una obra titulada inequívocamente *Discurso en defensa del talento de las mujeres y de su aptitud para el gobierno y otros cargos en que se emplean los hombres.*

Después de la Segunda Guerra Mundial, que vino a cambiar tantas cosas no solo en el orden internacional sino también en el seno de la sociedad civil, el feminismo, superada ya la fase de la reivindicación sufragista, abre nuevos frentes de actuación, al tiempo que varias autoras, desde la francesa Simone de Beauvoir a las norteamericanas Kate Millet o Betty Friedan, aportaban un sólido fundamento filosófico e intelectual para actualizar la vigencia del movimiento. Que no quedó al margen del nuevo ciclo posestructuralista, o mejor posmoderno, con una renovación que Rebecca Walker calificó de «tercera ola» del feminismo, conectada ahora con otros movimientos comprometidos con la igualdad de género, por supuesto, pero también con la justicia social, económica y racial.

Se atribuye a Kate Millet, en su famoso libro *Sexual Politics* (1970) la popularización del concepto de *patriarcado,* al que pronto se asimilará el de *androcentrismo* para designar el hecho histórico, todavía vigente según el feminismo radical, del dominio de los varones en todo lo referente al orden social, fundado en una visión exclusivamente masculina del mundo, y sustentado en poderosos mecanismos de violencia no solo simbólica. Es en este punto, precisamente, en donde el lenguaje sexista entra en juego, como otro instrumento de dominación y de invisibilización del género femenino. A este respecto, se aduce la evolución histórica de la palabra inglesa para designar a la mujer, que finalmente en *woman* incluye la referencia masculina.

Mas la trayectoria seguida por la sociedad posmoderna (y poshumanista según algunos) ha acabado por poner en cuestión el propio concepto de patriarcado, fundamental en la teoría feminista. La creciente atención y visibilidad de otras opciones *inter-, trans-* o *cis-* sexuales han dado pie a la incorporación de un concepto mucho más amplio: el de *cisheteropatriarcado.*

En la actualidad, como no podría ser de otro modo, el movimiento feminista, que ha alcanzado en los países desarrollados un considerable nivel de influencia en la sociedad, los medios de comunicación, el propio Gobierno, el Parlamento y la legislación por él aprobada, sigue contando con un amplio repertorio teórico, en el que se dan posturas divergentes, o incluso abiertamente encontradas. Camille Paglia (2018), por ejemplo, es crítica con las posturas más radicales, potenciadas por las redes sociales, «vehículos de la histeria», en las que se presenta un universo repleto de mujeres victimizadas enfrentadas a «unos malvados hombres depredadores». Ella misma contribuyó en 2019, junto con Caitlin Moran, Hanna Rosin y Maureen Dowd, al libro titulado *Are Men Obsolete? You Decide.* Paglia denuncia la estructura punitiva al servicio de esa «tiranía de lo políticamente correcto» y se afirma en su devoción por los ideales del conocimiento: «la observación, la búsqueda de la verdad a través del estudio del mundo, de la sociedad, de la naturaleza».

Por el contrario, otra autora ya citada por mí, Rosi Braidotti (2015), fundadora de la escuela holandesa de estudios de las mujeres, vincula su feminismo con un «postantropocentrismo posthumanista», que se ceba especialmente de manera crítica en el racionalismo, modelo epistemológico llamado a ejercer un insoportable imperialismo eurocéntrico. Participa de un «activismo antihumanista» protagonizado por movimientos sociales como el feminismo, el anticolonialismo, el antirracismo y el especismo, con la fuerza unida de todos los cuales será posible alcanzar el final del «humanismo eurocéntrico y androcéntrico». Braidotti, con otras feministas como Luce Irigaray, denuncia que el ideal abstracto de hombre, «símbolo del humanismo clásico», es en realidad «el verdadero macho de la especie: es un él». Al feminismo incumbe desenmascarar el sistema patriarcal basado en una masculinidad abstracta.

Entre los ismos que Braidotti vincula con su feminismo posthumanista figura también el multiculturalismo. Es invocado por ella fundamentalmente a partir de los primeros libros de Edward Said, cuyas tesis más recias el autor atemperó de forma notoria hacia el final de su vida, malograda prematuramente. En su obra más influyente, *Orientalismo*, de 1978, este teórico literario y comparatista palestino educado en los Estados Unidos, profesor en algunas de sus universidades más prestigiosas como la de Columbia, denuncia la visión eurocéntrica e imperialista desde la que se construyó una imagen superficial, falsa y prejuiciosa de los pueblos árabes-islámicos, contrapuesta a los incuestionados valores intelectuales y culturales de Occidente.

El fermento intelectual del multiculturalismo, junto a la perspectiva política del poscolonialismo, ha contribuido muy destacadamente al desarrollo de estudios e investigaciones universitarias que recuperan capítulos de la cultura universal olvidados o preteridos hasta entonces. Pero ha abierto la puerta también a ciertos excesos. Una cosa es reconocer y valorar las aportaciones de todas las culturas al acervo común de la humanidad, destacando la riqueza de aquellas expresiones de la creatividad humana que han sido desatendidas por su procedencia periférica en relación a la metrópoli cultural, y otra muy distinta rechazar lo que representó la tradición occidental que incluye el legado grecorromano, el cristianismo, el humanismo renacentista y la primera revolución científica del siglo XVII, la Ilustración y el racionalismo del Siglo de las Luces, el positivismo y pragmatismo del siglo XIX y la eclosión científica y tecnológica del XX. Más aún, ese rechazo da paso a veces a culpabilizar a esta tradición occidental de todos los males del mundo; la propia Rosi Braidotti sostiene que este «paradigma eurocéntrico» implica la dialéctica entre el yo y el otro, y entiende la diferencia en un sentido peyorativo. A la racionalidad universal se contrapone la inferioridad del diferente, lo que da lugar a «marginaciones nefastas e interdicciones fatales».

Pero, volviendo al tema de cómo el feminismo vincula el lenguaje sexista con el sistema patriarcal basado en una masculinidad abstracta, creo que viene a cuento recordar las reiteradas advertencias hechas por la directora ejecutiva de ONU Mujeres que sucedió a Michelle Bachelet, la sudafricana Phumzile Mlambo-Ngcuka, en el sentido de que es muy diferente la condición actual de la mujer según los países, y de que el grado de su progreso y mejora es muy variable de una región a otra, por lo que el balance es precario en una valoración global.

Por eso no deja de sorprender por qué no surgen fisuras en la alianza entre el pensamiento feminista y el multiculturalismo más radical a la hora de denunciar como una agresión a la visibilidad de la mujer el uso del masculino genérico y no se repare, por el contrario, en prácticas plenamente vigentes todavía en muchos lugares del mundo como la ablación del clítoris, los matrimonios a la fuerza, el repudio, la poligamia (y no poliandria), la sumisión total de las muchachas a la férula del padre, los hermanos o el marido, el *burka* (la invisibilidad física), los certificados de virginidad, etc.

Muchas de esas sevicias obedecen a los principios arraigados en sociedades donde no existe separación entre Iglesia y Estado, el laicismo es considerado un sacrilegio y la dialéctica del yo y el otro mencionada por Braidotti implica la contraposición violenta entre fieles e infieles.

En estas latitudes, el lenguaje no representa nada en contra de la dignidad de la mujer ni contribuye a coartar sus libertades y derechos, prácticamente inexistentes. Y en un sentido contrario, podemos fijarnos en casos como el de una lengua indígena venezolana, el *goajiro,* en la que el término inespecífico (inclusivo) del género gramatical no es el masculino sino el femenino, y sin embargo la organización social que se expresa en goajiro es totalmente patriarcal, en modo alguno matriarcal, como sería de esperar, de admitir que el masculino genérico es un instrumento de dominación de la mujer por parte del patriarcado. Otro tanto sucede con el *afaro* en Etiopía y el *koyra* en Mali: femenino genérico, sociedad patriarcal. Invisibilidad, discriminación y opresión de la mujer.

Y, sin embargo, en los países desarrollados, herederos de la tradición cultural y política de Occidente, la lengua se ha convertido en uno de los ejes de atención prioritarios por parte del feminismo. Pero comparto con Alex Grijelmo (2019) el convencimiento de que en la medida que consigamos perfeccionar nuestro sistema social hasta alcanzar la igualdad real entre los dos sexos «a nadie le importará el papel de la gramática en estos asuntos».

Ocurre que la pulsión censora hacia palabras de cualquier idioma supuestamente sexista, o incluso machista, da lugar a propuestas extemporáneas que el «sentido común lingüístico» de los hablantes —concepto sobre el que habré de volver— rechaza como tales. Tal es el caso, por ejemplo, en inglés de la sustitución de *History* por *Herstory*, sobre el supuesto de que el *his-* es el artículo posesivo masculino, y *her-* el femenino, aunque esas sílabas —que no prefijos— en el vocablo en cuestión no tengan nada que ver con tal origen. Con esa refacción de la palabra, que lógicamente no puede hacerse en español, se designaría, pues, la historia vista desde la perspectiva, preterida, de las mujeres. Por el mismo criterio, *eMANcipated* pasa a ser *eFEMcipated.* Y uno de los ejemplos más comentados de este «léxico alternativo», con frecuencia consistente en la amputación sistemática de la sílaba *man* por sus resonancias masculinas, es el del neologismo feminista *wimmin* en vez de *women.*

Henry Beard y Christopher Cerf explican en una obra temprana, *The Official Politically Correct Dictionary and Handbook* (1993), el origen de esta palabra, también escrita *wimyn* (en singular, *womon*), como sustituta de *women*. Fue acuñada en 1979 por las editoras de la revista *This Magazine is For, About, and By Young Wimmin* que rechazaban por sus sílabas sexistas las denominaciones de *woMEN* o *FeMALE*. También se hace eco de esta creación léxica Nigel Rees (1993) en su escueto glosario y «libro de frases» que lleva un claro aviso como subtítulo: «Lo que *ellos dicen* que tú puedes decir y lo que no en los años noventa». Del inglés viene también una sugerencia que podría dar paso entre nosotros a la sustitución del vocablo *seminario* por *ovulario*, en el inglés políticamente correcto *ovular,* o también *ovarium.*

En esta dirección había sido determinante la publicación en 1985 de otra obra de referencia desde entonces, *A Feminist Dictionary* de Cheris Kramarae y Paula A. Treichler. Ellas mismas definen su trabajo como un diccionario de pensamiento y creación de palabras feministas, una guía conceptual del subconjunto formado por el léxico referente al feminismo, la documentación de las perspectivas feministas y el aporte de sus interpretaciones de palabras y contribuciones a la creatividad lingüística. En definitiva, «a dictionary itself made by feminists». Nacido, además, de una necesidad reivindicativa. Como recogen Kramarae y Treichler, el *OED* se define como un diccionario «of *all* English». Pero su diccionario feminista incluye el inglés de muchas mujeres que no se han encontrado representadas en ese supuestamente inclusivo *todos.*

Una prevaricación idiomática semejante a las inglesas que acabo de mencionar —*herstory, wimmin, efemcipated*— se produjo en 2016 en Barcelona a propósito de un acto anunciado como «Donanatge del Consell de Dones d'Horta-Guinardó a les dones víctimes de la violència masclista». La reacción en algunos medios fue inmediata contra «un neologisme sortit del servei de prensa del Ajuntament de Barcelona que flirtea amb el ridícul». En efecto, la palabra occitana *homenatge* —de la que viene el castellano *homenaje,* datado ya en 1140— fue repudiada por su raíz *home* —en latín, el origen exacto está en la forma *hominaticum*—, y sustituida por *dona,* mujer. La indignación de los lingüistas catalanes lleva al periodista Rudolf Ortega a reclamar un «pacto entre géneros que encuentre soluciones que no destruyan el idioma ni causen vergüenza ajena» (*El País,* 6 de marzo de 2016).

En esta misma clave Alex Grijelmo, con el propósito de facilitar un acuerdo sobre el lenguaje inclusivo, publicó en 2019 un libro bien documentado y argumentado, en el que procura a la vez «desmontar algunos mitos» sobre el origen patriarcal del genérico masculino, urdido como una añagaza para la invisibilización de las mujeres.

Entre esos mitos reiterados acríticamente a modo de mantra está el del poder constituyente de la palabra, que ya tuve ocasión de analizar desde el Génesis judeocristiano, el *Popol-Vuh,* y el *Enuma Elish* hasta el *Tractatus Logico-Philosophiccus* de Ludwig Wittgenstein. Así arrancaba, por ejemplo, el *Manual de estilo para una comunicación inclusiva y no sexista* que Ecologistas en Acción presentó en vísperas del Día Internacional de la Mujer de 2020: «El lenguaje construye realidad, tiene un alto poder de socialización e identificación y podemos afirmar que "lo que no se nombra, no existe"».

Y el segundo de esos mitos está perfectamente expresado en un libro de 2019 de María Martín, de grata lectura por el tono desenfadado en que está escrito con la intención de que aprendamos a hablar «con lenguaje inclusivo sin que se note (demasiado)», aunque la autora preferiría que se generalizaran otras expresiones como «inclusión a través del lenguaje o comunicación inclusiva».

Considera que el masculino inclusivo es una anomalía (que se da, por cierto, en gran número de lenguas de diferentes troncos lingüísticos) que provoca inexorablemente la invisibilidad y exclusión del sexo femenino. Pero su origen está muy claro para ella: «el masculino genérico es una decisión que tomaron un montón de hombres, sin mujeres, en un tiempo en el que las mujeres tenían prácticamente prohibido el acceso a la formación y carecían de voz y voto, y no en sentido figurado, sino literal [...]. Pura lógica patriarcal».

El desconcierto que esta afirmación causa en un modesto filólogo como yo es semejante al que Lewis Carroll refleja en el encuentro entre Alicia y Humpty Dumpty cuando discuten sobre el lenguaje, en una página de *Alicia en el país de las maravillas* a la que espero volver. Para que la afirmación de Martín me convenciese, tendría que venir acompañada de una referencia al tiempo (¿cuándo ocurrió esa reunión de hombres?) y otra al espacio (¿dónde fue?, ¿a cuántas lenguas afectó?). Pero la duda mayor que me suscita es la de qué lengua hablaban esos varones conchabados para discriminar a las mujeres mediante la instauración del masculino genérico, no marcado. Porque tal y como se describe la situación, hubo un antes y un después. El después lo conocemos: la lengua sexista. Pero el antes no: cómo el principio lingüístico básico de la economía resolvía la referencia gramaticalmente genérica a los dos sexos en aquella protolengua.

El ya citado por mí José Antonio Martínez (2006) puntualiza precisamente que hay otros dos principios que chocan con mantras como los señalados. En primer lugar, la separación entre lengua y realidad, porque la palabra designa la cosa de forma aleatoria: es el principio fundamental de la arbitrariedad del signo lingüístico, del que se deduce que el cómo se dice lo injusto, sexista o inmoral es independiente de las realidades —injusticia, sexismo e inmoralidad— que están en la raíz del problema. Y, complementariamente, otra distinción categorial: por una parte, la *lengua* como un código compartido fruto de un contacto social reiterado en el tiempo, y por otra el *habla,* la expresión individual de cada uno de los usuarios del idioma. No se puede cargar en consecuencia a la lengua con responsabilidades que corresponden a sus hablantes.

La ciencia lingüística, al margen de nacionalidades, sexos e ideologías, describe el origen del masculino genérico de forma muy distinta a como lo hace María Martín. Fijan el cuándo y el dónde. Hace aproximadamente cinco mil años se formó una lengua matriz, identificada como *indoeuropeo* —nombre que nos sitúa ya en el mapa de dos continentes no separados por el océano— que no disponía en su gramática de la categoría de género. Una vez consolidadas en tan vasto territorio las primitivas sociedades basadas en la agricultura y la ganadería, surge la necesidad de distinguir a personas y animales del sexo femenino, que es determinante para la reproducción de las especies. Y esta necesaria incorporación del femenino supuso la formación de los dos géneros tal y como se dan en nuestras lenguas, con la pervivencia minoritaria (y atávica) de un tercero, el epiceno, que subsiste en nombres como *murciélago, jirafa* o *ballena.*

Es ahora cuando el genérico inicial que servía para designar los dos sexos se especializa, no como una concesión y el reconocimiento de la supremacía de los machos sino a consecuencia de la creciente importancia que la sociedad, por razones prácticas, concede a las hembras, lo que exige la creación de un género específico para ellas. Es por lo tanto erróneo —y la insistencia en ello se aproxima peligrosamente al ámbito de la posverdad que nos espera en el próximo capítulo— defender que el patriarcado común a la mayoría de las sociedades sea el responsable del predominio del masculino genérico frente al femenino. El maestro de lingüistas y uno de los mejores conocedores del indoeuropeo, Francisco Rodríguez Adrados, lo resumía perfectamente en una frase de su artículo *Estudien gramática, señoras y señores* (*ABC*, 6/VII/2008): «no es que el masculino "invada" al femenino, es que hay un masculino general, indiferente al sexo, y un masculino sexuado, que históricamente procede de una polarización frente al sexo femenino. Este es el nuevo género-sexo que se creó: el femenino fue el verdadero invento, el punto de partida para oponerle un masculino. En el tercer milenio antes de Cristo. Perdura en español y en muchas lenguas».

En marzo de 2012, ante la proliferación de guías de lenguaje no sexista publicadas desde 1987 por organismos públicos como consejerías o universidades, por sindicatos, oenegés y otras corporaciones, el pleno de la RAE hizo suyo por unanimidad un amplio informe del académico Ignacio Bosque, ponente de la *Nueva gramática de la lengua española* publicada en 2009.

En él, Bosque escribía: «Se ha señalado en varias ocasiones que los textos a los que me refiero contienen recomendaciones que contravienen no solo normas de la Real Academia Española y la Asociación de Academias, sino también de varias gramáticas normativas, así como de numerosas guías de estilo elaboradas en los últimos años por muy diversos medios de comunicación. En ciertos casos, las propuestas de las guías de lenguaje no sexista conculcan aspectos gramaticales o léxicos firmemente asentados en nuestro sistema lingüístico, o bien anulan distinciones y matices que deberían explicar en sus clases de Lengua los profesores de Enseñanza Media, lo que introduce en cierta manera un conflicto de competencias».

Este documento titulado «Sexismo lingüístico y visibilidad de la mujer» provocó un alud de comentarios, valoraciones y reacciones en la prensa y en las redes sociales. Parte de estos comentarios fueron de rechazo, un repudio por lo general no fundamentado en argumentos lingüísticos sino en pulsiones ideológicas, cuando no puramente emocionales. Tanto fue así, que el 6 de marzo de 2012 se hizo público un manifiesto de apoyo a Ignacio Bosque titulado «Acerca de la discriminación de la mujer y de los lingüistas en la sociedad», promovido por cuatro especialistas en la materia menores de cuarenta años, un profesor de la Universidad de Tromsø, en Noruega, y tres profesoras de Zaragoza, Alcalá y Kent, en el Reino Unido.

Este manifiesto, que en fechas posteriores a su publicación llegaría a ser firmado por quinientos lingüistas, asimismo hombres y mujeres de muy diversa procedencia, da réplica a las críticas contra el informe académico cuando están formuladas en términos científicos, y en todo caso afirma que «la gramática no puede ser sexista, de la misma forma que no puede ser comunista, anarquista, liberal o ecologista». Los cambios necesarios en la sociedad, entre ellos los conducentes a la plena igualdad y visibilidad de mujeres y hombres, no es posible instaurarlos mediante reglas que afecten al uso de la lengua, configurada como un sistema de equilibrios entre elementos interdependientes, de modo que la modificación gratuita o irreflexiva de uno de ellos altera el conjunto todo.

La lengua, por lo demás, está fundamentada en un acuerdo o pacto social implícito, decantado a través del tiempo, a lo largo de la propia historia de cada idioma. El manifiesto de apoyo concluye con esta declaración palmaria por parte de su medio millar de firmantes: «estamos de acuerdo con el informe en considerar que las denominadas guías de lenguaje no sexista no son adecuadas por no ser útiles a lo que pretenden y no estar basadas en un conocimiento de los matices lingüísticos ni del propio acto de referencialidad».

No es de extrañar esta reacción por parte de quienes tienen como profesión la enseñanza de la lengua española, y que por lo tanto han estudiado, investigado e impartido a los alumnos el conocimiento más profundo y riguroso de un idioma neolatino cuya evolución desde su lengua madre es bien conocida gracias a los estudios filológicos que tienen en Ramón Menéndez Pidal una referencia fundamental en la cultura hispánica, pero también en próceres latinoamericanos como Andrés Bello o Rufino José Cuervo.

Aparte de la contradicción entre muchas de las guías de lenguaje no sexista y ese conocimiento de la historia, naturaleza y realidad de español, se registran casos de presión sobre profesores para que renuncien a enseñar, por ejemplo, la gramática establecida y se plieguen a las nuevas normas, elaboradas frecuentemente desde instancias no académicas y sin el concurso de filólogos.

Así, por ejemplo, me consta en todos sus detalles un caso definido por quienes lo sufrieron, los profesores de Lengua Castellana de un instituto murciano —tres hombres y seis mujeres—, como «un ejemplo de acoso de lo políticamente correcto». En junio de 2010 enviaron por este motivo, con el aval de la comisión de coordinación pedagógica y el equipo directivo de su centro, un escrito de protesta al consejero de Política Social, Mujer e Inmigración de la región de Murcia relatando las consecuencias que para ellos había representado la recepción de una carta del jefe del servicio de planificación y programas del Instituto de la Mujer en la que se desautorizaba en términos muy negativos su labor profesional y el trabajo de la Real Academia Española por no adecuarse a las pautas del lenguaje no sexista promovidas desde la Administración regional.

Con anterioridad, uno de los profesores de Lengua del instituto había participado en un taller de lenguaje no sexista organizado por la Concejalía de la Mujer de la localidad en que radica el centro defendiendo la normativa gramatical que era del caso, lo que provocó que la responsable de la actividad dirigiera a la directora del instituto una enérgica protesta por su intervención. A esta misiva sucedieron otras dos en los mismos términos, suscritas por UGT y el propio alcalde, que instaba al profesorado a reconocer que el español se caracterizaba por mantener roles manifiestamente sexistas que debían ser modificados.

Los mismos argumentos aparecen en la carta citada del jefe de servicio del Instituto de la Mujer. Por ello los profesores afectados protestaron ante el consejero de Política Social que «instituciones y personas ajenas a nuestra disciplina y nuestra labor como docentes pretendan imponernos una serie de dogmas políticos e ideológicos tan cuestionables como confusos que amenazan el sagrado derecho profesional y constitucional de la libertad de cátedra».

No menor inquietud anidó en la comunidad educativa, e incluso en la opinión pública andaluza, con la publicación del *II Plan estratégico de igualdad de género en educación 2016-2021,* que incluía entre sus objetivos primordiales fomentar entre el alumnado y el profesorado el uso del lenguaje no sexista e inclusivo, así como la introducción del mismo en los materiales escolares.

Planificación lingüística

En uno de sus primeros apartados se define el *Plan* como «un instrumento de política educativa integral con planteamientos generales de mejora para lograr la equidad de género, supervisando actuaciones, retos, logros, tareas y estructuras del sistema educativo, por lo que tiene la consideración de plan estratégico de la Consejería competente en materia de educación».

Entre las medidas y actuaciones previstas se incluye que «el Servicio de Inspección Educativa incluirá anualmente como actuación prioritaria, la supervisión de la integración de la igualdad de género en la concreción de los contenidos curriculares y en las programaciones didácticas, para que respeten la inclusividad, evitando la existencia de prejuicios, estereotipos sexistas y elementos discriminatorios y haciendo presente, de forma igualitaria, las aportaciones de hombres y mujeres».

Igualmente, se decreta que «la Consejería competente en materia de educación elaborará y trasladará al profesorado, a las empresas editoriales y a los consejos escolares, instrucciones relativas a los criterios de selección de los materiales curriculares, que tengan en cuenta su carácter igualitario y libre de prejuicios sexistas y discriminatorios, cuidando la visibilización de la diversidad y de modelos familiares».

Asimismo, «los equipos directivos establecerán directrices y actuaciones para asegurar la utilización de un lenguaje no sexista en el centro (documentación del centro, recursos y materiales didácticos, cartelería del centro, páginas web, comunicación con las familias, etc.)». Actuaciones que se someterán, en todo caso, a control, pues «la Inspección Educativa velará por el uso de un lenguaje inclusivo y no sexista en los centros docentes».

Por último, y en relación con estas medidas coercitivas, «la Consejería competente en materia de educación facilitará y difundirá a través de su web la normativa, materiales y guías específicas sobre el uso de un lenguaje oral, escrito y visual, no sexista».

El *Plan* no define los términos de ese lenguaje «inclusivo y no sexista», pero de hecho el documento del Instituto Andaluz de la Mujer sobre *Lenguaje administrativo no sexista,* pasó a ser una «guía de estilo» a tal propósito en todos los ámbitos comunicativos de la Junta de Andalucía. Para ello incluye un decálogo junto con otras «estrategias y procedimientos, simultáneos y complementarios, que permiten incorporar una forma de lenguaje que se convierta en un agente activo de la igualdad de oportunidades entre hombres y mujeres». Entre esas estrategias destaca la supresión del masculino genérico.

Las reacciones negativas al *Plan* se manifestaron en titulares periodísticos tales como «La estupidez trabaja en la Junta de Andalucía. La corrección de género se ha instalado en un absurdo impracticable»; «Educación obliga a los profesores a hablar de alumnos y alumnas o niños y niñas»; «Prohibidos los alumnos y los andaluces en las escuelas de la Junta». Como director, entonces, de la RAE me correspondió referirme al fondo del asunto en una conferencia en el VII Foro Comunicación y Escuela el 5 de abril de 2016 donde recordé que «una cosa es el lenguaje sexista, entendiéndolo como un uso que pretende ningunear o resultar ofensivo a las personas y sobre el que la Academia se ha pronunciado sin ningún género de dudas, y otro asunto es el respeto al ecosistema de la lengua que es la gramática: en español, el masculino es un género inclusivo».

El secretario de la RAE estudió asimismo el asunto desde el punto de vista jurídico y constitucional y llegó a algunas conclusiones. Por ejemplo, que el derecho fundamental a expresar y difundir libremente los pensamientos, ideas y opiniones mediante la palabra, el escrito o cualquier otro medio de reproducción impide cualquier censura previa o iniciativa de los poderes públicos tendente a controlar, seleccionar o determinar la forma de expresión en el sistema educativo y en los libros de texto; salvo que concurra un deliberado ánimo de menospreciar y discriminar a personas o grupos por razón de cualquier condición o circunstancia personal.

La ejecución y desarrollo de planes de igualdad de género como el mencionado vulneraría igualmente la libertad de cátedra del profesorado, su autonomía pedagógica en la selección y adopción de libros de texto, así como la libertad de empresa de las editoriales y la libertad de expresión de los autores. En todo caso, la selección y adopción de libros de texto forma parte de la autonomía pedagógica de los centros escolares y de los docentes. Es a los centros y profesores (y no a la Administración educativa) a quienes corresponde elegir los libros que van a darse a los alumnos como consecuencia obligada de la libertad de educación y de la libertad de cátedra. Y dicha elección o adopción no puede sujetarse a ningún tipo de autorización previa por parte de la Administración. La adecuada selección de los libros de texto debe estar fundamentada pues, en criterios establecidos por el profesorado con planteamientos profesionales y técnicos, basados en la calidad objetiva de los materiales y en criterios pedagógicos de adaptación currícular. Y no sobre la base de criterios de mera oportunidad sobre lo que la Administración considera «soluciones no sexistas» que mejor visibilizan la diversidad y los diferentes modelos de familia.

En suma, una cosa es eliminar estereotipos sexistas o discriminatorios que resulten ofensivos o intolerantes y otra muy diferente imponer supuestas soluciones que nada añaden al fomento de la igualdad entre hombres y mujeres, más allá de confundir y contravenir normas gramaticales básicas. Cuando, además, constituye un deber de la Administración, y objetivo de la educación obligatoria «fomentar la correcta expresión oral y escrita» según el artículo 26.2 de Ley Orgánica de Educación, entre otros.

La tan razonable y gallarda reacción de los profesores de Murcia, así como el *Plan* andaluz del que acabo de ocuparme nos retrotraen a cuestiones que ya fueron planteadas por mí, cuando me refería, por caso, a los debates referentes a la relación entre la primera enmienda de la Constitución norteamericana y la corrección política, o a cómo este movimiento, nacido de la sociedad civil, llega a penetrar incluso en la acción de los poderes públicos, internándose peligrosamente en el terreno de la censura gubernativa, felizmente superado en las democracias avanzadas.

Aparte de la denuncia de expresiones lingüísticas que son en efecto sexistas, pero existen en el uso real del idioma, como la de «sexo débil», está claro —y así acabamos de comentarlo— que la objeción mayor que desde sectores del feminismo se hace a nuestra lengua común se refiere predominantemente al uso del masculino como genérico, como género no marcado que incluye a los dos sexos, masculino y femenino. Por este motivo principalmente la Plataforma de Apoyo al Lobby Europeo de Mujeres denunció que los académicos «contribuyen a la violencia contra las mujeres».

Pero, como escribe Bosque en el informe que la RAE hizo suyo en 2012, «hay acuerdo general entre los lingüistas en que el uso no marcado (o uso genérico) del masculino para designar los dos sexos está firmemente asentado en el sistema gramatical del español, como lo está en el de otras muchas lenguas románicas y no románicas, y también en que no hay razón para censurarlo».

Cuando el viernes 13 de marzo de 2020 se retransmitió en directo desde el Palacio de la Moncloa la declaración institucional del presidente del Gobierno anunciando el estado de alarma en la crisis del coronavirus, el vocativo inicial *Estimados compatriotas* iba lógicamente dirigido a los hombres y mujeres que compartimos con don Pedro Sánchez Pérez-Castejón la condición de españoles.

Igualmente, cuando el presidente nos decía que las decisiones de gobierno anunciadas tenían como objetivo «proteger, mejor, la salud de todos los ciudadanos», ninguna española pudo pensar que la dejaba fuera el escudo protector dotado de «todos los recursos del conjunto del Estado». Otro tanto cabe pensar a propósito de la aseveración de que «el Gobierno de España va a proteger a todos los ciudadanos» ante una emergencia que «amenaza la salud y el bienestar de todos». A tal fin, el presidente recordó a los millones de televidentes y escuchantes que «la primera línea la forman los profesionales de la salud», y que estaba seguro de que «ellos, con su entrega, su sacrificio, nos protegen a todos y merecen el reconocimiento y la gratitud de todos». Tampoco era confuso el mensaje a quienes se dirigía específicamente: «a nuestros mayores y a las personas con enfermedades crónicas» por una parte, y «a los jóvenes, quienes tienen, también, una misión decisiva» para cortar los contagios. Unos y otros, así como la totalidad de la ciudadanía, deberíamos «seguir a rajatabla las indicaciones de los expertos y colaborar unidos para vencer el virus». Y concluía el presidente su alocución, pronunciada con la seriedad y firmeza que la situación requería, apelando «directamente a los compatriotas. La victoria depende de cada uno de nosotros [...]. El heroísmo consiste, también, [...] en protegerse uno mismo, para proteger al conjunto de la ciudadanía». Y concluía don Pedro Sánchez con un lema o consigna: «Este virus lo pararemos unidos».

Tradicionalmente, un conferenciante hispano suele comenzar su discurso con el vocativo doble «Señoras y señores». Pero otra cosa es generalizar tal desdoblamiento como hace, por caso, la Constitución bolivariana de la República de Venezuela en artículos como el siguiente:

> Solo los venezolanos y venezolanas por nacimiento y sin otra nacionalidad podrán ejercer los cargos de Presidente o Presidenta de la República, Vicepresidente Ejecutivo o Vicepresidenta Ejecutiva, Presidente o Presidenta y Vicepresidentes o Vicepresidentas de la Asamblea Nacional, magistrados o magistradas del Tribunal Supremo de Justicia, Presidente o Presidenta del Consejo Nacional

> Electoral, Procurador o Procuradora General de la República, Contralor o Contralora General de la República, Fiscal General de la República, Defensor o Defensora del Pueblo, Ministros o Ministras de los despachos relacionados con la seguridad de la Nación, finanzas, energía y minas, educación; Gobernadores o Gobernadoras y Alcaldes o Alcaldesas de los Estados y Municipios fronterizos y de aquellos contemplados en la Ley Orgánica de la Fuerza Armada Nacional.
>
> Para ejercer los cargos de diputado o diputada a la Asamblea Nacional, Ministro o Ministra, Gobernadores o Gobernadoras y Alcaldes o Alcaldesas de Estados y Municipios no fronterizos, los venezolanos y venezolanas por naturalización deben tener domicilio con residencia ininterrumpida en Venezuela no menor de quince años y cumplir los requisitos de aptitud previstos en la ley.

Esta práctica del doblete se ha extendido lamentablemente en otros ámbitos. La página web de la Pontificia Universidad Católica del Perú incluía en febrero de 2018 el siguiente comunicado:

> Son profesores extraordinarios y profesoras extraordinarias los profesores eméritos y las profesoras eméritas, los profesores honorarios y las profesoras honorarias, y los profesores y profesoras visitantes. Los profesores extraordinarios y las profesoras extraordinarias no forman parte de la Carrera Profesoral.
>
> Para ser nombrado profesor emérito o profesora emérita, es necesario haber sido profesor o profesora principal y estar jubilado o jubilada como profesor o profesora de la universidad. La propuesta para ser nombrado profesor emérito o nombrada profesora emérita puede realizarla el Jefe o la Jefa del Departamento Académico al que perteneció el profesor, los Vicerrectores y las Vicerrectoras, o el Rector o la Rectora.

Obsérvese cómo, acaso por el cansancio causado por el redoble continuo, los redactores del comunicado decaen en su sistemática precisamente en la línea final, en la frase «al que perteneció el profesor», olvidándose de la profesora. Y en alguna universidad española, como la de Málaga, el Consejo Consultivo de la Comunidad censuraba a finales de 2018 los nuevos estatutos aprobados por el claustro por incurrir en excesos semejantes como se aprecia en su artículo 3:

> Son órganos unipersonales el/la Rector/a, los/as Vicecerrectores/as, el/la Secretario/a General, el/la gerente, los decanos/as de facultades, y los directores/as de departamentos y los directores/as de institutos universitarios de investigación.

Conviene, en todo caso, distinguir entre las implicaciones que se dicen sexistas de la estructura gramatical del español y las que se pueden encontrar en el léxico, como en el caso ya comentado de la forma compleja «sexo débil». El *DLE* nunca censurará lemas documentados en su uso no solo actual, sino a partir de 1500, pero sí procurará por una parte advertir de su carácter jergal, peyorativo, ofensivo o discriminatorio, y por otra revisar a fondo el metalenguaje con que se describe su significado, pues en él podrían perdurar resabios de épocas pasadas en que la sensibilidad social acerca de estas cuestiones no estaba tan flor de piel como hoy, por ventura, sí lo está.

Permítanme un buen ejemplo de esto. Ha causado polémica la quinta acepción del adjetivo *fácil,* que en las ediciones del *DLE* anteriores a la actual se resolvía así: «Dicho de una mujer: Que se presta sin problemas a mantener relaciones sexuales». Dicha atribución está documentada en textos de escritoras del siglo XIX como Emilia Pardo Bazán o Concepción Arenal, pero finalmente ha sido imprescindible modificar lo que los lexicógrafos llaman «el contorno» de la palabra, que ahora es inclusivo: «Dicho de una persona», no «Dicho de una mujer». ¿Cuál ha sido la razón del cambio? Simplemente, que después del siglo XIX los usos, prácticas y protocolos de la sexualidad han experimentado considerables modificaciones y alteraciones, por no hablar de una verdadera revolución, de modo que ya hay sobrados testimonios literarios que hablan de «hombres, chicos o tíos fáciles». Valgan estos ejemplos: en *Que la carne es hierba,* de 1982, el mexicano Marco Antonio Campos escribe: «la abracé y le dije, casi muerto de risa, ya ves, no te puedes quejar, soy chico fácil, y nos fuimos detrás de los árboles». En *El cazabrujas y otros personajes,* de 2001, el hondureño Jorge Luis Oviedo define a un personaje así: «Ha pasado, pues, de seductor profesional —como lo pintaba aún don José Zorrilla— a una especie de chico fácil u ofrecido, que siempre está dispuesto a complacer a las mujeres». Y de los numerosos textos aducibles que poseemos, uno último, tomado de *Buganvilla,* del chileno Mario Eugenio Barahona Saldías: «Me hago de rogar, a pesar de que siempre he sido un hombre más bien fácil».

No fue posible, sin embargo, una solución semejante con el caso, que ya mencioné de pasada páginas atrás, de la expresión *sexo débil,* al que el *DLE* atribuye intención despectiva o discriminatoria en su significado de «conjunto de las mujeres». *Sexo feo* es, por el contrario, el *sexo fuerte,* «conjunto de los varones», que se usa «en sentido irónico». Estamos ante un caso en el que una entidad gubernativa asume la iniciativa de un particular, una joven de Huelva que lanzó a principios de 2013 una campaña en la plataforma de Internet *Change.org* para que se censurase el *DLE* en este sentido. Meses después, el subdirector general de programas del Instituto de la Mujer en el Ministerio de Sanidad, Servicios Sociales e Igualdad se dirigió a la RAE avalando aquella demanda. Y la Unidad Interactiva del Diccionario le contestó lo mismo que había hecho reiteradas veces hasta entonces: que el primer autor en usar la expresión que se pedía proscribir fue Leandro Fernández de Moratín en 1780, y que tras él, Espronceda, Gertrudis Gómez de Avellaneda, Pereda, el peruano Ricardo Palma, Emilia Pardo Bazán, Blanco White, Clarín, Galdós, Gregorio Marañón, Wenceslao Fernández Flórez, el guatemalteco Miguel Ángel Asturias, los argentinos Victoria Ocampo y Manuel Mugica Láinez, Carlos Ruiz Zafón o Carmen Alborch, entre otros, la habían incluido en alguno de sus escritos. El *Petit Robert* sigue contraponiendo *le sexe fort* a *le sexe faible, le beau sexe, le deuxième sexe.* El *OED* hace lo propio con *the weaker sex*, también adjetivado como *fairer*, *gentle* o *gentler.* Y el Zingarelli recoge *sesso debole, gentil.*

CONSTITUCIONES ¿EN MASCULINO?

En julio de 2018 se abría en España un nuevo frente a este respecto. Fue muy sonada la fórmula que varios miembros del nuevo Gobierno, pero no todos, utilizaron en el acto de su toma de posesión, cuando prometieron «mantener el secreto de las deliberaciones del Consejo de Ministras y Ministros». Con posterioridad, desde la Vicepresidencia del Gobierno se llamaba la atención sobre la redacción «en masculino» de la Constitución española de 1978, poniéndole un borrón cuando precisamente se celebraban los primeros cuarenta años de la carta magna que ha traído a España el período más amplio y fructífero de su historia, con una eficacia que desafortunadamente no tuvo la Constitución de Cádiz, la popular Pepa, aprobada en 1812. Propuso, pues, la vicepresidenta una revisión de su texto para adaptarlo al lenguaje supuestamente «no sexista», y anunció la solicitud a la Real Academia Española de un informe *ad hoc*.

Informe o estudio cuyo primer borrador fue encargado enseguida a una comisión compuesta por dos académicas, Paz Bataner e Inés Fernández Ordóñez, y dos académicos, Pedro Álvarez de Miranda e Ignacio Bosque. Por supuesto que desde el principio se adelantó que lógicamente el informe se basaría en la doctrina lingüística y gramatical que la RAE había ido formulando desde su fundación en 1713, y que era perfectamente conocida. Bastaba con mencionar la monumental —más de cuatro mil páginas— *Nueva gramática de la lengua española,* presentada en 2009, de la que fue precisamente ponente Bosque. Esta gramática es la primera, por cierto, elaborada desde un planteamiento panhispánico, esto es, desde la realidad de una lengua extendida por cuatro continentes en la que los españoles representamos tan solo un 8 % de sus hablantes. Y, junto a ella, sería de referencia obligada el documento ya citado aquí en varios de sus párrafos que en 2012 la RAE hizo público con el título de «Sexismo lingüístico y visibilidad de la mujer».

La inmediatez con que comenzaron los trabajos conducentes a satisfacer la demanda del Gobierno era, no obstante, compatible con un razonable escepticismo acerca de la viabilidad de una reforma de la Constitución, que de abordarse debería afrontar otras cuestiones de gran trascendencia política e institucional para las que no se apreciaba la existencia en las Cortes del consenso necesario. El texto del nuevo informe solicitado desde el Gobierno fue visto en otoño por la Comisión Delegada del Pleno, y estaba listo en diciembre para ser discutido para su aprobación en este supremo órgano de gobierno de la RAE. El debate del sexismo lingüístico había entrado también en otros Parlamentos europeos, en alguno de los cuales, como hemos visto en el caso del francés, se llegó a plantear asimismo una reforma constitucional para que los cargos citados en la ley de leyes figurasen también en femenino.

En marzo de 2018 el Tribunal Constitucional de la República Federal Alemana rechazó una demanda sobre el empleo de tratamientos femeninos en los documentos oficiales dirigidos a mujeres, desencadenada por la solicitud a favor del lenguaje inclusivo de una cliente de un banco del Sarre. La sentencia del tribunal de Karlsruhe rechazó, de acuerdo con la práctica generalizada del idioma, que el masculino genérico fuese discriminatorio para el sexo femenino y representase un incumplimiento de la ley federal de trato igualitario para hombres y mujeres.

Asimismo, la canciller Angela Merkel rechazó modificar la letra del himno nacional para hacerla más inclusiva, como de hecho sucedió en Canadá y Austria. La sugerencia de tales posibles cambios venía de la responsable de igualdad del Ministerio de Familia, Kristin Rose-Möhring, y afectaba a términos de matriz masculina como, entre otros, *brüderlich* (fraternal).

En Portugal, en 2013 el Bloco de Esquerda propuso sustituir «derechos del hombre» por «derechos humanos» con la abstención del Partido Comunista, que tres años más tarde consideró también que había asuntos más importantes que cambiar en el «Cartão do cidadão» —equivalente al DNI español— la última palabra por *cidadania,* para no atentar contra la identidad de género de más de la mitad de la población.

El proceso abierto entre nosotros en julio de 2018 por el encargo de un informe sobre el lenguaje inclusivo en la Constitución, con los antecedentes que ya he relatado y que hasta diciembre de ese mismo año viví en primera persona como director de la RAE, concluyó con la aprobación del texto, ya listo en diciembre de 2018, en el pleno en enero de 2020 y su remisión a la vicepresidenta del Gobierno.

El trabajo (RAE, 2020) se hizo tomando como referencia el uso mayoritario de la comunidad hispanohablante en todo el mundo, documentado especialmente en el Corpus del Español del Siglo XXI (CORPES) que dispone ya de más de trescientos millones de registros y es el fundamento sobre el que se basan las obras descriptivas y normativas de la Academia. Y en cuanto al asunto central del *lenguaje inclusivo,* se constata que los constituyentes de 1978 se inclinaron por la posibilidad más amplia y generalizada del concepto, según la cual los términos en masculino incluyen en su referencia a hombres y mujeres cuando el contexto deja suficientemente claro que es así, como sucede en la expresión *el nivel de vida de los españoles*.

Esa interpretación inclusiva es aplicable, así, a los grupos nominales formados por sustantivos de persona en masculino plural (*los españoles, los ciudadanos, los jueces, los electores,* etc.), y a las expresiones indefinidas formadas por estos sustantivos, sea en singular, sea en plural (*cualquier ciudadano, ningún español, sindicatos de trabajadores*, etc.), así como a los grupos nominales definidos formados por sustantivos masculinos en singular, igualmente con valor genérico, cuando el contexto determine claramente dicha interpretación (*el candidato, el detenido,* etc.).

En cualquier caso, las razones que podrían conducir a modificar las expresiones definidas que designan en singular puestos y cargos públicos —como hace el artículo 41 de la Constitución venezolana— no son de naturaleza lingüística, sino de carácter estrictamente político. El informe repara, eso sí, en la conveniencia de nombrar de forma explícita a la reina junto al rey, quizá alternando la expresión disyuntiva *el rey o la reina* con *la Corona* y con otras fórmulas similares. Y detecta también que la palabra *princesa* no aparece en nuestra carta magna, lo que aconsejaría agregar expresamente su mención en los tres únicos artículos en los que el texto constitucional alude al príncipe.

Asimismo, a título comparativo, se examinan las constituciones vigentes en cuatro países hispanohablantes (Chile, Colombia, México y Venezuela) y en tres países europeos en los que se habla una lengua románica (Francia, Italia y Portugal). En ninguna de estas tres últimas constituciones se han encontrado grupos nominales coordinados formados por nombres de persona con desdoblamiento de género. Estos desdoblamientos son también inexistentes en las constituciones de Chile y Colombia; son muy raros en la de México, infrecuentes en la Constitución venezolana de 1999, y frecuentísimos, en cambio, en la de 2009. Salvo en esta, en todas las demás cartas magnas se hace un amplio uso de los grupos nominales en masculino con interpretación inclusiva.

Este mismo uso es absolutamente general en español, tanto en la lengua oral como en la escrita, y ello en todo el vasto ámbito geográfico de la comunidad hispanohablante. Sería sumamente contraproducente, por tanto, que los textos jurídicos adoptasen modificaciones responsables de introducir una distancia mayor de la que ya existe entre el lenguaje oficial y el usual. Sería incomprensible, además, sostener que el grupo mayoritario de los hispanohablantes que emplean el masculino plural en su interpretación inclusiva, de acuerdo con los usos generales de la lengua española en todo el mundo, no comparte la causa de la igualdad de hombres y mujeres en la sociedad moderna.

Se recuerda también que la vicepresidenta del Gobierno se dirigió a la Real Academia Española afirmando que «el lenguaje, como forma de expresión y comunicación, puede ayudar a construir una sociedad más respetuosa e inclusiva de todas las personas que conforman nuestra ciudadanía». Sin reserva alguna a este respecto, el informe añade literalmente: «Cualquier Gobierno debe trabajar para que en nuestra sociedad se generalice el trato verbal respetuoso hacia hombres y mujeres, se impulse una educación igualitaria que conduzca a la desaparición de las expresiones degradantes u ofensivas dirigidas a cualquier persona por razón de su sexo o su condición social, desaparezcan las actitudes paternalistas hacia las mujeres (sin duda expresadas a través del lenguaje) y se afiancen las condiciones laborales y sociales que terminen con situaciones históricas de prolongada desigualdad». Pero considera que, como es ampliamente conocido, «las situaciones de igualdad o desigualdad entre hombres y mujeres en determinados países (europeos o no) son enteramente independientes de las opciones gramaticales que cada idioma elige en dichos territorios para codificar la interpretación inclusiva del género masculino».

En el informe se argumenta asimismo que «debe confiarse en la conciencia lingüística de los hispanohablantes para averiguar si en nuestra lengua son o no inclusivos los sustantivos masculinos de persona que aparecen en expresiones como *Ella y yo somos amigos*, *los deberes de los funcionarios públicos, la casa de mis padres, los derechos del defendido* o *Los españoles son iguales ante la ley* (art. 14 de nuestra Constitución)». Porque, y con estas palabras se concluye, «resultaría escasamente democrático sostener que los hablantes nativos desconocen si esos sustantivos son o no inclusivos —o, lo que sería aún peor, negarles la capacidad de determinarlo—, y entender que han de ser los poderes públicos quienes lo decidan, en virtud de su compromiso con la igualdad de hombres y mujeres en todos los ámbitos de la sociedad».

Ese buen criterio o, como me gusta definirlo, «sentido común lingüístico» fue el que alertó a la opinión pública española ante la trapacería de una empresa aceitera de Lucena que en 2018 se negaba a cumplir con el pago a sus *trabajadoras* de los atrasos correspondientes a la actualización salarial acordada en el convenio colectivo un año antes porque en su texto solo se hablaba de ese compromiso con los *trabajadores*. Y algo semejante sucedió cuando el presidente del Gobierno declaró: «Hay que evitar una fractura interna entre catalanes y catalanas». El sentido recto de la frase apunta preocupantemente a una conflictividad fuera de lo normal entre los ciudadanos y las ciudadanas de Cataluña, de modo que, queriendo ser políticamente correcto mediante el uso del doblete, lo que en realidad se conseguía era poner sobre la mesa revuelta de nuestra sociedad actual la guerra (catalana) de sexos.

Sentido común lingüístico que alienta en la actitud con que muchas mujeres encaran los debates y la polémica del lenguaje no sexista. En uno de los cinco diarios que habitualmente leo todas las mañanas —*La voz de Galicia*—, me encontré el viernes 17 de julio de 2020 con una carta al director en la que una lectora se dirigía a la ministra de Igualdad en los siguientes términos: «No me preocupa y mucho menos me perjudica que me incluyan en el masculino de toda la vida, me gusta nuestro lenguaje, no me lo toques. ¿Uso discriminatorio del lenguaje? Nunca me he sentido discriminada. Los límites me los pongo yo, no las palabras en femenino o en masculino [...] no soy una víctima, no pertenezco a un "grupo desfavorecido" por ley o porque tú lo digas, soy mujer».

Debemos al periodista y escritor especializado en cuestiones relacionadas con el lenguaje Álex Grijelmo otra advertencia, basada en un ejemplo concreto, acerca de cómo este tipo de soluciones propiciadas por la teoría del lenguaje no sexista pueden ser letales en determinados textos, especialmente en los legislativos. Las leyes hacen uso de lo que los lingüistas llaman enunciados *realizativos* o *performativos,* que tienen la propiedad de *realizar* la acción que enuncian. Poseen además la condición de ser, a la vez, perlocutivos, pues inciden directamente en nuestra conducta, tal y como, de acuerdo con autores como Benveniste, Austin o Searle, Salvador Gutiérrez Ordóñez (2002) estudia en su libro sobre pragmática y semántica.

En función de ese doble carácter, performativo y perlocutivo, los atenienses después de escribirlos en papiros o tabletas de madera, esculpían sus decretos en placas de piedra, en estelas y lápidas que se exhibían en el ágora y por las calles de la ciudad, algunas de las cuales se pueden hoy ver en el impresionante Museo de la Acrópolis. Evidentemente, lo que se pretendía en primer lugar era que dichos textos legales fuesen de tal modo promulgados y tuviesen la difusión imprescindible para garantizar su eficacia (aunque como bien se sabe, el desconocimiento de las leyes no exime de su cumplimiento). Pero también había en esa práctica la expresión de una connivencia entre la seriedad, por no decir dureza (*dura lex, sed lex*) del decreto, y la solidez perdurable de la piedra que reforzaba el poder enunciativo de la palabra hecha ley.

El Boletín Oficial del Estado (BOE) equivale a las estelas atenienses, y ha dado también un salto, en este caso no del papel a la piedra, sino a los dígitos, y ahora solo se puede consultar en Internet. Y en relación con nuestro asunto, Grijelmo reparó en el Real Decreto Ley 10/2020 de 29 de marzo por el que se regulaba un permiso retribuido recuperable para las personas trabajadoras por cuenta ajena que no presten servicios esenciales, con el fin de reducir la movilidad de la población en el contexto de la lucha contra el COVID-19.

Aparte de la atribución del masculino a la enfermedad, la COVID-19, destaca en el propio título del decreto ley la expresión «personas trabajadoras», obediente sin duda a la directriz de erradicar el genérico *los trabajadores,* que sin embargo está en el título de otra disposición de rango superior, la Ley del Estatuto de los Trabajadores.

Advertía con toda la razón Alex Grijelmo en su columna habitual sobre la lengua del diario *El País* (26-IV-2020) que la palabra *trabajador* no significa lo mismo como sustantivo que como adjetivo, aportando en este segundo caso una atribución elogiosa. Una *persona trabajadora* es la que se aplica eficazmente a sus funciones laborales, en contraste con las que no lo son, que adolecen de vagancia, dejadez o desinterés. En función de este hecho arraigado en nuestra lengua —que, no se olvide, es un organismo vivo muy parecido a un ecosistema—, algún empresario trapacero (que, sin embargo, podría ser también «trabajador» frente a colegas suyos menos aplicados) como en el caso de Lucena, podría esgrimir que el beneficio de aquel permiso retribuido recuperable era aplicable tan solo a las personas empleadas por él que le pareciesen más cumplidoras. Más *trabajadoras*. Y solo a ellas.

Miró al soslayo, fuese y no hubo nada. El último verso del estrambote cervantino puede servir de colofón a un episodio que, junto con la proliferación de las guías de lenguaje no sexista, habla de esa conjunción problemática entre las exigencias de un corrección política nacida de la sociedad civil y la intervención de las instituciones públicas, que tienen poder y se suman a lo políticamente correcto rozando peligrosamente la sutil frontera entre la no injerencia del Estado de derecho sobre el «bill of rights» de los ciudadanos y la prepotencia censorial de otro tipo de regímenes.

Citas anteriores de autoridades en el tema apuntan hacia comportamientos no menos preocupantes, cuales son las intervenciones prepotentes e indocumentadas de personas horras de conocimientos científicos e interés respetuoso hacia una institución social básica como es la lengua que, sin embargo, osan intervenir acerca de ella, y si tienen poder institucional, pretenden quiméricamente condicionarla o, aún, modificarla.

María Rodríguez Fernández (2009), lingüista autora de un estudio muy interesante, al que luego volveré, sobre la evolución en el uso del masculino gramatical como término genérico en la prensa española contemporánea hace, a propósito de las guías, una afirmación que comparto: que «en España la publicación de estos opúsculos precedió en el tiempo a la institución de una tradición teórica propiamente dicha» acerca de tan sensible tema que nos incumbe a todos.

Bien es cierto que, si la primera de las guías data según mis informaciones de 1987, cuando fue publicada por el Departamento de la Dona de la Generalitat Valenciana con el título de *Recomendaciones para el uso no sexista de la lengua,* en 1994 Álvaro García Meseguer publicó una meritoria investigación sobre el género gramatical titulada *¿Es sexista la lengua española?* En ella llega a la conclusión de que «la cultura patriarcal, al confundir el género con el sexo, consigue disfrazar la debilidad del varón identificándolo con la fortaleza del género masculino; y consigue ocultar la fortaleza de la mujer, identificándola con la debilidad del género femenino».

El magisterio de García Meseguer, de profesión ingeniero de caminos, canales y puertos, ha sentado cátedra entre algunos lingüistas, pese a estar en principio tan alejados unos y otro por causa de sus respectivas especialidades. Que conste que valoro como extraordinariamente positiva la aproximación a la problemática muy compleja de nuestra lengua (como de las demás que en el mundo son y han sido) de quienes proceden de otros campos del saber, especialmente de las ciencias naturales o exactas. Así ocurre también, por ejemplo, con Francisco Muñoz Guerrero, que se define a sí mismo como *fisigüista*, palabra masculina y femenina que designaría a toda persona formada en ciencias físicas y versado en lingüística. En su libro de 2019 titulado *¡Eso no se dice! Algunos males no menores en el uso del lenguaje (con una miscelánea y dos apéndices),* diagnostica algunas servidumbres de nuestro idioma en su estado actual, entre las cuales figura la *inclusivitis,* «dolencia lingüística caracterizada por la tendencia a torcer la capacidad de incluir. Se manifiesta por el empleo redundante y viciado de adjetivos, sustantivos o pronombre, cuyos géneros se duplican sin necesidad».

Desde Álvaro García Meseguer se ha sucedido una línea muy extensa de aportaciones sobre el asunto que, lógicamente, ante la *inclusivitis* responden a posturas encontradas, favorables (algunas más) o contrarias (como en el caso de los firmantes del manifiesto de apoyo al mal llamado *Informe Bosque* de 2012, que en realidad es una proclama de toda la RAE). Así, y dejando aparte la plétora de artículos sobre el tema publicados en las revistas científicas del área, en 1995 Irene Lozano Domingo escribe sobre *Lenguaje femenino, lenguaje masculino. ¿Condiciona nuestro sexo la forma de hablar?* con el propósito de contribuir a la atenuación de «la hostilidad» con que las relaciones entre hombres y mujeres «se viven en la actualidad». Con un planteamiento rigurosamente filológico, Aníbal Árias Barredo estudia asimismo en 1995 el género como un monema no exclusivamente metalingüístico en su libro *De feminismo, machismo y género gramatical,* en el que concluye que sin identificar género (gramatical) y sexo, «se ve suficientemente claro que no se pueden ni deben confundir, pero que tampoco es posible desvincularlos».

Por su parte, María Ángeles Calero Fernández, desde su cumplida experiencia docente, aporta un interesante análisis y valiosas propuestas ante la discriminación sexual en el lenguaje en su libro de 1999 titulado *Sexismo lingüístico.* Y Pilar Careaga (2002) hace su apuesta por un lenguaje no sexista en *El libro del buen hablar.* Del mismo año es la traducción al español de una tesis leída en la Universidad de Washington en Seattle por Delia Esther Suardíaz sobre *El sexismo en la lengua española.*

Especialmente interesantes me han parecido libros de autoría individual o colectiva sobre la aplicación de esta problemática a sectores concretos de la esfera pública. María Pilar Guitart Escudero ha estudiado (2005) el discurso parlamentario y el lenguaje políticamente correcto, y llega a la conclusión de que tanto el clásico eufemismo como la corrección pura y dura al modo norteamericano están presentes también entre nosotros como «una estrategia evidente de poder». Por otra parte, un grupo de trabajo de la Associació de Dones Periodistes de Catalunya publicó en 2000 *El sexo de la noticia,* sus reflexiones sobre el género en la información acompañadas de algunas recomendaciones de estilo. Y en este mismo campo, el de comunicación, fundamental para el dinámico transcurrir de la esfera pública, la ya mencionada María Rodríguez Fernández (2009) ha rastreado *La evolución del género gramatical masculino como término genérico* a través de su reflejo en la prensa española contemporánea a partir de un corpus limitado al periodo 1976-2006 y a medios diarios o semanales exclusivamente españoles. Las conclusiones a las que llega me han parecido muy interesantes, aunque ya ha pasado tiempo desde que las formulara. El masculino genérico sigue predominando, pero observa un incremento significativo en el uso de sustantivos de referencia neutra como *gente* o, sobre todo, *persona.* En las publicaciones orientadas hacia un público femenino y en las de orientación más «progresista», aprecia también «una tendencia mayor a la evolución de las formas alusivas a la colectividad mixta». En ningún caso, por cierto, registra en su documentación de partida la adopción sistemática de los dobletes ni manipulaciones ortográficas como la arroba, la *x*, o el morfema *-e* como sustitutivo de la *-a* y de la *-o.*

Señoras y señores: no dudo que este tipo de referencias dobles va a ir ganando espacio en la comunicación comúnmente aceptada por los hispanohablantes. Dudo, por el contrario, que los dobletes sistemáticos y estomagantes se impongan, porque el principio lingüístico de la economía hará valer sus razones, y nuestro «sentido común idiomático» prevalecerá. Mientras tanto, está en los labios de cada uno de los hablantes el ir erradicando del uso las expresiones sexistas (y las homófobas, racistas, clasistas, fundamentalistas, sectarias, etc.) que sin embargo figuran en el repertorio léxico de nuestro idioma. Y apruebo la actitud de moderación en pos de una salida a nuestros desencuentros sobre el fondo del asunto que de manera destacada expresa Álex Grijelmo en su libro de 2019, pero que también creo percibir ese mismo año en la obra de María Martín, tan agresiva una y otra vez contra posiciones opuestas a las del feminismo radical en estas cuestiones de la lengua.

CAPÍTULO TERCERO

La posverdad

Desde el último tercio del siglo XX está viva la definición de nuestra época bajo el rubro de la *posmodernidad.* Pero como el ritmo de los cambios es ahora más frenético que nunca antes, algunos filósofos como Rosa María Rodríguez Magda (1989; 2004) llevan años advirtiéndonos de que ya estamos en plena *transmodernidad,* no caracterizada por el agotamiento de los grandes relatos (esto es, las ideologías, las construcciones filosóficas, las religiones incluso), sino por la victoria de uno de ellos, hasta cierto punto novedoso: la globalización. Se propala a la vez la noción de *poshumanismo,* como obligada superación del humanocentrismo que marcó nuestra civilización a partir del Renacimiento y tuvo su feliz continuidad en la Ilustración, cuya impronta racionalista se está poniendo también en entredicho. De acuerdo con Zygmunt Bauman (2000) nuestra modernidad líquida se nutre de una cultura del desapego, de la discontinuidad y del olvido. Son todas referencias imprescindibles para situar —y comprender— los dos asuntos que han inspirado la redacción de mi libro: la corrección política a la que he dedicado los dos primeros capítulos, y la posverdad que me ocuparán otro tanto. Pero también un intento de su contextualización merecerá trato especial por mi parte.

En este contexto surge un nuevo concepto, interesante a la vez que preocupante: la *posverdad.* De la fuerza de su impacto sobre la conciencia de los políticos e intelectuales, e incluso en el propio imaginario colectivo, da fe que el prestigioso diccionario inglés de Oxford lo distinguiese en 2016 con el título honorífico de palabra del año (en 2013 había sido seleccionada *selfie,* en 2014 *vapear* y en 2015, *emoji*).

Para el Oxford, *post-truth* es un adjetivo que se refiere a circunstancias que denotan que los hechos objetivos influyen menos en la formación de la opinión pública que los llamamientos a la emoción y a las creencias personales.

El origen del neologismo se atribuye a un autor teatral de origen serbio, Steve Tesich, que publicó en enero de 1992 un artículo en *The Nation* titulado «A Government of Lies» sobre lo que denominaba «el síndrome Watergate» para referirse a la equiparación entre verdad y malas noticias por parte del pueblo norteamericano que acabaría demandando al Gobierno que lo protegiera contra ellas. Y concluía con una frase tan rotunda como la siguiente: «Fundamentalmente, nosotros, como pueblo libre, hemos decidido libremente que queremos vivir en una especie de mundo de la posverdad» (*«we, as a free people, have freely decided that we want to live in some post-truth world»*).

Esta actitud de la ciudadanía fue inmediatamente comprendida por Ronald Reagan, que actuó en consecuencia, por ejemplo, en el llamado escándalo Irán-Contra, amparado además por sus habilidades retóricas y escénicas de mediocre actor a las que me referiré en otro capítulo, pero recurriendo también a la coartada de un narcisismo relativista de base emocional, presente en la bizarra respuesta que dio cuando se demostró la verdad de aquel episodio. El presidente reconoció haberle negado al pueblo norteamericano que hubiese intercambiado armas por prisioneros, pero «mi corazón y mis mejores intenciones siguen diciéndome que es verdad, pero los hechos y las evidencias me dicen que no lo es».

Matthew d'Ancona (2017), que ha escrito sobre la nueva guerra contra la verdad y cómo combatirla, comenta a este respecto que este triunfo de lo visceral sobre lo racional, «de lo engañosamente simple sobre lo honestamente complicado» está en la esencia de la «cultura de la posverdad», para la que las respuestas no están en los hechos, en las pruebas, sino en el sentimiento de cada uno.

En 2004, el periodista estadounidense Eric Alterman calificó como «presidencia de la posverdad» la de George W. Bush. Y, siempre en esta clave política, se reaviva la vigencia de la posverdad gracias a muchos de los argumentos de los políticos ingleses partidarios del llamado Brexit, y, sobre todo, de los tuits y peroratas de Donald Trump a lo largo de su campaña presidencial, e incluso después.

El empresario Arron Banks, que financió la campaña del *Leave EU,* explica su éxito porque los partidarios del *Remain* se concentraron en presentar un hecho tras otro a favor de la permanencia del Reino Unido en la UE, cuando lo que había que hacer era «conectar con la gente de una forma emocional». Aunque fuese mintiendo que el Gobierno británico transfería a Bruselas cada semana trescientos cincuenta millones de libras esterlinas, que de otro modo se podrían invertir en el Servicio Nacional de Salud, cuando en realidad eran cien millones menos, compensados además con importantes retornos presupuestarios. Una hora después de conocerse los resultados, Nigel Farage admitió que había engañado con aquella cifra supuestamente inyectable tras la salida de la Unión Europea en la sanidad pública británica, y el eurodiputado *brexiter* Daniel Hannan reconoció que, en contra de lo predicado en campaña, para seguir teniendo acceso al mercado único era obligado permitir la entrada en el Reino Unido a los trabajadores comunitarios. Un triunfo más, por lo tanto, de la *emocracia,* el neologismo acuñado en 1933 por Bertrand Russell para referirse al desbordamiento emocional de la Alemania nazi.

A este respecto, ha sentado cátedra un episodio protagonizado en 2004 por un asesor de Bush jr., Karl Rove. Cuando el periodista Ron Suskind lo estaba entrevistando, se topó con un planteamiento que lo dejó sin palabras. El fontanero del presidente desacreditó a la gente del común que vive inmersa en una *reality-based community,* y que por lo tanto cree a pies juntillas que la solución a los problemas viene del estudio juicioso de una realidad discernible mediante un análisis razonado con personas como él, estuviesen o no aposentadas en el ala oeste de la Casa Blanca. Pero según Rove, estos *happy few* saben que el mundo ya no funciona así: «That's not the way the world really works anymore». Porque «nosotros somos un imperio, y cuando actuamos, creamos nuestra propia realidad». Y no faltó una última confidencia de perdonavidas, cuando Rove le dice a Suskind que mientras él y gente como él se dedicaban a estudiar estas realidades juiciosamente, ellos (Bush y los suyos) «estamos nuevamente actuando, creando nuevas realidades que tendréis que estudiar también luego» (*We're history's actors... and you, all of you, will be left to just study what we do*).

Esta prepotencia de los «actores de la historia» frente a los curritos y piernas que todavía vivimos en una *comunidad-basada-en-la-realidad* reaparecerá potenciada al máximo con Trump, cuyos fontaneros se atreven incluso a redefinir el concepto de verdad. Así lo hace Stephen Colbert con la acuñación neologística de *truthiness,* referida a los fenómenos que parecen ciertos aunque no se basen en hechos, en realidades, en evidencias empíricas. Para el éxito de lo cual es imprescindible el abandono del pensamiento racional a favor del emocional, de lo que trataré en otro capítulo. Y, por supuesto, cuenta, y mucho, la estupidez humana.

Por cierto, muchos «liberales» norteamericanos —denominación allí de los progresistas, izquierdista, incluso socialistas— han adoptado ese rubro para referirse a sí mismos con orgullo: *reality-based community.* Comunidad opuesta a los que abrazan la posverdad, a quienes optan por el reemplazo de la consideración exacta de la realidad por las pulsiones emocionales, ideológicas o religiosas, propias de la *faith-based community.* Con buen criterio, Christian Salmon concluye que, desafortunadamente, dirigentes de la primera potencia mundial como los mencionados arrumban no solo la llamada *realpolitik* de la Guerra Fría, sino con el realismo puro y duro, para crear (e imponer) su propia realidad, practicando una especie de *realpolitik de la ficción*.

Muy pronto, tras la aparición del neologismo en el artículo de Steve Tesich, Ralph Keyes (2004) se atrevió ya a hablar de *the post-truth era* en un libro de gran éxito que trataba de la deshonestidad y el engaño en la vida contemporánea.

Me interesa especialmente subrayar que, para este autor, el germen de la posverdad estaba también, como hemos acreditado ya sobradamente a propósito de la corrección política, en los medios universitarios norteamericanos. En ellos triunfó a finales del siglo XX el relativismo posmoderno, por la influencia, de la que ya me ocuparé, de pensadores, sobre todo franceses, discípulos tardíos de Nietzsche y de Heidegger. Lo sorprendente del caso es que, lejos de quedar encerradas en las torres de marfil de los campus, estas reflexiones escépticas acerca de la verdad dieron el salto a ámbitos en principio tan blindados contra los juegos frívolos con las cosas más serias como el de la Justicia o la(s) Iglesia(s).

Y mucho habrá de cierto en esa filiación universitaria si la vemos confirmada también en un libro posterior sobre Trump y la posverdad escrito por Ken Wilber (2017). Culpa abiertamente a la deconstrucción y otros excesos de la posmodernidad de la destrucción de la verdad en virtud de su relativismo y perspectivismo que acaban conduciendo inevitablemente a un nihilismo epistemológico, agravado todo por un narcisismo del que no se libran Derrida, Foucault, Lacan, Lyotard, Bourdieu y *tutti cuanti.* Narcisismo, si bien de muy diferente índole, también presente en Donald Trump, que en ello se identifica con una debilidad generalizada en la sociedad estadounidense, según vimos ya tratado por Christopher Lasch en su libro de 1979. Nihilismo y narcisismo potenciados, por otra parte, gracias a Internet. También Matthew d'Ancona califica al 45.º presidente norteamericano de «el inverosímil beneficiario de una filosofía de la que probablemente nunca ha oído hablar, y que sin duda despreciaría».

Me seduce especialmente la conexión que Wilber establece entre los dos asuntos centrales que estoy tratando en *Morderse la lengua:* corrección política y posverdad. Porque cuando la verdad se esfuma, hasta la ortografía acaba por convertirse «en una forma de opresión impulsada por la búsqueda de poder». La corrección política extrema le parece, así, «una forma de locura aperspectivística que ha perdido el rumbo», tan solo explicable desde el narcisismo onanista de quien —en mi opinión— considera que la lengua es otro más de los «grandes relatos legitimadores» de la opresión. No olvidemos que Roland Barthes inauguró la cátedra de Semiología del Collège de France en 1977 afirmando que la lengua no es ni reacionaria ni progresista, sino simplemente fascista, pues nos «obliga a decir».

Es lo que el bloguero Iker Armentia enunciaba de modo harto expresivo a finales de 2016: «La última pataleta cipotuda de las élites se llama posverdad». La rabieta de quienes han perdido el monopolio de la comunicación; el ataque de pánico de que son víctimas los «emisores legitimados». Agentes de una opresión nacida de lo que a muchos nos parece, por el contrario, unas de las cumbres en el desarrollo de la humanidad: el humanismo, la Ilustración, el racionalismo y su fructífera herencia hasta hoy.

VERDAD Y FILOSOFÍA

Se va generalizando desde posiciones antirracionalistas la tesis de que no hay una verdad sustantiva e indudable, sino que en todo caso las verdades, en plural, son «constructos sociales», y por lo tanto variables según el criterio de las comunidades, los grupos o, incluso, los individuos. Keyes no se corta un pelo a la hora de proclamar que la posmodernidad tiene como uno de sus objetivos primordiales *to undermine, or 'deconstruct' the very notion of objective truth,* frase en la que se equipara el verbo *socavar* con *deconstruir,* que es el emblema de una teoría filosófica que alcanzó en Estados Unidos el éxito que las universidades europeas le negaron.

En el Evangelio de san Juan (18: 37-38) leemos que cuando Jesús le dijo a Poncio Pilato «Yo para esto he venido al mundo, para dar testimonio de la verdad; todo el que es de la verdad oye mi voz», el prefecto romano de Judea le respondió: «¿Y qué es la verdad?». Esa interrogante ha cobrado nuevos bríos en la posmodernidad, inspirada casi siempre por uno de los filósofos más influyentes del siglo XIX, Friedrich Wilhelm Nietzsche. La posición extrema a este respecto es la de negación, simplemente, de la existencia de una verdad objetiva que acabamos de mencionar. Otras opciones apuntan más bien hacia el relativismo extremo: hay tantas verdades cuantos sujetos se preguntan por ella. Posición que se suele mencionar aludiendo al llamado «efecto Rashomon», inspirado por el título del filme que el cineasta Akira Kurosawa filmó en 1950 sobre relatos del escritor Akutagawa. La anécdota central recogida en el guion es el asesinato en el Japón medieval de un samurái y la violación de su esposa, sucesos trágicos de los que dan versiones distintas varios testigos y las propias víctimas a través de un médium. En ciencias sociales, incluso en el ámbito jurídico, se alude con tal expresión a la variabilidad de percepciones que sobre una misma realidad pueden darse desde perspectivas distintas, ninguna de las cuales merece ser tomada como totalmente falsa, pero tampoco como decididamente cierta.

La película incluye una conversación de tintes filosóficos entre un monje, un peregrino y un leñador que se guarecen de una fuerte tormenta en unas ruinas y aprovechan para comentar aquel episodio luctuoso, cuyos detalles inspiran sus reflexiones sobre la naturaleza de las acciones humanas y sobre la verdad. Lo que, en la tradición del pensamiento occidental, ocupaba un espacio privilegiado de la *Metafísica* de Aristóteles en el siglo IV a. de C.

El filósofo de Estagira se muestra ya muy crítico con las ideas relativistas de tradición escéptica, según las cuales nunca se podría decir «esto es verdad», sino siempre «es verdad para este», de forma que necesariamente se «hacen todas las cosas relativas, relativas a la opinión y a la sensación, de modo que nada hubo ni habrá sin alguien que haya opinado primero». Frente a tal aporía, Aristóteles responde con la expresión de un pensamiento que puede parecer hoy por hoy minimalista, un tanto tautológico, pero eficaz contra las alambicadas oscuridades deconstructivistas y posnietzscheanas: «Falso es, en efecto, decir que lo que es, no es, y que lo que no es, es; verdadero, que lo que es, es, y lo que no es, no es».

Este principio básico de correspondencia entre la realidad y el intelecto, que incluye también la expresión, va de Aristóteles a pensadores hebraicos como Isaac Israeli ben Solomon o musulmanes como Avicena, y se plasma en la fórmula escolástica que Tomás de Aquino acuña como *adequatio rei et intellectus.* Y llega hasta la filosofía ilustrada y racionalista de Kant, para quien la verdad consistía también en el acuerdo del conocimiento con su objeto. Hasta tal punto llega su creencia en la verdad que, en contra de los planteamientos posteriores de Nietzsche que enseguida comento, para el filósofo de Königsberg someterse a ella es un imperativo categórico de las personas. En su ensayo sobre «un presunto derecho de mentir por filantropía», tema reactivado por Benjamin Constant en la continuidad de una propuesta antigua que venía de Platón, Kant (1793) confirma que «la veracidad en las declaraciones que no pueden eludirse es un deber formal del hombre para con cualquier otro, por grave que sea el perjuicio que para él o para el otro pueda seguirse de ellas». La vigencia de esta firmeza llega hasta una intelectual argentina admirable, Victoria Ocampo, que después de haber dado con sus huesos en las cárceles de Perón, escribe en su revista *Sur,* en 1955, el artículo «La hora de la verdad» donde habla de la exigencia de transmitir «al mayor número posible de hombres» que con sus palabras y sus actos respondan a este principio: «la verdad es una tarea que nos incumbe. Es tarea de los intelectuales, de los educadores».

La continuidad de esta línea de pensamiento sobre la verdad desde los griegos hasta el Siglo de las Luces se rompe, como acabo de adelantar, con Friedrich Nietzsche, quien, en las antípodas filosóficas de Immanuel Kant, dedica en 1873 todo un ensayo filosófico a «la verdad y la mentira en sentido extramoral». Comienza mostrándose sorprendido por el «misterioso impulso» hacia la verdad que existe generalizadamente. Pero la verdad no es en modo alguno un concepto absoluto, sino funcional; no hay una verdad «esencial» sino un pacto entre individuos a través de las convenciones aportadas por «el poder legislativo del lenguaje» para convenir una «designación de las cosas uniformemente válida y obligatoria» que incluya el contraste entre verdad y mentira.

De la pervivencia de este planteamiento nietzscheano da razón, por ejemplo, el libro de Daniel Gamper (2019) que ya he citado a propósito de la corrección política. Para este ensayista «lo que creemos que es verdad y mentira no es más que una convención que nada nos dice sobre la verdad y la mentira en sentido enfático».

El mentiroso es rechazado no tanto por ser un falsario como por no respetar las convenciones, las reglas del juego. No detestamos, según Nietzsche (1903), «en rigor el embuste, sino las consecuencias perniciosas, hostiles, de ciertas clases de embustes». Deseamos la verdad por razón de sus «consecuencias agradables», «aquellas que mantienen la vida»; somos indiferentes al «conocimiento puro y sin consecuencias» y rechazamos sin más «las verdades susceptibles de efectos perjudiciales o destructivos».

El filósofo alemán añade otro elemento en su argumentación que está en la base de la «deconstrucción» de Jacques Derrida, a la que volveré con más demora dos capítulos más adelante. Me refiero a la desconfianza hacia las palabras: ¿es el lenguaje la expresión adecuada de todas las realidades? El que haya tantas lenguas es una prueba más de que con las palabras «jamás se llega a la verdad ni a una expresión adecuada». La «cosa en sí», «la verdad pura, sin consecuencias» es, por tanto, «totalmente inalcanzable». Resulta insostenible postular que la verdad es decisiva en la génesis del lenguaje: «Creemos saber algo de las cosas mismas cuando hablamos de árboles, colores, nieve y flores y no poseemos, sin embargo, más que metáforas de las cosas que no corresponden en absoluto a las esencias primitivas». El origen del lenguaje no sigue un proceso lógico, e incluso los científicos y filósofos que buscan la verdad trabajan con materiales y procedimientos que en ningún caso apuntan hacia «la esencia de las cosas».

El error de partida lo encuentra Nietzsche en la propuesta del sofista Protágoras, que dio título a uno de los diálogos de Platón: el hombre como medida de todas las cosas; «de las que son, en cuanto son; y de las que no son en cuanto no son». Sus escritos sirven de altavoz a una proclama metafórica, que se resume en una frase ligada definitivamente al filósofo alemán pero explicable por el triunfo del racionalismo laicista de las Luces: la muerte de Dios. Pero será uno de los discípulos no directos de Nietzsche, Michel Foucault (1966), que tanto contribuyó a crear la «cultura» de la posmodernidad junto a Derrida, Lacan, Deleuze, etc., el que reforzará aquel rechazo a la idea de Protágoras proclamando también «la muerte del hombre».

Diecinueve siglos después de Poncio Pilato, el autor de *Así habló Zaratustra* se hace la misma pregunta: ¿qué es la verdad? Y responde de este tenor: «Una hueste en movimiento de metáforas, metonimias, antropomorfismo, en resumidas cuentas, una suma de relaciones humanas que han sido realzadas, extrapoladas y adornadas poética y retóricamente y que, después de un prolongado uso, un pueblo considera firmes, canónicas y vinculantes; las verdades son ilusiones de las que se ha olvidado que lo son; metáforas que se han vuelto gastadas y sin fuerza sensible, monedas que han perdido su troquelado y no son ahora ya consideradas como monedas, sino como metal».

De la influencia de este nihilismo nietzscheano en el pensamiento del siglo XX y de la posmodernidad tenemos muchas pruebas; su impronta llegó incluso a teóricos de la literatura y de la comunicación como el canadiense Northrop Frye (1971) en su tesis del «mito de la incumbencia». Para él, también, la verdad y la realidad no se relacionan directamente con el razonamiento y la evidencia, sino que se establecen socialmente para mantener la unidad de la tribu a través de las palabras: «Para la incumbencia, verdad es lo que la sociedad hace y cree en respuesta a la autoridad; y la creencia, en la medida en que se verbaliza, es una declaración de la voluntad de participar en un mito de la incumbencia».

Y yo me pregunto a mi vez: ¿qué distancia hay entre la definición de Nietzsche o la incumbencia de Northrop Frye y la posverdad?

Esta secuela de Nietzsche, tan proliferante y acaparadora a raíz del éxito de la «French Theory» en los Estados Unidos, encuentra, sin embargo, su contrapunto en otros sistemas de «pensamiento fuerte» como la filosofía analítica y, en otro orden, el marxismo. La primera opone, por caso, la claridad, rigor y argumentación de sus pesquisas sobre el conocimiento y la verdad a la oscuridad, confusión y logomaquia de la deconstrucción de Derrida y el nihilismo epistemológico de Foucault. El Premio Nobel Bertrand Rusell se ocupa, por ejemplo, de la relación entre hecho, creencia, verdad y el propio conocimiento. Y en la mejor tradición empiricista (y fenomenológica) que sigue, los hechos —todo lo que hay en el mundo— son los que hacen verdaderos o falsos los enunciados, las afirmaciones. Un hecho es algo que está ahí, lo crea así alguien o no. La mayoría de ellos son independientes de nuestras voliciones, y los puramente físicos, incluso lo son de nuestra existencia. Por eso son tan tercos.

El filósofo argentino Mario Bunge (1985) fue igualmente un contradictor de la ola posmoderna desde una posición imbuida de realismo, cientifismo y materialismo. Se opone firmemente a los pensadores que, como Kuhn y Feyerabend, menosprecian o atacan la racionalidad y el realismo. Frente al poshumanismo y el posmodernismo, Bunge defiende que «si queremos conservar nuestra humanidad y nuestra modernidad, es preciso que ampliemos y defendamos el ámbito de la racionalidad y el realismo».

Con admirable valentía intelectual y claridad argumentativa, Bunge lamenta que no solo políticos, demagogos, estafadores o déspotas, sino también algunos filósofos duden de que sea posible encontrar la verdad, o simplemente la nieguen optando por la posverdad (concepto que, por supuesto, el maestro argentino no utiliza todavía). La racionalidad es un «medio para alcanzar la verdad o hacer uso (bueno o malo) de ella». Porque se pregunta lo mismo que me ha inspirado en parte a escribir mi libro: ¿podríamos vivir sin un puñado de verdades? Y si no fuésemos veraces, como Kant exigía, ¿podríamos convivir los unos con los otros?

Todos los seres humanos necesitamos verdades «para sobrevivir y prosperar» y la sociedad precisa «un módico de confianza en que la mayor parte de la información que recibe es fidedigna».

Conceptualmente, Mario Bunge juega con dos nociones de verdad que vienen de Leibniz: las *verdades de razón,* que son las que pueden establecerse sin necesidad de indagaciones empíricas; y las *verdades de hecho*, cuyos predicados están vinculados a propiedades de objetos sustanciales, propiedades materiales. Las verdades de razón no se refieren a hechos, a diferencia del otro tipo de verdades que se ajustan a la realidad. No hay racionalidad sin verdad, y viceversa. El escepticismo se aproxima peligrosamente al irracionalismo.

Resulta muy interesante constatar cómo, a la altura de 1985, este autor que todavía no maneja el término *posverdad,* sin embargo describe un escenario congruente con ella. Reconoce que muchos políticos acceden al poder gracias a que son «maestros en el arte de mentir», pero la frase premonitoria a la que me refiero es esta: «no triunfan por el tamaño de sus mentiras, sino por su habilidad para hacerlas pasar por verdades».

Sobre verdad y mentira en política escribió páginas imprescindibles Hannah Arendt (1972), amparada en su doble condición de filósofa y politóloga. En cuanto a la primera de esas dos dimensiones de su personalidad, coincide con Bunge en el reconocimiento de dos realidades, la racional y la factual, pero añade una tercera, la verdad-opinión, la más identificada con lo político. Esta última es la que James Madison y los otros coautores de *The Federalist* vinculan con las convicciones de la mayoría de los ciudadanos en una democracia, claro precedente de la *incumbencia* de Northrop Frye. Hay aquí abierto un portillo hacia la posverdad, como viene a demostrarnos la política de ciertos líderes que irán asomando en mis páginas posteriores.

Porque para Arendt, los políticos de esta estirpe consideran que la verdad fáctica «tiene un carácter despótico» (la terquedad de los hechos de Bunge), y por eso la odian. Y la atacan, porque sometida a su hostilidad «es al menos tan vulnerable como la verdad filosófica racional» gracias a un invento maquiavélico que luego comentaré: el de los «hechos alternativos». Borrar la línea divisoria entre la verdad de hecho y la opinión «es una de las muchas formas que la mentira puede asumir». Y una de esas formas es lo que llamamos ahora posverdad.

Con suma clarividencia, Hannah Arendt distingue entre la mentira política tradicional, propia de la diplomacia y del Gobierno, que se refería a acciones secretas e intenciones estratégicas, y las mentiras políticas modernas, que «se ocupan eficientemente de aquello que es conocido por casi todos», por ejemplo, cuando se procede a la reescritura de la historia contemporánea ante los ojos de los que han sido testigos de los hechos.

Y es aquí en donde Arendt apunta en una dirección que lleva al entramado descrito en el libro de Ari Rabin-Havt y Media Matters (2016) *Lies Incorporated:* las manipulaciones propagandísticas por parte de gigantescas organizaciones de intereses cuyas prácticas y trucos acaban siendo aplicadas también por los Gobiernos. Estas mentiras políticas modernas —o lo que después de Arendt, fallecida en 1975, denominamos posverdades—, a diferencia de las tradicionales, dirigidas concretamente a los enemigos, pretenden —y frecuentemente consiguen— engañar a todo el mundo.

El relativismo epistemológico acerca de lo que sea verdadero, o la simple negación de la verdad, crea así, en palabras de Ralph Keyes (2004), *a post-truth intelectual atmosphere,* la era de la posverdad en la que no hay verdad ni mentira, ni honestidad frente a la deshonestidad. Además del prefijo *post-,* la verdad admite ahora una flexión y una adjetivación abigarrada y sorprendente: *enhanced truth* (verdad mejorada), *neo-truth, soft-truth* (verdad blanda), *faux-truth* (¡falsa verdad!), *truth lite* (verdad ligera). Y por el mismo criterio, la mentira puede ir de la mano de adjetivos hasta entonces amigos impensables de ella: *poética, paralela, matizada* (nuanced), *imaginable, virtual.* Lo que conduce a un *intellectually fashionable doublethink,* nos lleva hasta el *doblepensar* de la distopía de George Orwell de la que tendré, lógicamente, que ocuparme.

VOCABULARIO DE LA MENTIRA POSMODERNA

El debate sobre la posverdad arraiga enseguida en el mundo intelectual, pero también periodístico de los Estados Unidos, sin necesidad incluso de entregarse por completo al neologismo inventado al parecer por Steve Tesich, sino utilizando otros vocablos ingleses de mayor prosapia como, por ejemplo, *bullshit,* al que dedica en 2005 toda una obra sobre la manipulación de la verdad Harry G. Frankfurt.

No es fácil traducir la palabra al español, como tampoco *humbug*, utilizada por el filósofo analítico Max Black (1985) con el significado de una tergiversación engañosa, cercana a la mentira, de las ideas, los sentimientos o las actitudes de alguien que se realiza especialmente mediante palabras o acciones pretenciosas. Algo así como el embuste más o menos grave de un farsante.

Algunos traducen *bullshit* al español como *paparrucha,* palabra de uso coloquial con el significado de «noticia falsa y desatinada de un suceso, esparcida entre el vulgo». Pero es de tener en cuenta que Frankfurt relaciona la «estructura conceptual» del *bullshit* con la charlatanería. En este sentido, apunta más hacia nuestro *farol,* que es un dicho o hecho jactancioso que carece de fundamento (en el juego, un envite falso para desconcertar al contrario), y no hacia la *trola,* que sí es, muy coloquialmente, el nombre del engaño, la falsedad, la mentira. Frankfurt atribuye la esencia del *bullshit* al hecho de que no es falso, sino fraudulento. Los charlatanes que recurren a las paparruchas no se preocupan de conocer la verdad, y por lo tanto no pueden mentir.

En todo caso, aunque *bullshit* y *post-truth* no signifiquen exactamente lo mismo, algunas de las consideraciones de Harry G. Frankfurt sobre la primera son de utilidad para entender el espectro de la segunda. Por ejemplo, que sus raíces más profundas se encuentran en las diversas formas de escepticismo que niegan que podamos tener acceso seguro a una realidad objetiva. Y el reemplazo de la disciplina exigida por la coherencia, la consonancia y la corrección para con los hechos por el prurito alternativo de la sinceridad. En vez de bregar por el logro de representaciones ciertas del mundo en torno, tratar de obtener representaciones sinceras de uno mismo. Así, el sujeto «convencido de que la realidad no posee naturaleza alguna inherente que uno pudiera confiar en determinar como la verdad fiel de las cosas, se consagra a ser fiel a su propia naturaleza individual».

Esto último tiene que ver, al menos en parte, con el «sentimentalismo tóxico» del que hemos tratado ya. Pero sobre todo con la llamada «inteligencia emocional» característica de la «sociedad líquida» acerca de las que me preguntaré dos capítulos más adelante. Pero la actitud escéptica remite a un anarquismo gnoseológico, a la radical puesta en cuestión de la existencia de la verdad. Y ambos extremos representan otros tantos índices de la quiebra de la racionalidad en una época que no solo se define como posmoderna, sino también poshumanista.

Íntimamente ligado a la posverdad está otro término, *fake news,* que el *Cambridge Dictionary* define como «falsedades que se presentan como noticias, difundidas por Internet o utilizando otros medios, creadas en general para influir en cuestiones políticas o por afán lúdico». Más ajustada me parece, de todos modos, la definición posterior de Brian McNair (2018), «desinformación intencionada, invención o falsificación de hechos conocidos presentados como noticias verdaderas con propósitos políticos y/o comerciales». Lee McIntyre (2018) insiste en la intencionalidad. Se trata de un intento deliberado de conseguir que la gente reaccione a la información errónea que se les da, ya sea con fines de lucro o de poder. La vinculación de esta práctica con nuevas tecnologías de la información y la comunicación se da ya, según nos ilustra el propio McNair, en 1925, cuando se relaciona a los llamados *news fakers* con el telégrafo. Lee McIntyre (2018) estudia en su libro *Post-Truth* precisamente este gran aporte tecnológico, el primero de lo que McLuhan llamaba «la galaxia de la comunicación eléctrica», que proporcionó inmediatamente a la prensa los servicios de agencias como Associate Press, fundada en 1848, y propició la aparición hacia 1890 del *yelow jour-*

nalism, el amarillismo periodístico, caracterizado por el interés prioritario de ganar lectores antes que por contar la verdad de los hechos.

En español, ha habido suerte (¡por una vez!) y mayoritariamente los medios y los hablantes hemos identificado la forma compleja del inglés, construida con dos palabras: *fake news,* con un bisílabo, escueto, directo y muy sonoro, que significa exactamente lo mismo: *bulo*. Esto es, una «noticia falsa propalada con algún fin» como reza el diccionario académico.

Se atribuye la primera utilización del término inglés al senador australiano Nick Xenophon, que protestó por un titular del diario *The Australian* con palabras que están continuamente en boca, y con el mismo sentido, de gobernantes como Trump o el filipino Duterte: «It's fake. This is a fake headline». Detrás del fenómeno ligado a la *post-truth* asoma lo que McNair califica como *crisis of trust,* la desconfianza sistemática contra políticos como los citados y otros populistas en el ámbito de la esfera pública. Cuando en abril de 2017 se cumplieron sus primeros cien días en la Casa Blanca, el presidente Trump reaccionó contra quienes lo criticaban afirmando que «CNN and MSNBC are fake news», y enseguida dirá de *The New York Times* que eran periodistas completamente incompetentes y deshonestos, *we call it the fake news*. En ocasiones posteriores meterá en el mismo saco a las otras cadenas: NBC, CBS y ABC. Estos ataques, que se convertirán en habituales en los tuits y ruedas de prensa presidenciales, provocaron en agosto de 2018 la reacción de David Kaye y Edison Lanza, relatores especiales para la libertad de expresión de la ONU y la Comisión Interamericana de Derechos Humanos, quienes denunciaron que los ataques de Trump a los medios eran «estratégicos» y tenían como objeto «socavar la confianza en la labor periodística y sembrar dudas sobre hechos constatables».

No me cansaré de escribir, citando al *Kohelet* de los sefardíes de Ferrara, que nunca hay «nada nuevo debaxo del sol». El fenómeno que nos interesa, y que introduce profundos elementos de novedad en nuestra sociedad digital de la información y la comunicación, tiene precedentes de antiguo. Y como desde mi aviso inicial ya está advertido el discreto lector de mi libro, asomará en lo que sigue mi deformación profesional de filólogo y comparatista.

Por eso, me cuesta aceptar sin más la afirmación de partida de Alexandre Koyré en su opúsculo muy citado, *Reflexiones sobre la mentira,* que fue publicado inicialmente en 1943. Lo que él propone como una evidencia yo lo convertiría en una duda: «Nunca se ha mentido tanto como en nuestros días. Ni de manera tan vergonzosa, sistemática y constante». Dada la fecha en la que escribe, fundamenta esa proliferación de la falsedad y el engaño en el poderío de los regímenes totalitarios, que se caracterizan por «un mépris absolu et total de la vérité». Sus «filósofos oficiales» proclaman a los cuatro vientos que la concepción de una verdad objetiva, universal, ya no tiene ningún sentido. Pero, al menos en parte, su diagnóstico es extensible también a las sociedades democráticas y llega hasta hoy, en la medida en que «el mito es preferido en vez de la ciencia y la retórica dirigida a las pasiones desplaza a la que apunta a la inteligencia», de modo que la razón, el discernimiento entre lo verdadero y lo falso resulta ser algo raro y poco extendido en el mundo. «Une affaire —concluye Koyré— de l'élite et non de la masse».

El novelista austríaco de origen judío Joseph Roth (2020) —al que no debemos confundir con Philip Roth, el autor de *La mancha humana*— publicó en 1932 *La marcha Radetzky,* una impresionante crónica novelada del desmoronamiento de la sociedad austrohúngara a raíz de la primera gran guerra acaecida entre 1914 y 1918. Me parece útil traerla ahora a colación por el contraste que en ella se da ya entre la gente del común, perteneciente a la «comunidad basada en la realidad», y quienes entonces hacían (o pensaban que hacían) la historia, en este caso el emperador Francisco José I y su corte.

El protagonista inicial de *La marcha Radezky* es un súbdito esloveno del emperador, un modesto campesino de Sipolje, que en la batalla de Solferino interpuso su cuerpo para evitar que una bala francoitaliana alcanzase a Francisco José. Ello le acarreó la rotura de la clavícula, pero también, consumada la derrota austrohúngara, el ascenso militar, la Orden de María Teresa y un título nobiliario. A partir de entonces sería el honorable capitán Joseph Trotta von Sipolje.

Un día, hojeando el libro de lectura escolar de su hijo de cinco años, Trotta se encuentra con un relato del grave peligro que el emperador había pasado en aquella batalla. Enzarzado en un lance terrible con la caballería enemiga, en el que se había visto mezclado por su furor guerrero, la lanza enemiga dirigida contra él atravesó el pecho de «un jovencísimo teniente a lomos de un alazán bañado en sudor», y aquel «joven héroe» se convertiría así por mérito propio en noble laureado.

La reacción de Trotta es inmediata: «—¡Pero si es todo mentira!». Y su esposa, al ver cómo arroja el libro escolar al suelo, replica: «—Es para niños». Lo mismo le dice el notario al que acude con su protesta indignada: «Todos los hechos históricos se representan de otra manera para enseñarlos en la escuela [...]. Los niños necesitan ejemplos que ellos entiendan [...]. La verdad ya la descubren más adelante».

Estas le parecen a Trotta respuestas de mal pagador, y convertido en «Caballero de la Verdad», comienza un «calvario» para restituirla. No contento con las respuestas del ministro de Cultura y Educación, solicita entrevista con el propio emperador, que lo recibe y le aconseja: «Claro que ninguno de los dos salimos mal parados... ¡Déjelo estar, hombre!». Tampoco convence a Trotta esta solución. Para él, de lo que se trataba era de una mentira. Y, en consecuencia, solicita licencia del Ejército, tras lo cual, para amainar las ínfulas de este Caballero de la Verdad, se le confiere el título de barón.

Trotta pertenecía a una *reality based community*. El emperador, obviamente, no. Como escribe Roth, «veía ponerse el sol en su imperio, pero no decía nada». Y, sobre todo, «había vivido el tiempo suficiente como para saber que decir la verdad es una tontería. Dejaba que la gente viviera feliz en sus errores y creía en la pervivencia de su mundo todavía menos que esos graciosos que contaban chistes sobre él por todo lo ancho de su imperio».

Trump

The New York Times reveló en su día que los tuits que Trump publicó en las primeras semanas tras su entrada en la Casa Blanca, el 20 de enero de 2017, propalaban falsedades en noventa y nueve casos. Por ejemplo, que él era el hombre que más veces había ocupado la portada de la revista *Time*. Mentía al decir que había sido en 14 o 15 ocasiones, cuando fueron exactamente 11. El presidente Nixon llegó a aparecer nada más y nada menos que en 55 portadas. Y según el blog de verificación de datos de *The Washington Post,* en 466 días como inquilino del despacho oval, Donald Trump profirió 3 000 mentiras, lo que representa todo un récord: una media de 6,5 afirmaciones diarias que no eran ciertas. A los 928 días, la misma fuente, el *factchecker* del *Post,* documentaba ya 12 019 afirmaciones falsas, 13 bulos por día propagados a través de los tuits presidenciales. Se acredita también que 7 de cada 10 ciudadanos ya no creían a Trump, de ellos 6 de cada 10 republicanos. Ya en plena campaña electoral, entrevistado por el periodista conservador Hugh Hewitt, el entonces candidato presidencial se había ratificado en su temeraria y manifiestamente falsa afirmación de que Barak Obama había sido el creador del Estado Islámico, y de que Hillary Clinton era la cofundadora del ISIS.

En septiembre de 2020 Holden Thorp, editor jefe de *Science,* la revista científica de referencia internacional, publicó un editorial titulado «Trump mintió sobre la ciencia» acusando al presidente de engañar abierta y deliberadamente desde febrero de ese año sobre la gravedad de la crisis provocada por la COVID-19, desautorizando a los investigadores y provocando la pérdida de muchas vidas.

La comunidad científica no puede olvidar que en abril de 2020, en una comparecencia en la Casa Blanca acerca de la pandemia, sugirió que los médicos deberían estudiar su idea de que ingerir o inyectarse lejía o «golpear el cuerpo con una luz tremenda, ultravioleta o simplemente muy potente» podría ser una buena solución para los afectados por el coronavirus. En otoño de ese mismo año, el famoso periodista Bob Woodward, en su libro de conversaciones con Trump titulado *Rage,* revela que desde febrero, al menos, el presidente sabía de la letalidad de la peste, pero en sus ruedas de prensa afirmaba que «prácticamente lo hemos parado», «un día desaparecerá, como un milagro» y que «nada se cierra por la gripe». Se hartó de afirmar que la tasa de mortalidad era más baja que en casi todo el mundo, cuando los Estados Unidos ocupaba el décimo lugar entre los veinte países más afectados, y el tercero en cuanto a la tasa de muertos por cada cien mil personas según los datos de la Universidad Johns Hopkins. El 2 de octubre de 2020, finalmente, Donald Trump anunció en la red que él mismo y su esposa Melanie habían dado positivo en los análisis para diagnosticar la COVID-19, que iniciaban su cuarentena y que *We will get through this TOGHETER!* [sic].

Nada sorprendente, por otra parte, todo esto en quien antes de su encumbramiento, en 2014, se había hecho eco de teorías negacionistas como las del doctor inglés Andrew Wakelfield, que relacionaba las vacunas con el autismo. Las diatribas de Wakelfield provocaron un descenso de veinte puntos en los índices de vacunación, y en 2008 el sarampión volvió a ser endémico, pese a que el «informe McCormick» había demostrado científicamente que aquella conexión era un bulo. Lo que no impidió, según cuenta Matthew d'Ancona, que una famosa de la televisión, Jenny McCarthy, madre de un niño afectado por el trastorno del espectro autista, negase esa refutación basándose en su «instinto materno» y aduciendo que «mi ciencia se llama Evan y está en casa» y «yo me licencié en la universidad de Google».

En septiembre de 2019 Donald Trump se enfrentó con la NOAA (Administración Nacional Oceánica y Atmosférica, el servicio meteorológico norteamericano) cuando anunció en un tuit que el huracán Dorian iba a cebarse sobre todo en el estado de Alabama, lo que provocó gran inquietud entre la población. Era domingo, y los científicos de la NOAA con sede en la Birmingham norteamericana se las vieron y desearon para tranquilizar a la ciudadanía, pues los datos no indicaban que Dorian fuese a pasar por allí. El presidente presionó, sin embargo, al servicio para que falsificaran un mapa del huracán, ajustándolo a su bulo.

Con anterioridad, poco después de su toma de posesión, en febrero de 2017 el flamante presidente provocó un incidente diplomático con Suecia, después de haber hecho referencia, en el transcurso de un mitin en Florida, a «lo que está pasando» en el país escandinavo por culpa de la relajada política migratoria de sus autoridades, errónea actitud del Gobierno sueco que consideraba relacionable con los ataques terroristas en varios lugares de Europa.

Hasta que el propio Trump lo confirmó en un tuit, la única explicación que los periodistas fueron capaces de encontrar para el episodio, motivo más que justificado para una protesta formal de la legación sueca en Washington, fue la hipótesis de que aquella declaración venía de una reciente emisión del canal conservador Fox. En efecto, en el programa *Tucker Carlson Tonight* se incluyó una entrevista con el director y productor estadounidense Ami Horowitz, quien vinculó la llegada de inmigrantes a Suecia con un incremento del crimen. Trump lo había visto el día anterior y eso le inspiró el bulo: «Ves lo que está pasando en Alemania. Ves lo que está pasando la pasada noche en Suecia. ¡Suecia! ¿Quién podría creérselo? Suecia. Han acogido en grandes números. Están teniendo problemas como nunca pensaron que fuera posible». Y como siguió hablando de lugares donde había habido atentados terroristas, el auditorio creyó que se acababa de producir otro. En consecuencia, la embajada se dirigió al Departamento de Estado estadounidense para aclarar a qué se refería el presidente. Y ante la prensa internacional, los portavoces de la política exterior de la primera potencia mundial declinaron pronunciarse al respecto porque su política era «no comentar comunicaciones diplomáticas privadas».

Si se quisiera echar un capote a Trump podría argumentarse que en definitiva se trataba de una equivocación, humanamente comprensible. Pero no fue así, sino un caso arquetípico de posverdad: la propagación de un bulo con un propósito decidido, agitar los bajos instintos de los estadounidenses contra los emigrantes, en especial contra los latinos, precisamente en el momento en que el presidente estaba prometiendo construir un muro en la frontera del sur que ¡pagarían los propios mexicanos!

El viernes 24 de marzo de 2017 Lawrence Douglas publicó en *The Guardian* un espléndido comentario a la entrevista que el día anterior *Time Magazine* le había hecho al presidente, muy valiosa por ofrecer una vertiginosa exhibición de lo que este prestigioso escritor y catedrático en Amherst College ha dado en denominar con ingenio *Trumpspeak.* Fundamentalmente en lo que se refiere a la mentira y a la verdad, el idiolecto trumpiano se distingue por una serie de rasgos inconfundibles. El presidente nunca puede ser acusado de mentir si se limita a repetir declaraciones de otros. En su discurso, la verdad no es fáctica, sino imaginística. Y la creencia en algo es indicio y garantía de verdad. Esta no posee de suyo una entidad y una sustancia independiente, sino que tales valores deben medirse exclusivamente por los efectos de la enunciación. Todo ello, amparado por el axioma de que el que habla es presidente, y sus contradictores no.

En su libro titulado con una escueta palabra, *Verdad (Truth),* Hector Macdonald (2018) asegura que, para hacer frente a las posverdades y sus bulos ya existen en cuarenta y siete países más de cien organizaciones de verificación de datos, de las que ofrece una lista selecta con las direcciones completas de una docena de ellas. Además, desde 2017 funciona en la red la *International Fact-Checking Network* (IFCN), promovida por el Poynter Institute for Media Studies, responsable del código de principios que rige la IFCN, y dirigida por Alexios Mantzarlis, cofundador y editor de *Pagella Politica*, un sitio de Internet dedicado al chequeo de bulos en la política italiana. Se pretende conectar a periodistas interesados en la verificación de hechos en todo el mundo, entre cuyo primer medio centenar de socios figura el programa *El Objetivo* de Ana Pastor. Precisamente, en 2017 el congreso *Global Fact 4,* organizado por la IFCN, se desarrolló en Madrid con la participación de casi doscientos profesionales procedentes de cincuenta países. Otras instancias para la detección de bulos son *Hoaxy, Wikitribune, Fedd Guide to Fake News and Other Information Disorders* o *Snopes.com.*

En mayo de 2017, el periodista Michael Scherer entrevista para la revista *Time* a Donald Trump, que ya se había acreditado suficientemente como apóstol de la posverdad, y le pregunta acerca su «contencioso acercamiento a los hechos». La respuesta que recibió ha pasado también, junto a otras que he comentado ya a propósito de presidencias norteamericanas anteriores, a los repertorios antológicos: «No puedo estar haciéndolo tan mal porque yo soy presidente y tú no». Enseguida, en *The New York Magazine,* el comentarista político Jonathan Chait sacó la siguiente conclusión: Trump defendía sus mentiras con un argumento muy simple, *I'm president and you're not.* De este modo no atacaba la verdad, sino la idea de verdad, pues para él la realidad objetiva nada tiene que ver con el ejercicio del poder.

Elvin T. Lim (2008), en un libro de provocativo título, *The Antillectual Presidency*, repasa el proceso de decadencia sufrido por la retórica presidencial norteamericana desde George Washington hasta George W. Bush. Hay, sin embargo, en esa trayectoria decadente algunas excepciones, de las que me he ocupado —pues el tema me interesa mucho— en algún libro y un artículo de la revista *Claves de Razón Práctica* (n.º 199, 2010), reivindicando la elocuencia, de muy diferente naturaleza, de Reagan y Obama («La eficacia retórica del *Yes we can*»). De todos modos, el libro de Lim fue escrito antes de la presidencia de Donald Trump, que comenzó en enero de 2017, por lo que su autor no pudo aprovechar para su propósito esa mina inagotable de ejemplos que proporciona el personaje, tanto en sus comunicaciones orales como en la catarata de escritos que, en forma de tuits, difunde profusamente a todas horas del día y de la noche para regocijo de los más de ochenta millones de seguidores que tiene en Twitter y Facebook.

La lengua trumpiana, que ya es conocida (con ecos orwellianos) como *trumpspeak,* es asombrosamente limitada en sus registros y vocabulario. Por ejemplo, generalmente emplea adjetivos banales o tópicos, verdaderos comodines, para denigrar (casi siempre) o elogiar (raras veces) a alguien o algo, en estos contados casos con hipérboles huecas que producen un efecto palpable de falta de autenticidad.

Así, a un antiguo colaborador lo definió como «hombre despreciable»; a los que protestaron por la muerte de George Floyd, «matones» o «criminales de extrema izquierda»; los demócratas son «perversos y viles» y están «locos» cuando no secundan sus propuestas en el Congreso; Obama es un «incompetente» y un «corrupto»; un antiguo director ejecutivo de la compañía Boeing, un «condenado hijo de perra»; el presidente Trudeau, «un falso»; el iraní Soleimani, «un hijo de puta»; Nancy Pelosi, una «loca»; Recep Tayyip Erdogan, «tonto»; Omarosa Manigault, «perra» y «llorona»; y la actriz Rosie O'Donnell, «cerda, degenerada, guarra y asquerosa del derecho y del revés», «una pendenciera» a la que «hay que atizarle fuerte de verdad, muy fuerte, justo en el entrecejo».

Al distrito del congresista por Baltimore Elijah Cummings —también «un matón» según el presidente— lo definió como «un desastre asqueroso, infestado de ratas y roedores». Y cuando la primera ministra de Dinamarca, Mette Frederiksen, rechazó por descabellada la oferta de Trump para comprarle Groenlandia, canceló una visita oficial a causa de tan «desagradable» respuesta, afirmando, eso sí, que «Dinamarca es un país muy especial, con gente increíble». Por el contrario, el *premier* Boris Johnson es, simplemente, «genial». Y su contrincante en la campaña por la presidencia en 2020 es el *sleepy* (soñoliento) Joe Biden.

Michico Kakutani (2018) describe la forma en que Trump desprecia la lengua inglesa como una apoteosis de la incoherencia expresiva, resultante de la suma de «sintaxis retorcida, inversión de significados, falta de sinceridad, mala fe y grandilocuencia inflamatoria». No mayor es su preocupación por la ortografía, como demuestra noche a noche con la redacción de sus tuits. Pero su desidia ha hecho escuela entre los fontaneros del ala oeste de la Casa Blanca. Se hizo muy famoso aquel comunicado en el que, con motivo de un viaje presidencial a Israel, se escribía *peach* en vez de *peace*, de modo que el mensaje venía a decir que Trump quería fomentar que «el melocotón fuera duradero».

Una nueva edición del libro de Elvin T. Lim, sin duda consagraría un amplio capítulo al 45.º presidente de los Estados Unidos, pero habría materia sobrada para extender el significado de su título, *presidencia antiintelectual,* de lo meramente retórico hacia una consideración más general. A lo largo de los próximos capítulos de *Morderse la lengua* tendré oportunidad de justificar lo dicho, pues me parece muy poco probable que Donald Trump haya sido lector, por caso, de George Orwell o de filósofos franceses como Jacques Derrida o Michel Foucault, pese a que tenga por evidente la conexión entre el clima de pensamiento posmoderno por ellos propiciado y la posverdad trumpiana. Y tampoco creo que aquella bizarra respuesta de «I'm president and you're not» se inspirara en la lectura de Lewis Carroll.

En el divertimento literario de aquel matemático de Oxford que era Charles Lutwidge Dodgson titulado *Alicia en el país de las maravillas*, publicado en 1865, el huevo parlante Humpty Dumpty, al que algunos traductores han dado en español el nombre de Tentetieso, intenta quedarse con Alicia, la protagonista, a base de chanzas o trampas relacionadas con el lenguaje. La recibe de uñas y, a las primeras de cambio, despacha las respuestas que da la inteligente niña a sus impertinencias con un despectivo «¡Te has cubierto de gloria!». Ella no entiende la referencia, pero Tentetieso replica que en sus labios esta argumentación es contundente. «—No veo qué tiene que ver la "contundencia" con la "gloria"— objetó Alicia. —Cuando *yo* empleo una palabra —insistió Tentetieso en tono desdeñoso— significa lo que yo quiero que signifique..., ¡ni más ni menos!». Alicia, profundamente desconcertada, objeta: «—La cuestión es saber si usted puede conseguir que las palabras signifiquen tantas cosas diferentes».

Y la respuesta de Humpty Dumpty vale tanto para comprender la frase de Trump con el periodista de *Time* como para la de Karl Rove *We're an empire now, and when we act, we create our own reality:* «—La cuestión está en saber —declaró Tentetieso— quién manda aquí... ¡si ellas [las palabras] o yo!».

NUESTRA POSVERDAD

Felizmente, la *post-truth* inglesa ha encontrado sin mayor problema una traducción al español impecable, pero sin guion en el medio: *posverdad*. En las bases de datos de la Real Academia Española aparece con testimonios que se remontan a 2003, cuando Luis Verdú, en su libro *El prisionero de las 21:30,* hablaba ya de «la era de la posverdad», y se confirman en 2005 con la mención a «una tendencia posverdad en el periodismo» en la revista académica de la universidad peruana Jaime Bausate y Meza, especializada en estudios de comunicación. La palabra se incorporó a finales de 2017 como neologismo en la primera actualización de nuestro *Diccionario de la lengua española,* ofrecido gratuitamente en la red, que ese mismo año tuvo setecientos cincuenta millones de consultas. Para definir *posverdad,* que en español no es un adjetivo como en inglés sino un sustantivo, se partió de la idea de toda información o aseveración que no se basa en hechos objetivos, sino que apela a las emociones, creencias o deseos del público; como una distorsión deliberada de una realidad, que manipula creencias y emociones con el fin de influir en la opinión pública y en actitudes sociales.

La *post-truth* se nutre básicamente de las llamadas *fake news,* nuestros *bulos,* falsedades difundidas a propósito para desinformar a la ciudadanía con el designio de obtener réditos económicos o políticos.

Muy famoso se ha hecho, a este respecto, el argumento de una funcionaria de la Casa Blanca, que desautorizaba las críticas generalizadas que provocó la declaración del portavoz del presidente Trump en el sentido de que su toma de posesión había sido la más concurrida de la historia. La asesora Conway adujo que, en contra de las fotografías, videos y crónicas, por ejemplo, de cuando Barak Obama accedió a la primera magistratura de su país en olor de multitudes, el equipo de comunicación de Donald Trump manejaba «hechos alternativos». Alternativos a la verdad factual, se entiende. Verdaderas *fake news,* noticias falsas, o mejor «falseadas», que inevitablemente nos hacen recordar a aquel genio malvado de la comunicación que fue el filólogo Joseph Goebbels, ministro de Propaganda de Hitler, para quien el asunto era muy simple: una mentira repetida adecuadamente mil veces se convierte en verdad.

¿Resultarán un tanto benévolas las definiciones mencionadas de *posverdad*? Probablemente sí, si las comparamos con la que el escritor Julio Llamazares formuló al final de una de sus columnas en el diario *El País* (22 de abril de 2017): «La posverdad no es una forma de verdad, es la mentira de toda la vida». De la misma idea es la filósofa Amelia Valcárcel (2018): «El término *posverdad* lo dice todo: verdad más o menos, verdad emotiva; nunca se aceptará que una posverdad es una mentira pura y simple». Y viene a coincidir con ambos Juan Jacinto Muñoz Rengel (2020) en su posterior *Historia de la mentira,* en la que a la posverdad solo le concede la relativa originalidad de ser una especie de *metamentira,* «pues miente sobre la condición novedosa de la mentira actual».

Al comienzo de mi libro ya empecé a tratar de lo obvio: que la mentira forma parte de los recursos propios de la práctica política, como de manera difícilmente superable Nicolás Maquiavelo reflejó en *El príncipe.* En la misma línea, según Hannah Arendt, el «estar en guerra con la verdad» va implícito en la naturaleza de la política, definida ya en su día por Benjamin Disraeli como «el arte de gobernar a la humanidad mediante el engaño».

Igualmente afirma el florentino otra evidencia que sigue vigente: la de la ilimitada credulidad de los humanos, potenciada a veces por la simple estulticia. Y sobre estos mismos asuntos de la verdad, la mentira y el engaño trata también un siglo más tarde nuestro Baltasar Gracián (2011) a lo largo de todas sus obras, pero especialmente en *El héroe, El político* y *El discreto,* publicadas respectivamente en 1637, 1640 y 1646.

En *El político don Fernando el Católico* la verdad es definida como «una doncella tan vergonzosa cuanto hermosa, y por eso anda siempre atapada» (este pudor lo desmiente iconográficamente el cuadro *La alegoría de la Verdad,* del pintor italiano Francesco Furini, coetáneo de Gracián). De manera que, como «son muchos más los necios que los entendidos, páganse aquéllos de la apariencia, y, aunque atienden éstos a la substancia, prevalece el engaño y estímanse las cosas por de fuera». Porque «para distinguir lo falso de lo verdadero» es imprescindible la «critiquez de inteligente», el sentido crítico que mana del juicio racional. Sin embargo, el jesuita aragonés volverá sobre lo mismo en otra de sus obras sapienciales, el *Oráculo manual y arte de prudencia:* «Son muchos más los engañados que los advertidos: prevalece el engaño y júzganse las cosas por fuera». Por tal razón, «la mentira es siempre la primera en todo; arrastra necios por vulgaridad continuada. La verdad siempre llega la última, y tarde, cojeando con el tiempo».

Esta obra, editada inicialmente en 1647, se convirtió en un gran éxito en plena posmodernidad. En 1992 ocupó el primer puesto en la lista de los libros más vendidos en el apartado de «Nonfiction/General» del *Washington Post*. Con el título de *The Art of Wordly*

Wisdom: a Pocket Oracle miles de ejemplares fueron vendidos como prontuario de autoayuda para ejecutivos. Pero será en su *Agudeza y arte de ingenio,* publicada un año después, donde Gracián, con la sentenciosidad conceptista que lo hizo un escritor irrepetible, roza ya premonitoriamente el terreno de la posverdad. La Agudeza —la perspicacia— hecha personaje habla en primera persona a la Verdad, que se ve «despreciada y aun perseguida», lo que tiene su explicación lógica porque «no hay bocado más amargo que una verdad desnuda». Pero para resolver este grave problema «inventaron los sagaces médicos del ánimo el arte de dorar las verdades, de azucarar los desengaños». Y concluye la Agudeza con una propuesta de tanta actualidad como la siguiente: «Quiero decir (y observadme bien esta lición, estimadme este consejo) que os hagáis política; vestíos al uso del mismo Engaño, disfrazaos con sus mismos arreos, que con eso yo os aseguro el remedio, y aun el vencimiento».

En términos de la pragmática lingüística, aquella disciplina que trata del funcionamiento del discurso en relación tanto al que lo pronuncia como al que lo recibe, y al contexto de ambos, disciplina que Tierno Galván conocía muy bien pues no en vano tradujo del alemán el *Tractatus Logico-Philosophicus* de Ludwig Wittgenstein, las afirmaciones de Maquiavelo acerca de la mendacidad en política equivalen a decir que los actos ilocutivos producidos en un mitin son aserciones exentas del requisito de la verificación.

Insisto en lo ya dicho: no parece muy probable que Donald Trump haya sido asiduo lector de los filósofos franceses Jacques Derrida, ni tampoco de Michel Foucault (y lo dudo también en el caso de Maquiavelo). Pero es evidente la conexión entre este clima de pensamiento posmoderno, que tuvo mayor arraigo en los campus universitarios norteamericanos que en Europa, y la posverdad. La llamada *deconstrucción*, un signo más de la sociedad líquida, dejó el terreno abonado para el triunfo de la posverdad, y a todo ello contribuye también el éxito arrollador de la llamada *inteligencia emocional,* que exacerbada y banalizada puede conducir a la quiebra de la racionalidad. Porque es cierto que la deconstrucción niega al lenguaje la posesión de sentido. Esto equivale a una manifestación radical en contra de una «hermenéutica positiva» como la representada a principios del siglo XIX por Friedrich Schleiermacher, para la que, hiperbólicamente, el sentido de un texto es exactamente el que el autor quiso darle. Semejante postura resulta también equivocada. El libro significa, de cierto, lo que el lector quiere que signifique, pero desde este relativismo hermenéutico, que la fenomenología explica por la evidencia de que la obra literaria es un esquema que debe ser «rellenado» por el lector en sus lagunas, en sus «lugares de indeterminación», todavía queda mucha distancia para llegar a una «hermenéutica negativa», que niega a la literatura, y por ende a todo enunciado estable, la capacidad de retransmitir sentido.

Industrias de la mentira

Los numerosos ensayistas que, sobre todo en el mundo anglosajón, se han venido ocupando de este asunto coinciden en destacar tres vectores interpretativos —económico y político el primero; comunicativo el segundo; psicológico el tercero— que ayudan a comprender mejor el entramado de la posverdad.

El más importante, sin duda, ya lo hemos apuntado: la instrumentalización económica o política de esas estrategias conducentes a la tergiversación sistemática de la realidad. Y es muy interesante constatar cómo los propios norteamericanos mencionan el precedente de la campaña «Remember the Maine» desencadenada por William Randolph Hearst desde su diario *The Morning Journal* a partir de 1890 para propiciar lo que finalmente cuajaría en la guerra contra España.

Noam Chomsky (2001) en su libro de conversaciones con David Barsamian, que trata fundamentalmente de la propaganda y la opinión pública, describe y analiza los ataques de desprestigio hacia la educación pública desencadenados desde la administración Reagan mediante la publicación en 1984 del informe titulado *A Nation in Risk: The Full Account* elaborado por la National Commission on Excellence in Education. Estudiado a fondo por los especialistas, se pudo demostrar que en su mayor parte su contenido era falso, con el propósito de producir una «crisis manufacturada», así denominada en feliz acuñación por David C. Berliner y Bruce J. Biddle, autores en 1995 del libro *The Manufactured Crisis: Myths, Fraud, and the Attack on America's Public Schools.*

Y en esa misma línea se sitúa el denominado *science denialism*: la negación programada de las evidencias aportadas por los científicos acerca del perjuicio que a la salud de las personas y el equilibrio de la naturaleza estaban causando determinadas actuaciones industriales, amparadas por los poderes políticos.

De todo ello trata otra obra sumamente interesante, que atribuye un rubro de empresa a todas estas prácticas interesadas, económicas y políticas, de la posverdad. *Lies, Incorporated. The World of Post-truth Politics* fue publicado en 2016 por Ari Rabin-Havt con el concurso de Media Matters for America, un centro basado en una página web dedicado a neutralizar la «conservative information» en los medios norteamericanos.

Asimismo, Christian Salmon (2007), en una obra no menos interesante sobre lo que él califica de «máquina de fabricar historias y formatear las mentes» constituida en una verdadera «industria de la mentira», describe la existencia de oficinas con falsos periodistas dedicados a inventar y difundir bulos (*fake news*) y patrañas para manipular a una opinión pública que, como hemos visto ya, muchas veces lo está deseando. Karl Rove, el inventor del concepto genial de *reality-based comunity,* asesoró la web *Talon News* de Bobby Eberle, un comentarista republicano de Tejas, experto en estas mixtificaciones, con frecuencia inspiradas desde una derecha fundamentalista cristiana, cada vez más activa en la política americana (y no solo en el norte). Laura Ingraham creó un sitio de noticias falsas, *Lifezette,* especializado en teorías conspirativas que consiguió catorce millones de visitas para un video en el que se acusaba a Hillary Clinton, nacida en 1947, del asesinato de John F. Kennedy producido en 1963.

Umberto Eco, que ya se había ocupado de estos asuntos en su lección magistral *La fuerza de lo falso* con que se inauguró el curso académico 1994-1995 en la Universidad de Bolonia, siempre consideró a Silvio Berlusconi un precursor de Trump y un promotor de la posverdad sobre la sólida base de su imperio monopolístico en los medios de comunicación italianos. Y en su última novela *Número cero* (2015) narra la historia de la redacción de periodistas que el *commendatore* Vimercate monta para producir el diario *Domani* que en realidad nunca espera publicar. Lo que pretende es anunciarlo como «un diario nuevo dispuesto a decir la verdad sobre todo», empeño en el que se acreditará a base de doce números cero de circulación muy restringida. Su objetivo último: demostrar «que puede poner en apuros a los altos círculos financieros y políticos», en la seguridad de que con este chantaje, a cambio de que *Domani* nunca llegue a los kioscos, al *commendatore* se le franquearán las puertas hasta entonces cerradas para él por los auténticos poderosos. El director contratado por Vimercate piensa que «no son las noticias las que hacen el periódico, sino el periódico el que hace las noticias». La expresión *hacer noticia* es exacta porque «la noticia la hacemos nosotros». El protagonista tiene las ideas muy claras a este respecto: «Vivimos en la mentira y, si sabes que te mienten, debes vivir instalado en la sospecha».

Lies Incorporated sería, pues, según Ari Rabin-Havt «the business of inventing and disseminating lies», una industria dedicada a la creación de mentiras, cuyas acciones están en manos de gobernantes y empresarios que pagan a una plantilla de periodistas y comunicadores para distorsionar procesos políticos y manipular la opinión pública, tarea en la que cuentan también con los lobistas, eficaces agentes en este «world of post-truth politics» creador de una cultura en la que «la victoria ideológica, no el progreso, es el último objetivo».

Amén de citar personas concretas que pisan fuerte en esta industria, como el conocido con el sobrenombre de *Doctor Evil,* creador del *Center for Consumer Freedom,* y medios de comunicación como Fox News, en el libro de Rabin-Havt se mencionan los más representativos ejemplos de campañas orquestadas por aquella imaginada empresa productora de posverdades.

La primera campaña comenzó con una reunión de los seis grandes productores norteamericanos de pitillos en 1953, para hacer frente a la amenaza representada por la creciente atención que los medios estaban dando al doctor Ernst Wynder, del Sloan Kettering Institute for Cancer Research, continuador de las advertencias contra el tabaco que cuarenta años antes había hecho ya Isaac Adler.

Los reunidos en el Plaza Hotel de Nueva York deciden crear, así, el *Tobacco Industry Research Committee* (TIRC), con sede en el Empire State Buiding, encargado de difundir desde 1954 a través de cuatrocientos periódicos sesudos informes sobre la certeza de que entre las múltiples causas posibles del cáncer ninguna apuntaba hacia el cigarrillo, cuyo consumo, además, estaba demostrado que no era causa de adicción. Contratan a tal fin al periodista de la CBS Edward R. Murray y a varios científicos, entre ellos el doctor Clarence Cook Little, exdirector de la *American Cancer Society,* y exrector en las universidades de Maine y Michigan, que atribuye la displasia cancerosa a factores genéticos. La labor del TIRC, consistente en «to undermine scientific research», continuó hasta 1964, cuando las evidencias aportadas por los investigadores convencieron de lo contrario al *Surgeon General* de los Estados Unidos y se hicieron obligatorios los avisos del peligro en las cajetillas.

El TIRC, responsable según Rabin-Havt de la campaña de relaciones públicas más exitosa nunca antes realizada, continuó hasta 1998 como *Council for Tobacco Research,* e inspiró organizaciones similares como la *Asbestos Information Association.* Pero, sobre todo, es de destacar que sus técnicas desinformativas, basadas en la negación de la ciencia (*science denialism*) y la propagación de bulos (*fake news*) han seguido y siguen siendo de aplicación continua por parte de esa *Lies Incorporated.*

Ambos extremos, el negacionismo científico y la consecuente tormenta de bulos han vuelto a campar por sus respetos con motivo de la pandemia global producida por la COVID-19, y ha tenido oficiantes de lujo, como el propio presidente de la mayor potencia mundial y a la vez el país más afectado por el coronavirus, tanto en número de fallecidos como de contagiados.

Industria de la posverdad que había cobrado nueva vigencia precisamente en 1998 con el *American Petroleum Institute,* creado por Exon, Chevron y Southern Co. para luchar contra el Protocolo de Kyoto acordado en Naciones Unidas el año anterior.

Veinte años atrás, Exon ya era consciente de que la quema de combustibles fósiles estaba alterando el equilibrio ambiental del planeta, pero contrató a Frederick Seitz, cabeza visible de la *National Academy of Sciences* entre 1962 y 1969, para que contribuyese con su autoridad a crear confusión e incertidumbre ante el cambio climático. Son enrolados en la misma campaña otros científicos, junto a periodistas y políticos. Y también se echa mano de *think tanks* como el *Heartland Institute,* que niega el calentamiento global y comienza a intoxicar el debate insistiendo en que los «verdes», los ecologistas, eran en realidad «rojos», comunistas infiltrados.

Precisamente fue un político convertido en conferenciante sobre el cambio climático y activista del ecologismo, Al Gore, que gustaba presentarse a sí mismo ante los auditorios diciendo «yo solía ser el próximo presidente de los Estados Unidos», el que después de su controvertida derrota ante George W. Bush hizo suyo el objetivo de concienciar a sus conciudadanos acerca del calentamiento global explicándoles, además, el complejo y oneroso entramado del negacionismo. De todo ello nació un largometraje documental dirigido en 2006 por Davis Guggenheim que tuvo gran éxito, y cuyo título es todo un reto a la posverdad: *An Inconvenient Truth.*

Cierto que a aquel operativo de desinformación interesada se opusieron familias poderosas en el sector, como los Rockefeller, fundadores de Standard Oil. Pero la llegada de Obama a la presidencia redobló las hostilidades con la creación de la *American Coalition for Clean Coal Electricity,* cuyo primer objetivo fue convencer a los demócratas para que no aprobaran el llamado «Obama bill» que limitaba el uso del carbón y le subía las tasas. Su mantra era el negacionismo del cambio climático, empeño al que se suma, ya con George W. Bush, el *George C. Marshall Institute.*

Sus campañas incluyen ataques a científicos como Michael Mann, al que llegan a denunciar ante la Fiscalía. Y sutilmente convierten, como ya habían comenzado a hacer con la contraposición entre verdes y rojos, el debate científico en político, del que salen victoriosos porque Barak Obama renuncia en 2009 a su proyecto medioambientalista para centrarse en la cuestión sanitaria, el programa Health Care, con el que ya habían fracasado los Clinton.

En aquella batalla del «Hillarycare», como los contradictores del presidente la denominaron, tuvo un papel muy destacado, en la radio y en *New Republic,* otra avanzada de la posverdad, Betsy McCaughey, que seguía las pautas de los tabaqueros. También está presente en otra campaña sonada, la que en 2009 desencadena la exgobernadora de Alaska y lideresa del movimiento *Tea Party* Sarah Palin. Ella misma acuña en Facebook el rubro *Death Panel* para denunciar que el Health Care de Obama incluiría un comité de expertos que decidirían qué ciudadanos —por ejemplo, de entre los ancianos y los niños con síndrome de Down— podrían ser atendidos o no por el servicio de salud en función de su «nivel de productividad social». Sus argumentos fueron desautorizados como falsos por médicos, científicos, periodistas y «fact-checkers», y entre los propios políticos, tanto por demócratas como por republicanos. Y aquel mismo año 2009 el *Death Panel* fue declarado «la mentira del año» por el sitio web PolitiFact, y «la más indignante nueva expresión» por la *American Dialect Society.*

Otro líder de *Lies Inc.* fue John Tanton, cabeza visible el movimiento anti-inmigrantes, que contó con órganos muy activos como la *Federation for American Inmigration Reform*, el *Center for Immigration Studies*, el *think tank* supremacista *New Century Foundation* o la *Pioneer Fund* que, a instancias de Tanton, concedió una sustanciosa financiación al Premio Nobel William B. Shockley, defensor de la superioridad genética de los caucásicos. Igualmente, la revista *American Renaissance* publicaba artículos seudocientíficos para demostrar la supremacía intelectual y cultural de los blancos y clamar contra las políticas de integración que estaban provocando el ocaso de los Estados Unidos. La creciente presencia e influencia de los hispanos era calificada en sus páginas, por ejemplo, de «embestida latina» («Latin onslaught»). Ideas todas que con Trump cobrarán nuevo auge: *America First.*

Una última expresión de la pervivencia de las prácticas propias de *Lies Inc.* es la campaña contra el vínculo entre la proliferación de armas en manos de particulares y los índices de criminalidad. John Lott, del American Enterprise Institute, profesor de Chicago, Yale y Wharton, publicó en 1998 su libro *More Guns, Less Crime,* que fue publicitado en Internet con el apoyo de una exalumna del autor, llamada Mary Rosh, que lo admiraba como el mejor docente que nunca había tenido. Pero finalmente el propio Lott reconoció que Mary no existía, sino que era una invención propagandística. Mientras tanto, estudios de la Universidad de Harvard demostraban que la violencia criminal de los Estados Unidos estaba 19,5 puntos por encima de la media internacional.

POSVERDAD, MEDIOS Y TECNOLOGÍA

Un segundo vector de la posverdad, de enorme trascendencia, tiene que ver con la poderosa irrupción de inéditos medios de comunicación proporcionados por las nuevas tecnologías, que han producido el declive de la prensa y las grandes cadenas de radio y televisión no solo en términos comerciales, sino también en cuanto a credibilidad. El problema está en que estos nuevos medios sociales influyen más, pero carecen del control profesional de la información, de objetividad y de toda deontología. Al igual que desde finales del siglo XIX se viene anunciando la muerte del libro, previsión necrológica potenciada extraordinariamente por la publicación en 1962 de *La galaxia Gutenberg,* de Marshall McLuhan, actualmente se insiste desde múltiples instancias interesadas en la muerte de la prensa escrita. Bill Gates la había vaticinado para el año 2000, pero ante la evidencia de los hechos ha retrasado el óbito hasta 2023, al igual que el profesor canadiense había anunciado la muerte del libro para los años ochenta del pasado siglo, decenio en que fue él quien falleció. A la inminente desaparición del libro algunos agoreros pusieron fecha exacta en la Feria de Frankfurt de 2010: el año 2018.

Efectivamente, es cierto el declive de los medios de comunicación tradicionales, sobre todo de la prensa escrita, pero también, en menor medida, de la televisión. El 1950 los periódicos estadounidenses tenían una circulación diaria de cincuenta y cuatro millones de ejemplares. Los datos de 2010 rebajaban esta cifra en diez millones. Entre 1962 y 1981, el presentador Walter Cronkite era considerado la persona más de fiar de todo el país; en la cadena Fox, la preferida de Trump, en este momento el 75 % de los que tienen voz son escépticos o contrarios al cambio climático. Se han beneficiado además, para ello, de principios periodísticos inicialmente muy respetables: los de la objetividad y la neutralidad. Su aplicación trapacera, a base de una «información equilibrada» o *balanced reporting,* ha conducido a medios serios hacia la confusión entre lo verdadero y lo falso, y ha introducido en el público serias dudas por ofrecerles en un mismo plano el resultado de las investigaciones científicas y las opiniones, a veces brillantemente expuestas, de comentaristas enviados para desacreditarlas por las empresas energéticas a las que nos hemos referido ya.

Como consecuencia, según reporta Lee McIntyre (2018), el 72 % de norteamericanos que en 1976 confiaba en los medios se ha reducido ahora a menos de la mitad, un 32 %. Y el vacío producido lo ha llenado Internet: Facebook desde 2004, Youtube desde 2005, Twitter desde 2006. Y así, el 62 % de los ciudadanos se informan allí, no por la radio o la televisión, sino por las redes sociales (un 71 % por Facebook). El peligro de este cambio en la obtención de noticias por parte de la ciudadanía es evidente: las redes ponen en circulación contenidos de forma autónoma; no hay control editorial; se esfuma la frontera rigurosa entre informaciones basadas en hechos contrastados y opiniones.

La conclusión es obvia: las redes sociales han jugado un papel decisivo a favor de la posverdad. Matthew d'Ancona (2017) va todavía más lejos: considera que Internet es el vector definitivo para el triunfo de la posverdad, porque es un ámbito indiferente a la falsedad y a la honestidad deontológica, e ignora la diferencia entre ambas. Así pues, la tecnología ha sido y es el motor principal e indispensable del fenómeno. A lo que hay que añadir algo que ya he apuntado, amparándome en autoridades varias, y sobre lo que volveré: el complejo intelectual y filosófico del posmodernismo que Lee McIntyre considera *the godfather of Post-Truth*.

Aparte de los bulos característicos de Trump y de los *brexiters,* no deja de denunciarse constantemente la intensificación de las campañas desinformativas contra la ciudadanía en otros países como Hungría, Turquía o Rusia.

Es bien conocida la incidencia de manipulaciones de la opinión pública de terceros países por parte de instancias oficiales rusas con el fin de influir, por caso, en el resultado de importantes citas electorales, incluidas los comicios presidenciales de Francia o los Estados Unidos. Su «tecnología política» cuenta con plataformas como la identificada como APT28, controlada por el GRU, la agencia de inteligencia militar rusa, que emplea estrategias digitales para confundir y sabotear a quienes consideran enemigos, en general los países europeos y los Estados Unidos. En 2014 el diario británico *The Guardian* detectó quinientos comentarios hostiles a sus páginas procedentes de troles pro-rusos.

Así, por ejemplo, Peter Pomerantsev (2015) afirma desde el principio de un interesante libro para nuestro tema que nada es verdad y todo es posible en la era de Putin, tomando nota de su experiencia como periodista y productor televisivo en Rusia entre 2006 y 2010. Para él, todos los *reality shows* rusos están «guionizados», del mismo modo que el Kremlin programa la actividad parlamentaria de la Duma y los resultados de las elecciones. Sobre la convicción presidencial de que la televisión es la única fuerza capaz de gobernar y unir a la nación, la torre Ostankino desde la que se emite es «el ariete de propaganda del Kremlin». Propaganda que prolonga los procedimientos soviéticos, pero los fusiona muy hábilmente con la apoteosis del espectáculo predominante en las cadenas europeas y americanas. Las noticias están programadas también como el incienso que bendice las acciones del presidente, y los efluvios de su nube adormecen la racionalidad de los telespectadores.

El entramado de una operación tan sumamente trascendente no puede dejar de tener su cerebro pensante y su mano dura ejecutora: Vladislav Surkov, al que la *London Review of Books* motejó como «el Rasputin de Putin». Según Pomerantsev, es un maestro en la «cultura de la simulación» que lo devora todo en la «nueva Rusia». Fue uno de los primeros funcionarios rusos objeto de sanción por parte de Europa y los Estados Unidos por su orquestación mediática cuando la anexión de Crimea en 2014. Intensificó entonces el relato (en el próximo capítulo trataremos de las *patrañas* como complemento perfecto de los *bulo*s) del odio occidental contra los rusos, con imágenes de mujeres que decían haber sido agraviadas por extranjeros, y que en realidad eran extras disfrazadas de testigos oculares de sevicias y humillaciones. Por supuesto: en este conflicto entre Rusia y «los demás», solo Putin puede salvar al país. La nueva «tecnología política» puesta al servicio de este proyecto pasa fundamentalmente por la torre Ostankino. Y Pomerantsev se pregunta: si la televisión oficial puede mentir tanto y salirse siempre con la suya, ¿no significa esto que tiene verdadero poder, poder para definir lo que es cierto y lo que no lo es? El poder de Putin reside en que puede decir lo que quiera cuando quiera, independientemente de los hechos, como ocurrió cuando la agresión a Ucrania. La periodista Masha Gessen, comentando este episodio, sentenció con una frase rotunda: «Es presidente de su país y rey de la realidad». También Umberto Eco, debelador del poder de Berlusconi, escribió valientes páginas en el diario *L'Epresso* sobre el «populismo mediático», que en un próximo capítulo tendré que relacionar con el concepto posmoderno de una *posdemocracia* donde reina la posverdad.

Pero no menos interesantes que los datos apuntados a propósito de la personalidad y la trayectoria de Vladislav Surkov, pensando sobre todo en las tesis que estoy defendiendo en *Morderse la lengua,* es de destacar la influencia que sobre él ejerce el pensamiento de Jacques Derrida. En noviembre de 2017 la web rusa RT publicó un ensayo de Surkov que lo acredita. En él hace suyas las ideas del filósofo francés acerca de la escasa fiabilidad del lenguaje y la brecha existente entre las palabras y su significado, de lo que deduce que las nociones de veracidad y transparencia, fundamentales para toda política recta, no dejan de ser ingenuidades y simplezas. Surkov rechaza la existencia de una realidad objetiva; comparte con la deconstrucción el convencimiento de que no hay «hors-texte», nada más allá del propio discurso enunciado. Y, en consecuencia, el argumento de «hechos alternativos» es tan legítimo para Trump como para Putin.

Entre los medios de comunicación que él denominaba «eléctricos», responsables del final de la galaxia Gutenberg, Marshall McLuhan (1962), junto al telégrafo, el fonógrafo, el teléfono y la radio, concedía un lugar preeminente a la televisión, que cuando se publica su libro, en 1962, estaba todavía en lo que podríamos denominar su «periodo incunable», aunque ya existía antes de la segunda gran guerra (desde principios de los años treinta). Pero su eclosión popular y doméstica se produce a partir de 1945 (en España, las emisiones comienzan en 1956) y contribuye sobremanera a la «yanquifización» del mundo, convertida ya la televisión en un fenómeno que merece, incluso, una encíclica del papa Pío XII promulgada en 1954. De hecho, Donald Sassoon (2006) sitúa el comienzo de la «era de los medios de comunicación de masas» en 1960, y sostiene de entrada que, gracias a la televisión, la cultura culmina, en pleno capitalismo, su proceso de democratización, sirviendo, además, de plataforma para la consagración de los intelectuales «públicos», al menos en su fase inicial. En 1970 está totalmente asimilada en la vida cotidiana de los países más desarrollados.

El sociólogo Pierre Bourdieu, uno de los *happy few* de la *inteligentsia* francesa de la segunda mitad del pasado siglo que protagoniza la novela de Laurent Binet ya citada, distinguió en un ensayo de 1996 dos etapas en la trayectoria del medio televisivo. En la primera, la televisión «se voulait culturelle», y con cierta prepotencia monopolística (en Europa, las cadenas eran todas de propiedad pública) en cierto modo imponía a un auditorio cautivo productos con pretensiones culturales (documentales, debates, adaptaciones de piezas teatrales, incluso conferencias) en el intento de conformar su sensibilidad y completar su formación.

En Francia, precisamente, entre 1953 y 1978, el 4 % de las 120 000 horas de televisión emitidas se dedicaban a la historia, cuando el porcentaje ocupado por las variedades estaba entre el 4,2 % y el 6,4 %. En Gran Bretaña, ya entre 1936 y 1939, la BBC emitió más de trescientas comedias y dramas, y después de la guerra escribieron *ex profeso* para ella Priestley, Harold Pinter o Dennis Potter, entre otros. Mas, a partir de 1990, los directivos de la televisión se deciden por lo contrario: explorar y halagar los gustos populares más primarios para captar unos índices de audiencia lo más amplios posibles, ofreciendo a los espectadores «des produits bruts». El paradigma de estos nuevos programas —la llamada «telerrealidad»— son los *talk* o *reality shows,* que Bourdieu denomina, haciendo uso de un concepto que había sido fundamental para la novela del naturalismo, *tranche de vie.* Es decir, exhibiciones sin recato alguno de experiencias vividas, a veces extremas, ideales para satisfacer una forma de voyerismo y exhibicionismo, fenómeno que se puede explicar también como una de las características de la sociedad líquida posmoderna. Me refiero al cumplimiento de aquella afirmación que Andy Warhol hizo en el *Moderna Museet* de Estocolmo en 1968, inspirándose al parecer en las teorías de McLuhan (que sale, por cierto, interpretándose a sí mismo en *Annie Hall* de Woody Allen, filme estrenado en 1977): «En el futuro, todos serán famosos mundialmente por quince minutos».

En síntesis, Bourdieu confiesa una cierta nostalgia hacia la «télévision pédagogico-partenaliste du passé», de la que fue pionera y un ejemplo admirable la BBC, frente al «espontaneísmo populista y la sumisión demagógica a los gustos populares» que empezaban a dominar el medio, con el concurso desaforado de las cadenas públicas cuando llegan a Europa, pues en Estados Unidos ya estaban desde un principio, y la lucha por las audiencias había estallado ya.

Televisión y posverdad

Surge en este contexto la llamada «TV-verdad», inaugurada con una experiencia consistente en la filmación ininterrumpida, a lo largo de once meses de 1971, de la vida doméstica de la familia Loud. Aquello se presentó en los Estados Unidos como el más bello logro de la televisión, comparable, a escala de nuestra cotidianeidad, según Jean Baudrillard (1991) al filme del primer alunizaje. Pero la historia terminó mal, pues los Loud empezaron a comportarse como si estuviesen en la serie de ficción *Falcon Crest* y la familia se deshizo durante el rodaje. Suscribo la interrogante que formula Baudrillard: «¿Qué habría sucedido *si la TV no hubiese estado allí?*»; y la proyecto sobre un experimento similar que comenzó a finales de los años noventa cuando diez jóvenes fueron espiados en Holanda las veinticuatro horas del día por otras tantas cámaras de la productora Endemol, dirigidas por Paul Roemer.

Este programa epónimo de la telerrealidad fue estrenado en la televisión neerlandesa en 1999 a partir de una idea de John de Mol jr. basada en la novela de George Orwell *1984,* de la que toma su título: *Big Brother.* En aquella distopía publicada en 1949, el Gran Hermano es el emblema del poder omnímodo que controla las existencias de todos los ciudadanos; nada de lo que ocurre en sus vidas queda al margen del conocimiento que de ellas tiene el sistema. El programa consistía simplemente en emitir con todo detalle lo que estaba ocurriendo a lo largo de las jornadas en un recinto prefabricado en el que habían sido internados voluntariamente los concursantes. Algo que, a título individual, ya había realizado la estudiante norteamericana Jennifer Kaye Ringley, que entre 1996 y 2004 puso en pública exhibición su vida manteniendo conectada a Internet las veinticuatro horas del día una cámara de televisión en su domicilio particular.

Todo lo que sucedía en el interior de la casa-plató de *Gran Hermano,* concebida y diseñada a estos efectos, fue retransmitido sin interrupciones a través de Internet, en la página web www.bigbrother.nl. Los momentos más interesantes de este desaforado *reality show* los daba, como si de un culebrón se tratase, la cadena de televisión neerlandesa Verónica, que conectaba en directo todos los días entre las 20:00 y las 20:30 horas. Entraron al trapo más de veinte millones de internautas y la audiencia diaria en televisión alcanzó el índice de 1 800 000 de espectadores.

Como en otros cuarenta países, en España *Gran Hermano* vino emitiéndose ininterrumpidamente desde el año 2000 hasta 2017, y elevó a la fama prometida por Warhol a docenas de personajes, muchos de los cuales siguen participando en tertulias y concursos de telerrealidad sin acreditar ninguna exigencia concreta de formación, preparación o habilidades. En 2003 la secretaria de Estado para la Cultura en el Reino Unido Tessa Jowell se mostró consternada por el descenso de calidad de la televisión a costa de los programas de telerrealidad. Pero al año siguiente tuvo que admitir que *Big Brother* y ofertas afines entraban dentro de los parámetros de la cadena pública BBC. Ya en 2005, *The Times* anunció que los programas de esta índole previstos eran 176.

Una película de 1976, dirigida por Sidney Lumet sobre un guion de uno de los más destacados escritores cinematográficos, Paddy Chayefsky, aborda con toda crudeza y con tintes satíricos este tema de la televisión demagogicopopulista, y logró cuatro óscares, tres a las interpretaciones de Peter Finch, Faye Dunaway y Beatrice Straigh, y el cuarto precisamente por su libreto. Titulada originalmente *Network* (en España, *Un mundo implacable,* y en varios países de Hispanoamérica, *Poder que mata*), narra la suerte del presentador de un noticiero nocturno que va a ser despedido por el escaso número de telespectadores que lo siguen. Howard Beale, el papel de Finch, anuncia así ante la cámara que va a suicidarse en uno de sus últimos programas, pero el nuevo estilo histriónico y provocativo que entonces introduce en su actuación ante ellas, llamando incluso a la rebelión contra el sistema, hace que la audiencia suba como la espuma. La trama se complica extraordinariamente con el proyecto de adquisición de la cadena UBS por capital extranjero y concluye con un último intento a la desesperada de mantener altos los índices de difusión del programa mediante el asesinato en directo de Bale por miembros de un grupo terrorista contratados por los directivos de la productora.

Donald Sassoon (2006) nos proporciona una cita impresionante a este respecto. Arnold Becker, uno de los vicepresidentes de la CBS, no tuvo empacho en declarar lo siguiente: «No me interesa la cultura. No me interesan los valores que sirvan para construir una sociedad mejor. Solo me interesa una cosa: si el público mira el programa. Esa es mi definición de lo que es bueno. Y esa es, también, mi definición de lo que es malo». Si parafraseamos su declaración, sustituyendo la palabra *cultura* por *verdad,* el resultado de tal maniobra nos serviría perfectamente para el diagnóstico de la sociedad posmoderna en la que triunfa la posverdad encarnada en personajes y líderes como Donald Trump. El cuadragesimoquinto presidente norteamericano, por cierto, adquirió gran notoriedad pública gracias a su programa de telerrealidad *The Apprentice,* emitido entre 2004 y 2012 por la cadena NBC. Consistía en un concurso en el que, bajo la dirección de Trump, competían empresarios para obtener un premio en metálico y la dirección de una de las empresas del presentador. Como en muchos otros países, en España también se hizo *El Aprendiz* en La Sexta, bajo la férula de Lluís Bassat.

Los analistas de la televisión como hecho de interés comunicativo, político y sociológico, han detectado también los cambios que en su industria han producido avances tecnológicos como el mando a distancia, el video, el cable, el DVD o el Blu-ray, por no hablar de las plataformas en línea o los servicios de video bajo demanda por retransmisión en directo (el *streaming*). Pero la incidencia mayor en el presente de la industria televisiva procede sin duda alguna de Internet. La televisión pierde su identidad diferenciada y deja de ser, a través del aparato televisor, la referencia física y emblemática del medio. Son ahora el ordenador, la tableta o el teléfono inteligente no solo unos dispositivos que ofrecen su pantalla al usuario, sino también, y esto es mucho más importante, los oráculos de la información que le llega y configura su opinión.

Pero debemos reparar en algo determinante para la «cultura» posmoderna de la posverdad de la que me estoy ocupando en *Morderse la lengua.* En cierto modo, los hombres y mujeres que conviven, se pelean, se relacionan incluso sexualmente, ríen y lloran juntos en *Gran Hermano* ante nuestros ojos no están *viviendo,* sino *fingiendo vivir* los avatares expuestos y las situaciones exhibidas. El suyo es un *show* de realidad «guionizada», de «verdad programada». De posverdad.

Y por mucho que la televisión vaya perdiendo el lugar preeminente que ocupó desde 1945, al menos como el medio de comunicación más poderoso en la esfera pública, subsiste una aportación casi exclusiva de ella a la «cultura» posmoderna de la posverdad que no puede ser obviada. Me refiero a la entrada en el circuito informativo de una sutil confusión entre la realidad y lo ficticio. La televisión crea su propio mundo referencial, en el que la mezcla de géneros anula la diferencia entre imágenes reales e imágenes inventadas. Todas lo son, no solo porque los responsables del programa y la cadena las seleccionan y editan. O incluso, las provocan, como denunció Pomerantsev que se hacía desde Ostankino con supuestas mujeres rusas ofendidas y vejadas por extranjeros que en realidad eran figurantes contratadas. En el próximo capítulo desarrollaré más ampliamente el asunto, que llega al extremo de que la ficción televisiva tenga incidencia directa sobre la realidad. Así ocurrió con la protagonista de la serie de mayor éxito en la cadena brasileña Globo TV, *Mulheres apaixoadas*, exportada a muchos países y vista habitualmente por más de treintaicinco millones de espectadores. Cuando trascendió que su protagonista iba a ser asesinada, la industria turística de Río de Janeiro rogó a los guionistas y productores que la indultaran, para no contribuir a la imagen negativa de la ciudad como lugar muy peligroso. Lo cual no evitó que la exprostituta de lujo que protagonizaba el culebrón muriese de hecho al ser alcanzada por una bala perdida.

Volviendo a mis últimas consideraciones, inspiradas por la labor periodística de Umberto Eco en *L'Epresso* acerca del «populismo mediático», dejo también para más adelante un repaso a la posverdad tal y como se está produciendo entre nosotros, donde la relacionaré con el concepto posmoderno de la posdemocracia. Pensemos simplemente en el *procés* catalán hacia la independencia, que daría mucho que hablar a propósito de la posverdad. Son perfectos bulos afirmar que una Cataluña independiente seguiría formando parte de la Unión Europea y de la OTAN, que sería inmediatamente reconocida por los Estados miembros de la ONU, o que la nueva República catalana se convertiría en un emporio de riqueza y que proliferarían las empresas deseosas de radicarse en semejante paraíso. Y en esa sutil frontera que va de la posverdad a la pura mentira se encuentra la afirmación reiterada por los exmiembros del Gobierno catalán de que la aplicación del artículo 155 de la Constitución española constituía un golpe de Estado, o que es aplicable a Cataluña el derecho de autodeterminación, tan solo reconocido en la legislación internacional a países sojuzgados por una potencia colonialista.

En este último caso, creo que es de aplicación otro concepto relacionado con la posverdad cual es el de las llamadas «verdades zombis». Aunque la evidencia, la irrebatible denuncia de su falsedad y la pura racionalidad las den por muertas, siguen presentes condicionando el debate político y confundiendo la opinión pública una y otra vez.

Cuando una de estas posverdades pasa a formar parte de la conciencia colectiva de un grupo social, es prácticamente imposible eliminarla, y sigue propagándose incontroladamente como un virus en el seno de la comunidad afectada. Se convierten así en convicciones comunes basadas en una falsedad, pero que a través de los medios tradicionales —prensa, radio, televisión— siguen arraigando en la mente de los individuos, como también lo hacen a través de un nuevo instrumento de comunicación que ostenta ya un poderío colosal: las redes sociales.

En Estados Unidos se ha constatado también cómo el nivel educativo no aporta ningún tipo de vacuna contra bulos y posverdades.

Así, el periodista Chris Mooney pudo determinar que entre los votantes republicanos, los más instruidos eran los más escépticos ante las advertencias sobre el cambio climático hechas por los científicos. Y lo mismo pudo concluir el profesor de políticas de la George Washington University John Sides en cuanto a la aceptación de la probada mentira de que Barak Obama era musulmán.

Las mentiras de la posverdad son tan peligrosas como la metástasis porque actúan como ella. Más destructiva que su primera formulación por el medio que las introduce en los canales comunicativos es su proliferación especular posterior, que incluso las sigue aireando cuando se convierten en zombis. El refrán español de que *quien golpea primero golpea dos veces* se cumple a rajatabla en este caso, pues incluso después de una refutación convincente, la posverdad de partida sigue vigente, y tiene siempre espacio en los debates mediáticos para ser defendida, por absurda que sea su sustancia. Y así, lo que el propio Rabin-Havt y David Brock han dado en llamar el «efecto Fox» —refiriéndose a la cadena ultraconservadora dirigida por Roger Ailes y preferida de Donald Trump— siempre prevalece, y se ha podido ponderar su influencia en las elecciones presidenciales norteamericanas desde 1996. Los medios se sienten obligados a presentar siempre las dos caras de la noticia, y esto ofrece una cancha abierta a las propuestas de grupos de desinformación que no harían lo mismo con sus oponentes en sus plataformas. Esta situación tan solo se ve aliviada cuando medios libres y deontológicamente comprometidos se personan en la batalla de los «fact-checking websites», los lugares de Internet consagrados a chequear la veracidad de los hechos en los que se basan las noticias, tal y como hacen, entre otras entidades de los Estados Unidos, el *Washington Post, PolitiFact* o *Annenberg's FactCheck.org.*

Cuando en 2013 un tuitero llamó a Trump «el mayor trol de todo Twitter», el interpelado respondió: «¡Gracias por el cumplido!», identificándose al completo con los gamberros de Internet que deben su nombre a los monstruos malignos que en la mitología escandinava habitaban en bosques o grutas. Como ya vimos, los troles son individuos de identidad desconocida que publican mensajes provocadores, irrelevantes o fuera de tema, pero siempre mendaces, con el objetivo de provocar escándalo y controversia en el seno de una comunidad en línea. Activistas de la confusión que para difundir sus bulos se sirven hábil e intensamente de los *bots,* o cuentas automatizadas en Twitter, nacidas inicialmente con el objetivo plenamente legal de replicar y amplificar mensajes haciéndolos llegar al mayor número de usuarios, pero pronto utilizadas para fines menos legítimos.

Posverdad y psicología social

He dado ya un repaso a dos de los vectores interpretativos que nos pueden ser útiles para comprender mejor el entramado de la posverdad: el económico y político y el comunicativo. Finalmente, me referiré al tercero anunciado páginas atrás, dado que para descifrar el porqué de la posverdad también se aducen argumentos procedentes de la psicología social.

Por un lado, está lo que Timothy R. Levine (2020) ha popularizado bajo las siglas TDT, que remiten a su *Truth-Default Theory*, que en la pragmática lingüística se relacionaría con dos principios básicos de toda comunicación según Herbert Paul Grice, el principio de cooperación y el principio de sinceridad. Cuando nos comunicamos con alguien, no solo tendemos a creer lo que nos dice como cierto, sino que rechazamos la idea de que su conducta a este respecto pudiera ser la contraria. Eso nos vuelve sumamente vulnerables, por lo que es necesario habilitar «gatillos» —*triggers* en el texto inglés de Levine— que desencadenen en nosotros mecanismos de defensa para la detección de las mentiras.

Junto a esta evidencia de que por naturaleza somos *truth-biased,* personas inclinadas o «sesgadas» hacia la verdad, los psicólogos sociales han estudiado también la influencia de ciertos *cognitive biases,* de los prejuicios o predisposiciones que debemos admitir influyen poderosamente en nosotros, aunque la aceptación de ello nos revele que somos menos racionales de lo que pensamos o nos gustaría ser. Pulsiones que, además, pueden ser manipuladas por otros. De hecho, Lee McIntyre considera a Joseph Goebbels un maestro en manejar algunos de estos sesgos cognitivos como la *source amnesia* —la incapacidad para recordar dónde, cuándo y cómo adquirimos la información de hechos que, sin embargo, retenemos en la memoria— o el *repetition effect.* Expertos en psicología social nos ilustran asimismo acerca del *backfire effect,* que no es otra cosa que nuestro proverbial *sostenella y no enmendalla.* Una convicción basada en pulsiones ideológicas o políticas no cambia por la evidencia factual.

Y también es objeto de estudio el llamado *Dunning-Kruger effect*, un sesgo cognitivo por el cual los demasiado estúpidos no solo no son capaces de reconocer que lo son, sino que se crecen.

Es —dicho en otros términos— el *sesgo de confirmación* o *sesgo confirmatorio* por el que renunciamos al razonamiento inductivo a favor de una tendencia cognitiva que favorece la interpretación de los hechos conforme a nuestras informaciones y suposiciones previas, imbuidas de nuestra emocionalidad. Seguimos así las pautas de un pensamiento ilusorio que nosotros mismos nos hemos dado y que concede prioridad absoluta a nuestras creencias personales frente a evidencias contrarias. Funciona, en consecuencia, una especie de extraño mecanismo de *profecía autocumplida,* que incluye una interpretación sesgada de una información previamente recabada selectivamente, un no menos decisivo «sesgo de memoria», que Freud nos ayudaría a entender.

En consecuencia, nuestras actitudes ante un hecho, una realidad y su interpretación se polarizan ante versiones diferentes, para confirmar nuestro *parti pris.* Y se caracteriza también tal estado de nuestra mente por la persistencia de creencias desacreditadas. Y por la correlación ilusoria entre eventos, germen de las teorías conspirativas. Pensemos, a este respecto, en el movimiento del rechazo a las vacunas en sociedades desarrolladas, o en el dato de que casi el 50 % de los ciudadanos de Estados Unidos desdeñan las teorías evolucionistas inspiradas en Darwin y son decididos creyentes en el creacionismo divino del Génesis bíblico.

Existe un neologismo en inglés, *truthiness,* atribuido a la invención del cómico Stephen Colbert, que fue en 2005 la «palabra del año» para *The American Dialect Society* y en 2006 para el diccionario Merriam-Webster. Colbert empezó a utilizarla en sus programas de televisión para satirizar la manipulación de los recursos retóricos y emocionales en el discurso político en la época de George W. Bush. De esta manera designaba el procedimiento psicológico por el que un individuo acomodaba la verdad a su prejuicio, intuición o, simplemente, bienestar emocional sin reparar en la fuerza de los hechos, la lógica o el mero escrutinio racional. *Truthiness* —no hay hasta el momento traducción al español— sería así, según Colbert, «lo que tú quieres que sean los hechos, a diferencia de lo que los hechos son [...]. Porque, damas y caballeros, ¡de aquí viene la verdad! ¡De las tripas!».

De nuevo encuentro en la literatura narrativa una magnífica muestra de este sesgo confirmatorio. En este caso es un cuento de Alfonso Rodríguez Castelao (1999) titulado «O retrato». En esta narración escrita en gallego en 1922 y publicada por primera vez en una revista en 1927, un médico alejado de la práctica profesional y consumado dibujante, como lo fue el propio escritor, es reclamado por el tabernero Melchor no para que sane a su hijo moribundo, sino para que le haga su último retrato, que el fotógrafo no puede realizar por falta de magnesio.

Conmovido por la angustia en tal trance de su amigo Melchor, que lo convence con el argumento de que «dous riscos de vostede nun papel e xa poderéi ollar para sempre a cariña do meu neno», el narrador comienza a trazar los rasgos del niño, tal y como lo ve, agonizante, pero el padre, que sigue atentamente su trabajo, se desespera por el resultado: «Pola ialma dos seus difuntos, non mo retrate así. Non lle poña esa cara tan encoveirada [cadavérica] e tan triste». Y añade que el dibujante bien sabía cómo era su *rapaciño,* que hiciese memoria y lo dibujase riendo. Entendido el mensaje, el médico retratista dibuja «un neno imaxinario. Inventéi un neno moi bonito, moi bonito: un anxo de retablo barroco, a sorrir». Y el padre ve aliviada su pena, aunque el rapaz ya ha muerto. El dibujo fúnebre e imaginario estará ya para siempre sobre la cómoda de su alcoba, y cada vez que el tabernero lo mire le hará exclamar: «Tiven moitos fillos, pero o máis bonito de todos foi o que me morréu. Velahí está o retrato que non minte»*.

Por mi dedicación a la Teoría de la Literatura, a la hora de investigar sobre el realismo pude llegar a la conclusión de que este efecto no está tanto en la voluntad del escritor o en la propia configuración del contenido y la forma de la obra, sino en la recepción del texto y la respuesta a él por parte del lector. No se trata —escribía yo en mi libro de 1992— de un problema de la génesis de la obra, de la realidad que estaría en su origen; tampoco, exclusivamente, del lenguaje

* «Dos trazos de usted en un papel y ya podré mirar para siempre la carita de mi niño [...]. Por el alma de sus difuntos, no me lo retrate así. No le ponga esa cara tan cadavérica y tan triste»; «un niño imaginario. Inventé un niño muy bonito, muy bonito: un ángel de retablo barroco, sonriente»; «Tuve muchos hijos, pero el más bonito de todos fue el que se me murió. Ahí está el retrato, que no miente». (*El retrato,* traducción del gallego de Matilde Penalonga).

o la estructura literaria. Lo fundamental sigo pensando que reside en la posibilidad, más o menos plausible, de un lector o una lectura intencionalmente realista. Y esta se produce cuando proyectamos nuestro sesgo confirmatorio basado en nuestra experiencia propia de la realidad sobre el mundo de ficción que, por ejemplo, la novela nos propone. En la tercera edición de mis *Teorías del realismo literario* añadí, a modo de lema, unos versos de mi recordado amigo el poeta Ángel González:

> Al lector se le llenaron de pronto los ojos de lágrimas,
> y una voz cariñosa le susurró al oído:
> —¿Por qué lloras, si todo
> en este libro es de mentira?
> Y él respondió:
> —Lo sé;
> pero lo que yo siento es de verdad.

Una escritora y profesora universitaria, Susan Fromberg Schaeffer, ha aportado su propia experiencia de cómo funciona este sesgo generador de una poderosa ilusión referencial entre el público. Su novela *Anya,* sobre los desastres de la Segunda Guerra Mundial, creó entre sus lectores de todo el mundo —escribe ella— tal «ilusión de absoluta autenticidad» que llegó a recibir cartas en polaco de supervivientes de la contienda pidiéndole información sobre personas concretas, una llamada telefónica de una mujer de Australia convencida de que la novelista norteamericana era su hermana perdida entonces, y los propios editores tardaron en aceptar que no era europea y no tenía cuando la novela se publicó en 1974 por lo menos cincuenta años, sino treintaicinco.

A la teoría de estos sesgos, que tanto influyen en nuestra ilimitada capacidad de admitir como creíbles tantas posverdades, formulada por la psicología social, creo que es de interés adjuntar las aportaciones de un lingüista y psicólogo cognitivo, George Lakoff (2019), acerca de los «marcos mentales» (en inglés, el *framing*) y el pensamiento metafórico que nos proporcionan efectivamente los alibís más convenientes para nuestra comprensión personal del mundo.

En nuestro inconsciente cognitivo actúan como filtro determinados marcos que nos ayudan a dotar de sentido a los estímulos que nos llegan del exterior. Para ello, discriminan entre la información recibida aquella que encaja en nuestros parámetros personales de todo tipo (carácter, sensibilidad, sexo, cultura, religión, ideología, intereses económicos, etc.) y la que no, por extemporánea, incómoda, desequilibrante o subversiva. Cuando la información que recibimos (los datos) no se conforma a los marcos inscritos en nuestro cerebro, nos quedamos con los marcos e ignoramos los hechos. Tras superar ese filtro, interiorizamos una parte de información y rechazamos otra.

En consecuencia, es fácil concluir que la activación de esos marcos mentales de los ciudadanos a favor de propuestas políticas concretas es hoy en día fundamental en nuestras democracias (o ¿quizás posdemocracias? Vuelvo sobre ello en un próximo capítulo). Los electores votan desde sus sesgos y marcos, y no solo por el ejercicio consciente de la razón. El éxito de un determinado partido depende, pues, en gran medida de su capacidad para adecuar sus propuestas a aquellas pulsiones que están latentes entre los votantes, pero que se pueden activar si se ponen en juego estrategias perfectamente estudiadas para ello.

El libro más conocido de Lakoff (2019) sobre lenguaje y debate político, publicado originariamente en 2004, menciona en su título a un elefante, que es el emblema del partido republicano en Estados Unidos. Y esto porque el autor considera que este partido, por aquellos años, gracias a contar con expertos hábiles al respecto —de lo que trataré asimismo en el próximo capítulo—, había sabido mucho mejor que los demócratas adecuar sus propuestas e intereses políticos a los marcos mentales de los estadounidenses. Un magnífico ejemplo de tal acomodo fue la introducción en el discurso sobre el estado de la nación de una fraseología que subliminalmente apuntaba en una dirección favorable para que la opinión pública aceptara la invasión de Irak que se produciría en marzo de 2003. George W. Bush argumentó que su país no necesitaba «ningún justificante de permiso» para defenderse. Esta expresión remitía a la autorización que los alumnos de enseñanza media necesitan para determinados movimientos dentro de los institutos. Los Estados Unidos —daba a entender Bush jr.— no solo es un adulto en el concierto de las naciones, sino la máxima potencia en el mundo, y su posición lo identifica con la del padre estricto, pero justo y, sobre todo, protector, que sabe cuándo debe actuar, cómo y por qué en beneficio de la familia (léase, el orden internacional). Sin «justificantes de permiso».

CAPÍTULO CUARTO

BULOS Y PATRAÑAS. EL APOCALIPSIS DE LA REALIDAD

La posverdad y una de sus herramientas —no la única, como enseguida veremos—, que son los bulos, se han instalado en nuestra sociedad y en su cultura política no por azar, sino que es fruto, en gran medida, de la suma de una serie de elementos característicos de la llamada *posmodernidad,* término con el que comparte el prefijo *post-* al lado de otros conceptos e ideaciones que nos son hoy familiares, y que abordaré en el capítulo próximo.

Desde el punto de vista filosófico, ya he apuntado la importancia que como catalizador de la posverdad tiene el relativismo epistemológico, que después de afectar al pensamiento y a la ciencia se ha extendido a la vida en general, y por supuesto que a la política también. En cuanto a la esfera pública y a la cultura, influye también considerablemente el descrédito de las élites y la desconfianza en su credibilidad. Al tiempo, económicamente la verdad ha dejado de vender, nunca mejor dicho, y la rentabilidad se ha impuesto sobre toda valoración ética. En política, en el contexto de esa ya denominada posdemocracia, el reflujo del nacionalismo, el populismo, el reaccionarismo e integrismo, y el falso progresismo que sustituye las grandes causas por pellizcos de minorías —lo que denuncia Félix Ovejero (2018) y Albert O. Hirschman (1991) atribuye a «los reaccionarios de todos los partidos»— favorece el caldo de cultivo de la posverdad. Pero todo ello no explicaría cabalmente el fenómeno sin la dimensión tecnológica, sin la galaxia digital que en los años noventa del siglo pasado facilitó la eclosión de los blogs, y ya a partir de 2000 la red de redes con sus nuevas plataformas de comunicación constituidas en poderosas y sumamente activas mallas sociales. Habida cuenta, además, de que la proliferación colosal de todas estas nuevas posibilidades comunicativas ha llegado ya al nivel de una extraordinaria inflación.

De hecho, según Fernando Vallespín (2012), «las redes sociales han devenido en una nueva esfera pública» capaz de emanciparse de los controles no solo de los Gobiernos, sino también de los propios medios de comunicación tradicionales (lo que no tengo tan claro es que hayan conseguido lo propio frente a los poderes económicos, ya no multinacionales sino verdaderamente globales). Su diagnóstico, en todo caso, es certero: Internet como ágora es «el bazar de los disfraces», en donde cada participante puede aparecer como quiera, falsear su identidad, generar bulos sin tasa, sustituir la verdad objetiva por lo que el trol proponga y difunda ecuménicamente a través de *bots*. En vez de «comunicación de masas», Manuel Castells (2009; 2012) prefiere ya hablar de «masa de comunicadores». Y en la medida en que este nuevo estado de cosas incida en la política, deja de funcionar la distinción entre lo verdadero y lo falso, y se pierde, según Vallespín, toda «posibilidad de establecer un mínimo medio de control racional del discurso político mediante una pausada y reflexiva argumentación pública». Y queda el campo expedito para un «nuevo autoritarismo de la mentira».

A la terminología de la *posverdad* y de los *bulos* cumple añadir, así, dos nuevos conceptos, uno sumamente integrador, que es *fake,* a cuya complejidad me voy a referir inmediatamente, y otro cuya denominación en inglés no tiene, a lo que creo, mejor traducción en español que el sustantivo *patraña*, «invención urdida con propósito de engañar».

En nuestra lengua se está generalizando el uso de lo que los lexicógrafos denominan un «anglicismo crudo» que, como suele ocurrir con muchos de ellos, se escribe de un modo y se pronuncia de otro. Algo normal en las relaciones entre el inglés escrito y el inglés oral, a diferencia del español, lengua muy clara y cristalina a este respecto, de modo que la letra y el sonido van de la mano. Pero la extraordinaria versatilidad y productividad léxica de la lengua de Shakespeare se muestra en casos como el de *fake,* que es con la misma forma invariable un verbo ('falsificar', 'fingir'), un sustantivo ('falsificación', 'impostor') y un adjetivo ('falso', 'fingido'). Y a todo ello hay que añadir los nuevos significados específicos que *fake* ha adquirido en la enciclopedia de Internet, para cuyos usuarios designa una cuenta, un archivo o un servidor falsos, así como un montaje fotográfico o un anuncio mixtificadores o mendaces introducidos en una web o en un blog. También se recurre a la misma palabra para referirse a la técnica subversiva utilizada por las guerrillas de la comunicación para imitar y boicotear la voz del poder, algo que antes de la llegada de la galaxia Internet los «autonomistas» italianos de los años setenta y ochenta inventaron, teorizaron y utilizaron profusamente, como más adelante tendré la oportunidad de comentar por menudo.

En cuanto el empleo que propongo, en este contexto, del sustantivo español *patraña,* su razón de ser nace de que debemos reparar no solo en las *fake news,* los bulos, sino también en las *fake stories,* construcciones verbales y narrativas más desarrolladas a las que atiende en 2007 Christian Salmon en su libro sobre «la máquina de fabricar historias y formatear las mentes» titulado con una palabra inglesa: *storytelling.* Aquí *storytelling* es tanto como contar un cuento chino; una patraña.

De nuevo la sociedad norteamericana, como en tantas cosas más tal y como viene ocurriendo desde el final de la Segunda Guerra Mundial, marca la pauta de un fenómeno que no es, por supuesto, exclusivo de ella, pero al que sin embargo le ha puesto nombre, y lo exporta con éxito ecuménico. Allí existe una *National Storytelling Network* que organiza más de doscientos festivales «narrativos» cada año, eclosión en la que desde 1995 ha tenido una influencia incuestionable la generalización en el uso de la red de redes. La galaxia Internet, que utilizando la terminología macluhiana vendría después de la galaxia de la comunicación eléctrica, presunto verdugo de la galaxia Gutenberg, es, por lo tanto, eficaz aliada de lo que Salmon llama *narrative turn.* Este «giro» da paso al «pensamiento narrativo» que tiene más de lo segundo que de lo primero —menguada racionalidad, más emocionalidad—, y lleva al «imperialismo narrativo» que se impone cuando «el imperio ha confiscado el relato», algo que ya hemos visto como perfectamente asumido por fontaneros de George W. Bush como Karl Rove.

Si la crisis de la posmodernidad significó la quiebra de los llamados «grandes relatos legitimadores» —por ejemplo, las religiones (salvo el islam para sus fieles), el pensamiento fuerte, las ideologías— lo que se impone ahora es el recurso a los pequeños relatos, a todo lo que busque empatizar con los «marcos mentales» —el *framing* de Lakoff— de los ciudadanos, de modo que, por caso, las campañas presidenciales norteamericanas, según Salmon, se han reducido a «la batalla de las historias, y no el debate de las ideas». Constituyen un gran festival narrativo, algo así como un duelo vertiginoso de relatos. Las anécdotas sustituyen a los datos y a las estadísticas en los discursos de los candidatos, y sus posverdades desplazan a la realidad de los hechos. Por no practicar estas estrategias los partidarios del *Remain* perdieron el referéndum del Brexit.

En consecuencia, la clave para lograr el poder está en incidir sobre las emociones y los marcos o sesgos mentales de los votantes, considerados como el público que asiste a un espectáculo. Miembros de una sociedad mediatizada hasta la extenuación, bombardeada por rumores, falsas noticias, manipulaciones, bulos y patrañas, que en la red se caracterizan además por su viralidad. Todo el despliegue de la posverdad. Nada, por supuesto, de argumentos racionales, sino relatos, historias. La apoteosis de la *civilización del espectáculo* retratada por Mario Vargas Llosa (2012).

Salmon, por su parte, ve el despacho oval (y el espectacular y fotogénico Air Force One, añadiría yo) como un plató en el que se rueda la película de la presidencia, y «el poder ejecutivo se convierte en un poder de *ejecución,* de *realización* —en el sentido cinematográfico— del guion presidencial». Obviamente, en la consolidación de este modelo no podría tener rival un presidente que fue actor, Ronald Regan, la mayoría de cuyas historias solo tenían un pequeño problema: eran falsas.

Era el suyo una suerte de «pensamiento narrativo», en el que la emocionalidad desplazaba por completo a la veracidad. Maestro en esta usurpación política de la narración, Ronald Reagan, definido por Salmon como «el mejor *storyteller* de la historia política del último medio siglo», gobernó a base de anécdotas, muchas ficticias. Puede que la tendencia venga de antes, de la crisis del Watergate, pero lo que resulta indudable, y así lo escribí en el capítulo anterior, es que los republicanos estadounidenses, desde Nixon y Reagan hasta Bush jr. y Trump, han conseguido activar, en una parte significativa de la población, los marcos mentales que más les convenían, entre ellos el del Estado como «padre estricto» que define reglas de conducta, que castiga y educa con firmeza cuando la situación lo requiere, cuya última expresión la encontramos en la mano dura para imponer el orden que el presidente tuitero esgrimió durante el verano de 2020 en contra de las protestas antirracistas frente a la presunta debilidad de su opositor Joe Biden. Con anterioridad, habían movilizado entre sus votantes representaciones como la del individuo expoliado por el Estado (para justificar la rebaja de los impuestos), el carácter sacrosanto del matrimonio (para oponerse al matrimonio homosexual) o, incluso, las libertades consagradas por el *Bill of Rights* (para negar la adopción de medidas de prevención individual y colectiva contra la COVID-19).

En esta nueva era narrativa de las posdemocracias, el príncipe ya no tiene a su vera a validos y consejeros, sino a un nuevo tipo de asistentes áulicos, que pueden parecer una fusión baciyélmica de profeta y gurú, pero que en realidad son técnicos en el conocimiento de los marcos mentales y de los sesgos de confirmación de los electores, y dueños de las más sofisticadas estrategias narrativas, auténticos prestidigitadores de la posverdad.

En inglés los denominan *spin doctors,* y su doctorado lo es en *storytelling.* Tienen siempre a su disposición *relatos*, *bulos* y *patrañas* —«invención urdida con propósito de engañar», así en el *DLE*—, que les ayudan a parir y difundir los *story spinners,* los obreros de una factoría propagandística que modifica el *modus operandi* tradicional de los «relaciones públicas». Estos elaboraban una presentación creativa de los hechos para favorecer los intereses de los individuos o entidades para los que trabajaban. Aquellos, los *story spinners,* son peritos en manipulación, en hacer que una idea no probada o simplemente falsa sea aceptada como verdadera; en emplear sistemáticamente eufemismos y en ocultar las malas noticias. Cuando el atentado contra las Torres Gemelas, el jefe de prensa del Gobierno británico, que tuvo que dimitir después, afirmó, por ejemplo, que aquel era un buen día para lanzar informaciones negativas que se desease enterrar. De tal modo que la vida política se sustente en una narración, en un relato o serie de relatos engañosos, que tiendan a reemplazar la tradicional asamblea deliberativa de los ciudadanos, y la fluidez de la esfera pública constituida en torno a ellos, por una audiencia cautiva, una comunidad virtual y ficcional. Si lo deliberativo exigía argumentación, razonabilidad y verdad, al relato le basta y le sobra con la emocionalidad, los bulos, las patrañas, la posverdad.

A este respecto, y así lo adelanté líneas atrás, es imprescindible reparar en la personalidad del expresidente norteamericano Ronald Reagan, que ocupó la Casa Blanca entre 1981 y 1989. En 1999 se publicó, con cierto escándalo, una nueva biografía suya, titulada *Ducht* (el apodo juvenil de Reagan) y escrita por Edmund Morris, que ya había ganado un Pulitzer con otra biografía, entonces de Theodor Roosevelt.

En su libro, Morris revela que la famosa «Iniciativa de defensa estratégica» del expresidente norteamericano, que los medios de comunicación enseguida denominaron «La guerra de las galaxias», estuvo basada en *Una princesa de Marte,* uno de los libros de ciencia ficción de Edgard Rice Burroughs, a quien Reagan admiraba.

Nada de nuevo hay en aquella revelación del biógrafo Morris, que no hace sino ratificar los asombrosos episodios contados por Lou Cannon (1991) en la obra *President Reagan. The Role of a Lifetime,* aparecida a principios de los noventa del siglo pasado. A lo largo de sus campañas electorales de 1976 y 1980, Reagan, con la habilidad retórica que lo caracterizaba, incluida una eficaz actuación (*actio*) de viejo actor de Hollywood, repitió varias veces en sus discursos un relato que hizo también el 12 de diciembre de 1983 ante la convención anual de la *Congressional Medal of Honor Society* celebrada en Nueva York.

Para enardecer el sentido patriótico de su auditorio, de antemano entregado, lo que constituyó uno de los ejes centrales de su política presidencial sumamente interesada en vencer lo que Noam Chomsky denominaba «el síndrome de Vietnam», resultado de la derrota humillante en aquella guerra, Reagan narró un emocionante caso de heroísmo. Un bombardero B-17, en misión sobre Alemania durante la Segunda Guerra Mundial, fue alcanzado por los antiaéreos, con el resultado de que el artillero de la torreta quedara herido sin que sus compañeros de tripulación pudieran retirarlo de su posición. Al cruzar el canal, el avión empezó a perder altura y el comandante ordenó saltar. El joven herido, viéndose condenado a estrellarse contra el mar, comenzó a llorar y entonces el comandante se sentó junto a él, lo cogió de la mano y le dijo: *Never mind, son, we'll ride it down together* («Tranquilo, hijo, nos hundiremos juntos»). Reagan, en su mitin, mencionó textualmente esta frase, y añadió que el héroe había recibido póstumamente la «Congressional Medal of Honor».

Pero he aquí que un periodista del *New York Daily News*, Lars-Erik Nelson, se tomó la molestia de consultar los registros de la citada condecoración, que se concedió 434 veces durante la contienda, y no encontró nada referente al caso por Reagan tan ponderado. Y cuando comentó este sorprendente hecho en su columna periodística, uno de sus lectores le escribió que el episodio recordaba una escena de la película de 1944 *Wings and a prayer,* dirigida por Henry Hathaway y protagonizada por Dana Andrews. Allí el piloto de un avión de la Navy encargado de tirar torpedos en el Pacífico Sur decide heroicamente acompañar hasta el final a su operador de radio herido diciéndole: *We'll take this ride together* («Haremos este camino juntos»), frase que se había quedado prendida en la memoria del joven Reagan. Cuando Nelson llevó el asunto hasta el gabinete de la Casa Blanca se encontró con una bizarra respuesta del portavoz Larry Speakes: «If you tell the same story five times, it's true». *Si cuentas una misma historia cinco veces, pasa a ser verdadera;* argumento semejante al de Goebbels o al que se le atribuye a Bertrand Russell cuando afirmaba que los lectores de periódico suelen confundir la verdad con el cuerpo de letra doce.

Al margen de cualquier valoración política, considero a Ronald Reagan una de las figuras semióticamente más interesantes de la posmodernidad. Y con frecuencia pienso si no se daría en él una circunstancia que Juan Luis Cebrián gusta de mencionar a propósito de nuestras discusiones sobre la *posverdad:* que son mentiras cuyos propaladores se las acaban creyendo a pies juntillas. Como sus biografías documentan, el que luego sería por dos veces presidente de los Estados Unidos se hizo un ávido consumidor de ciencia ficción durante su etapa de Hollywood, época en la que estuvo especialmente interesado en uno de los temas favoritos del género: la invasión de nuestro globo por alienígenas, lo que reclamaba una unión de todos los terrícolas para defenderse dejando a un lado las minucias de nuestras diferencias de raza, religión e ideología.

Pues bien, cuando su primer encuentro en la cumbre, que tuvo lugar en Ginebra en 1985, Reagan sorprendió al presidente Mijail Gorbachov proponiéndole un tratado de cooperación militar entre la Unión Soviética y los Estados Unidos para el supuesto de que nuestro planeta fuese objeto de una invasión por parte de los extraterrestres. Posteriormente se comprobó que esta moción no estaba en el memorándum que el Gobierno norteamericano le había preparado a su presidente, sino que se debió a la iniciativa personal del propio Reagan. La respuesta de Gorbachov fue, asimismo, digna de un gran mandatario: declinó comprometerse, aduciendo que no tenía clara la posición de la teoría marxista-leninista acerca de la legitimidad de cooperar con los imperialistas contra una invasión interplanetaria. Reagan entendió, sin embargo, que esto era una disculpa de mal pagador, y así, al regresar a su país, contó la historia a los estudiantes de una *high school* de Maryland añadiendo que, en su valoración, con todo ello se había marcado un punto frente a Gorbachov y la Unión Soviética. Cuando tuvo noticia del episodio, Colin Powell, ya entonces diputado nacional consejero de seguridad, puso el grito en el cielo y se cuidó muy mucho de vigilar en adelante la aparición de referencias a los *little green men,* los «hombrecillos verdes» invasores alienígenas, en las intervenciones públicas del presidente. Identificó también la fuente de la proposición ginebrina a Gorbachov: el filme de ciencia ficción *The Day the Earth Stood Still,* estrenado en 1951, dirigido por Robert Wise y protagonizado por Michael Rennie y Patricia Neal.

Lo que a mí más me preocupa es, precisamente, algo si no tan radical como la muerte de la realidad, sí al menos cercano a su apocalipsis. No obstante, estoy interesado, sobre todo, por el estudio de la suplantación de lo real por los signos de lo real, que, como veremos, no es cosa nueva, pero que sin duda puede adquirir en este nuevo siglo el carácter de una especie de sostenida maldición milenarista.

La falsedad y la falsificación están en la entraña del ser humano y siempre presentes en el funcionamiento de la sociedad. Somos, además, agentes pasivos de su pervivencia por mecanismos psicológicos profundos como el llamado «sesgo de confirmación» que nos hace sumamente vulnerables a los engaños que refuerzan nuestros prejuicios, por no hablar de nuestra ilimitada capacidad para la estulticia, o incluso la idocia, contra la que nadie puede presumir que esté vacunado.

El mencionado anglicismo crudo *fake,* que tantas cosas puede englobar, utilizado frecuentemente en castellano con la forma compuesta «lo *fake*», identifica, revela y, en su caso, denuncia lo que Miguel Albero califica en un libro de 2020 como *la invasión de lo falso.* Y en su prólogo, el novelista Manuel Vilas relaciona, como yo también lo haré en mi próximo capítulo, esa tendencia suicida de dudar de la verdad (Nietzsche y los suyos) y confiar en la mentira (los posmodernos) con la «sociedad líquida» en que vivimos, «generadora de lo efímero», rehén de la corrección política que el escritor considera una «metástasis de *fake*». Y nos sorprende Vilas con una acertada conexión en la que quizás no habíamos caído: que la literatura, que era por su propia naturaleza «ficción», «se ha pasado a la verdad»: «Ahora la literatura tiene que contar verdades si quiere ser leída, nada de contar mentiras, eso déjamelo para el Facebook».

Una escuela o tendencia literaria destaca a este respecto: el *New Journalism* norteamericano, de Truman Capote, Norman Mailer, Tom Wolfe o Gay Talese, cultivadores de la llamada «novela sin ficción» o de reportajes periodísticos escritos con la técnica y el estilo de la mejor literatura narrativa. Maestro español en este empeño es Javier Cercas, y su recreación del golpe de Estado del 23 de febrero de 1981 en *Anatomía de un instante* es un ejemplo comparable a los mejores de la literatura norteamericana. Viene muy a cuento recordar especialmente aquí otra de sus aportaciones, *El impostor,* de 2014, protagonizada por Enric Marco, un personaje egocéntrico y megalómano que se hizo pasar por superviviente de los campos de concentración nazis. Pero en los últimos tiempos está cobrando gran protagonismo otra expresión de lo mismo —«la literatura tiene que contar verdades si quiere ser leída, nada de contar mentiras»—, a la que precisamente Manuel Vilas contribuye de manera destacada con sus últimas obras.

Me refiero a la *autoficción,* designada con este neologismo creado en 1977 por el crítico y novelista francés Serge Doubrovsky para referirse a su novela titulada *Fils.* En la literatura del país vecino, amén de algunos antecedentes en obras de Colette, Michel Butor, Léo Ferré, Violette Leduc o Albertine Sarrazin, encontraría amplio eco en escritores como Guillaume Dustan, Nelly Arcan, Emmanuelle Pagano, Christine Angot, Chloé Delaume, Hervé Guibert o el propio Alain Robbe-Grillet.

Define esta *autoficción* la mixtura del sistema propio de la autobiografía (fusión entre tres entidades o instancias novelísticas: el autor empírico, real, que firma con su propio nombre; el narrador de la obra; y el protagonista de la historia que se cuenta, consistente precisamente en el relato de su propia vida) y la libertad imaginativa propia de la novela en lo que se refiere a los acontecimientos narrados y a sus protagonistas, que son personajes de ficción. Se da, en definitiva, la suma, aparentemente contradictoria, entre dos pactos de lectura opuestos: lo que Philippe Lejeune dio en denominar con éxito *pacte autobiographique,* y lo que en acertada expresión de Samuel Taylor Coleridge se define como *the willing suspension of disbelief,* la «voluntaria suspensión del descreimiento» en que se basa el acto de leer una novela.

Trátase, pues, de sustituir aquellos dos pactos por otro (relativamente) novedoso, un pacto ambiguo por el que la enunciación del relato viene de una fuente autorial identificada con un autor real, conocido, con nombre y apellidos —por ejemplo, Manuel Vilas—, pero lo que se nos cuenta se beneficia de todos los privilegios de la ficción novelesca en lo que se refiere a la invención de acontecimientos, situaciones, diálogos, personajes o avatares en general.

El poder demiúrgico de la palabra como creadora —y no solo designadora— de la realidad, reconocido desde los Génesis, vio incrementada extraordinariamente su potencialidad con el desarrollo de la imprenta, que dio lugar a la aparición de los primeros *best sellers* de nuestra civilización, que fueron las novelas de caballerías. Ya en el siglo XVII, Pierre Daniel Huet, en su *Lettre-traité sur l'origine des romans* definía las novelas como «el arte de mentir agradablemente».

Aquel fenómeno —el relato de la ficción como realidad— se extendió velozmente por la Europa del siglo XVI, de lo que no nos faltan múltiples testimonios. Mencionaré, en primer lugar, por su gran interés y su rareza, el «Raggionamento della Stampa», al comienzo de la segunda parte de *I Marmi del Doni, academico peregrino,* publicado en Venecia en 1552.

El arte de mentir agradablemente

Antón Francesco Doni, su autor, fue un típico aventurero del *Seicento*, escritor, editor y librero, polemista contra el Aretino, que en la obra citada desarrolla a modo de diálogos entre florentinos asuntos tan pertinentes como que la imprenta, además de permitir la transmisión de los escritos de un modo más seguro, facilitaría a través de los libros por ella multiplicados una «reescritura del mundo», para bien o para mal. Con el libro impreso, que para Doni será el gran instrumento de la popularización de la cultura, se podrá, pues, inventar la realidad. Una historia ficticia en su origen pasará a cobrar espesura de verdad en su transmisión a través del tiempo, dando carta de crédito a las mentiras del autor.

Corroborarán enseguida las aprensiones del Doni numerosas muestras de la preocupación de los intelectuales y moralistas, que veían como una patraña adquiría frente al público estatuto de verdad simplemente por verse impresa. Francisco de Portugal cuenta, por ejemplo, cómo todas las mujeres de una casa recibieron un día al dueño desconsoladas porque había muerto el caballero andante Amadís, según acababan de leer. Y a propósito de *El Quijote,* el moralista Melchor Cano dio ya cuenta de un cura que creía cierto todo lo narrado en este género de literatura no solo ficticia, sino también fantástica, porque de no ser así las autoridades no permitirían su divulgación impresa, el mismo argumento que en *El Quijote* Juan Palomeque contrapone al cura en I, 22, y el propio protagonista al canónigo toledano en I, 50.

La «apariencia de verdad» de que habla don Quijote precisamente en ese mismo capítulo 50 de la primera parte, basada en detalles concretos y menudos, ya se puede colegir que se incrementa considerablemente en los medios audiovisuales, los cuales añaden a los signos verbales, que son simbólicos en cuanto no motivados, los iconos de los cuerpos, paisajes, objetos y sonidos de la realidad, ya sea esta genuina o artificialmente reproducida.

Ya en 1669 un editor ambicioso, estimulado por el gran éxito comercial cosechado veintisiete años antes por el libro de François de Grenaille *Nouveau recueil de lettres de dames tant anciennes que modernes,* desgaja de un volumen proyectado para contener la obra completa de Gabriel de Lavergne, señor de Guilleragues, las *Lettres d'amour d'une religieuse escrites au chevalier de C., oficier françois en Portugal,* que aparecen exentas, favoreciendo con su autobiografismo y su anonimato —como en el caso español del *Lazarillo de Tormes*— una lectura intencionalmente realista, no ficcional.

Lo que no fue, en su origen, sino un puro ardid comercial de alguien que unía a una dudosa ética profesional como editor un conocimiento muy completo de la intencionalidad realista con que de modo espontáneo y natural todos solemos leer, muy pronto se convirtió no solo en un gran éxito de ventas, sino también en una *falsa realidad* consistente, valga la paradoja. Así, se procede a identificar al destinatario de aquellas misivas en la persona de Noël de Chamilly, gentilhombre francés destinado en Lisboa allá por los años de 1660, cuando la expedición francesa contra los españoles, identificación que el propio interesado no desmentirá. Y ya en el siglo XIX se «descubre» a la anónima autora: Mariana de Alcoforado, muerta en el convento de la Concepción de Beja hacia 1723. Nacen así las famosas *Lettres de la religieuse portugaise*, cuya génesis y trayectoria como texto tan bien se compadece con el contenido del libro de Miguel Albero, con el estudio de Joaquín Álvarez Barrientos (2014) sobre la historia de las falsificaciones literarias españolas, o con el ensayo anteriormente publicado de Anthony Grafton (2001) que trata acerca de *Falsarios y críticos. Creatividad e impostura en la tradición occidental.* Ignorante —como es habitual entre los autores anglosajones— de todas las aportaciones hispánicas sin las que no se puede conocer esa tradición occidental, Grafton recuerda casos sonados de falsificaciones literarias, como la que el propio Erasmo de Rotterdam hizo de un tratado de san Cipriano sobre *De duplici martyrio;* el de Pierre Hamon, inventor del testamento de Julio César, o el caso del prerromántico James Macpherson, traductor al inglés desde el gaélico escocés de los poemas del bardo celta (y apócrifo) Ossian, cuyo estilo ejerció una influencia considerable en la literatura del siglo XIX y en autores clásicos como Goethe o Walter Scott.

Álvarez Barrientos, que publicó *El crimen de la escritura* en 2014, cuando se cumplía el cuarto centenario del *Quijote* apócrifo firmado por un tal Alonso Fernández de Avellaneda, distingue con claridad entre dos supuestos en cuanto a las falsificaciones literarias.

Por una parte, está la mentira creativa y reveladora propia de la ficción, que en ciertos casos trasciende la mera creación de lo que se cuenta e incluye también la identidad del escritor y de la obra en cuanto producción intelectual y material, como en la invención por parte del escritor canario Alexis Ravelo de un olvidado Martin Aloysius West, autor en 1950 de la novela *pulp El viento de la sangre,* supuestamente traducida por Thalía Rodríguez e inocentemente editada por Pere Sureda. Pero muy distinto a este juego creativo es urdir una patraña a sabiendas, no como fruto de una legítima prerrogativa artística, sino con el propósito de engañar para obtener beneficios económicos, políticos o profesionales. Práctica que Álvarez Barrientos rastrea en nuestras letras desde mixtificaciones medievales, *pane lucrando,* en monasterios como el de San Millán, donde Berceo era notario del abad, hasta la manipulación de la historia en crónicas, genealogías o centones epistolarios, muchas veces con inocultables intereses religiosos, nacionalistas o patrióticos. Muy a finales del gran siglo de estas falsificaciones que fue el XIX, Benito Fernández Alonso, cronista de la Ciudad de las Burgas, publicó un detallado manual para detectar apócrifos antiguos que a la vez resultaría muy útil para aprender a producirlos. Mas, en todo caso, el autor de este estudio sabe muy bien, y así nos lo transmite, que «no son las mismas categorías, aunque a veces se solapen, el plagio, la contrahechura, el fraude, la falsificación, el apócrifo, el pastiche, lo espurio, ni tampoco heterónimo y seudónimo».

Miguel Albero (2020), en su tratado sobre lo *Fake,* complementa el panorama de la falsificación literaria con otras acciones similares en cuanto a su fundamento, de las que establece una ingeniosa y exhaustiva tipología, abierta también, por supuesto, al falsificador de arte.

Estos son, incluso, objeto de admiración, justificada por ejemplo en el caso de dos falsificadores de lujo, Miguel Ángel y Durero. Pero hay que distinguir entre diferentes tipos. Por ejemplo, el *falsificador copista,* como lo fue de los cuadros de Vermeer Han Van Meegeren, que se granjeó una amplia clientela entre los nazis, o Elmyr de Hory, al que en 1973 ni más ni menos que Orson Welles dedicó el documental *F for Fake* (en Francia, *Verités et mensonges*) cuyo guion escribió junto con Oja Kodar. *Falsificador creativo* fue el alemán Wolfgang Beltracchi, que desde la cárcel publica su biografía y un epistolario, se hace famoso y empieza a exponer su propia obra, éxito personal plasmado en un documental de Netflix. Y el inglés Greenhalph, por su parte, fue un *falsificador polifacético*, no solo de cuadros de Gauguin, por ejemplo, y otros que fueron incorporados al British Museum, sino de un telescopio del XVIII y otras piezas antiguas.

Palabras mayores son las que nos llevan a los monederos falsos, como el emigrante austríaco en Estados Unidos Edward Mueller, un grabador jubilado que tuvo en vilo al FBI durante años produciendo exclusivamente billetes de un dólar, y solo fue pillado a raíz del incendio de su casa, entre cuyas pavesas aparecieron los utensilios de su taller. Hay que contar, asimismo, con los falsificadores comerciales; con impostores a cuenta de la historia como el Enric Marco de Javier

Cercas, falsificadores de sí mismos; e intrusos como Thamsanqa Jantjie, que actuó ante el mundo entero a través de la televisión como falso intérprete en lenguaje de signos del discurso de Barak Obama en el funeral de Nelson Mandela.

«La fuerza de lo falso» fue, precisamente, el tema brillantemente desarrollado por Umberto Eco en la inauguración del curso académico 1994-1995 en la Universidad de Bolonia, donde demuestra cómo la falsedad (y no necesariamente bajo forma de mentira, sino también bajo forma de error) ha sido el motor de muchos acontecimientos de la historia, lo que impone como el primer deber de la gente de cultura el mantenerse alerta para reescribir la «enciclopedia cada día».

La fuerza de lo falso es el contrapunto de la fuerza de la verdad que tanto desconcertaba a Nietzsche, quien al fin y a la postre fue con su filosofía uno de los profetas de su puesta en cuestión, en lo que sus discípulos tardíos de la posmodernidad, la deconstrucción y el poshumanismo han seguido trabajando.

No les atribuiremos a ellos la paternidad de esa forma posmoderna de falsedad que es la posverdad, con sus bulos y patrañas, pero sí que sembraron el terreno para que floreciesen tan exuberantemente como lo están haciendo. Y siempre a beneficio del poder, y de los que lo detentan, sabedores de la capacidad del vulgo para comulgar con ruedas de molino. Un coetáneo de Maquiavelo, el cardenal Carlo Raffa, sentenció: *Populus vult decipi, ergo decipiatur.* El pueblo quiere ser engañado; que lo sea.

Maquiavelo, Raffa, Eco (y Francesco Doni): entre italianos anda el juego. Falta un nombre inexcusable, el de un personaje contra el que el autor de *Il nome de la rosa,* bregó incansablemente para debelarlo con sus armas semiológicas: Silvio Berlusconi. Porque este magnate de la comunicación, para alcanzar los éxitos exigidos por su ambición política no les hizo ascos, a partir de los años noventa del pasado siglo, a procedimientos de manipulación informativa que con anterioridad se habían llevado a cabo desde posiciones totalmente opuestas a la suya.

Me refiero al «Movimiento autónomo» —o «Marxismo autónomo», para marcar distancias con el PCI y el PCUS— que tuvo una incidencia enorme en la teoría y la práctica de la comunicación y a sus implicaciones ideológicas a través de diversas empresas e iniciativas como el *Centro di Diffusione di Notizie Arbitrarie* (CDNA),

Radio Alice o la revista *Il Male* de Vincenzo Sparagna. Está muy clara, por otra parte, la inspiración anarquista y libertaria de lo que Umberto Eco gustaba calificar de «guerrilla semiológica», surgida precisamente en Bolonia en torno a 1976-1977 e inspirada filosóficamente por Foucault, Deleuze y Guattari, entre otros.

Radio Alice toma su nombre de la protagonista de Lewis Carroll en su obra ya comentada por mí, que aparentemente es de una fantasía casi infantil, pero que encierra claves lingüísticas y filosóficas que han llamado la atención de muchos de sus comentaristas. Sparagna se convierte, con su revista ya citada y luego con la titulada *Frigidaire,* en el promotor de inconfundibles (para mí) «acciones de posverdad» organizadas desde el supuesto de que, reducido todo a estrategias de comunicación, la realidad podría ser modificada en una línea revolucionaria cambiando los modos y contenidos comunicativos. Es lo que propugna uno de los libros de cabecera de este «autonomismo», *Il movimiento e il falso: la falsificazione del sistema informativo,* escrito en 1976 por Angelo Pasquini y Piero Lo Sardo.

Como antes apuntaba yo, existe también una inspiración deconstruccionista en la filosofía autonomista. Se trataba, según sus promotores, de «hacer saltar la dictadura del significado». Y como consecuencia de ello, la práctica de la «contrainformación».

Aunque no me interesa sumergirme ahora a lo que será el meollo de mi próximo capítulo, sí que adelantaré un dato que me parece muy interesante. Si la deconstrucción inspira movimientos revolucionarios como el del *autonomismo* italiano, desde posturas políticamente opuestas a toda revolución se percibirá enseguida le existencia de ese nexo, como manifiesta por caso Samuel P. Huntington al hablar, en 2004, de la *deconstrucción* de los Estados Unidos por mor del auge de las «identidades subnacionales», estimuladas desde las universidades por el pensamiento posmoderno.

Según Jorge Luis Marzo (2018), «las prácticas boloñesas de la subversión lingüística bien pueden considerarse una suerte de teoría contemporánea general de lo falso como competencia pública y política». Y uno de los instrumentos fundamentales de los autonomistas fue el CDNA, una agencia de noticias especializada en urdir bulos y patrañas y difundirlos a través de los medios de comunicación. Será interesante mencionar algunos ejemplos de esta actividad.

Italia. Radio y audiovisión

Cuando Italia fue eliminada por Holanda en el campeonato mundial de 1978, una falsa edición de *El Corriere dello Sport* anunciaba a bombo y platillo que todo quedaba anulado tras haberse descubierto el dopaje de los futbolistas ganadores, lo que suscitó una euforia nacional que satisfizo una de las máximas de los autonomistas: «La práctica de la felicidad se convierte en subversiva cuando es colectiva». Después del asesinato de Aldo Moro, la revista *Il Male* propalaba, basándose en ediciones apócrifas de periódicos como *Paese Sera* o *La Stampa,* la *bufala* (farsa, patraña) de que el cómico Ugo Tognazzi había sido detenido como jefe de las Brigadas Rojas, para lo que contó, por supuesto, con la complicidad del actor. Y no mucho más tarde difundieron los ejemplares de una edición falsa de *La Reppublica* que, bajo el titular de «EL ESTADO HA MUERTO», daba las noticias, totalmente falsas, de que el presidente Giovanni Leone había abandonado el Quirinal, se habían clausurado el Congreso y el Senado y disuelto la Magistratura y el Ejército. Incluso se mixtificó un editorial del verdadero director del diario italiano más importante, Eugenio Scalfari, titulado «El fin del mundo».

Operaciones semejantes saltaron al extranjero. Con motivo de un viaje del papa Juan Pablo II a su Polonia natal, se falsificó la revista *Trybuna Ludu,* órgano oficial del Gobierno, para anunciar que el primer secretario del Partido Unificado de los Trabajadores Polacos, Edward Gierek, había dimitido en favor de Karol Wojytyla, nombrado inmediatamente nuevo rey de Polonia. Mayor riesgo corrió el fundador de *Il Male* y *Frigidaire* cuando en 1982 aceptó el reto que le propusieron Vladimir Bukovski y Savik Shuster de intervenir en Afganistán, ocupada militarmente por la Unión Soviética. La acción consistió en producir una tirada apócrifa de *Estrella Roja,* el diario oficial del Ejército, cuyo titular era ni más ni menos «BASTA DE GUERRA. TODOS A CASA», y difundirla entre los soldados, en connivencia no solo con pacifistas rusos sino también con los propios muyahidines.

El sentido político de todas estas intervenciones autonomistas fue siempre explicitado por líderes como Vicenzo Sparagna: desacreditar las instancias que detentan, como sus dueñas y señoras, la verdad, y minar su autoridad, socavando el sesgo de confianza que los gobernantes, los políticos y los comunicadores quieren imponer.

Con una terminología cercana a la de Umberto Eco, el también semiólogo Paolo Fabbri escribe en *Le Monde diplomatique* un artículo titulado «Pour une guérilla sémiotique», cuya misión sería subvertir la factoría informativa en cuanto sustentadora de un determinado modelo económico de la comunicación, y rechazar conceptos teóricos como «producción de sentido», para lo que era imprescindible la provocación, la falsificación, la parodia... Este intelectual y activista en los setenta del movimiento «Autonomía Operaia» propugnaba trasladar el sabotaje de las máquinas fabriles a las factorías informativas.

La instrumentalización de los bulos y patrañas, de los «relatos» de la posverdad, al servicio de determinados objetivos políticos constituye una evidencia irrefutable, si bien haya que discernir, por ejemplo, entre los propósitos de Trump y los de Negri. Noam Chomsky, citando a Walter Lippmann y Edward Bernays, repara así en el uso de los medios de comunicación para «crear consensos», para producir en la población, mediante una verdadera ingeniería propagandística, la aceptación mayoritaria de algo no deseado en principio, para «domesticar al rebaño desconcertado». Reinold Niebuhr, líder de los intelectuales que asesoraban a John F. Kennedy, defendía que la racionalidad es una condición por naturaleza minoritaria, mientras que la mayoría de la gente se guía por las emociones y los impulsos. Como recuerda el propio Chomsky en sus conversaciones con David Barsamian (2001) es por eso por lo que «aquellos que poseen la capacidad lógica tienen que crear *ilusiones necesarias* y *simplificaciones acentuadas* desde el punto de vista emocional, con objeto de que los bobalicones ingenuos vayan más o menos tirando». Es decir, los miembros de la *reality based community.*

A veces, en el seguimiento de tales prácticas se llega a extremos incluso insoportables para algunos de los responsables gubernativos. Así, por ejemplo, John Brady Kiesling, consejero político en la embajada norteamericana en Grecia, presentó en 2003 una sonada carta de dimisión ante el entonces ya secretario de Estado Colin Powell (publicada en *El Mundo* de Madrid el 2 de marzo de 2003) protestando que, a raíz del 11-S, se estaba produciendo una «distorsión de la inteligencia y una manipulación de la opinión pública norteamericana» tan solo equiparable a las de cuando la guerra de Vietnam. Para Kiesling, «estamos sembrando, de manera claramente desproporcionada, el terror y la confusión en las mentes de la población, vinculando arbitrariamente problemas que carecen de relación entre sí, como es el caso del terrorismo e Irak».

En este sentido, un libro de Robert Draper publicado en 2020 acerca de cómo la administración Bush metió a los Estados Unidos en la guerra de Irak vino a confirmar que en el origen de aquella cruzada contra el «Eje del Mal» están dos patrañas: que Irak poseía un copioso arsenal de armas químicas, bacteriológicas y, probablemente, nucleares de destrucción masiva que estaba dispuesto a emplear contra Occidente, y que el régimen de Sadam Hussein, y no el de Arabia Saudí, había estado detrás de Al Qaeda y Bin Laden en los atentados del 11 de septiembre. Añádase que, según un informe del *Center for Public Integrity,* el Gobierno de Bush difundió entre 2001 y 2003 un total de 935 declaraciones falsas referentes a la presunta amenaza que representaba Sadam Hussein para Estados Unidos.

Este ejercicio exitoso de posverdad antes del Brexit, Trump y el *procés,* plantea una grave interrogante formulada por George Lakoff: «Una simple mentira es un asunto menor cuando el problema es la traición». Sería cuestión de lo primero si George W. Bush y su Gobierno mandaron a sus soldados y a los de la coalición al campo de batalla, y en muchos casos a la muerte —aun a conciencia de que manejaban aquellas dos patrañas— para convencer al mundo entero de que había que liberar altruistamente a Irak y a la vez proteger nuestra civilización. Pero si lo hicieron para que Estados Unidos controlasen en un futuro el Oriente Medio, dispusiesen de sus recursos petrolíferos y empresas como Halliburton y otras más se forrasen, entonces Bush habría traicionado la confianza de sus soldados, del Congreso y de todo el pueblo estadounidense.

Hemos visto ya, a propósito del propio Reagan, el poder creativo de realidades que el cine tiene, y en la mente de todos están numerosos ejemplos referidos a la misma facultad en el caso de la literatura. No podemos olvidar, sin embargo, la aportación de la radio en esta línea de invención de la realidad, para lo que es obligado recordar el programa que, sobre la novela de H. G. Wells *La guerra de los mundos,* Orson Welles emitió por la CBS el 30 de octubre de 1938, el día del Halloween, esa especie de carnaval yanqui propicio para las sorpresas y las bromas fantasmagóricas.

Un breve inciso: hay que recordar también la intensa actividad juvenil de Ronald Reagan como locutor radiofónico en Des Moines, Iowa, de donde se fue en 1937, a los 26 años, para introducirse en Hollywood. En efecto, antes que actor, Reagan fue un exitoso locutor en la emisora local de la cadena WHO, donde destacó por una curiosa especialidad. Consistía en la *recreación* de los partidos de béisbol jugados por los Chicago Cubs. Reagan los narraba desde Des Moines, jugara donde jugara el equipo, a partir de los telegramas que le iban mandando desde el campo a medida que el juego avanzaba. Lógicamente, la información era telegráfica y Reagan se encargaba de poner los detalles, el *ornatus*. Hubo una vez en que la comunicación telegráfica se interrumpió durante un cierto tiempo, pero el intrépido locutor no se amilanó y en ese lapso, más que recrear el juego, realmente lo inventó con su retórica.

Volviendo a la CBS y a Orson Welles, este emitía a la misma hora que el programa de radio más popular del país, *Chase and Sanborn Hour,* del ventrílocuo Edgar Bergen. Y para conseguir, al menos por una vez, captar la atención mayoritaria de los radioyentes, preparó una actualización de la novela *La guerra de los mundos* de H. G. Wells.

El programa comenzó enmarcando el relato en un contexto de ficción, al anunciar el locutor que la CBS, Orson Welles y el Mercury Theatre presentaban dicha versión. Luego siguió la voz del propio Orson introduciendo la acción y ubicándola en la más estricta contemporaneidad, el 30 de octubre de 1938. Su voz se desvaneció entonces para dar paso a un parte meteorológico y a una emisión de música hispanoamericana desde un hotel de Nueva York al que los censores de la CBS habían obligado a dar un nombre ficticio.

Y allí se interrumpe la interpretación de «La cumparsita» para dar noticia de que un astrónomo había observado alteraciones ígneas en Marte. Lo que siguió es bien conocido: sucesivas interrupciones van incrementando el clímax cuando el periodista Carl Phillips describe, con especial ilustración auditiva de los fenómenos que enuncia, el aterrizaje de un *ovni,* «objeto volador no identificado», en Grovers Mill, New Jersey, del que sale un alienígena agresivo. Comienza así una invasión que los radioyentes, que no habían escuchado el comienzo del programa, confunden con la realidad, lo que da lugar al pánico generalizado. Todo fue cuestión de contexto y montaje. Como no habían oído la habitual introducción que enmarcaba el programa en un contexto ficticio, muchísimos ciudadanos lo tomaron por un hecho real. La actividad previa de Welles en el teatro y en la radio apuntaba en la dirección de que le divertía la idea de romper el marco, de confundir deliberadamente las barreras firmes y tranquilizadoras que separan la ficción de la realidad. Luego vinieron los efectos secundarios: una riada de pleitos por un valor global de 200 000 dólares. No hubo muertes, pero sí abortos y roturas de piernas. Un tartamudo de nacimiento, a quien un psicoanalista acababa de curar y recayó por culpa del susto que Welles le propinó, lo demandó para que le pagara 2 000 dólares y así reanudar su terapia.

Al parecer también fue la causa de algunos suicidios el terror que causó un programa émulo del de Orson Welles emitido en este caso por Radio Quito en 1949. Su director artístico, Leonardo Páez, el locutor Raúl López y el guionista chileno Eduardo Alcaraz recrearon de nuevo la novela de H. G. Wells. Un ovni avistado en las Galápagos propició el desembarco y la invasión de los marcianos en la capital ecuatoriana. El pánico cundió entre sus habitantes, alimentado por novedades tremendas como la de que el propio Páez había perecido fulminado. Hasta tal punto llegó la conmoción que la propia emisora se vio obligada a revelar que todo era ficción, lo que provocó la ira de la multitud y el incendio de la sede del diario *El Comercio* desde donde Radio Quito emitía, con el resultado de cinco fallecidos. La emisora sería clausurada por todo ello hasta 1951.

El miércoles 13 de diciembre de 2006 la televisión francófona belga RTBF interrumpía a las 20:21 horas su programa semanal de periodismo de investigación *Questions à la une* para emitir un telediario de última hora con la noticia de que Flandes acababa de proclamar unilateralmente su independencia. En términos dramáticos, el presentador anuncia que el rey Alberto II había abdicado antes de emprender su exilio hacia África y que, literalmente, Bélgica había dejado de existir. Una conexión en directo con el palacio real de Bruselas muestra a un grupo de exaltados independentistas flamencos agitando sus banderas y desde el Atomium se conecta con un grupo de políticos que habían buscado refugio allí. La edición especial del noticiario continúa hasta poco antes de las nueve de la noche y solo entonces aparece en la parte inferior de la pantalla de los televisores la leyenda *Ceci est une fiction*.

Posteriormente, una encuesta del diario flamenco *De Standar* apuntaba que el 86 % de los televidentes creyeron la patraña a pies juntillas y que incluso, aclarada la manipulación, un 6 % siguió pensando que el país se había partido. Al día siguiente, el diario francófono *Le Soir* titulaba «Bélgica murió ayer por la noche» y el conservador *La Libre Belgique* calificaba lo sucedido en los siguientes términos: «La ficción que estremece Bélgica». El Orson Welles de semejante manipulación informativa fue en este caso Philippe Dutilleul, un veterano de la televisión francófona y autor del libro *Bye, bye Belgique* sobre el conflicto entre valones y flamencos, cuyo audaz programa fue calificado por el primer ministro Guy Verhofstadt como «una broma de mal gusto» urdida por un auténtico «irresponsable». Dutilleul se defendió argumentando que trataba de denunciar el deliberado confusionismo que practica la televisión cuando sistemáticamente mezcla información con ficción o con la llamada «telerrealidad». Rotundamente afirmaba: «¿Qué diferencia hay entre esta mentira y el resto de las mentiras que cuentan los políticos cada día en televisión? ¿No creyeron los estadounidenses que había armas de destrucción masiva en Irak?».

A este respecto, no es difícil recordar, por caso, el bombardeo de Trípoli y Bengasi por parte de los norteamericanos a la siete de la tarde (hora de la costa este norteamericana) de un día de abril de 1986, que el presidente Reagan justificó como «un acto de autodefensa contra un ataque futuro» (en castellano, a esto se le llama poner la venda antes que la herida). Se ha dicho que fue la primera acción militar importante de la historia planeada para que pudiera verse por televisión en la hora de máxima audiencia.

Hay un posible antecedente del programa belga. En 1991, TVE emitió en Cataluña el primer capítulo del espacio *Camaleó* consistente en un falso informativo que daba cuenta de un golpe de Estado en Rusia y el asesinato del presidente Mijail Gorbachov. Después de que se sucedieran diversas conexiones con corresponsales en Moscú y Nueva York, con un portavoz apócrifo de la Casa Blanca y se emitieran imágenes de los tanques que circulaban por la capital rusa, el programa concluía con el rótulo: «Este informativo ha sido una ficción televisiva. Camaleó». Inmediatamente, el director del área de programas de TVE-Cataluña, Joan Ramon Mainat, fue destituido.

Entre los intelectuales españoles el tema que nos ocupa ha sido objeto de variadas reflexiones que, en el caso del libro de Fernando Vallespín ya citado, van en clave sociopolítica en incluyen el convencimiento de que «la "opinión" sobre lo que sea lo real ha acabado por suplir a la realidad en sí misma, que pierde así todo componente de "verdad" y queda al albur de lo que cada cual disponga que es». En términos filosóficos, Amelia Valcárcel (2018) también ha reparado en ello, vinculando la deriva de una inicial posición esencialista sobre la verdad hacia otra, posmoderna, más acorde con la llamada inteligencia emocional y la generación de falsos consensos sociales.

POSVERDADES NUESTRAS

Distorsiones deliberadas de una realidad, manipuladoras de creencias y emociones para influir en la opinión pública y en actitudes sociales nos las encontramos continuamente en muy diversos ámbitos de actividad. En el que me es más próximo, el de la lengua y el estudio filológico, he podido incluso salir al paso de algunas posverdades desmontando su entramado para demostrar que el rey iba desnudo.

En una sesión del coloquio internacional sobre las relaciones entre México y España, realizado en la sede del Instituto Cervantes en mayo de 2014, traje a colación la entrevista que el periódico *La Jornada* acababa de publicar (8 de enero de 2014) con el lexicógrafo y profesor de la Universidad Nacional Autónoma de México Luis Fernando Lara.

En ella denunciaba la actitud patrimonialista de la lengua por parte de los españoles, con una visión demasiado «etnocéntrica y metropolitana en relación con las antiguas colonias» como si no estuviésemos dispuestos «a aceptar las diferentes maneras de hablar español en América». Y sentenciaba: «La Real Academia Española hace mucho daño a nuestra lengua».

El núcleo de la argumentación de Lara era, lisa y llanamente, posverdad: los mexicanos —decía— «somos dueños de una semántica propia. *Soberanía,* que es muy valiosa para nosotros, significa el derecho del pueblo para elegir el resto de su vida. Para la Academia Española es el derecho del rey. ¿Vamos a cambiar ese significado nosotros? Claro que no, si somos una república».

La realidad es la siguiente: en el *DLE* la acepción de *soberanía* aplicable al caso es «Poder político supremo que corresponde a un

Estado independiente». Como a México, por ejemplo. Es decir, tanto a una república cuanto a una monarquía constitucional como la española. Y nuestra Constitución de 1978, en su artículo primero, después de establecer que «España se constituye en un Estado social y democrático de Derecho», confirma que «La soberanía nacional reside en el pueblo español, del que emanan los poderes del Estado».

Es decir, que en puridad tanto en España como en los Estados Unidos Mexicanos, el soberano es el pueblo y no el rey (o el presidente de la República).

Si un lingüista, con la autoridad científica y la deontología intelectual que se le supone, afirma desde una tribuna periodística de amplio seguimiento bulos como los denunciados con el propósito de manipular pulsiones emotivas presentes en la opinión pública hostil a España, está cumpliendo al detalle con el programa y designio de la posverdad.

No solo es la política el escenario en el que se representa continuamente el drama —y la comedia— de la posverdad. Acabo de traer a colación un ejemplo tomado de la filología, que no es el único, si bien a veces nos parezca casi verídico otro mantra tan reiterado como hiperbólico en los alcances que sugiere: el de que *todo* es política.

A raíz de la polémica suscitada por la consideración del valenciano como una variedad del catalán que en gran parte del antiguo reino de Valencia se siente comúnmente como lengua propia, tras el rechazo de esa vinculación que algunos grupos consideran ofensiva en contra del criterio, científicamente fundamentado en la filología románica, de la *Acadèmia Valenciana de la Llengua,* del *Consell Valencià de Cultura* y de las universidades, se ha dado un paso más por la senda de la posverdad. En la misma línea de negacionismo posmoderno que Tom Nichols (2017) denuncia en su libro ya citado por mí *The Death of Expertise*, a mediados de 2013 el Partido Popular presentó ante las Cortes de la Comunidad una proposición no de ley para que fuese tramitada por vía de urgencia para exigir que la Real Academia Española modificase la definición del valenciano en el *DLE* prescindiendo de toda mención al tronco lingüístico común del catalán.

El componente de posverdad venía de la mano del fundamento de la propuesta en la exposición de sus motivos. Su argumento central consiste en una patraña: literalmente se afirma que «el habla de los valencianos, que parte sin duda de la más profunda prehistoria, se escribe ya desde el siglo VI antes de Cristo con el lenguaje ibérico y, después de las aportaciones sucesivas a partir de las fenicias, griegas y latinas, ha llegado a nuestros días en la forma en que lo conocemos».

La historia, que Umberto Eco (2002) en su memorable discurso de apertura de curso en Bolonia afirma que «ha sido en gran parte el Teatro de una Ilusión», ofrece otro terreno abonado para el florecimiento de los bulos y patrañas de la posverdad. Pero el semiólogo italiano no concluye, como los nihilistas epistemológicos, que no existe un criterio de verdad, sino que la evidencia de la manipulación histórica nos obliga a «cuestionar continuamente los mismos relatos que ahora juzgamos verdaderos, puesto que el criterio de la sabiduría de la comunidad se funda en la vigilancia continua sobre la fiabilidad de nuestro saber».

Sería cuento de nunca acabar el desvelamiento de todas las posverdades históricas, casi siempre gestadas por razones de conveniencia política y desde la prepotencia de los vencedores. Mucho de eso lo voy a tratar enseguida a propósito del *procés.* Es evidente la invención del pasado que Miguel-Anxo Murado (2013) ha resumido con desenvoltura en su libro sobre verdad y ficción en la historia de España. Pero la propia BBC no ha dudado en producir y emitir en 2020 un reportaje en el que se presenta como el mayor bulo de la historia de Inglaterra la derrota de la Armada Invencible, y la patraña de su relato bélico como un instrumento propagandístico utilizado desde el siglo XVI por la Corona británica, los gobernantes, los artistas y los historiadores.

La serie en la que se insertaba este programa presentado por la historiadora y periodista Lucy Worsley llevaba por título «Los mayores bulos de la historia real» (*Royal History's Biggest Fibs*). Y en lo que se refiere a aquel episodio de la hostilidad entre los dos países, se declaraba probado que en 1588 Isabel I no arengó a sus huestes en la costa de Tilbury antes de la batalla, ni Francis Drake destruyó la flota comandada por el duque de Medina Sidonia, sino que solo apresó a un único buque averiado, el *Rosario,* y el total de las bajas en la flota española fue de veintidós navíos. El resultado de la batalla, muy condicionada por factores climatológicos, fue incierto; no así el de la respuesta inglesa con su Contra Armada, mayor que la Gran Armada española (*Invencible* fue una acuñación sarcásticamente británica). Aquella expedición bélica terminó con un estrepitoso fracaso que siempre se ocultó, junto al dato de que tres cuartas partes del contingente, más de veinte mil combatientes, fueron bajas.

Con admirable *fair play,* la BBC asumió este compromiso con los hechos históricos en contra de las patrañas de la posverdad después de que el historiador gallego Luis Gorrochategui defendiese en un congreso internacional sobre la guerra naval angloespañola de 1588-1589 su tesis expuesta en un libro de 2011 (luego publicado también en inglés, en 2018) *Contra Armada. La mayor catástrofe naval de la historia de Inglaterra.* Lo que sí reconoció Gorrochategui ante Lucy Worsley fue que la propaganda —el *storytelling* de Isabel I— había sido mucho mejor que la de su cuñado Felipe II.

Comenzó la tarea el poeta James Aske con su composición «Elizabetha Triumphans» que sitúa a la reina en Tilbury, pero la arenga suya a las tropas que pasaría a la historia apareció treintaicinco años después por la autoría de un capellán que había participado en los acontecimientos de 1588 y que, probablemente, se inspiró en una pieza admirable del teatro shakespereano, el «St. Crispin's day speech» de Enrique V a sus menguadas huestes —los *happy few*— antes de la victoriosa batalla de Agincourt que le entregó la corona francesa. En 1592 Lord Howard Effigham encargó unos grandes tapices para conmemorar la supuesta gesta, vendidos en 1616 al rey James I quien, al colgarlos en Westminster, los consagró como referentes en la mitología inglesa. Ya en el siglo XIX, la reina Victoria erigió numerosas estatuas de Isabel I y sir Francis Drake, y *premiers* como Churchill y Margaret Thatcher recordaron aquella victoria pírrica en discursos urgidos por nuevos retos bélicos. Frases de la arenga apócrifa de Tilbury como «yo puedo tener el cuerpo de una débil y endeble mujer, pero tengo el corazón y el estómago de un rey» (*I know I have the body of a weak, feeble woman; but I have the heart and stomach of a king, and of a king of England too),* fueron utilizadas incluso en apoyo a la selección femenina de fútbol.

Varias veces, en páginas anteriores de *Morderse la lengua,* he coincidido en una consideración muy generalizada entre quienes hasta el momento —y son ya legión— se han ocupado de la posverdad, de los bulos y de las patrañas en el mundo de hoy. Me refiero a que dos muestras arquetípicas del fenómeno han sido y son el referéndum británico del Brexit en 2016, con todas sus secuelas que parecen no cesar, y el acceso de Donald Trump a la presidencia de los Estados Unidos y su ejercicio de gobierno a partir de 2017. Pero vuelvo a insistir en que hay un precedente anterior incluso a la propia palabra *post-truth* que en modo alguno conviene que ignoremos: la guerra de Irak, desencadenada por los Estados Unidos bajo el pomposo nombre de «Operación Nuevo Amanecer», que contó con la participación también de tropas y efectivos de varios países, entre ellos España.

En el trascurso del primer año de Trump como presidente, se produjo en Cataluña el referéndum anticonstitucional y la proclamación unilateral de independencia por mayoría en el Parlamento autonómico. Y estos hechos no son menos relevantes a efectos de la posverdad que los mencionados a propósito de Gran Bretaña y los Estados Unidos, tanto en el terreno político como en el de la tergiversación de la propia historia. Fue muy notable que quien diera la voz de que el rey estaba desnudo fuese en esta oportunidad un ejecutivo de empresa germana, quien en marzo de 2018 en una comida en el Círculo Ecuestre de Barcelona ofrecida por el KDF, el Círculo de Directivos de Habla Alemana en Cataluña, reprochara al presidente del Parlamento Roger Torrent sus posverdades y las de los políticos soberanistas a propósito de la independencia.

También lo han hecho, cada uno a su mejor criterio, algunos intelectuales catalanes. Jordi Ibáñez Fanés (2017), compilador de un interesante libro colectivo sobre la era de la posverdad, lo prologa afirmando que «en España y en Cataluña concretamente, llevamos más de siete años dando vueltas alrededor de un tótem en el que se mezclan posverdad, ilusionismo, sentimientos, engaño y manipulación a gogó». Igualmente, Jordi Gracia en su contribución al mismo volumen habla del caso catalán como un «microejemplo de laboratorio» de cómo la desinformación informativa de la gente de buena fe los deja inermes ante «la resuelta mentira en forma de aserción falsificadora». Y en otras circunstancias, Javier Cercas —autor de un libro muy próximo a asuntos como los que estamos tratando, el ya citado que se titula *El impostor* (2014)— recibió el premio de periodismo Francisco Cerecedo en noviembre de 2019 invocando el respeto, incluso el amor por la verdad, lamentando que la mentira pareciera tener ahora mayor capacidad de difusión que nunca como instrumento principal de dominación de los ciudadanos, y vinculando «la extensión venenosa del nacionalpopulismo» con las «invasiones de mentiras» del Brexit, de Trump y del *procés*.

La posverdad acompaña dicho proceso en varias direcciones: la política e institucional; la económica y financiera; y la histórico-cultural.

La negación de la legalidad encarnada en la Constitución española de 1978, aprobada por amplísima mayoría en Cataluña cuando el referéndum de su ratificación (92 % de síes), anuencia ratificada con el 88,15 % de votos favorables al Estatuto de Autonomía de 1979, y el desprecio a las sentencias y resoluciones emanadas de los tribunales de justicia y del propio constitucional, constituyen otras tantas expresiones de lo que el embajador José Cuenca (2019), en su libro sobre Cataluña y Quebec, califica como «las mentiras del separatismo».

Desafortunadamente, en España no hubo un líder como el quebequés Jean Chrétien, a la sazón primer ministro de Canadá, que cuando el independentismo de su patria chica comenzó a amenazar la unidad del Estado asumió la tarea pedagógica de desmontar las patrañas con que el partido fundado por René Levesque intentaba confundir al electorado. Promovió, además, la «Ley de la claridad», sancionada en 2000, con el objetivo de crear las condiciones para mantener a toda costa la unidad nacional. Cuando el líder del Partido Liberal canadiense —y también quebequés de origen— Stéphane Dion, el impulsor de esta ley, vino a España en pleno *procés* declaró que una disposición semejante no era necesaria aquí: «Ustedes ya tienen los preceptos de su carta magna».

Fue, igualmente, decisiva la evidencia que se transmitió a la ciudadanía de que el derecho de autodeterminación no era aplicable a Quebec, de acuerdo con el contenido y la ejecución de las resoluciones de la asamblea general de Naciones Unidas, así como el Acta final de la Conferencia de Helsinki, suscrita en plena Guerra Fría por los países miembros de la OTAN y el Pacto de Varsovia. La legalidad internacional no concede a ningún territorio integrante de un Estado democrático el derecho a la secesión unilateral. La autodeterminación solo es aplicable en los casos de dominación colonial o de sometimiento a explotación por una potencia extranjera. Con menor fuerza, asimismo podría ser considerada la autodeterminación si un territorio está siendo relegado y discriminado injustamente en el Estado al que pertenece hasta el momento. A todos estos efectos, la resolución 1514 (XV) de la Carta de las Naciones Unidas no da lugar a ninguna duda: «Todo intento encaminado a quebrantar total o parcialmente la unidad nacional y la integridad territorial de un país es incompatible con los propósitos y principios de la Carta de las Naciones Unidas».

Al margen de razones sólidas y hechos contrastados incluso en el terreno económico, en Canadá tuvo lugar en 1980 un primer referéndum perfectamente legal, y el segundo quince años después. En ambos el resultado fue contrario a la independencia. Los argumentos primordialmente emocionales utilizados por los soberanistas no surtieron efecto gracias a aquella pedagogía que, entre otras razones, desmontó la idea —reiteradamente defendida por el líder Lucien Bouchard— de la singularidad histórica y lingüística de Québec. Butros Gali, secretario general de la ONU, había hecho reparar que en el mundo hay tres mil grupos humanos con lengua, personalidad y costumbres propias, pero tan solo doscientos Estados. Por el contrario, Artur Mas declaró en Bruselas en 2012 que no veía ningún problema en el hecho de que la Unión Europea «se rompiera en cincuenta, sesenta o setenta y cinco Estados».

Las seis grandes mentiras —o, si se quiere decir eufemísticamente, *posverdades*— en juego son las siguientes: en la guerra civil, Barcelona se enfrentó a Franco en defensa de las libertades de la nación catalana; las urnas son la democracia, y Madrid no deja votar a los catalanes; con la independencia, Cataluña será inmediatamente reconocida como Estado por la comunidad internacional constituida en la ONU; Cataluña será mucho más rica si rompe sus lazos con España; y finalmente, otras dos patrañas que merecen comentario aparte: la Cataluña independiente seguirá perteneciendo de pleno derecho a la Unión Europea, y el mantra «España nos roba».

Me detengo en la consideración de la primera patraña. Cuando en octubre de 2017 el presidente de la Comisión Europea, el luxemburgués Jean Claude Junker, el presidente del Parlamento Europeo, el italiano Antonio Tajani, y el presidente del Consejo Europeo, el polaco Donald Tusk, recibieron conjuntamente en Oviedo el Premio Princesa de Asturias a la Concordia, en sus intervenciones institucionales y declaraciones públicas confirmaron la doctrina comunitaria existente al respecto, que ya había sido expresada y confirmada anteriormente por Herman van Rompuy, José Manuel Durão Barroso y Martin Schulz, entre otros. A saber: que si una parte del territorio de un Estado miembro deja de estar integrada en ese Estado por constituirse en otro independiente, los tratados de la Unión Europea —comenzando por el propio Tratado de la Unión Europea y el Tratado de Funcionamiento de la Unión Europea— dejan automáticamente de aplicarse en él.

Y, sin embargo, cualquier afirmación de los responsables comunitarios reiterando esta doctrina provoca y sigue provocando la inmediata declaración en sentido contrario de los gobernantes y líderes soberanistas. Su reiteración contumaz tan solo tiene parangón en los incesantes tuits trumpianos.

El artículo 4 del Tratado de la Unión Europea se centra en la afirmación de la integridad territorial de los Estados miembros y su escrupuloso respeto por parte de la Unión Europea. Y el aviso de que cualquier secesión representa la inmediata renuncia a (no, en puridad, la expulsión de) la Unión Europea está en el preámbulo, de palmaria claridad a la hora de proclamar el compromiso con «el proceso de creación de una unión cada vez más estrecha entre los pueblos de Europa», así como en el artículo 52 de dicho Tratado.

Por otra parte, a finales de 2020 la Comisión de Venecia del Consejo de Europa ha vuelto a dar la razón al Tribunal Constitucional español que declaró ilegal el referendo de independencia celebrado en Cataluña en 2017.

Si se quisiera modificar esa carta magna europea, como algunos independentistas afirman que se hará, para retirar esta disposición, que es totalmente opuesta a sus intereses, habrá que tener en cuenta que el procedimiento establecido es complejo, y en todo caso bastaría con que un solo Estado de los veintisiete miembros se opusiese a esta reforma *ad hoc* para que la iniciativa naufragase.

Cierto que la Cataluña ya independizada y fuera de la comunidad europea podría solicitar su incorporación a ella. Imposible sería si la secesión se hubiese producido a la brava, unilateralmente, porque el nuevo Estado no tendría reconocimiento internacional como tal. En el caso contrario, su solicitud entraría en otro *procés* demorado, de varios años, durante los cuales el país candidato tendría el tratamiento de tercero a efectos de aranceles, movilidad de los ciudadanos, beneficios financieros, etc. Y la decisión última para que se integrara *ex novo* en el club europeo debería también que ser aprobada por unanimidad. En tal tesitura, todo parece indicar que no solo sería España el miembro especialmente sensibilizado al respecto, sino muchos otros Estados que tuviesen viva la idea del lema comunitario «Unidad en la diversidad» y no quisieran padecer los daños del «efecto dominó» en sus propias carnes.

Cuando estas verdades son recordadas a los soberanistas, suelen responder que España «los está amenazando». Parecen ignorar que reman a contracorriente, y que en Europa los vientos institucionales son adversos para el logro de la quimera que Artur Mas proclamaba como prometedora de setenta y cinco Estados miembros de la UE en vez de los veintisiete actuales: la idea de integración, y no secesión, es la que precisamente inspiró el nacimiento de la primera comunidad del carbón y el acero que, so capa de acuerdo comercial, velaba el caballo de Troya de una utopía razonable, la de una Europa que acababa de salir de una segunda guerra letal (y en cierto modo, guerra civil) en menos de medio siglo.

Esa es la posverdad del *procés*. Como también, transmitirles a los catalanes que poseen actualmente la ciudadanía europea y este derecho individual no les puede ser retirado. Se trata de una ciudadanía no en origen, sino derivada de la condición previa de ciudadano por un Estado miembro. Pocos bulos merecen tanto su nombre como el de que tras la independencia se podrá mantener en la República catalana la ciudadanía del Reino de España, y resulta increíble que tal patraña sea propalada por soberanistas con alguna capacidad de convencer a alguien.

Asimismo, en la hipótesis de la independencia, Cataluña podría seguir utilizando el euro como moneda, al igual que lo hacen Andorra, San Marino, Montenegro, Kosovo y el Vaticano, o del mismo modo que Ecuador se sirve del dólar estadounidense como divisa exclusiva de circulación nacional. Pero eso no significa que siguiese perteneciendo a la llamada «zona euro». No tendría acceso, pues, a las decisiones del Banco Central Europeo, ni a su financiación; por supuesto, no sería dueña de esa facultad básica de toda soberanía, que es la de emitir moneda. Y todo ello con una deuda de más de 75 000 millones de euros, que la sitúa en la clasificación de los llamados «bonos basura».

De las posverdades políticas e institucionales del *procés* hemos llegado a las verdades económicas. Y en este terreno, cuyos hechos son fácilmente computables en dígitos financieros —no electrónicos— comenzó a funcionar hace años un bulo genuino, como una noticia falsa propalada con el fin de generar desafección hacia el resto de España, algo semejante a lo que Farage mintió con los trescientos cincuenta millones de libras que supuestamente la Unión Europea le robaba cada semana al Reino Unido.

Josep Borrell y Joan Llorach contrarrestaron tales patrañas en 2015 con su libro *Las cuentas y los cuentos de la independencia.* Su objetivo, «analizar críticamente los argumentos políticos y económicos con los que se apoya la independencia de Catalunya». No utilizan los términos *posverdad, bulo* o *patraña,* pero hablan de «cuentos de hadas». Responsables políticos como Mas o Junqueras, más tarde relevados por Puigdemont y Torra, ofrecen a los catalanes la ficción de una independencia sin costes que los liberaría del expolio sistemático siempre ejecutado por España. Cataluña ganaría de entrada dieciséis mil millones de euros limpios de polvo y paja, mantendría todas sus relaciones comerciales sin mayor problema, sería reconocida unánimemente por la comunidad internacional y no saldría de la Unión Europea ni del euro. Y los ciudadanos pagarían la mitad de impuestos.

Es bien sabido que la realidad no ha sido hasta el momento esa. Desde 2017 han abandonado Cataluña más de 6000 empresas por causa de la incertidumbre política y el desgobierno, muchas de ellas rumbo a la Comunidad de Madrid. Pero el engaño en forma de posverdad se ha extendido por la sociedad catalana, en la que, de todos modos, las encuestas sobre intención electoral van indicando un paulatino descenso del voto independentista, que nunca alcanzó el 50 %, y en julio de 2020 estaba en un 42 %, frente al 50,5 % en contra de la secesión.

La posverdad de los dieciséis mil millones de euros se amparaba en una patraña, la de unas inexistentes balanzas fiscales entre los *Länder* y las finanzas globales de la República Federal de Alemania (lo aportado por cada uno de ellos y lo recibido del Gobierno central). El *conseller* Andreu Mas-Colell llegó a reconocer, sin embargo, que con los impuestos pagados en el marco actual Cataluña podría «cobrir el cost de tots els serveis públics que rebem i encara quedaría un petit excedent».

Los autores del libro sobre estos cuentos y cuentas, catalanes los dos, están de acuerdo en que «el nacionalismo es en el fondo una lucha de las elites por el poder. Un combate, de momento limitado al debate. Y la primera víctima de un conflicto es siempre la verdad». Esta víctima, tan concisa y sentenciosamente descrita como tal por el aragonés Baltasar Gracián, sufre también pugnazmente en los debates y combates históricos y culturales.

En esa lucha por el poder, en la que no se cuenta la verdad de las cosas, tampoco se respeta la verdad de las palabras. En 2013, desencadenado ya el *procés* con la declaración soberanista del 23 de enero, más de un año antes de que la RAE publicara la vigesimotercera edición del *Diccionario de la lengua española,* que sería presentado en otoño de 2014, se promovió una campaña atribuyéndole a la Academia —«el principal referent filològic del món hispanic»— la condición de *espanyolista.* Se recurría para su desautorización a una práctica que mantiene lazos de proximidad con otras estratagemas propias de la posverdad, como son las teorías conspiratorias.

De nuevo colocando la venda antes de la herida, se anunciaba que existía un contubernio entre la RAE y el Estado español para perjudicar desde el *Diccionario* el proceso independentista. La prueba estaba en la estrategia de modificar en el *DLE* la definición de palabras clave como *referéndum, consulta popular, plebiscito, autodeterminación, soberanía, soberanía nacional, parlamento, nacionalismo* e *intervencionismo.* También se manejó suspicazmente la inclusión por primera vez de *autogobierno.* En principio no se rechaza la definición propiamente dicha, «facultad concedida a una colectividad o a un territorio para administrarse por sí mismo», pero intencionadamente se manipula la estructura modelo de todos los lemas del *Diccionario* para atribuir un ataque a Cataluña a partir de lo que, puesto en letra cursiva, en este y en muchos otros artículos no es una definición sino un ejemplo que se incluye para explicar la significación: *Las provincias con entidad nacional histórica podrán acceder a su autogobierno.* De ello se saca una conclusión trapacera: que el *Diccionario* intencionadamente da por supuesto que solo las provincias vascas podrán gobernarse a sí mismas.

Asimismo, esta supuesta ofensiva lexicográfica que conchababa a la RAE y a la España de la Constitución de 1978 en contra de Cataluña se fijaba precisamente, y de modo especial, en el campo semántico del *Estado,* primero como ente constitucional, y luego en derivaciones plasmadas en formas complejas como *Estado de derecho, Estado federal, estado de alerta, de excepción, de guerra* o *de sitio.* Lo fundamental es que la conspiración de la lexicografía españolista modificaba la definición considerada «meramente administrativa» del *Diccionario* de 2001 por otra en la que se mantenía la noción de *país soberano,* pero se añadía *reconocido como tal en el orden internacional.* Del mismo modo que se atribuye al nacionalismo español, inspirador de la conspiración, el que se añada en la forma compleja *Estado federal* una referencia a que su autonomía de gobierno esté *sometida al orden constitucional.*

PATRAÑAS HISTÓRICAS Y CULTURALES

He hecho ya alusiones a *verdad y ficción* en la historia de España; superaría mi exigua formación de filólogo hacer lo propio a este respecto con Cataluña. Que no fue nunca un reino independiente, sino que formó parte precisamente del Reino de Aragón. Que en 1700 no luchó en la guerra de Sucesión por su soberanía, sino por los derechos del archiduque Carlos de Austria a la Corona española que finalmente se llevaría un Borbón para reinar como Felipe V. Y que entre 1936 y 1939 no se enfrentó al fascismo para lograr su independencia nacional, sino la derrota de Franco. Hechos que la historiografía científica documenta y prueba, pero que cedieron ante los relatos de posverdad en el simposio que el *Centro de História Contemporánea,* de conocida vinculación con el Departamento de Presidencia de la Generalitat de Cataluña, realizó a finales de 2013 bajo el rubro *España contra Cataluña: una mirada histórica (1714-2014)* como adelanto de la conmemoración del tercer centenario de la caída de Barcelona ante las tropas borbónicas.

John H. Elliot, el gran hispanista británico y estudioso de la historia de Cataluña, calificó este congreso de «disparate», opinión no muy diferente de la de numerosos colegas suyos de prestigio que llamaron asimismo la atención en varios casos acerca de la peligrosa injerencia del Gobierno de la Generalitat en detrimento de la independencia de los investigadores. Este hecho incrementa considerablemente las razones para afirmar que la posverdad andaba por medio, como también el amparo oficial a una cadena de asombrosos bulos y patrañas que en el apartado literario se han venido produciendo.

Dos jóvenes historiadores, que profesan en la Universidad Jaume I de Castellón, el valenciano Vicent Baydal y el barcelonés Cristian Palomo, compilaron en 2020 un volumen con muy clarificadoras aportaciones: *Pseudohistòria contra Catalunya. De l'espanyolisme a la Nova Història.* Y sin duda por mi deformación profesional, puesto a ser selectivo por razones de espacio, me quedaré con algunos datos de bulos y patrañas sobre las teorías de un siglo de oro de las letras castellanas... escritas originariamente en catalán y forzadas a su traducción por la censura inquisitorial.

El *Institut Nova Història,* uno de los protagonistas de este volumen colectivo, recibió desde 2012, a través de su presidente Albert Codinas, tres millones de euros de la Generalitat para producir documentales para la cadena autonómica basados en sus investigaciones. La presidenta de TV3 reconoció que los derechos de emisión entre 2003 y 2019 de sus seis programas le reportaron al Institut casi 200 000 euros más. Lo increíble del caso es el contenido de estos documentales de supuesta divulgación histórica, precedidos por diversas publicaciones del Institut y reforzados en su impacto por cursos impartidos en diversas localidades. Aparte de reiterar una tesis en modo alguno novedosa, la de que Cristóbal Colón no era genovés (ni gallego), sino catalán —Joam Colom i Bertran—, se le atribuía la paternidad de Erasmo de Rotterdam. El periplo hacia las Indias habría comenzado con las naos zarpando de Pals, en Gerona. La impronta catalana arraigaría enseguida en el Nuevo Mundo, pues Francisco Pizarro era en realidad catalán, y no extremeño, así como Teresa de Cepeda y Ahumada, nacida en Pedralbes y no, como se cree, en Ávila. También fueron naturales del Principado los hermanos Pinzones.

No menor sorpresa produce saber, gracias al *Institut Nova Història* (INH), que Cervantes era en realidad otro catalán de Alicante llamado Miquel Servent. Jordi Bilbeny, uno de sus investigadores, afirma en su documental de 2010 «El enigma de Cervantes» que este Servent y William Shakespere son la misma persona, y en tertulias de TV3 defendió asimismo que Leonardo da Vinci era de nación catalán, vástago de la «casa real de Catalunya» (no de Aragón), como prueba la poderosa evidencia de que las cimas que pintó como fondo en sus cuadros fuesen Montserrat.

Asimismo, el anónimo de hacia 1554 que yo explicaba a mis alumnos en Colorado, tal y como conté en el capítulo primero de *Morderse la lengua,* se redactó en catalán y se titulaba *La vida de Llàtzer de Tormos.* Igualmente, *La Celestina* y *El Quijote* fueron escritos en ese mismo romance y traducidos a la fuerza al castellano. Y en la línea del PP valenciano, el INH cree en que los orígenes de la lengua de *Tirant lo Blanc* no están en el latín, como tantos y tantos filólogos han dado por supuesto y la gran mayoría de sus hablantes admiten sin la menor duda, sino en un idioma protovasco derivado del ibero.

Por descabelladas que puedan parecer todas estas ocurrencias, sin tener el menor reparo al desprestigio que aportan consigo, Esquerra Republicana de Cataluña concedió al INH en 2013 el premio Lluís Companys. Y el consejero de Políticas Digitales del Gobierno autonómico, Jordi Puigneró, se sumó a la metodología de Bilbeny para revelar que, en realidad, Juan Sebastián Elcano no era un vasco, sino Joan Cacirea del Canós, y fray Bartolomé de las Casas se llamaba en verdad Bartomeu Casaus.

Ocurre, además, que todas estas mixtificaciones estimulan el empoderamiento agresivo de quienes las urden. Donald Trump, rey del bulo, emperador de la posverdad, tacha de *fake news* a los medios periodísticos que lo critican, entre ellos, los más prestigiosos de Estados Unidos: *The New York Times, Washington Post*, etc. Es la misma actitud manifestada por Bilbeny cuando aprovecha un libro escrito al alimón con el jefe de informativos de TV3, David Bassa, para proclamar que su empeño era desenmascarar la mentira de los historiadores «oficiales». Por ejemplo, John H. Elliot.

Hay un caso reciente, que se ha dado en España a través de las redes sociales y que merece por mi parte una última consideración. Veo en él, además, la confluencia de varias nociones que hemos venido manejando hasta ahora: desde la que Robert Hughes denominaba «la cultura de la queja», porque siempre hay que reivindicarse, por nosotros y nuestros antepasados, como víctimas de algo y de alguien, hasta la manipulación deliberada de la realidad para trabucarla conforme a designios políticos y convertirla en posverdad; desde la retórica como vieja técnica, inventada por los sofistas griegos para llevar al huerto a la ciudadanía, hasta alguna de sus figuras de dicción y de pensamiento, amén de las ya mencionadas por mí, como la ironía (expresión que da a entender algo contrario o diferente de lo que se dice, generalmente como burla disimulada) o el sarcasmo (empleo de la ironía o burla de modo mordaz y cruel).

La cuestión se planteó cuando en pleno 2018 el economista y colaborador televisivo Jesús Arroyo, no sabemos si de veras o en broma, proponía a través de un tuit la demolición del acueducto de Segovia por «ser un símbolo de la opresión de los romanos», «del mayor símbolo de represión que ha existido en nuestra historia», y rogaba amplia repercusión para su demanda en las redes sociales.

De tan sorprendente, por no decir escandalosa, propuesta surgen luego, en racimo, al menos cuatro preguntas:

Al dar pábulo y respuesta al ruego de «difusión para que el Gobierno derribe de una vez el acueducto de los opresores romanos» formulado por Arroyo, ¿estaban en serio los 360 cibernautas de la plataforma *Change.org* que secundaron, en poco más de tres días, esta propuesta de dinamitar un bien declarado Patrimonio de la Humanidad por la Unesco en 1985, y que en 1884 ya había sido elevado a la categoría de Monumento Nacional?

Me pregunto si iba de farol, o no, el internauta J. C. F. G. cuando escribía, a propósito del acueducto, lo siguiente: «es un símbolo de la opresión romana hacia el pueblo ibero. No solo creo en la demolición, sino que también se debe restituir la memoria de todos los trabajadores que fueron esclavizados en esta obra». Y añadía la urgencia de elevar una queja a la ONU, además de pedir al pueblo de Roma que indemnizase a los descendientes de todos los que allí fueron oprimidos.

¿Estamos ante un auténtico trol, es decir, alguien que publica en la red mensajes provocadores? O, por el contrario, ¿hemos de admitir que otro internauta, cuyas iniciales son G. A. Ll., es un decidido militante de la causa cuando escribe, a propósito de la iniciativa de Arroyo, «me parece una medida acertada y oportuna. Respetuosa con nuestro presente democrático y contraria al oprobio y la ofensa que suponen construcciones del pasado que recuerden la esclavitud. Propongo, además, la creación de un centro de interpretación de la esclavitud y la explotación laboral»?

Finalmente, ¿merece la propuesta de Arroyo los insultos y descalificaciones que recibió en las redes sociales, incluida la solicitud de que el Excelentísimo Ayuntamiento de Segovia lo declarase en sesión pública «persona non grata»?

En 2005 Nathan Poe difundió, a este respecto, a través de la página web *www.christianforums.com* una formulación pronto convertida en ley que desde entonces lleva su nombre. Se trataba de un debate sobre el creacionismo, y Poe afirmó que «sin un emoticono que guiñe un ojo o alguna otra muestra clara de humor es completamente imposible parodiar a un creacionista de tal manera que alguien no lo pueda llegar a confundir con uno de verdad».

Esto vendría a significar que los usuarios de Internet no somos capaces de distinguir por nuestros propios medios, sin una ayuda complementaria, entre una postura ideológicamente extrema y su parodia. Sin embargo, históricamente la figura retórica de la ironía era perfectamente decodificada por los que la escuchaban o leían, porque sin necesidad de lazarillo alguno entendíamos exactamente lo contrario de lo que la literalidad del texto o del enunciado verbal del orador formulaban.

Este panorama es preocupante, cuando no desolador. Corrección política, posverdad, neolengua y los otros aspectos de una misma tendencia contemporánea que compromete los límites entre realidad y ficción —y la incidencia de todo ello en la política, nuestro pensamiento y, en definitiva, en nuestras vidas— generan un profundo estado de incertidumbre, de inseguridad sumamente generalizado, y en cierto modo asumido y aceptado por todos nosotros. Lo que representa ni más ni menos que todo lo opuesto a aquellos *safe* o *positive places* que algunas universidades han comenzado a montar en beneficio del equilibrio emocional de sus estudiantes, condenados, al parecer, a la condición permanente de infantes mentales, doblemente paradójica cuando en el mundo que se van a encontrar fuera de los campus reina cada vez con mayor intensidad la más radical de las incertidumbres, la más implacable de las inseguridades.

De la importancia de todo este gran complejo de manifestaciones presentes en nuestro mundo actual da fe, precisamente, la irrupción de la posverdad. Y de modo muy especial su influencia en la lengua, que tendría que servir, más allá de toda corrección política, para expresarnos genuinamente de acuerdo con lo que cada uno de nosotros pensamos, para entendernos los unos con los otros, y para comprender lo que nos rodea en términos de una cointencionalidad (concepto este de la fenomenología de Edmund Husserl) que precisa de la existencia de verdades.

Leído en la prensa (y por lo tanto de veracidad relativa): una ley de un Gobierno asiático autorizaría a los trabajadores para no comparecer en el tajo si la temperatura ambiente supera los cuarenta grados centígrados. Dados los reiterados incrementos térmicos que de un tiempo a esta parte se vienen atribuyendo al llamado «efecto invernadero», aquella filantrópica disposición laboral comenzaba a amenazar la posible viabilidad del «milagro económico» del país en vías de desarrollo, razón por la cual las autoridades, responsablemente, decidieron que los termómetros expuestos al público y los datos oficiales referentes a la temperatura reflejen de oficio diez grados menos de calor. Con ello la ley sigue vigente y se continúa justificando la sensibilidad sociolaboral del régimen, sin que se produzcan, sin embargo, efectos secundarios indeseables o daños colaterales por culpa de la tozudez irreductible de la realidad térmica.

La actitud mencionada representa una evidente negación de la realidad. Reagan fue, a lo que se ha visto, maestro en la retórica precisa para sustituirla por la ficción en cuanto punto de referencia para su política. Veamos otra modalidad del mismo proceso, consistente en profetizar el futuro de la realidad a partir de la mixtificación banalizadora del presente y la ficción del pasado.

Apocalipsis y milenarismo

Hace varios decenios, la aparición nocturna de un cometa, semejante al que en el año 1000 sugirió a los monjes de Lotharingia que el juicio final estaba al caer, reavivó el mismo sentimiento entre los miembros de la secta californiana Heaven's Gate, que en número de dieciocho hombres y veintiuna mujeres aparecieron muertos en su lujoso Rancho Santa Fe, entre los cuales se encontraba su líder, Marshall Herff Applewhite, uno de los históricos del ala más marginal de la *New Age,* la Nueva Era, que tuvo en Paco Rabanne uno de sus voceros más acreditados.

Murieron todos convencidos de su destino mediante el expediente de ingerir salsa de manzana mezclada con fenobarbital. Eran entusiastas de Internet, rendían culto a los ovnis, y de hecho creían que el cometa Hale-Bopp venía seguido de un objeto volador no identificado que cuadruplicaba el tamaño de la Tierra. En cintas de video dejaron sus explicaciones: les esperaba un mundo mejor en otra galaxia a la que les transportaría una nave espacial. Aquí, en el grupo Heaven's Gate, como también en el grupo canadiense del Templo Solar que se inmoló en la hoguera de una casa de campo de Saint Casimir, se dan varias coincidencias que introducen un interesante *aggiornamento* en el apocaliptismo, mediante la irrupción de los ovnis (o de la nave Mir tan temida por Rabanne).

Otra característica de esta secta milenarista, cuyos miembros murieron literalmente con los Nikes puestos, era su absoluta inmersión en la cultura trivial del consumismo norteamericano. Sabemos de sus días previos al suicidio colectivo: fueron al cine a ver *La guerra de las galaxias,* al zoológico y al acuario de San Diego, grabaron sus mensajes testamentarios, comieron *pizza* y también asistieron a la proyección de *Secretos y mentiras* (1995), de Mike Leigh. Me interesa destacar precisamente esta mediación fílmica. Los testimonios de los suicidas son muy claros al respecto: también les encantaba *Star Trek* y series televisivas que se centran en el tema de la conspiración, como *Expediente X* y *Dark Skies*. La infinita credulidad de estas sectas no era muy diferente que la de los miles de europeos que se echaron desesperados al camino cuando el año 1000, pero ahora no son predicadores desmelenados o clérigos visionarios los que los seducen con sus retóricas, sino, según cuenta Damian Thompson (1997) en *The End of Time*, las profecías de «tensión premilenaria» a las que dio forma Hollywood y diseminaron los medios de comunicación. En una sociedad en la que tan pocas personas estaban preparadas para tomar una postura ante el año 2000 y, por el contrario, tantas eran receptivas a la sugestión, las películas y las series televisivas abastecieron de dramas apocalípticos a un público formado por millones de individuos.

Lo que a mí más me preocupa es, precisamente, algo si no tan radical como la muerte de la realidad, sí al menos cercano a su apocalipsis. De nuevo Jean Baudrillard es de referencia obligada. Él nos ha ilustrado acerca del poder mortífero de las imágenes, asesinas de lo real, llevando hasta sus últimas consecuencias el mentado talante apocalíptico. No obstante, yo atenderé ahora, sobre todo, a otro objetivo que Baudrillard también menciona, el estudio de la suplantación de lo real por los signos de lo real, que, por supuesto, no es cosa nueva, pero que sin duda puede adquirir en este nuevo siglo el carácter de una especie de sostenida maldición milenarista.

Al margen de posibles hipérboles a que estos planteamientos puedan dar lugar, lo que sí sigue siendo objeto de controversia hoy en día es que lo real puede no consistir en algo ontológicamente sólido y unívoco, sino, por el contrario, en una construcción de conciencia, tanto individual como colectiva. A esta controversia y sus implicaciones filosóficas dedicaré mi próximo capítulo.

Nelson Goodman fue uno de los máximos defensores de una filosofía «constructivista», según la cual no cabe admitir un universo real preexistente a la actividad de la mente humana y al lenguaje simbólico del que esta se sirve para, precisamente, crear mundos tal y como otro constructivista, Jerome Bruner (1986) explicita en su obra *Actual Minds, Posible Worlds*.

A quienes piensan de este modo no les queda más recurso que admitir no solo la convencionalidad del signo lingüístico, sino también un cierto carácter convencional de la propia realidad. De hecho, ramas de la moderna sociología del conocimiento entienden la realidad humana como algo constituido socialmente, y estiman que su tarea científica consiste precisamente en intentar comprender el proceso por el que tal fenómeno se produce, en lo que el lenguaje desempeña un papel de capital importancia.

Como la semióloga peruana Susana Reisz apuntaba en un artículo de 1979 publicado en la revista *Lexis,* «la inclusión de un fenómeno dado en el ámbito de la realidad o de la irrealidad» varía «de una comunidad a otra y de una época a otra», y este hecho incide sobre la consideración de la literatura, porque lo que podemos denominar «la experiencia colectiva de la realidad» mediatiza la respuesta que el lector da al mundo suscitado por la obra.

Ella misma ofrece un ejemplo harto expresivo de todo esto: *Las metamorfosis* de Ovidio y Kafka presentan, ambas las dos, situaciones igualmente ajenas a la realidad cotidiana de un europeo del siglo I como del siglo XX. Pero la primera no fue considerada en su día una ficción fantástica, pese a que en ella una ninfa perseguida por un dios se convierte en un árbol de laurel, y la de Kafka sí, por el mero hecho inicial de que un oscuro viajante de comercio se transmute en un insecto monstruoso.

Otro ejemplo de lo mismo podría ser este: pensemos en un relato de viajes fabulosos, del tipo de *Maravillas de más allá de Tule*, de Antonio Diógenes, anterior a Pitágoras de Samos o incluso posterior a él, pues su formulación pionera de la esfericidad de la Tierra (en la que según una encuesta periodística de finales de los 90 no creía uno de cada tres españoles) no arrumbó *ipso facto* la creencia contraria. Pues bien, ese hipotético relato que narrase un periplo hacia Occidente del que se regresara a las islas griegas por Oriente sería totalmente inaceptable en virtud de la teoría tolomeica de la circularidad (no esfericidad) de la Tierra.

Verdad y tecnologías

Las actuales propuestas semióticas admiten tres escalones o niveles de espacio textual en el curso de la compleja operación de significar:

el propiamente dicho, o espacio textual por antonomasia, sería, obviamente, el de la novela, el reportaje periodístico, el cuadro, el poema o el filme. En un segundo plano estarían plasmaciones textuales abiertas a varias posibilidades de organización o fijación, como el drama o la partitura musical. Pero el espacio último (o primero, según la perspectiva) correspondería a la propia realidad, que ya significa, pero que carece de organización y fijación, pues permanece al arbitrio de las que le pueda proporcionar cualquiera de las otras dos variables del espacio textual de que hablamos.

A este respecto de los espacios textuales en un contexto de comunicación, Marshall McLuhan fue, ciertamente, un gran agitador de las inteligencias al advertir, incluso exagerando un tanto, acerca de determinados peligros que amenazaban la supervivencia de la galaxia Gutenberg y el triunfo definitivo de la comunicación audiovisual. De ser ciertas sus profecías, este proceso tendría que haberse consumado ya, mas el panorama está lejos de ser tan drástico como él intuía, en parte porque MacLuhan murió antes de la eclosión impresionante de la informática y el ciberespacio tal y como hoy se está produciendo, y antes, lógicamente, de su incidencia tanto en el campo de la escritura como en el de la comunicación audiovisual.

Lo cierto es que la comunicación estuvo siempre muy vinculada a la tecnología, lo que incluso inspiró a Walter Ong su brillante expresión «tecnologías de la palabra» que ya comentamos. La primera de estas aplicaciones tecnológicas fue justamente la escritura, es decir, un procedimiento para representar mediante signos estables y simples el lenguaje oral y los sonidos con que nos expresamos. Este decisivo avance se produjo tardíamente en la historia de la humanidad, pues fueron los sumerios quienes tres mil o tres mil quinientos años antes de Cristo descubrieron un sistema de representación gráfica para las palabras y permitieron entonces, mediante la escritura, dotar de un soporte tecnológico nuevo a la comunicación interpersonal de las ideas, los sentimientos y las percepciones.

El paso siguiente, fundamental en esta evolución de las tecnologías de la palabra y la comunicación, viene dado en el siglo XV por la imprenta, y adquiere nuevo potencial con el desarrollo trescientos años después de la prensa escrita. El periódico democratiza radicalmente la palabra y la lectura a través de un soporte barato, que se difunde con gran facilidad y que habla, además, de la realidad más inmediata de sus destinatarios. Y en el marco de este nuevo momento de evolución tecnológica que representa el periódico, Shaftesbury afirmaba que la incorporación de las nuevas técnicas de grabado había significado para la cultura inglesa del XVIII lo que el descubrimiento de la imprenta en su día. Así, mediante el grabado que evoluciona de la xilografía, la calcografía, la litografía o la xilografía a testa hasta llegar a la fototipia, irrumpe en la galaxia Gutenberg la divulgación de la imagen sobre un soporte tradicional como es el papel.

La galaxia Gutenberg empieza a ceder su primacía en el siglo XIX. En este sentido, es de destacar la preeminencia del medio comunicativo «eléctrico» (en la terminología macluhiana) que asume como propia la oralidad: la radio. Y como testimonio de ello, precisamente cuando hemos asistido ya a una fuerte lucha empresarial y en cierto modo ideológica por el control de las plataformas digitales, conviene recordar otro momento crucial para el desarrollo tecnológico de los medios, treinta años posterior al descubrimiento del sonoro para el cine por parte de la Warner Brothers (*The Jazz Singer,* de Alan Crosland, fue estrenada exactamente en 1927).

Como argumentaba Renato May, si en aquel año el cine, ante todo lenguaje de la imagen, conquistaba el mundo de los sonidos, treinta años después la radio, lenguaje de los sonidos, conquista el mundo de las imágenes. Se estaba así refiriendo al fascinante proceso que representó, en los cincuenta, el uso generalizado de los aparatos televisivos por parte de las familias norteamericanas y la incidencia que tuvo en el mercado de la difusión cinematográfica, primero, y en la propia producción del cine después.

En ese momento decisivo, cuando lo cultural, lo tecnológico y lo financiero-empresarial se confundieron como hoy puede estar ocurriendo también con las nuevas plataformas digitales, las tres grandes cadenas que dominaban la radiodifusión en los Estados Unidos, la CBS, la ABC y la NBC, se hicieron con el control del negocio televisivo, desplazando por completo a los grandes estudios, los *Big Five* de Hollywood: Paramount, Metro Goldwyn Mayer, 20th Century Fox, Warner Brothers y RKO. Pero esto no solo significó el final del sistema clásico de la producción hollywoodiense y del estilo cinematográfico que lo acompañaba, sino que condicionó de modo determinante la estructura y la forma del nuevo cine.

Porque la televisión viene a configurarse como una radio a la que se incorpora una tecnología complementaria, la de la imagen, manteniendo su esencia genuina, puramente oral. Se puede hablar, así, como lo hace Michel Chion, de una auténtica *audiovisión*. Y esto significa, en la dirección opuesta, el refuerzo de la estructura verbal y auditiva del cine frente al predominio enfático de lo visual. En este contexto es en el que hay que entender, por caso, el trabajo televisivo de Alfred Hitchcock, en sus series *Alfred Hitchcock Presents* (1955-1962) y *The Alfred Hitchcock Hour* (1962-1965), un conjunto de trescientos cincuenta episodios basados en relatos de intriga y misterio de los cuales él tan solo dirigió dieciocho, pero en todos los cuales aparecía como narrador representado en la pantalla, indicio de ese reforzamiento de la narratividad oral que la televisión propició desde entonces hasta hoy. El mismo esquema de enmarque que, por cierto, había utilizado Orson Welles en su famosa y controvertida emisión de 1938.

La palabra encontró de este modo un poderoso aliado frente a la imagen, que podría de otro modo llegar a desplazarla casi por completo. Ese fue el diagnóstico apocalíptico de Marshall McLuhan, pero ya en aquellos momentos había atisbos razonables para vislumbrar que no llegaría a ser así, sino que se alcanzaría el sincretismo del que ahora participamos.

Asistimos hoy en día, en efecto, a una nueva revolución en marcha, que es la electrónica y telemática, la revolución de las llamadas «autopistas de la información» y las plataformas digitales. En 1992 fue *The Chicago Tribune* el primer diario que se lanzó integralmente a través de una red informática de servicios múltiples en los Estados Unidos, y dos años más tarde eran ya sesenta los periódicos norteamericanos, entre ellos los más importantes, que se transmitían por un procedimiento similar. Por aquel entonces el número de usuarios conectados a las redes era relativamente pequeño, pues se hablaba tan solo de unos treinta millones en aquel gran país, y a esa limitación sucede, como causa a efecto, la de que los anunciantes sigan prefiriendo el soporte de papel para sus mensajes publicitarios en la prensa escrita, en vez de los que podría representar el soporte electrónico. Pero era ya previsible que el progreso en este terreno iba a ser constante y sostenido en el futuro, como así ha sido en realidad.

Los medios audiovisuales y la red de redes tienen hoy en sus manos, con redoblada intensidad, la capacidad de crear realidades: guerras y paces, héroes y villanos, presencias y ausencias. Por ello no es del todo descabellada aquella pregunta: ¿ustedes creen realmente que los astronautas norteamericanos llegaron a la Luna? El propio

Jean Baudrillard (1991) escribiría un brillante ensayo sobre estos supuestos inspirándose para su título en la comedia de Giradoux: *La guerre du Golfe n'a pas eu lieu*.

Se ha traducido de forma ingeniosa como *documentira* el término inglés *mockumentary,* neologismo inventado para designar los documentales ficticios. Y acaso el más brillante y famoso de todos tenga que ver con las dudas que, irónicamente, expresaba Braudillard. En 2002 en canal Arte France emitió el programa *Opération Lune* del director cinematográfico William Karel, que parte de una decisión tomada por el presidente Nixon a propósito de la misión del Apolo XI. Ante el temor de que la grabación real de la llegada del primer hombre a la luna fallase, se procede a rodar la escena en un estudio de cine bajo la dirección de Stanley Kubrick. Y como las acciones «reales» de Neil Armstrong aquel 20 de julio de 1969 no parecieron lo suficientemente satisfactorias, las que se emitieron fueron las rodadas, fraude que los servicios secretos soviéticos denunciaron, lo que obliga a la Casa Blanca a eliminar a todo el equipo de rodaje menos al director de *2001: una odisea en el espacio.* Solo al final se revela que todo forma parte de una *documentira,* para cuya credibilidad y vereficción se había recurrido previamente a una larga serie de entrevistas «guionizadas» con actores, o debidamente manipuladas con personajes reales de la política como Donald Rumsfeld, Henry Kissinger o Alexander Haig.

El periodista español Jordi Évole utilizó en 2014 el mismo procedimiento de Karel en un de sus programas de la serie *Salvados,* titulado «Operación Palace». La idea, o «premisa» en la jerga de los guionistas, era que el golpe de Estado de Tejero había sido un montaje del Gobierno de Adolfo Suárez y que las imágenes transmitidas por televisión desde el Congreso habían sido rodadas bajo la dirección del cineasta José Luis Garci. En este caso, Évole contó con la complicidad de periodistas, políticos y académicos para arropar la patraña.

No debe extrañarnos el éxito de estos experimentos. Porque según denuncia Jorge Luis Marzo (2018) en un amplio estudio sobre «la competencia de lo falso» —congruente, pues, con «la fuerza de lo falso» de Umberto Eco—, gran parte de las imágenes que hoy nos bombardean son falsas —*fake*—, bien porque están descontextualizadas (pertenecen a una situación diferente a aquella que se pretende ilustrar con ellas), bien porque han sido elaboradas por ordenador «para componer un relato y un lenguaje de producción de sentido». A este respecto, Marzo insiste que hoy «engañar es un mecanismo de producción de sentido».

Desde mucho antes, esa facultad de *poiesis,* más que de *mimesis* de la realidad la tenían los periódicos, y la siguen manteniendo. Y desde siempre ha sido esta una prerrogativa de la palabra literaria. Pero después de los vaticinios de Marshall McLuhan, la imagen se ha convertido en el instrumento privilegiado de esta transición entre el re-producir la realidad y, simplemente, producirla. Un artista de la técnica inventada por Niépce y Daguerre, Joan Fontcuberta, asegura que «el buen fotógrafo es el que miente bien la verdad» que su cámara capta. Se puede hablar, así, de la fotografía como *verofícción,* un neologismo todavía no aceptado por la RAE pero que cumple una función semántica que acabará siendo reconocida.

Siendo como es este asunto tan antiguo como la humanidad, adquiere no obstante nuevas y preocupantes dimensiones en la era posmoderna que vivimos, con su invención de la llamada «realidad virtual». Reflexionemos, como se ha hecho ya, en lo que de autocrítica o de palinodia tiene la severa admonición incluida por Jean Baudrillard (1994) en su ensayo *Le crime parfait*: «El verdadero escándalo es menos el atentado contra las costumbres que contra el principio de realidad». Autocrítica y palinodia, porque este filósofo de la posmodernidad fallecido en 2007 se había empeñado, con el mismo afán destructivo de Foucault o Derrida, en demostrar que la tecnología audiovisual y las nuevas plataformas comunicativas han arrumbado de una vez por todas con nuestra facultad de discernir entre verdad y mentira, entre la historia y la fábula. Su argumento primordial era que vivimos en un mundo en el que la más alta función del signo es hacer desaparecer la realidad y enmascarar a la vez esa desaparición. Y concluía que el arte de hoy no se dedica a otra cosa que eso, al igual que los medios de comunicación. Están abocados, artes y medios, a este destino común.

En gran medida, pues, las fronteras de la nueva semiosis coinciden con las fronteras entre realidad y ficción. Entre la verdad y lo falso (*fake*). Y el futuro semiológico de la realidad dependerá de la retórica y de la ética del demiurgo que puede crearla —no reproducirla— mediante los poderosos signos que están a su disposición y los nuevos instrumentos tecnológicos listos para desparramarlos poderosamente por toda la aldea global.

CAPÍTULO QUINTO

La galaxia *post*. (Pos)Modernidad líquida y poshumanismo. Racionalidad y emocionalidad. Poslengua

Como resumen de lo escrito hasta aquí, valga un hecho: la posverdad y la corrección política se han instalado con descaro en nuestra sociedad y en su cultura política. Y una hipótesis que ya he adelantado en el capítulo anterior: no ha ocurrido tal cosa por casualidad, sino por la confluencia en el último medio siglo de una serie de factores, muchos de ellos detectables ya con anterioridad pero que han cuajado en la llamada posmodernidad. Esta vendría a representar la destrucción, desde varios frentes, del legado de la modernidad que nos dejaron los «apacibles legisladores de la razón», según la atinada frase de Alain Finkielkraut que me gustaría hacer mía.

Si el filósofo alemán Emmanuel Kant, que falleció en su ciudad natal de Königsberg en 1804, es la gran figura que representa lo mejor del pensamiento ilustrado, al que contribuyeron a lo largo del Siglo de las Luces las mentes más preclaras de Europa, Friedrich Nietzsche, muerto un siglo más tarde, en 1900 y en Weimar, se convirtió en el gran debelador de aquel legado, y en el pensador más influyente hasta hoy en quienes han sostenido y propagado el programa deconstructivo característico de la posmodernidad desde los diversos frentes a los que procuraré prestar atención en estas páginas.

Esa expresión feliz que caracteriza al XVIII como *Siècle des Lumières* fue puesta en circulación en 1782, poco antes de la Revolución francesa, por el fisiócrata Pierre-Paul Lemercier de la Rivière, y la mejor síntesis iconográfica de lo que aquel momento crucial en la historia de la humanidad representó está en el grabado que hace de frontispicio en el primer tomo de la *Encyclopédie*, anunciada como un «Diccionario razonado de las ciencias, las artes y los oficios» por sus directores Denis Diderot y Jean le Rond d'Alembert cuando se empezó a publicar en 1751. Vemos allí representada alegóricamente la Verdad iluminada en su templo por la luz del Saber, sustentada por la Razón y la Filosofía y enriquecida por los frutos que todas las ciencias le ofrecen.

El siglo XX, mortal como todos y ya finado, ha sido cruelmente mortífero —desde las dos guerras mundiales, con el Holocausto, Hiroshima y Nagasaki, hasta el terrorismo, la limpieza étnica y el yihadismo— y un tanto mortuorio en el plano filosófico o conceptual. Nietzsche falleció, como ya he recordado, exactamente cuando esta centuria comenzaba, después de haber anunciado la muerte de Dios, de lo que la conocida como «teología sin Dios» o «teología radical» de Altizer, Van Buren, Hamilton, Göllwitzer o Dorothee Stölle se haría cumplidamente eco. Pero lo que el filósofo de Röcken quiso proclamar con su aldabonazo de hacia 1882 trascendía con mucho el terreno de la religión, a la que los ilustrados habían sometido ya a un severo escrutinio completando una tarea que el humanocentrismo del Renacimiento había comenzado y otro filósofo coetáneo de Nietzsche, Augusto Comte, había sentenciado con su propuesta de la superación definitiva del «estado teológico» de la humanidad para llegar al «estado científico y positivo». Siempre, claro está, con los pies clavados en el territorio firme de la razón y la mirada puesta en el desarrollo ilimitado de la ciencia y de la propia sociedad.

Nietzsche incluye su famosa frase «Dios ha muerto» —*Gott ist todt*— en varios aforismos de su obra *Die fröhliche Wissenschaft:* «Después de la muerte de Buda, se mostró aún durante siglos, en una cueva, su sombra [...]. Dios ha muerto: pero [...] habrá acaso aún por espacio de milenios cuevas donde se muestre su sombra. —¡Y nosotros— tendremos que vencer también su sombra!»; «El más grande de los acontecimientos recientes —que "Dios ha muerto", que la creencia en el Dios cristiano se ha desacreditado— empieza ya a proyectar sus primeras sombras sobre Europa». Y lo reitera inmediatamente, incluso con mayor pugnacidad, en una de sus obras principales, *Así habló Zaratustra:* «¡Será posible! ¡Este viejo santo en su bosque no ha oído todavía nada de que *Dios ha muerto*! [...]. En otro tiempo el delito contra Dios era el máximo delito, pero Dios ha muerto»; «*Dios ha muerto;* a causa de su compasión por los hombres ha muerto Dios»; «Pues ese viejo Dios no vive ya; está muerto de verdad». Pero lo más interesante a nuestros efectos fue que su anuncio encontraría eco en una serie muy llamativa de proclamas fúnebres a lo largo de los decenios posteriores.

Así por ejemplo, Francis Fukuyama inauguró antes de que el siglo XX terminara el final de la historia, que habría llegado a su culminación gracias a un *statu quo* supuestamente definitivo: la democracia liberal y la economía de mercado, si bien acabaría por matizar sus tesis de entonces admitiendo que la historia no morirá definitivamente hasta que los avances de la biotecnología no consigan abolir los seres humanos como tales para que comience una nueva historia posthumana.

Damian Thompson (1997), al estudiar el milenarismo contemporáneo, abordaría también *El fin del tiempo,* del mismo modo que J. H. Plum había ya analizado *The Death of the Past* (1969). Frente a tamañas magnitudes mortales parece una bagatela la muerte de la literatura según Alvin Kernan (1990), la muerte de la novela que llevaba anunciándose desde el anterior fin de siglo, la muerte de la tragedia que dio título a uno de los libros de George Steiner (*The Death of Tragedy,* 1961) o la muerte del autor sentenciada por Roland Barthes en un artículo de la revista *Manteia* publicado en 1968.

Como acabamos de leer, con la vaguedad metafórica que lo caracteriza Nietzsche vincula la muerte de Dios con su compasión para con los seres humanos, y en cierto modo al morir Dios se está anunciando también el deceso de todas las imágenes e ideaciones que le son correlativas, entre las cuales la más potente es la del hombre creado a su imagen y semejanza. Cuando es entendido como sujeto de su propia conciencia y dueño de su libertad se nos figura como un sosias de aquel Dios perdido.

Nada extraño, así, que uno de los pensadores más influyentes de la segunda mitad del siglo XX y todavía en la actualidad, Michel Foucault, que ha profundizado en la línea destructiva (o «deconstructiva», como enseguida veremos) de Friedrich Nietzsche y de Martin Heidegger, enarbolase el estandarte de la *muerte del hombre,* que formuló por primera vez interrogativamente en un artículo titulado precisamente así, «L'homme est-il mort?» (*Arts,* 15 de junio de 1966), y enseguida se convirtió en un capítulo, ya sin reservas aseverativo, en *Les mots et les choses* (1966), en donde se afirma que «el hombre es una invención de la que la arqueología de nuestro pensamiento muestra fácilmente su datación reciente. Y quizá su próximo fin».

Tan rotunda proclamación, no menos provocativa que la de Nietzsche a propósito de Dios, puede dar lugar, y de hecho lo dio, a muchas interpretaciones, incluso a muchos *misreadings*, errores de lectura como se los llama en inglés. Entre ellos, la muy extendida convicción de que Foucault abogaba por una destrucción radical de todo humanismo, condenaba la filosofía a una negatividad sin escapatoria y negaba el sentido a toda construcción epistemológica, pero también moral o política.

Por mi parte, considero muy justa la valoración que Finkielkraut haría muy pronto a este respecto en *La derrota del pensamiento*: Foucault anuncia la muerte del hombre como sujeto autónomo, convertido ahora en una especie de campo de acción de fuerzas, de pulsiones y de estructuras que superan con mucho su control consciente. Y lo que incluso es más importante: el concepto unitario del hombre, con alcance universal, «cede a la diversidad de las identidades culturales», rasgo característico de la sociedad y la cultura posmodernas al que habré de volver.

En términos filosóficos, ya he identificado en páginas anteriores como catalizador de la posverdad el relativismo epistemológico, que desde el pensamiento y la ciencia se ha extendido a todas las dimensiones de la sociedad. Este planteamiento, radicalmente contrario al racionalismo, tiene también su fundamento en el Nietzsche de la muerte de Dios, pero en su prevalencia y auge interviene plenamente Michel Foucault.

Si para el filósofo francés el hombre es una invención con fecha de caducidad, no menos trascendencia tiene su idea de que la *verdad* no tiene, como concepto regulador, entidad en sí misma, sino que es fruto de una «voluntad de verdad» que anida en el ser humano y está totalmente determinada por el ejercicio de un *discurso* perlocutivo nacido de una autoridad ritualmente reconocida como tal. Y así, como leemos en *El orden del discurso,* «llegó un día en que la verdad se desplazó del acto ritualizado, eficaz y justo de enunciación, hacia el enunciado mismo: hacia su sentido, su forma, su objeto, su relación con la referencia». Es aquí en donde la confluencia entre Foucault y la deconstrucción de Derrida es absoluta, y destruye el esencialismo racionalista de la realidad y de las verdades ante la logomaquia que caracteriza el influyente pensamiento de los filósofos franceses posmodernos. Para ellos, el discurso no sustenta ya la evidencia del referente, sino que no es más que un divertimento de escritura y de lectura, un intercambio en el que no está en juego más que la cadena, la combinación de los signos. Interpretando esta coincidencia sustancial entre Foucault y Derrida a la luz del pensamiento «fuerte» representado, por caso, por la lingüística de Ferdinand de Saussure, tal cosa quiere decir que el discurso está por entero al servicio del significante, no del significado. Ni de la verdad.

Pensamiento débil

Mas en contra de lo que cabría esperar de un progreso intelectual sin solución de continuidad, alimentado por un pensamiento recio, de impronta humanista y racionalista, de lo que pueden ser ejemplos, entre otros, el marxismo en el siglo XIX y el existencialismo en el XX, en el tránsito entre los dos milenios acabaría por imponerse un *pensiero debole,* el pensamiento débil que Gianni Vattimo vincula expresamente con Nietzsche y Heidegger en su obra de 1985 *El fin de la modernidad. Nihilismo y hermenéutica en la cultura posmoderna.*

Ya he tenido la oportunidad de destacar cómo la influencia de Foucault, Derrida, Deleuze y demás, lejos de irradiar desde Europa, alcanzó la enorme influencia ecuménica que explica la posmodernidad desde las universidades de los Estados Unidos, según estudió François Cusset (2003) en su libro sobre la denominada «French Theory» a la que responsabiliza en principio de una auténtica mutación en la vida académica e intelectual norteamericana, muy influida hasta entonces por un sabio y eficaz pragmatismo. No deja de causarnos un punto de asombro que las cosas hubiesen evolucionado así, por la inconsistencia de tal pensamiento débil agresivamente empeñado, sin embargo, en arrumbar con la fortaleza de los «grandes relatos legitimadores» de la filosofía moderna, y de negar incluso la operatividad de la investigación científica en la búsqueda de la verdad y la comprensión correcta de la realidad.

Como argumentó en su día Terry Eagleton, uno de los críticos más agudos del posmodernismo desde posiciones marxistas, la herencia de Nietzsche a través de Foucault logró que se identificara *verdad* con dogmatismo, lo que significó su rechazo sistemático, irreverente e irresponsable. Pero desde otras posiciones ideológicas, intelectuales de muy diversas procedencias insistieron en lo mismo. Entre nosotros, por ejemplo, Julián Marías, que en el filo de los dos siglos redobló sus advertencias acerca de cómo se estaba generalizando en la esfera pública, en la política o incluso en el pensamiento «vivir contra la verdad», la «complacencia en la mentira», la «destrucción de la verdad histórica» y la «ofensiva contra la realidad» liderada, como también nos advertía por aquel mismo entonces Jean Braudillard, por los poderosos nuevos medios de comunicación, entre los cuales el televisivo le parecía a Marías un «fantástico difusor de las mentiras». Proponía, pues, evitar toda complicidad con la falsificación, y «la reconciliación del hombre con la verdad», que equivaldría a «la reconciliación del hombre consigo mismo». Con justicia Helio Carpintero (2008) calificó la de Julián Marías como *Una vida en la verdad*.

Para desdramatizar un tanto mi desasosiego al respecto he puesto entre los lemas que abren *Morderse la lengua* dos líneas del famoso tango de Enrique Santos Discépolo: *¡Qué falta de respeto, / que atropello a la razón!* Acierta en la misma denuncia Domingo Ródenas de Moya cuando, en el volumen compilado por Jordi Ibáñez Fanés (2017), advierte que en el escenario posmoderno era objeto de inmediata repulsa cualquier propuesta, por tímida que fuese, que amagara cierto aire de familia con el racionalismo humanista o de inspiración kantiana, con el positivismo científico, con el liberalismo burgués republicano o con las «hegemonías heredadas» de clase, sexo o raza, manifestación esta última de la incesante militancia de lo que el sabio polemista Harold Bloom denominaba la «escuela del resentimiento», ideológicamente inspirada sobre todo por el multiculturalismo y el feminismo.

Pero otra de las características de esta «French Theory», que acabó dominando sin que nadie le chistara en muchas universidades, resulta igualmente bastante incomprensible, dado el sustrato intelectual de las comunidades académicas sobre las que su semilla germinó de manera apabullante. Me refiero a su oscuridad, falta de precisión conceptual y manifiesto desinterés hacia el rigor que es exigible a cualquier operación intelectual de amplio alcance y noble ambición. Nada más ajeno al *modus operandi* de la «French Theory» que aquella máxima orteguiana plasmada en una frase redonda e incontrovertible: «la claridad es la cortesía del filósofo».

Al frente de la negación de esta razonable propuesta orteguiana está sin duda el propio Foucault. Contra él y contra sus feudatarios escribieron en 1997 un libro demoledor dos físicos, Alan Sokal, de la Universidad de Nueva York, y Jean Bricmont, de la Católica de Lovaina, que no dudaron en titularlo *Imposturas intelectuales*.

Escriben desde la indignación que les producía no solo el empleo trapacero de conceptos y términos científicos por parte de Jacques Lacan, Julia Kristeva, Luce Irigaray, Bruno Latour, Jean Baudrillard, Gilles Deleuze, Felix Guattari, Paul Virilio y el propio Foucault, sino también su adscripción al relativismo epistémico, a la asunción indiscriminada de la idea de que la ciencia moderna no era más que un *mito,* un *discurso* o una *construcción* aleatoria, consagrada por un principio autoritario de autoridad, valga la redundancia. Y todo ello, arropado por la mistificación, por un lenguaje adrede oscuro, por la deliberada confusión de ideas y el uso frívolo de principios científicos. En suma, un manojo de falencias intelectuales: rechazo de la tradición racionalista de la Ilustración, desconexión absoluta entre las elucubraciones teóricas y cualquier prueba empírica, y un rampante relativismo cognitivo de acuerdo con el cual la ciencia es un *relato* más, fruto de una pura construcción o consenso social.

Dada la imposición de tal «cultura» arraigada en principio en los departamentos universitarios de humanidades, y la pronta hegemonía de los novedosamente denominados «estudios culturales» y «de género», Sokal tomó la decisión de actuar sibilinamente para poner en evidencia que el rey iba desnudo. Presentó a la revista *Social Text,* publicada por la Universidad de Duke, un artículo titulado «Transgredir las fronteras: hacia una hermenéutica transformadora de la gravedad cuántica», que después de haber sido sometido al escrutinio de los réferis del gremio apareció publicada en el número de primavera/verano de 1996.

El texto había sido elaborado por Sokal como una antología de despropósitos científicos, de absurdos lógicos, amparados por un relativismo epistemológico extremo. Daba por definitivamente superado el «dogma» de la existencia de un mundo exterior independiente de cualquier sujeto humano, sobre el supuesto de que la realidad física es, como la social, una construcción comunitaria y lingüística, fruto esto último del logocentrismo que tanto obsesionaba a Foucault (y a Derrida).

Después de analizar la recepción de su engendro, en modo alguno negativa como cabría esperar, Alan Sokal hizo suyo el principio de que la venganza —en este caso, meramente intelectual— se sirve fría, y envió una detallada crónica de su superchería a la misma revista que la había publicado. Pero como *Social Text* rechazó su nuevo original, hubo de publicarlo en *Dissent* en otoño del mismo año, para revelar que había escrito un batiburrillo de citas tomadas al albur de los autores posmodernistas antes enumerados por mí, los cuales recurrían en sus escritos a referencias, o incluso párrafos de investigadores «con una arrogancia que su competencia científica no justifica». Probablemente, se sentían empoderados para tanto porque suponían temerariamente que nadie osaría decir que el rey estaba desnudo, que es lo que Sokal y Bricmont sí que se atreven a hacer, como el negro o el niño inocente de don Juan Manuel, y el furrier cervantino. Estos dos físicos quisieron, con su estratagema, «deconstruir» la reputación de los textos «deconstructivistas» que son deliberadamente difíciles para sugerir que sus ideas tienen máxima profundidad conceptual, cuando en realidad parecen incomprensibles porque lo son: no quieren decir nada. Richard Rorty, en el transcurso de un simposio parisino de 1993 que volveré a mencionar, no se muerde la lengua al afirmar ante un auditorio en el que estaba el propio Derrida que la manera de leer los textos de los deconstructivistas (y menciona expresamente también a Paul de Man) parecía buscar «the presence of a nothingness»: la presencia de la nada.

En dos palabras: se trataba de denunciar la impostura y la deshonestidad intelectuales. Desvelar las patrañas seudocientíficas equivalentes, como las *fake news,* a los billetes falsos que, sin embargo, al amparo de la posmodernidad, consiguen expulsar del mercado intelectual y académico la moneda de curso legal cuya banca emisora es el «pensamiento fuerte».

En definitiva, estamos ante un estrepitoso ejemplo de fraude —de *fake*— asumido —y consumido— por una comunidad académica deslumbrada por los malabarismos y fuegos de artificio de la «French Theory», según documentó François Cusset y Alan Sokal ridiculizó mediante una añagaza a la que se vio obligado, porque decir y demostrar rectamente que el rey estaba desnudo no era posible dada la impenetrabilidad del sistema ante una crítica que lo ponía en evidencia. Sokal prestó, pues, un servicio impagable a la restauración de la verdad, en este caso científica, como el que el periodista hispanoalemán Juan Moreno hizo en el escándalo mediático protagonizado por Claas-Hendrik Relotius.

El ya conocido como «caso Relotius» o, incluso, *Spiegelgate,* fue protagonizado por este joven profesional *free lance,* distinguido por la CNN como periodista del año en lengua alemana, que ejerció una intensa actividad a partir de 2011 sobre todo en medios de su país, y pasó a engrosar finalmente la plantilla de *Der Spiegel.* En 2017 mereció uno de los European Press Prize por un artículo, «La historia de Ahmed y Alin», sobre dos huérfanos sirios confinados en Turquía, y en 2018 por cuarta vez obtuvo el *Deutscher Reporterpreis.*

Después de que trascendieran varias sospechas acerca de la fiabilidad de artículos y reportajes suyos, Juan Moreno denunció sin éxito ante los responsables de *Der Spiegel* que muchos de los datos incluidos en las informaciones de Relotius sobre una milicia norteamericana constituida para perseguir a los emigrantes ilegales que cruzaban la frontera con México eran no solo inexactos, sino también falsos. Demostró incluso cómo el periodista había manipulado correos de la guardia fronteriza de Arizona dirigidos a *Der Spiegel.* Finalmente, la directora adjunta de la sección de sociedad de la publicación, Özlem Gezer, reveló el fraude, lo que precipitó que Claas Relotius acabara por admitirlo públicamente. Como consecuencia del escándalo, todos los reconocimientos que se le habían otorgado le fueron retirados.

Los autores de ese libro valiente y de contenido apasionante que se titula *Imposturas intelectuales* relacionaron su denuncia y sus análisis no solo con la deontología científica, sino también con las implicaciones políticas de semejante embeleco. Porque para ellos, y yo los sigo en todo, el posmodernismo implica una forma antirracionalista de pensamiento que ha seducido incluso a una parte de la izquierda. Y así, universitarios y académicos de mentalidad progresista, o «liberales» como se suele decir en Estados Unidos, han roto con la herencia de la Ilustración para abrazar la deconstrucción importada de Francia —«las últimas locuras de la cultura parisina» en expresión de Noam Chomsky— y otras formas de relativismo epistémico, cuando tradicionalmente la izquierda se consideraba hija o nieta de las Luces como quintaesencia de la ciencia y la racionalidad.

Para científicos como Mark y Deborah Madsen, en su llamada de atención en 1990 acerca de los nuevos rumbos de la ciencia posmoderna, el criterio más directo para reconocerla como tal es que «esté libre de cualquier dependencia respecto del concepto de verdad objetiva», no menos determinante como uno de sus rasgos distintivos que «the irrelevance of reality» que Robert Markley apuntaba en un artículo de *Genre* en 1992. Considerada la realidad como una construcción histórica y social, un debate de científicos sobre ella sería «estrecho de miras». Algo que escandaliza también a Eric Hobsbawn (1998), en este caso desde la experiencia de los departamentos universitarios de Literatura y Antropología, en los que «all *facts* claiming objective existence are simply intelectual constructions».

Pero hay también secuelas políticas de esta perversión posmoderna de la ciencia y el conocimiento. En el desvelamiento de su maniobra, que *Social Text* no le quiso publicar, pero sí *Dissent,* Alan Sokal se autodefine como un «viejo científico» que, en su ingenuidad, cree en la existencia de un mundo externo sobre el que cabe postular verdades objetivas, las cuales deben ser descubiertas y dilucidadas por los investigadores. Pero, asimismo, como el «viejo izquierdista» que es, se declara incapaz de entender de qué manera «la deconstrucción va a ayudar a la clase obrera». Y, citando una página de Alan Ryan escrita en 1992 para la *London Review of Books,* presenta un argumento incontestable. Para las minorías desfavorecidas es un «auténtico suicidio, por ejemplo, adherirse a Michel Foucault, y no digamos a Jacques Derrida», porque para la lucha popular a lo largo de la historia ha sido fundamental la convicción de que la verdad puede socavar el poder, pero si «has hecho una lectura de Foucault en la que la verdad es simplemente un efecto del poder, estás listo». Y, sin embargo, muchos departamentos universitarios, en principio anglosajones, estuvieron dominados por «autoproclamados izquierdistas que han confundido las dudas radicales acerca de la objetividad con el radicalismo político y se encuentran hechos un lío». Casi siempre por el abandono de las grandes reivindicaciones universalistas, que el marxismo potenció, sustituyéndolas por luchas minimalistas, pero comunicativamente muy resultonas, debidas a causas fundamentalmente ligadas a cuestiones de identidad sexual, racial, nacional o de «género». En parte, tal proceso coincide con lo que entre nosotros Félix Ovejero (2018) ha titulado *La deriva reaccionaria de la izquierda* y antes había denunciado Albert O. Hirschman, según he recordado ya, y Alejo Schapire (2019) acabaría de ratificar en *La traición progresista*.

No todos los males de esta negación posmoderna de la verdad, de la realidad, de la razón y de la potencialidad del conocimiento científico debemos achacarlos a la «teoría o escuela francesa» tan bien descrita, y a la vez denostada por François Cusset. Los físicos Sokal y Bricmont no ignoran, por ejemplo, la enorme influencia que en la misma línea ha ejercido un pensador que dio el salto del racionalismo crítico de un Karl Popper —su segundo maestro después de la muerte de Wittgenstein— a un verdadero anarquismo epistemológico para el que «todo vale». Se trata, obviamente, del vienés Paul Feyerabend, físico y filósofo, que coincidió en la vivencia de la revolución cultural de los campus californianos con el berlinés Herbert Marcuse, el padre de la «tolerancia represiva» de la que hemos tratado ya.

Los comienzos de Feyerabend estuvieron vinculados a un recio empirismo lógico y se estrenó como articulista en 1947 con un trabajo sobre la Ilustración en la física moderna. Su tesis de doctorado versó sobre el lenguaje de la observación. Y, según leemos en su autobiografía, para él en esta etapa juvenil la ciencia representaba el fundamento de todo conocimiento, y este era esencialmente empírico. Pero en 1965 su libro sobre *Los problemas del empirismo* avisa de su deriva hacia un anarquismo inspirado emocionalmente por la multiculturalidad de la comunidad académica de Berkeley, donde profesaba. En su autobiografía *Matando el tiempo,* publicada póstumamente en 1995, reconoce las dudas que lo embargaron acerca de su autoridad para transmitir a los alumnos su ciencia y modo de pensar, hasta el extremo de que para él exponer la tradición del racionalismo era «pontificar como un negrero», comportarse igual que un «amo de esclavos culto y elegante». Por este camino llegará fácilmente a su extremado relativismo espistemológico presente ya en obras maduras como su tratado *Contra el método. Esquema de una teoría anarquista del conocimiento* (1970) donde contradice la lógica del método científico, inviable para él desde el punto y hora en que no existen principios universales fundados en la racionalidad, extremo que confirmará en una de sus obras más importantes, de título tan expresivo como *Adiós a la razón* (1987). La Ilustración propiamente dicha del siglo XVIII no fue genuina, sino «la sustitución de una clase de inmadurez (la fe firme e ignorante en la Iglesia) por otra (la fe firme e ignorante en la Ciencia)». La Ilustración verdadera solo se alcanzará mediante una «total democratización del conocimiento». Para lograrla, propone el principio de la proliferación, basado en la formulación de hipótesis inconsistentes inspiradas, sin embargo, en hechos y supuestos correctamente establecidos, con el propósito de minar la confianza en una ciencia recia y estable. Y de paso, desdibujar o desdeñar la firmeza de la verdad.

Igualmente, dio el salto de la física a la filosofía de la ciencia el norteamericano Thomas Samuel Kuhn, riguroso coetáneo de su colega vienés. Su obra de 1962 *La estructura de las revoluciones científicas* vino a proponer una nueva interpretación de los avances de la ciencia desde una postura moderadamente relativista, en cuanto que la negación de una verdad sustantiva y definitiva no implica en Kuhn el rechazo frontal a la secuencia de «verdades» funcionales que se van reemplazando unas a otras. Entre ellas estallan sucesivas «crisis» provocadas por su falsación, que arrastra en cadena los respectivos paradigmas que cada una de esa «verdades funcionales» representaba por otro nuevo, condenado de antemano al mismo fin. Algo que no deja de tener su fundamento, si pensamos, por ejemplo, que el ferrocarril se inventó y desarrolló a partir de la mecánica clásica de Newton que la relatividad de Einstein vino efectivamente a falsar. Los paradigmas son formulaciones conceptuales universalmente admitidas, capaces de aportar durante cierto tiempo a la comunidad modelos para la comprensión de los problemas y para su solución. Pero nunca con carácter definitivo.

GALAXIA *POST*

Después de aquella oleada fúnebre de múltiples decesos que se desencadenó a raíz de la muerte de Dios proclamada por Nietzsche —muerte de la Historia, del Tiempo, del Pasado, de la Literatura, de la Tragedia, de la Novela, del Autor…—, en parte quizá porque tales profecías finalmente no se cumplieron hemos entrado de hoz y coz en otro ciclo o etapa menos drástica en sus formulaciones, pero no por ello menos destructiva.

Me refiero a lo que a veces me siento abocado a calificar como la «era *Post*»; incluso, por seguir la estela de McLuhan, la «galaxia *Post*», que en cierto modo serviría para relacionar la galaxia Gutenberg —el ciclo conducente al racionalismo y la Ilustración que no podría haberse dado sin el invento de la imprenta de tipos móviles— con la galaxia Internet en la que estamos inmersos y, según estamos analizando, aporta el caldo de cultivo imprescindible para el florecimiento de posverdades y correcciones políticas.

En efecto, uno de nuestros dos asuntos centrales participa en su composición léxica del mismo prefijo (*post-*), que está presente en muchos otros conceptos clave hoy por hoy. Comenzando por el más comprehensivo de todos: *posmodernismo*. La actual ortografía del castellano ha hecho decaer a la letra *te* final del prefijo y el guion que la seguía, presente todavía en el título de libros traducidos al español sobre la sociedad *posindustrial* que habían escrito en francés o inglés inventores del concepto como Alain Touraine (*La société post-industrielle,* de 1969) o Daniel Bell (*The Coming of Post-Industrial Society*, 1973). Concepto nacido en el ámbito de la sociología y la economía referente a la transformación progresiva que después de la Segunda Guerra Mundial apuntaba hacia el predominio del sector terciario (servicios) sobre el secundario (la producción fabril), verdugo a su vez de la primacía del sector primario (agricultura) cuando triunfó la Revolución industrial del siglo XIX. Ahora la sociedad posindustrial se confunde ya con la de la información y el conocimiento gracias a la revolución tecnológica propiciada por la informática, Internet y la digitalización. Algunos la consideran la segunda versión de la revolución industrial.

Mas a la sombra del posmodernismo, y en calidad de manifestaciones diversas integrables en él, están el *poshumanismo* del que hemos tratado ya y el *posestructuralismo,* cuyo fruto más granado es la deconstrucción de Derrida, que merecerá un tratamiento singular por mi parte. En términos de sociología política se hablará de *posfundacionalismo,* íntimamente ligado al renacimiento populista; pero la politología actual no duda en plantear ya el concepto de *posdemocracia;* se manejan también las nociones de *poscolonialismo, posmarxismo* y *posfeminismo;* y en medio de esta oleada *post-,* ¿por qué dejar a un lado la posibilidad de que comience a darse también una *posliteratura*? En este orden, contamos con algún precedente ya arraigado, como, por caso, el del teatro *posdramático,* concepto puesto en circulación por Hans-Thies Lehmann (2005) al socaire, evidentemente, del posmodernismo imperante, pero que en definitiva no hace más que enfatizar la naturaleza fundamentalmente espectacular del arte de Talía, integradora de un amplio sistema de signos más allá de lo que el texto literario significa. Y me atrevo a anunciar desde ya que al final de este capítulo defenderé tímidamente que, en vez de la *neolengua* propuesta por George Orwell, sobran indicios para hacernos otra pregunta: ¿la posmodernidad líquida poshumanista acabará por instaurar en las posdemocracias la *poslengua* como idioma oficial?

Desde el punto de vista de su aportación semántica como elemento compositivo es de notar, a la luz de los ejemplos enumerados, que hay algo de diferente en relación a los dos significados primordiales que *post-* venía aportando, a saber: 'después de' (por ejemplo, *posbélico*) o 'detrás de' (*posponer*). Ahora el prefijo parece sugerir, mejor que tiempo o posición, un cambio en la propia esencia semántica del núcleo sustantivo al que se incorpora. Ejemplo máximo de lo que digo bien podría ser *posverdad*, que equivale a bulo o, simplemente, mentira; *poshumanismo* representa, por su parte, muerte o final; como más adelante explicaré brevemente, para mi criterio, *posliteratura* no es ni la muerte que anunciaba Alvin Kernan ni una nueva etapa en la creación literaria, sino un cambio en profundidad de los fundamentos literarios sin renunciar al aura del arte de la palabra, sobre todo de cara a la estima social y la difusión comercial de sus productos; algo muy semejante a lo que ocurriría con la *posdemocracia,* mantenedora de los elementos formales del sistema y el ceremonial de las elecciones a costa de tergiversar su espíritu sobre todo en cuanto a la libertad, y en menor medida la igualdad y la fraternidad; y en lo que toca al *posmarxismo* y al *posfeminismo,* siguen siendo en puridad las mismas ideologías, pero acomodadas a los nuevos tiempos. Tiempos posmodernos.

Peter Watson publicó en 2000 la que considero la mejor *Historia intelectual del siglo XX* que yo conozca, cuyo título en español es suficientemente descriptivo de su contenido, pero pierde el embrujo que en la versión original le daba un verso del poeta irlandés y Premio Nobel de Literatura W. B. Yeats: *A Terrible Beauty. A History of the People and Ideas that Shaped the Modern Mind.*

Esta magnífica síntesis en poco menos de mil páginas se centra, pues, en la «inteligencia moderna», cuyas aportaciones más destacadas en todos los campos de las artes, las ciencias y el pensamiento recoge con precisión y exhaustividad. Por puras razones cronológicas, Watson, al que imaginamos desde los años ochenta del pasado siglo dedicado noche y día a documentarse, a reflexionar sobre la información acumulada y a escribir su libro, no alcanza a plantearse el nuevo ciclo que vendría después de la «Modern Mind» presente en su título: la post-modernidad. Pero, lógicamente, no está ajeno a ella, y así en el último párrafo de su introducción se cura en salud afirmando que «es demasiado pronto para determinar si la sensibilidad que da pie a la cuarta parte de este libro, conocida como posmodernismo, representa una ruptura tan marcada como pretenden algunos». Consecuentemente, en esa cuarta parte dedica sendos capítulos a la revolución tecnológica de Internet, inmediatamente anterior y precedente de nuestra sociedad digital, y a lo que denomina «la guerra de las culturas», en donde repasa los primeros debates entre poshumanistas, multiculturalistas y deconstructivistas y los defensores de las humanidades, del canon y de las categorías de valoración desideologizada aplicables a las creaciones artísticas, culturales y científicas. Entre estos últimos concede especial atención a autores que nos están acompañando, como Allan y Harold Bloom, Lawrence Levine, Dinesh d'Souza, Martha Nussbaum, miembros todos del grupo que Stanley Fish calificaba en un sonado congreso de 1988 en Chapel Hill como «conservadores culturales».

En todo caso, y por mucho que echemos de menos una visión del posmodernismo que ojalá algún día Peter Watson nos llegue a proporcionar, hay algo que me interesa aprovechar de su experiencia hercúlea como compilador e intérprete de la historia intelectual del siglo XX, porque tiene mucha importancia en relación con una de las grandes objeciones y críticas inmisericordes que se han vertido contra el legado del racionalismo y la Ilustración desde posiciones identificadas con el multiculturalismo. Me refiero a las acusaciones en contra de la imposición eurocéntrica de un canon rígido de pensamiento y la consecuente preterición y condena al limbo de todas las aportaciones genuinas y autóctonas de las culturas que empiezan a levantar cabeza y buscar su lugar al sol en la nueva era poscolonial.

Inquieto por la comprobación de la casi nula presencia de contribuciones, en los campos de la creatividad humana acotados, de culturas distintas a la occidental, recurrió a «eruditos especializados» en la India, China, Japón, África central y meridional y el mundo árabe cuyas respuestas unánimes lo hicieron sentirse «horrorizado —y no es ninguna hipérbole—». Ninguno de sus informantes negó la evidencia de que no ha existido en el siglo XX «un equivalente chino al surrealismo o el psicoanálisis», ni tampoco «una contribución india que pueda compararse al positivismo lógico ni una escuela africana semejante a la de los *Annales*» en la historiografía francesa. Más aún, varios de ellos, pertenecientes a razas diversas, convinieron en que el principal esfuerzo intelectual de sus respectivas culturas había consistido, a lo largo de ese periodo que parte del siglo XVIII, en asimilar la modernidad y asumir patrones occidentales sobre todo en lo referente a la democracia, el arte, el pensamiento y la ciencia. Todos estos testimonios recabados por Watson reivindican a Saul Bellow, al que no se le perdonó, como ya mencioné al principio de mi libro, que preguntara un día por el Tolstoi zulú.

He utilizado indistintamente, en mi digresión acerca de la galaxia *Post*, *posmodernidad* y *posmodernismo*. Comparten una misma referencia de fondo que se matiza con dos especificaciones distintas. La *posmodernidad* consiste en un periodo de la historia de la cultura en el que estamos inmersos; el *posmodernismo* es el conjunto de formas, conceptos y expresiones que lo configuran como tal periodo diferenciado.

Una constante del posmodernismo ha sido ya apuntada en páginas anteriores de este capítulo y de los que lo han precedido: la desconfianza, cuando no el rechazo, hacia nociones firmes arraigadas en el espíritu de la modernidad como, precisamente, la verdad, la razón, la objetividad, el progreso, la solidez y univocidad de la ciencia.

Una manifestación rotunda de tales suspicacias se plasma en lo que, de acuerdo con la terminología posmoderna, se conoce como la negación de los «grandes relatos legitimadores» según propuso Jean François Lyotard (1979) en su obra seminal sobre la «condición posmoderna». Su rechazo radical de una «razón totalizante» —teológica, científica, filosófica o económica— arrasa con aquellos grandes sistemas de interpretación de la realidad que ahora se ponen en solfa, a los que se hace culpables de imponer subrepticiamente relaciones de poder hegemónico, de violencia y subordinación. El primero de ellos es el racionalismo ilustrado, y son sus cómplices el empirismo, el pragmatismo, el positivismo lógico, la filosofía analítica y un nuevo racionalismo crítico, pero también van en la misma línea connivente las religiones, ideologías muy elaboradas como el marxismo, y la democracia formal fundamentada en el republicanismo francés y norteamericano triunfante de las revoluciones políticas del XVIII que acabaron con el antiguo régimen y la dependencia colonial de la metrópoli.

Estos postulados revolucionarios fueron declarados «verdades evidentes» por los colonos norteamericanos que se proclamaron independientes de Gran Bretaña en 1776. El posmodernismo se acomoda, por el contrario, a un mundo de contingencias, insuficientemente explicado, diverso, inestable, indeterminado, culturalmente caótico, como lo califica Terry Eagleton (1998). Y Michiko Kakutani (2018), en su libro sobre la «falsedad en la era de Trump», recuerda los términos en los que Abraham Lincoln, en su famoso discurso en el Springfield Young Men's Lyceum el 27 de enero de 1838, basaba el mantenimiento de la democracia: el predominio de la «razón pura», «razón fría, calculadora y desapasionada», una «sólida moral» y el respeto escrupuloso a la Constitución y las leyes. El cuadragésimo quinto presidente no es, en este sentido, un seguidor fiel de semejantes principios por su rechazo patente, que hemos comentado ya, hacia el «discurso racional» y su contribución a que la ignorancia se haya «puesto de moda». Según esta periodista de *The New York Times,* Donald Trump, con su repudio a los «valores del racionalismo, la tolerancia y el empirismo tanto en su política como en su *modus operandi*» encarna, por el contrario, «unos principios que están en las antípodas de la Ilustración».

Para la definición del movimiento posmoderno fue fundamental la obra de Gianni Vattimo *El fin de la modernidad,* publicada en 1985. Para este filósofo italiano es determinante la relativización de la verdad, no como una entidad que exista «en esencia», intangible e invariable una vez enunciada, sino que siempre se dé «en acto», en virtud de un consenso interpersonal y una determinada creación discursiva. Incluso los hechos empíricos están contaminados de «teoría» y hay que abandonar de una vez para siempre la ingenua pretensión de que existen argumentos lógicos y principios formales verdaderos *a priori*. Todo ejercicio de la mente humana es comprensión, interpretación, y ninguna hermenéutica puede darse por definitiva. De ahí que Gianni Vattimo subtitule su libro de 1985 *Nihilismo y hermenéutica en la cultura posmoderna.* Y en vez de una racionalidad central, válida universalmente, como defendía Emmanuel Kant y los filósofos alemanes, franceses e ingleses de la Ilustración, el mundo obedece a una multiplicidad de «racionalidades locales», vinculadas a la pluralidad y plurivocidad de sujetos, amparados todos por un fundamento muy sobrevalorado cual es el de la identidad, sobre lo que volveré más adelante.

Es interesante destacar también cómo Vattimo conecta esta dispersión y proliferación de verdades características de la sociedad posmoderna con la multiplicación de los medios que posibilitan hasta extremos antes inconcebibles la presencia y la voz de múltiples «dialectos», o modos de ver el mundo y la realidad, en vez de uno solo predominante.

Porque junto a la crisis de la verdad, también asistimos a la crisis de la historia. Los ilustrados, Hegel, Marx, los positivistas e historicistas coincidían en que su sentido y su curso eran unívocos, y la historia consistía en las realizaciones de la civilización europea. Pero este modelo continental es uno más entre otros. Para los multiculturalistas y poshumanistas más radicales, totalmente nefasto; para Vattimo, no necesariamente el peor. Pero a mis efectos, lo más interesante de su teoría es que para él la imposibilidad de concebir la historia como un decurso unitario no es fruto tan solo de la crisis del colonialismo y el rechazo del eurocentrismo, sino también resultado de la irrupción de los nuevos medios proliferantes de comunicación social. Ellos han sido, según Vattimo (1990), «la causa determinante de la disolución de los puntos de vista centrales» representados por los «grandes relatos legitimadores» de Lyotard.

En vez de esas grandes construcciones intelectuales, científicas o ideológicas, lo característico de la posmodernidad es un «pensiero debole», en términos del propio Vattimo que ha obtenido gran éxito por la expresividad con que define una nueva *Weltanschauung*, la visión del mundo posmoderna. El pensamiento débil es un pensamiento antimetafísico, entendiendo por metafísica la idea de que existe un orden objetivo del ser. Vattimo considera, como Heidegger, que el ser es evento, esto es, apertura de horizontes a través de la historia. Pero también existe una proyección política de sus ideas a este respecto. El pensamiento «fuerte», el metafísico, solo puede ser ejercido imperialistamente por los vencedores, perpetuadores del *statu quo*. El pensamiento débil, por el contrario, pertenece a los marginados, los disidentes, las minorías que lógicamente no luchan por mantener el orden establecido del mundo, sino por ponerlo en cuestión. Y es aquí donde esta dimensión del posmodernismo en la formulación de Vattimo conecta inmediatamente con la problemática de las identidades, con los afanes del multiculturalismo y con las críticas implacables del poscolonialismo contra el eurocentrismo imperialista y contra el racionalismo ilustrado, considerado ahora como un instrumento opresor, nunca libertador.

En confluencia con Vattimo, Lyotard (1979) había asegurado con anterioridad que «la nostalgia del relato perdido» no tenía ya la más mínima vigencia, pues se había consumado para siempre la «erosión interna del principio de legitimidad del saber», y el triunfo de la incredulidad hacia las metanarrativas o grandes relatos legitimadores, sustituidos ahora por «micronarrativas» sin necesidad de que haya acuerdo acerca de lo que es real, en el supuesto de que algo lo sea. De tal modo, la legitimación de nuestras comprensiones del mundo depende exclusivamente de nuestras prácticas o «juegos lingüísticos y de nuestra «interacción comunicacional». Frente a un «saber filosófico o científico», lo que existe posmodernamente es un «saber narrativo», y cada enunciado debe ser considerado como un lance de juego, idea esta muy cercana al logocentrismo del que tratan un Derrida o un Foucault.

Ahora bien, regresando a la argumentación de las «racionalidades locales» y el relativismo de los puntos de vista potenciados por la inflación comunicativa, multiplicar las posibilidades de información acerca de la realidad hace cada vez más problemática la idea misma de *una* realidad. Y tal proceso emancipatorio conduce, sin embargo, a la erosión del propio «principio de realidad», a la pérdida del «sentido de la realidad». Huelga decir que de esta manera, y con el relativismo de la verdad ya apuntado, queda expedita la senda conducente a fenómenos actuales como la posverdad que estamos analizando precisamente como un síntoma más, y no el menos interesante, del posmodernismo.

No es mi pretensión agotar todas las manifestaciones que se dan en este periodo de la posmodernidad, ni definir en detalle todos los aspectos y elementos componentes del posmodernismo. Me basta con enumerar una serie de rasgos comunes al periodo y el movimiento que hemos ido desentrañando ya porque varios de ellos dibujan el caldo de cultivo tanto de la corrección política como de la posverdad. Por ejemplo, la negación de la realidad objetiva independiente de la percepción humana. Ello implica que el conocimiento de cualquier hecho, conducta o proceso estará siempre impregnado de perspectivas individuales, condicionadas por la identidad de género, raza, clase social, procedencia familiar, adscripción ideológica, compromiso político, etc. Se acabó la era de las grandes metanarrativas universales y trascendentes. Todo ello representa también lo que Michiko Kakutani considera sin paliativos «la muerte de la verdad».

Conclusión posmoderna: la Ilustración, lejos de representar el gran momento del triunfo de la razón y el alba de un nuevo régimen basado en la libertad y la igualdad, fue el caballo de Troya de una interpretación hegemónica y eurocéntrica de la historia, que, so capa del mito del progreso, en realidad dio alas al colonialismo, el imperialismo y la explotación.

Deconstrucción

No menor importancia que lo dicho tiene en la enciclopedia del posmodernismo la consideración del lenguaje, al que se concede gran relevancia como objeto de reflexión filosófica como hemos visto ya con Foucault. Pero es aquí donde el papel de Jacques Derrida destaca sobremanera a través de su teoría de la *deconstrucción* que obtuvo un éxito sin precedentes en las universidades de los Estados Unidos después de que su arraigo inicial en los departamentos de Literatura se extendiera fulminantemente al resto de las humanidades, a las ciencias sociales o incluso, y de manera muy sorprendente para mí, a la propia arquitectura.

Esta última desasosegante sorpresa me sobrevino de primera mano por el conocimiento directo de la obra de uno de los arquitectos deconstructivistas más relevantes, junto a Mark Wigley, Richard Meier, John Hejduk, Charles Gwathmey o Michael Graves: Peter Eisenman. Fue el autor del proyecto de la Ciudad de la Cultura de Galicia en años en los que yo me desempeñaba como rector de la Universidad de Santiago de Compostela. Aquella obra faraónica era como el do de pecho de una concepción que distorsiona y altera profundamente principios básicos relacionados con la estructura y la imagen externa de los edificios, que ahora se vuelve extrañamente impredecible o incluso caótica, al menos en apariencia, por la aplicación sorprendente de una geometría no euclidiana. Inspirada, además, tanto en la negación del antropocentrismo como en los principios del poshumanismo.

En la entrevista póstuma que Nuccio Ordine le hizo a George Steiner y se publicó en la prensa internacional el miércoles 5 de febrero de 2020, el gran humanista confiesa, literalmente: «No he entendido el movimiento contra la razón, el gran irracionalismo de la deconstrucción». Desde mi modesta posición intelectual, en modo alguno comparable a la de este gran maestro, me atrevo a decir que no ha llegado a caberme en la cabeza cómo puede concebirse una arquitectura *deconstructiva*, pues el fundamento de esa profesión y disciplina, en la que se dan la mano el rigor matemático y la inspiración creativa, es precisamente la *construcción.* Y mi perplejidad se agiganta cuando pienso en cuál es la fuente filosófica del concepto de Derrida. Se trata, ni más ni menos, de la *destruktion* propuesta por Martin Heidegger (1927) al principio de su obra fundamental, *Ser y tiempo,* cuando aborda «la tarea de una destrucción de la historia de la ontología». Alcanzar el objetivo, perseguido por el filósofo, de una comprensión recta y desnuda de la realidad del ser, del *Dasein* (el *ser-ahí*), exige destruir las capas que la han ido encubriendo, solidificadas en el curso de la historia del pensamiento. Mas, viniendo de ahí, la *deconstrucción* de Derrida es más radical que la *destrucción* de Heidegger, pues el filósofo francés considera que esta tan solo logra una especie de «desmontaje» de aquellas excrecencias y prejuicios, consigue a lo sumo aflojar el control hermenéutico ejercido por los elementos más poderosos y perdurables de la tradición. La diana debe situar en su centro al lenguaje, responsable en última instancia de la arbitrariedad del pensamiento; y de su falta de sustancia, como rezan los famosos versos de Macbeth ante el cadáver descoyuntado de su esposa que William Faulkner tomaría para el título de una de sus novelas principales, *The Sound and the Fury.*

Para Derrida, no existen en los textos cualidades arquitectónicas positivas como la solidez, la estabilidad y la firmeza. Muy al contrario, son entidades discursivas inestables, de irreductible complejidad, siempre al albur de la subjetividad lectora. Mediante una prosa —la suya— contraria a los ideales ilustrados de la claridad y la precisión, el padre de la deconstrucción subraya sobre todo sus contradicciones y ambigüedades. Y deconstruye su escritura recurriendo a la repetición, la polisemia, la diseminación y la diferencia. O mejor, *différance,* según el neologismo —y a la vez calambur y paranomasia— por él acuñado en donde esa letra *a* insertada pretende sugerir, junto a la distinción o desigualdad (*différence*, 'diferencia'), interposición o retraso (*différer*, 'diferir'). La verdad queda diseminada y diferida: simplemente no existe ya. Y la filosofía, decapitada. El relativismo de la deconstrucción da paso a un nihilismo extremo, pues cualquier enunciado puede significar cualquier cosa, al margen de la intención expresiva del enunciador. No hay, pues, lecturas correctas posibles. Y, en todo caso, no tiene ya sentido alguno hablar de la referencia. «Il n'y a pas de hors-texte»: solo queda el vacío (ni realidad ni verdad) más allá del texto, viene a proponernos Jacques Derrida. Nada más allá del texto mismo.

Por eso, en su jerga menudean otras expresiones no menos desconcertantes (y desmotivadoras para cualquier heredero de la razón ilustrada en plena posmodernidad) como «inestabilidad del lenguaje», «indeterminación de los textos» o «formas alternativas de conocimiento». Frase esta última que nos recuerda los «datos alternativos» de la asesora Conway. Otro compañero suyo en el ala oeste de la Casa Blanca aconsejó a un fontanero del primer ministro japonés Shinzo Abe que no se tomase nunca al pie de la letra las afirmaciones del presidente norteamericano, y Corey Lewandowski, que había trabajado para él cuando era candidato, advirtió por su parte a los periodistas que no cometiesen el mismo error, pues los estadounidenses sabían muy bien que no había que hacerlo con las palabras de Donald Trump.

No me parece, de todos modos, muy probable que Trump haya leído tampoco a Derrida, a diferencia, por ejemplo, de Samuel P. Huntington (2004) que le dedica todo un capítulo de su libro titulado enfáticamente *¿Quiénes somos?,* donde atribuye «el fomento de la deconstrucción de la misma identidad estadounidense que se había ido creando paulatinamente a lo largo de los tres siglos anteriores» a una «coalición deconstruccionista» de naturaleza sorprendente. Huntington la singulariza por el hecho de que, junto a algunos de los propios funcionarios del sistema, formaban en ella activistas «liberales» (progresistas) para quienes el multiculturalismo, el feminismo y la diversidad «pasaron a ocupar el lugar de las ideologías y las simpatías izquierdistas, socialistas y obreras».

El ejemplo de Huntington sirve para documentar el alcance de la irradiación deconstruccionista más allá de los recintos académicos, en los que comenzó triunfando en departamentos que conozco muy bien, pues son los míos, a los que comencé a ir precisamente a principios de los años ochenta del pasado siglo, cuando Derrida se convertía en la *prima donna* de los estudios literarios y enrolaba en su escudería a jefes de fila tan sólidos (y en algún caso, controvertidos) como Joseph Hillis Miller, Stanley Fish o Paul de Man, cuyo pasado filonazi provocó un considerable escándalo promovido desde *The New York Times*.

De todo ello trata François Cusset (2003) en su libro que ya me ha servido de apoyo. Según sus datos, fue en 1966 cuando un simposio de la Johns Hopkins University sobre «El lenguaje de la crítica en las ciencias humanas» aupó al estrellato a Derrida, por encima de otras figuras también venidas de Francia como Jacques Lacan, Roland Barthes o Tzvetan Todorov, y anunció el nacimiento de otro *post-*, el *posestructuralismo.* A pesar de estar ausente en esta ocasión, enseguida adquirirá también la consideración de «mandarín del momento» Michel Foucault, que polemiza con el humanista más prestigioso ya entonces, George Steiner. Pero de *De la Grammatologie* de Derrida, traducida en 1976 para la editorial de la Johns Hopkins por Gayatri Spivak, acabarán vendiéndose ochenta mil ejemplares.

Con aquella prestigiosa universidad organizadora del simposio mencionado, constituyen el triángulo dorado posestructuralista Yale y Cornell, en donde comienza a publicarse en 1971 la revista *Diacritics.* Otra plataforma decisiva para la difusión de estas ideas es *Semiotext(e)*, fundada en la Universidad de Columbia en 1973, y desde 1974, *Critical Inquiry,* de la Universidad de Chicago. El seguimiento que Cusset hace de la evolución registrada en la temática de los paneles incluidos en las convenciones anuales de la Modern Language Association (MLA), la mastodóntica organización que reúne a todos los profesores universitarios de Lengua y Literatura que enseñan en Estados Unidos, es muy expresivo a este respecto, pues nos permite apreciar cómo los planteamientos humanísticos tradicionales, la perspectiva filológica y el respeto hacia el canon establecido de los autores y obras considerados clásicos ceden su lugar a nuevas orientaciones. Así, por ejemplo, en la convención anual de 1983 se anunciaron mesas redondas sobre «Deconstrucción y muerte de Dios» o «El porvenir del feminismo marxista». Y poco después, en el mismo decenio, eran objeto de presentación y debate temas como «Imaginería clitorídea y masturbación en Emily Dickinson» o «Salir del armario como mujer obesa».

Uno de los resultados más patentes del triunfo alcanzado por la «French Theory» fue la desaparición de la literatura como categoría delimitada y predominante, y la emergencia de los «Cultural Studies», cuyo triunfo en los departamentos humanísticos se producirá enseguida. Pero no se me oculta, precisamente ahora cuando escribo *Morderse la lengua,* que es un libro pensado no para mis colegas, sino para un público general, que las aportaciones intelectuales de Derrida están en la raíz tanto de la posverdad como de la corrección política. En cuanto a la primera, porque su relativismo radical niega cualquier posibilidad a la existencia de una verdad estable. Y en cuanto a la segunda, porque su deconstrucción del lenguaje admite, o incluso sugiere, hacer de las palabras algo así como una pasta amorfa y viscosa que pueda servir igual para un roto que para un descosido.

No me he cansado de denunciar —tarea en la que, por supuesto, no estoy solo— el daño que la deconstrucción ha infligido a la valoración de la literatura en las universidades norteamericanas, en contra de lo que había establecido históricamente su modelo de educación liberal, según el cual las Letras eran insustituibles para la formación integral de los estudiantes, que comprendía la ética y la estética, la competencia expresiva y comunicativa, el bagaje enciclopédico. La literatura rebosaba sentido, significaba algo, formaba, a través del conocimiento de las obras clásicas, la capacidad de valoración artística de los educandos, a quienes proporcionaba además información sobre asuntos importantes que Northrop Frye llamaba *incumbentes*, es decir, próximos al meollo de la condición humana.

La deconstrucción apunta en sentido opuesto: la ausencia de sentido de los textos eminentes que constituyen la literatura. Desafortunadamente, tal fue el poso que la deconstrucción fue dejando y esto, en mi criterio, tuvo una consecuencia inmediata en el régimen interno de las universidades y en la propia financiación de las humanidades. ¿Para qué invertir en unos estudios que sus propios profesores defienden que no encierran sentido? Mis declaraciones en esta línea, que no han sido pocas, significan por mi parte una expresión de solidaridad con mis colegas, sobre todo norteamericanos, entre los cuales no faltan quienes suscribirían mi diagnóstico por tajante que pueda parecer.

Así, por caso, lo hizo Edward Said (2004) en su última obra *Humanism and Democratic Criticism*. No tuvo empacho en reconocer, con la credibilidad que le daba su posición privilegiada de *scholar* reconocido por las más importantes universidades norteamericanas, que el poscolonialismo, los estudios culturales y otras disciplinas similares acabaron por desviar las humanidades de su objetivo más genuino, esto es, la investigación crítica de los valores, la historia y la libertad, derivando hacia un conjunto de despreocupadas especialidades la mayoría de ellas basadas en la identidad. Por otra parte, estaba convencido de que estas variedades de «deconstructive Derridean readings» terminan «en indecisión (*undecidability*) e incertidumbre (*uncertainty*)». No debe sorprendernos, pues, la única solución que Said propone en su última obra: un retorno al modelo interpretativo filológico que, con una base firme, había prevalecido en Norteamérica desde la introducción en ella de los estudios humanísticos hace más de ciento cincuenta años. Estos llamamientos de Said constituyen su legado a modo de testamento. En su libro póstumo propugna, pues, «el retorno a la filología» como camino inexcusable para el fortalecimiento, en nuestro convulso siglo, de una «idea de la cultura humanística como coexistencia y participación». Para el logro de tal objetivo sigue siendo fundamental la lectura, cuyo ejercicio se puede enseñar y aprender. Lectura, por supuesto, «para buscar sentido» —«reading for meaning»—, dentro y fuera de nuestra órbita cultural más próxima, para lo que resulta imprescindible la traducción como práctica cultural. ¿Tendría sentido una «traducción deconstructiva» de un texto, que vendría a ser expresión máxima e hiperbólica del clásico dicho italiano *traduttore, traditore*?

Nada me disuade, a la vez, de pensar que la deconstrucción posmoderna está detrás de un nuevo fenómeno que calificaré como la consagración de una auténtica *posliteratura.* Ya en 1950 Julien Gracq, en su panfleto *La littérature à l'estomac,* advertía de algo que no ha hecho sino incrementarse en los últimos setenta años: lo que él calificaba de «el drama del libro anual» para no prescribir, para no desaparecer de la esfera pública, pues «al escritor francés le parece que él existe no tanto porque lo lean cuanto porque "hablen de él"».

Si sumamos los resultados de la actividad *pre, sub* o *paraliteraria* de escribidores como los que Gracq desenmascara, y los textos también aportados por aquellos otros que, como denunciaba el poeta e ingeniero mexicano Gabriel Zaid en su clarividente ensayo *Los demasiados libros* (1972), escriben sin haber leído nunca, nos sobreviene la avalancha de una que bien podríamos denominar «letteratura debole», remedando la expresión de Gianni Vattimo referida al pensamiento. Eso es lo que yo prefiero calificar de *posliteratura.*

Muchos prolijos *best sellers,* como, por ejemplo, los del malogrado periodista sueco Stieg Larsson que tanto éxito alcanzó hace años, se caracterizan por una paradójica desliteraturización de la literatura. Los define su *no-estilo,* como si una prosa con autoconciencia de sus virtualidades poéticas pudiese convertirse en la gran enemiga de lo que se pretende contar. Admitiendo la capacidad de su trama para captar enseguida y mantener luego viva la atención de un lector poco exigente, estos textos adolecen de falta de tensión desde el punto de vista estilístico. La narración y la descripción incurren frecuentemente en banalidades, gastan palabras o párrafos enteros en proporcionar una información irrelevante: desplazamientos comunes de los personajes, acciones rutinarias, descripción gastronómica de menús convencionales, etc. La palabra en la novela es instrumental, ciertamente, sobre todo si la comparamos con la esencialidad de la palabra poética. Pero de ahí a no aprovecharla para insuflarle cierta creatividad, imaginación o, incluso, lirismo hay un largo trecho. Por otra parte, los protagonistas no evolucionan en sus relaciones interpersonales, sino que es por lo general el propio narrador el que nos advierte a propósito de una transición que no nos ha descrito lo suficiente. Cierto que la viveza, eficacia y credibilidad de los diálogos es algo muy difícil de lograr. La prosa posliteraria puede ser correcta, pero cuando se trata, por caso, del diálogo no dibuja suficientemente a cada personaje en su singularidad diferenciada por edad, sexo, carácter o intenciones.

Lo que está en juego es algo fundamental: la pervivencia de la literatura como lenguaje más allá de las restricciones del espacio y el calendario; como la *palabra esencial en el tiempo* que conjuraba el poeta Antonio Machado. Esta dimensión de perpetuidad era inherente a lo literario porque conforma la propia textura del discurso, su *literariedad,* al programarlo, condensarlo y trabarlo como un mensaje intangible, enunciado fuera de situación pero abierto a que cualquier lector en cualquier época proyecte sobre el texto la suya propia, y lo asuma como revelación de su propio yo. En vez de *palabra esencial en el tiempo*, ahora *¿palabra banal al momento*?

Una escritura concebida desde la aceptación de su caducidad por parte de su creador, toda escritura «fungible» dejaría, así, inmediatamente de ser literaria, para convertirse en algo completamente diferente, en pasto de una cultura del ocio servida por una poderosa máquina industrial. El riesgo está, por lo tanto, en que se suplante la literatura por algo (posliteratura) que no sea sino un remedo de la misma, pese a contar con el concurso de los que en un día fueron escritores y ya son tan solo operarios de una ingente factoría cultural de Tecnópolis.

El mal ya está hecho, y ya he mencionado desde el propio preámbulo de mi libro cómo todos coinciden en que el origen de la corrección política estuvo en los campus norteamericanos a partir de los años ochenta del siglo pasado. Y he de repetir una vez más que para mí la posverdad, de la que Donald Trump (sin leer, digámoslo de nuevo, a Derrida y Foucault) hizo el fundamento de su política comunicativa presidencial, tiene también sus raíces en el absoluto relativismo epistemológico consagrado por los nietos de Nietzsche y Heidegger, y en la propia deconstrucción, que viene a sugerir que el lenguaje —y por ende la literatura— puede carecer de sustancia, donde no hay voces genuinas, hasta el extremo de que el sentido se desdibuje o difumine por completo.

Alguna vez me han preguntado si hay algo que me guste de la deconstrucción. Y suelo responder que reconozco la brillantez de sus fuegos de artificio en los momentos mejores de la fiesta, y el remoto fundamento del pensamiento de Derrida en la fenomenología de Edmund Husserl, sobre el que el francés escribió su tesis doctoral. Veo, así, al filósofo francés como el presidente de la comisión de fiestas de un pueblo que contrata para las ferias patronales un castillo de fuegos artificiales muy brillante y espectacular. Y efímero. En los ambientes deconstructivos siempre me muevo con mascarilla y procuro mantener la máxima distancia social (intelectual) con Derrida y Foucault, sobre todo.

Modernidad líquida e inteligencia emocional

Por supuesto que todo esto encaja perfectamente en el ciclo histórico-cultural de la llamada posmodernidad: esa es mi propuesta. Y que las distintas manifestaciones que voy repasando obedecen a sus designios. Que incluyen la exacerbación del relativismo y la quiebra de los «grandes relatos legitimadores». Que favorecen el «pensiero debole» y caracterizan la llamada «sociedad líquida», también definida como «modernidad líquida» o, incluso, «modernidad tardía», a la que en uno de sus últimos artículos de prensa Umberto Eco (2016) incluía bajo el espectro del posmodernismo, «término *comodín,* que puede aplicarse a multitud de fenómenos distintos, desde la arquitectura a la filosofía y a la literatura, y no siempre con acierto».

Esta última denominación de «modernidad tardía» parece oponerse, sin embargo, al concepto de posmodernidad, en el sentido en que considera que no estamos en una fase posterior a la modernidad propiamente dicha, sino ante el ajuste de sus parámetros a fenómenos como el desarrollo global de las economías capitalistas y los avances prodigiosos de la sociedad de la información. Esa es la propuesta de sociólogos como Anthony Giddens, Ulrich Beck y Zygmunt Bauman, el más identificado de todos ellos con esa metáfora de la liquidez que, en mi opinión, no hace sino rotular de otra forma un conjunto de síntomas en la sociedad y la cultura posmodernas.

El matiz diferenciador nos lo proporciona el mismo Bauman (2000), cuando distingue entre una *modernidad sólida* y la presente, propia de una sociedad «licuificada», descentrada, relativista, de pensamiento débil y carente de «verdades absolutas, normas de conducta predeterminadas, límites preestablecidos entre lo correcto y lo incorrecto». O de límites entre verdad y posverdad, añadiríamos por nuestra parte. La contraposición entre los dos estados físicos apunta hacia la solidez aportada por un claro posicionamiento espacial frente a la fluencia dinámica a través del tiempo. Y la extraordinaria movilidad de los fluidos se asocia a la idea de levedad que tan bien se compadece con el «pensiero debole» de Vattimo.

Para Bauman, fluidez o liquidez son metáforas adecuadas para aprehender la fase actual de la historia de la humanidad. Cierto que la modernidad trajo consigo cierta labilidad frente al anquilosamiento del antiguo régimen de pensamiento, del que perviven, sin embargo, categorías e instituciones «zombis», en expresión de este autor. Pero escasean ya códigos y protocolos reguladores de las ideas y las conductas con carácter estable y universalmente admitido, como ocurría al amparo de la razón ilustrada. Las «pautas» y «configuraciones» que subsisten son residuales, y ya no están en modo alguno determinadas, ni son autoevidentes, amén de estar despojadas de todo poder coercitivo o estimulante. Nace así una «versión privatizada de la modernidad» en la que las «ideas reguladoras» caen primordialmente «sobre los hombros del individuo». Esto equivale a la consagración de la subjetividad, del individualismo y de la emocionalidad. Porque, siguiendo con el tropo inicial, los sólidos se moldean de una vez por todas, mientras que mantener la forma de los fluidos requiere una atención, un esfuerzo y una vigilancia puntual y constante.

Esta «modernidad fluida» ha impuesto cambios profundos a la condición humana que, según Bauman, afectan a conceptos básicos en torno a los cuales giraba su consideración ortodoxa. En cuanto al tiempo y al espacio, el primero se ha convertido en el arma para conquistar el segundo y así, por ejemplo, la irrupción de los teléfonos móviles ha representado el definitivo «golpe fatal» a la dependencia del espacio. El poder se ha vuelto «extraterritorial», la mayoría sedentaria es gobernada por una élite nómada y deslocalizada, y ha surgido un nuevo tipo de guerra específica de la modernidad líquida, consistente no ya en conquistar el territorio del enemigo, sino en «la demolición de los muros que impedían el flujo de los nuevos poderes globales fluidos». Los verdaderamente poderosos del hoy posmoderno «son quienes rechazan y evitan lo durable y celebran lo efímero». Porque su hegemonía y empoderamiento se fundamentan en «el derrumbe, la fragilidad, la vulnerabilidad, la transitoriedad y la precariedad de los vínculos y redes humanos». Para que el poder fluya, el mundo ha de carecer de trabas, de controles y fronteras blindadas. En cierto modo, reconoce Bauman, la modernidad líquida se identificaría con las pesadillas distópicas «al estilo Orwell y Huxley».

En este panorama solo pueden sobrevivir realidades o individuos fluidos, ambiguos, en un perpetuo estado de devenir y de autotransgresión transformadora. Y la sociedad a la que pertenezcan se basará en el principio de que no hay significados «seguros», sólidos, que se vive en la superficie del caos, de un caos que es la misma sociedad en busca de forma como los líquidos que no la tienen de suyo, con el convencimiento, eso sí, de que la forma en algún momento lograda nunca será definitiva ni perdurable (y mucho menos eterna).

A este respecto, una diferencia fundamental que juega a favor de Bauman —nacido en Poznan en 1925 y fallecido en Leeds en 2017— si lo comparamos con otros gurús de la posmodernidad, es su conocimiento de la revolución tecnológica de la red y la digitalización, sobre lo que tuvo tiempo de reflexionar, como comprobamos en sus conversaciones de 2017 con Thomas Leoncini, sobre la «generación líquida», constituida por los llamados en inglés *millennials* para designar a los nacidos entre 1980 y 2000.

Bauman (2017) se manifiesta ante su interlocutor italiano en términos muy críticos ante la evolución de Internet, que para quienes veían en ella un hábitat ideal ha representado una «amarga desilusión». La red de redes ha acabado siendo empleada por la «generación líquida», y no solo por ella, para construirse un refugio, no para abrir la ventana; para disfrutar de una zona de confort privada, «lejos de la confusión del mundo caótico y desordenado» y de los retos que plantea «al intelecto y a la tranquilidad del espíritu»; para dotarse, en definitiva, de un «espacio seguro» como el de los campus. La red permite así un «espléndido aislamiento» que exime de debatir, y aleja el riesgo de ser derrotados en la controversia. La seguridad de este universo *on line* contrasta poderosamente con los peligros que nos acechan *off line*. La vida social ya se ha transformado en una vida electrónica o *cibervida*.

El resultado, según Bauman, es desolador: la red digitalizada, en vez de mejorar la calidad de la integración humana, de la comprensión recíproca, de la solidaridad y la cooperación, ha potenciado paradójicamente las prácticas de aislamiento, enemistad, división, exclusión y conflictividad.

Una de las manifestaciones de esta deriva perversa es la censura de la corrección política. Y otra es, precisamente, la posverdad, porque Internet ofrece universalmente un canal poderoso de proliferación comunicativa e impune «para las insinuaciones, las murmuraciones, las calumnias y las difamaciones, y en general para la mentira». Todo ello agravado porque la «cultura líquida moderna» ya no siente que esté basada en el aprendizaje y la acumulación del saber, como venía siendo históricamente. A cambio, semeja una cultura del desapego, de la discontinuidad y del olvido. Y ya no hay una plebe que ilustrar y ennoblecer, sino clientes que seducir.

Al igual que no me parece imprescindible diferenciar entre posmodernidad y modernidad líquida, pues en mi opinión se trata simplemente de dos descripciones homólogas de una misma realidad a la que, sin embargo, se le adjudican dos rubros distintos, considero por el contrario muy esclarecedor integrar en nuestro diagnóstico otro vector que nos ayudará a comprender más claramente esa realidad que es la nuestra, y que ha asomado ya en varias páginas de *Morderse la lengua*.

Me estoy refiriendo a la emocionalidad como otra fuerza del complejo humano diferenciable, que no totalmente opuesta, a la pura racionalidad (y dejaré ahora a un lado, pese a sus evidentes conexiones, al «sentimentalismo tóxico» o «romántico» de Theodore Dalrymple, que tan a cuento nos venía capítulos atrás).

En plena concordancia cronológica con procesos como los que permiten hablar de posmodernismo o modernidad líquida, imprescindibles para iluminar el escenario en el que florecen los dos asuntos que fundamentalmente nos interesan cuales son la corrección política y la posverdad, se registra la aparición y el desarrollo en el campo de la psicología de un nuevo concepto pertinente, el de *inteligencia emocional.* Tal acuñación aparece por primera vez en los años sesenta del pasado siglo, en textos de psicólogos como M. Beldoch y B. Leuner, pero el concepto fue desarrollado inicialmente en 1985 por Wayne Payne en una tesis doctoral consagrada al estudio de las emociones, seguida de otros estudios a cargo de John Mayer y Peter Salovey. Será, sin embargo, en 1995 cuando el periodista y también psicólogo Daniel Goleman publique un libro titulado precisamente *Inteligencia emocional* con un éxito internacional asombroso (son, por ejemplo, ya más de cien las ediciones en español), que ejerció una influencia popular enorme y favoreció la proliferación de la literatura de autoayuda.

Esta teoría pretende hacernos entender cómo podemos influir de un modo adaptativo e inteligente sobre nuestras emociones y en nuestra interpretación de los estados emocionales de los demás. Parte de que el método evaluador mediante tests del «cociente intelectual» de las personas ofrece una imagen incompleta, y frecuentemente equivocada, de sus aptitudes ante el reto del ejercicio profesional o académico y de unas relaciones familiares y sociales fructíferas. Para estos logros hay que contar con algo más que con el uso competente de la lógica y la racionalidad; con unas capacidades que no son evaluables mediante ningún test de inteligencia. Se empezó a hablar así, por ejemplo, de la teoría de las «inteligencias múltiples», de la diferencia entre inteligencia «fluida» e inteligencia «cristalizada», hasta llegar al éxito rotundo de esa propuesta de la inteligencia emocional de Goleman, cuya teoría ha sido objeto, no obstante, de considerables críticas y refutaciones, hasta el punto de que alguno de sus objetores consideren que fue construida sobre arena movediza, sin ninguna base científica sólida, como es el caso de H. J. Eysenck, autor de obras tan reconocidas en el campo como *The Biological Basis of Personality* (1967) o *Personality and Individual Differences: A Natural Science Approach* (1985; en este caso, de coautoría con M. W. Eysenck). Lo que Goleman aporta, según ellos, es la mera definición de una serie de habilidades como el autoconocimiento, el autocontrol, el entusiasmo, la capacidad de automotivarse, la empatía, la capacidad de resolver conflictos y de cooperar con los demás. Otra seria puesta en cuestión de las tesis de Goleman la aportan por extenso Gerald Matthews, Moshe Zeidner y Richard D. Roberts en un libro de 2002 cuyo título anuncia ya la seriedad de sus reticencias: *Emotional Intelligence. Science and Myth.*

Por el contrario, Goleman recurre incluso, para explicar las relaciones que a veces son conflictivas entre pensamiento y sentimiento, a la existencia en el origen del desarrollo del ser humano de un «cerebro primitivo» volcado hacia lo emocional del que derivaría por evolución el neocórtex o cerebro pensante. Pero la fuerza de ese sustrato emocional pervive. Podría decirse, pues, que según Goleman tenemos dos cerebros y dos clases distintas de inteligencia, la racional y la emocional, a cuyas motivaciones y estímulos ofrecemos respuestas diferenciadas. Las coincidencias de este planteamiento con la quiebra de la racionalidad y la hipertrofia subjetivizante —o incluso narcisista— de la posmodernidad son patentes.

Mas la propia expresión *inteligencia emocional* lleva en su seno una tensión antitética, sin que nos atrevamos a calificarla de oxímoron. Es imposible negar la influencia de las emociones en nuestra vida, tanto en nuestra conducta como en nuestro pensamiento, según el propio David Hume sostenía en el siglo XVIII. Siendo de suyo un empirista, su ética era de carácter *emotivista* porque sostenía que el fundamento de los juicios morales estaba en los sentimientos, las fuerzas primordiales que nos llevan a actuar de una u otra manera. No obstante, no quisiera olvidar que *inteligencia* significa conocimiento, comprensión, acto de entender, y va acompañada de la capacidad de ejercer estas competencias humanas, mientras que *emoción* es definible como una alteración del ánimo intensa y pasajera, agradable o penosa, que suele coincidir con cierta conmoción somática.

Cierto es que Goleman abogaba por dotar de más inteligencia a las emociones en beneficio no solo de nuestro bienestar psicológico, sino también del equilibrio social. Sin poner mi grano de arena en el cuestionamiento de su rigor científico, lo que sobrepasaría ampliamente mis conocimientos, me parece sin embargo un hecho que su libro *Inteligencia emocional,* convertido en un *best seller* global, ha dado lugar a una banalización del concepto en una línea de clara inspiración posmodernista. Ha reforzado las posturas en contra de considerar a la razón como eje de la vida individual y social —también política— a favor de un emocionalismo que ha arraigado en la entraña de la sociedad líquida, promotor de una deconstrucción de concepciones del ser humano como las que se asentaron con las luces de la Ilustración. Y aunque no fuese su propósito, en un momento especialmente sensible para ello como fue el pasado fin de siglo David Goleman contribuye a echarle leña al fuego posmoderno por apropiarse del sustantivo *inteligencia* para adjetivarlo con el añadido de las emociones, en descrédito y detrimento de la genuina *inteligencia racional.*

POSHUMANISMO

No dudaré en insistir en que el posmodernismo lleva, inevitablemente, a la quiebra de la racionalidad, y de rechazo favorece el endiosamiento de la «inteligencia emocional». De ahí que acaso su expresión más radical se encarne en otro astro de la galaxia *Post* cual es el *poshumanismo.* Así, por ejemplo, Rosi Braidotti (2013), de cuyas aportaciones ya me ocupé en el capítulo primero de *Morderse la lengua,* manifiesta su «alegría al acoger la noción histórica de la decadencia del humanismo, con su núcleo eurocéntrico y sus tendencias imperialistas», y su plena entrega a un «activismo antihumanista» que encuentra su mejor expresión en «feminismo, anticolonialismo y antirracismo, movimientos pacifistas y antinucleares». Esto es, las partidas de lo que Harold Bloom dio en llamar, con éxito polémico, la «escuela del resentimiento».

Para la catedrática de Utrecht, la «muerte del hombre» anunciada por Foucault exige el «rechazo de la definición de identidad clásica humanista, la racionalidad y lo universal». Europa es la responsable del fracaso colectivo de la aplicación de los ideales de la Ilustración, y se puede afirmar sin reserva que todas las iniciativas en esa dirección han sido al fin y a la postre imperialistas. Ha llegado la hora del ocaso definitivo del «sujeto unitario del humanismo», que deberá ser sustituido por «un sujeto caracterizado principalmente por la encarnación, la sexualidad, la afectividad, la empatía y el deseo». Empeño en el que Braidotti reconoce el decisivo aporte del feminismo de Luce Irigaray, y de la corriente deconstructivista de Derrida, con su insubordinación contra las tradicionales concepciones humanistas de nuestra naturaleza a las que atribuye una «violencia epistémica» en la asignación de significados unívocos.

Ese «feminismo antihumanista» se identifica también con el «posmodernismo feminista», y rechaza las identidades unitarias configuradas de acuerdo con un patrón normativo, eurocéntrico e imperialista. Patrón que implica siempre una visión peyorativa de la diferencia. El sujeto cabal obedece a la racionalidad universal, mientras que la alteridad es definida como su contraparte negativa y especular. *Ser diferente de* significa, así, *ser menos que*. Esa diferencia o alteridad inconveniente ha venido afectando primordialmente al «otro sexualizado» (las mujeres), el «otro racializado» (los nativos) y al «otro naturalizado» (los animales y, en general, el medio ambiente). El «hombre universal» es lo menos representativo que pensarse pueda, pues viene a coincidir con el varón, blanco, urbanita, hablante de un idioma bien asentado, heterosexual, procreador y ciudadano de pleno derecho de un Estado reconocido. La suma de todos estos atributos nos retrata el representante de una especie jerárquica, hegemónica y violenta, cuya centralidad debe ser deconstruida. De hecho, para Braidotti la dimensión poshumana del posantropocentrismo «puede ser leída, por consiguiente, como un movimiento deconstructivo».

En suma: una deconstrucción que nos conduce hacia una especie de «éxodo antropológico», a un abandono definitivo de la concepción dominante del hombre como señor indisputado de la creación. En esta clave, el especismo debe ser considerado como el abuso de un poder y unos privilegios indebidos, como también el racismo y el sexismo. Y queda abierta la puerta hacia un nuevo horizonte que cada vez vemos más cerca, con los desarrollos de la inteligencia artificial, la robótica y el transhumanismo de una nueva especie a la que nos conduciría la llamada «mejora humana», por no hablar de lo que Deleuze y Guattari anunciaban como el «devenir máquina», posibilidad encarnada en la figura del organismo cibernético, el *cíborg* imaginado ya en 1960 por Manfred E. Clynes y Nathan S. Kline.

Una cuestión central para la mayoría de las corrientes posmodernas es, como acabamos de ver, la de la *identidad,* que se sustancia en una palabra con dos acepciones contradictorias: identidad significa 'ser semejante a', pero igualmente hoy en día se utiliza el término para significar lo que nos une solo a un grupo inmediato a nosotros y que nos diferencia de las identidades de las demás agrupaciones ajenas. Es una suerte de fragmentación de la identidad racionalista. Según los ilustrados, la identidad era universal. Había una identidad humana que no admitía compartimentos ni división. En cambio, para muchos ahora —y desde hace tiempo— las identidades dependen del relativismo predominante, de las concretizaciones geográficas, lingüísticas, religiosas, sexuales, culturales, por no hablar de las raciales. Dada la seriedad del asunto, de lo que me ocuparé en los párrafos que siguen, Francis Fukuyama (2018) ha vuelto a saltar a la palestra para recordarnos lo obvio (terreno más firme —lo obvio— para él que el de pronosticar finales —por ejemplo, de la historia—): que la identidad se puede utilizar para dividir, pero también para integrar, y que esto último es el remedio contra la política populista (y nacionalista) de hoy en día.

Cuando empezaban a cuajar las propuestas posmodernistas, otro autor ya citado, Alain Finkielkraut (1987) recordaba un precedente inexcusable de la derrota del pensamiento por él vaticinada: el prerromanticismo del alemán Johann Gottfried Herder (y las ideas convergentes del contrarrevolucionario francés Joseph-Marie de Maistre). Mientras Kant postulaba aquella primera concepción amplia de identidad, Herder, por el contrario, comienza a expresar de manera paladina que las identidades había que concretarlas en comunidades más abarcables, más «negociables», más comprensibles.

Aunque hay que puntualizar que Herder no era en modo alguno un relativista radical. No era un antiilustrado en este sentido. Bien es cierto que el pensamiento herderiano, su idea del *Volksgeist* —el espíritu del pueblo—, fue absolutamente manipulado en Alemania por el nazismo, que era una ideología de diferenciación agresiva, de marcación de fronteras entre razas, entre creencias y entre culturas. Los nazis, cuando leyeron a Herder, omitieron todas sus declaraciones sobre lo que él denominaba *Humanitat,* palabra que solía escribir con letras mayúsculas. La humanidad es un universal que a todos nos alcanza e incluye por encima de nuestras singularidades. Esta noción indeclinable se justifica perfectamente en estas precisas palabras de la escritora y Premio Nobel polaca Wisława Szymborska, con las que concluye su poema «Nic dwa razy» (Nunca dos veces):

Medio abrazados, sonrientes,
buscaremos la cordura,
aun siendo tan diferentes
cual dos gotas de agua pura.

Desafortunadamente pervive todavía, e incluso está creciendo en Europa y no solo en ella, una interpretación de la identidad muy reductiva y beligerante que contradice esa otra concepción de humanidad, que fue en la que se basó al final de la segunda gran guerra la Declaración Universal de los Derechos Humanos; concepción unitaria en lo esencial, aunque hablemos lenguas distintas, tengamos un color de piel diferente o nuestra historia e intrahistoria sean también disímiles. La concepción opuesta alienta en la base de los nacionalismos supremacistas que, por caso, intentan dinamitar esa utopía razonable, nacida de la hecatombe de la segunda gran guerra, que es la Unión Europea. Pero también está perfectamente estudiado el resurgimiento de esas ideas en el ámbito universitario, en el que a partir de los años sesenta fue gestándose la cultura del poshumanismo con sus ínfulas deconstructivas. Lo sorprendente del caso es que ahora ese particularismo identitario se asimila a posiciones intelectualmente progresistas, por no hablar de opciones políticas a la izquierda.

Una vez que se ha introducido desde las aulas universitarias el mantra de que toda concepción racionalista de un «nosotros» con alcance universal es una añagaza del poder, se impone una mentalidad identitaria por la que cada individuo se fija el objetivo limitado de comprender y afirmar lo que uno ya es. Se mantiene el prurito de una inquietud política disidente, pero se circunscribe exclusivamente a los confines de la autodefinición. Ya no hay que militar en un partido, sino vincularse a un movimiento que tenga un profundo significado personal para cada uno en concreto. El marxismo, por caso, pierde todo su atractivo, porque se preocupa por la unidad y está en contra de la alienación de todos los proletarios del mundo. El feminismo, por el contrario, sí que lo tiene, porque se centra exclusivamente en la condición y la opresión de la mujer. Y lo mismo sucederá con otras agrupaciones basadas en la identidad de raza, de opción sexual, de religión, etc.

Se mina así el campo de batalla de cualquier debate de alcance general, omnicomprensivo de una realidad compleja. Cada grupo identificado por su identidad (valga la redundancia) se supone que posee su «epistemología propia». La emocionalidad desplaza por completo a la racionalidad, y las razones del otro ya no son verdaderas o falsas, sino pías o impías. Contexto en el que adquiere, por ejemplo, pleno sentido la censura de la corrección. Así Mark Lilla (2017), en su libro que quiere ir más allá de esta «política de la identidad» —en lo que lo secunda François Jullien (2016)—, denuncia con toda expresividad que «los identitarios de izquierdas que piensan en sí mismos como criaturas radicales [...] se han convertido en institutrices protestantes con respecto al idioma inglés, diseccionando cada conversación en busca de locuciones indecorosas y después golpeando en los nudillos a los que las utilizan sin darse cuenta».

La identidad, según Lilla, es «el reaganismo para progres», una secuela indeseada de lemas que eran propios de aquella revolución conservadora: menos solidaridad, más individualismo. Menos caridad, más avaricia. Menos política, más familia; y más yo. Sus enemigos ideológicos tras el «telón de acero» en los estertores de la Guerra Fría, con los que Lilla no comulgaba, hay que reconocer, sin embargo, que miraban hacia un horizonte más abierto, pero con el triunfo de esta conciencia identitaria exacerbada, en gran medida promovido por la universidad, las miradas se han vuelto hacia el interior, y la retórica de la identidad ha desplazado las contradicciones entre clases, por utilizar la propia terminología marxista.

Junto a los ya mencionados, Jullien, Lilla o Fukuyama, me parece del máximo interés el libro que ha dedicado precisamente a «repensar la identidad» Kwame Anthony Appiah (2019). Nacido en Londres de padre ghanés de la etnia asante y madre inglesa, este catedrático en Princeton y Columbia se define también como «hombre gay que está casado con otro hombre». Y su tesis se resume en que gran parte del pensamiento contemporáneo sobre la identidad, difundido a partir de los campus efervescentes en los años sesenta (y en este asunto concreto, activos hasta hoy), trabaja con hipótesis «o bien inútiles o bien directamente erróneas».

En el supuesto de que situemos en el corazón de cada identidad un rosario de similitudes profundas que vinculan a todas las personas partícipes de ella, tan solo estaremos hablando de «las mentiras que nos unen» a *nosotros* y nos enfrentan con *ellos*: creencias, país, color, clase, cultura, opción sexual...

Hacer gala de una determinada identidad no autoriza, además, para actuar como vocero de todas las personas que la comparten. Appiah denuncia cómo los populistas afirman representar al ciento por ciento de su pueblo, y si alguien protesta, enseguida pasa a formar parte del *ex illis* invocado por Cervantes en su entremés. Recordando la figura del judío triestino Ettore Schmitz, amigo y discípulo de Joyce, que firmaba sus libros como Italo Svevo, lo califica de «suabo italiano» porque por regla general la gente no nace y vive en «estados nación monoculturales, monorreligiosos y monolingües».

Yo mismo he padecido en mis carnes, junto al ochenta por ciento de mis paisanos gallegos según los resultados electorales, el oprobio de ser continuamente tachado de *cipayo* por un líder nacionalista que nos denominaba siempre así en sus artículos de prensa y declaraciones públicas. Y para configurar identidades siempre ha sido necesario —y más ahora en la sociedad de la información— disponer de una etiqueta, anterior incluso a su esencia definidora. La emocionalidad es, con todo, determinante: para definirse, para integrarse y para promover reconocimiento hacia nuestra identidad por parte de quienes estén adscritos a otra u otras, en el supuesto de que no los situemos desde un principio en la acera de enfrente. En suma, para Appiah las formas de identidad que analiza se pueden convertir en «formas de confinamiento» y, lo que es peor, en errores de concepto que pueden dar lugar a destructivos desvíos morales. Por eso, el impulso cosmopolita «que responde a nuestra humanidad común» no es un lujo, sino una necesidad perentoria. Proclama que el autor ya lo había hecho en otro libro de 2006 en el que vinculaba este cosmopolitismo con la «ética en un mundo de extraños».

Pensamientos fuertes

En la misma línea en defensa del universalismo humanista se enrola otra destacada pensadora contemporánea, Marta Nussbaum (2010), que se opone decididamente a las propuestas del poshumanismo que acabamos de revisar. Únicamente sobre las bases que Appiah postula se puede sustentar una ética válida para la comprensión y el respeto por los otros. Rechaza, pues, Nussbaum las perspectivas feministas y poscoloniales sustentadoras de la condición poshumana de Braidotti, cuyos efectos deletéreos solo podrán neutralizarse mediante la restauración del concepto humanista de sujeto. Defiende también la reafirmación de los valores universales del Humanismo como único antídoto contra la fragmentación y el relativismo exacerbado de nuestro tiempo. Este universalismo cosmopolita humanista aporta la única barrera contra el nacionalismo, el etnocentrismo y la última actitud norteamericana de desinterés hacia el resto del mundo que se plasmó en la inveterada consigna del *America first.* En todo caso, para ella la democracia precisa inexorablemente de la cultura humanística.

Esta filósofa norteamericana se enfrenta a determinadas propuestas características del «pensiero debole» desde una recia tradición filosófica de impronta liberal, y entre las voces que desde posiciones ideológicas muy diferentes han destacado por sus contribuciones en esta misma reacción contra el magma del posmodernismo se encuentran importantes teóricos marxistas.

Líneas atrás mencionaba yo a otro pensador liberal, Mark Lilla, que reconocía también la importancia que a estos efectos ha tenido la respuesta al poshumanismo y las «políticas de la identidad» por parte del «pensamiento fuerte» que viene de Karl Marx. Muy pronto, en 1991, Fredric Jameson publicó su *Teoría de la postmodernidad,* cuyas tesis había adelantado seis años antes en un artículo de la *New Left Review,* cuando ya la «French Theory» estaba en la cresta de la ola. Para él, se estaba produciendo con este movimiento una flagrante colonización de la esfera cultural por parte del capitalismo avanzado.

Siempre en la misma dirección, seguirán, entre otros, sendos libros de Alex Callinicos (1990) y Terry Eagleton (1996), al que ya he tenido que referirme en capítulos anteriores. Callinicos denuncia la «irracionalidad idealista» del posestucturalismo de Derrida y Foucault, a los que culpa de negar al pensamiento la capacidad de llegar a cualquier comprensión objetiva de la realidad por fiarlo todo a la arbitrariedad del sujeto. Y ello en contra del legado de la Ilustración, que abogó por el logro de una comprensión racional de todo lo que nos rodea.

Entre nosotros, sobresale la obra de Francisco Erice (2020) cuya contribución a la crítica del posmodernismo constituye todo un alegato en defensa de la razón. Enfatiza, así, la superioridad de la razón pensante frente a la «mera emoción y la voluntad», uno de los síntomas de la afección posmoderna que, muy oportunamente, relaciona con personajes «bastante más siniestros» que Marx por su irracionalismo y talante reaccionario como Nietzsche, Heidegger o Carl Schmitt. Y, sin embargo, son estos últimos los que sorprendentemente se han convertido «en gurús de una sedicente izquierda posmarxista, posmaterialista y posmoderna». Erice reivindica, por el contrario, un materialismo pluralista, no monista, de signo racionalista y dialéctico como el desarrollado en España por el filósofo Gustavo Bueno. Y participa de la idea de que renunciar al marxismo contribuye a «cavar la tumba de la razón», empeño en el que destacaron Nietzsche y Heidegger con su antihumanismo y su giro lingüístico de sesgo deconstructivo en el contexto de un pensamiento refractario a los grandes relatos legitimadores, entre ellos el marxismo.

Igualmente, ya he mencionado y citado otra aportación interesante, aparecida casi simultáneamente a la de Erice, pero de características muy distintas. *Resistencia y lucha contra el posmodernismo* de Roberto Vaquero es obra de un dirigente político en activo, secretario general del PML (RC) —Partido Marxista Leninista (Reconstrucción Comunista)—, que considera que aquella ideología es «uno de los enemigos más importantes del marxismo», y la hace responsable de la «situación actual de putrefacción de la sociedad y de la corrección política» debidas, en parte, a la influencia profundamente negativa de la escuela de Frankfurt. Su primera oleada, compuesta por Adorno, Horkheimer, Walter Benjamin y el propio Herbert Marcuse, ayudó desde dentro, según este autor, a desnaturalizar los principios del marxismo.

Especialmente duro se muestra Vaquero contra la corrección política, que vincula estrechamente con el pensamiento único del sistema capitalista, cuya «dictadura» ha acabado por imponerse. Y uno de sus dogmas es el del «lenguaje de género», descrito en este libro como «una jerga absurda de unos grupos minoritarios» que en definitiva pretende «destruir nuestra lengua». Vaquero, buen conocedor de la teoría marxista y de la historia del comunismo, recuerda a este respecto la reacción de Stalin, que ya comenté, contra las propuestas de Nikolái Marr para imponer un neo-ruso que fuera la lengua nueva de la revolución soviética. Si es cierto, según la argumentación del dictador que cortó en seco aquella incipiente tendencia promovida por el lingüista, que el idioma no pertenece a ninguna clase en concreto sino a toda la sociedad, igualmente —concluye Vaquero— la lengua «no puede ser machista». Los idiomas se construyen con el paso del tiempo y de modo gradual en el seno de la sociedad a la que pertenecen, de modo que «el lenguaje de género es idealista y reaccionario, está impulsado por el posmodernismo ideológico».

Desde sus convicciones revolucionarias, fundamentadas en el «pensamiento fuerte» marxista, afirma con toda claridad que lo que hay que transformar es la sociedad, no el lenguaje, y el feminismo, «uno de los pilares de la dictadura de lo políticamente correcto», contribuye, junto a otros movimientos, a la destrucción de «todas las identidades consideradas normativas, imposibilitando una eficaz unidad obrera para desarrollar la lucha de clases».

En la galaxia *Post,* en la que he sugerido que nos encontramos, sirviéndome para denominarla de una fórmula de inspiración macluhiana, no es extraño que tal prefijo identificador haya sido aplicado también a la filosofía materialista de la historia de Marx y Engels. Tanto Callinicos como Erice mencionan así el *posmarxismo* en sus libros críticos con la posmodernidad.

A este respecto, se habla también del pensamiento político *posfundacional* que Oliver Marchart (2007) personifica en una serie de autores entre los cuales quisiera destacar al argentino Ernesto Laclau, tanto por el influjo que ha tenido y tiene en España como por su incidencia en los asuntos más destacados de los que trato en *Morderse la lengua.*

El posfundacionalismo parte de la inexistencia de fundamentos últimos y definitivos sobre los cuales asentar lo social, pues cualquier posible anclaje en este orden de cosas es el producto de decisiones particulares, contingentes y con frecuencia antagónicas. De los autores que hemos venido mencionando, el posfundacionalismo bebe asimismo en Heidegger, pero sobre todo en la deconstrucción de Derrida y en la modernidad líquida de Bauman. En todo caso, resulta evidente la ligazón entre esa carencia de fundamento último y la acción política, que es el reino de la división y el antagonismo. Jugando con las palabras, la teoría política no puede *fundar,* sino tan solo dar cuenta discursivamente de la *infundabilidad* que acompaña los orígenes de la comunidad. Esa ausencia de fundamento fundacional redunda, paradójicamente, en beneficio de la libertad, y es catalizadora de toda política de emancipación. Por otra parte, dado que todo sistema filosófico se sustenta en argumentos contingentes y está subordinado a lo político, lo mismo cabe decir de la verdad. Por ello el posfundacionalismo —añado por mi cuenta— ofrece el mejor sustrato para reconocer las fuentes conceptuales de la posverdad.

Nada más lógico que Ernesto Laclau critique a Marx y Engels por su concepción de la historia como un proceso enteramente racional, en modo alguno contingente y heterogéneo (y parezca más seducido por Perón). Rechaza, pues, como perversa la voluntad totalizadora o teleológica del viejo marxismo. Más aún, las propuestas de Laclau, impulsoras del populismo actual, niegan que la base de la sociedad sea racional, y apelan al afecto, al sentimiento, a la teatralidad y a la espectacularidad, al igual que hace Donald Trump, quien, no obstante, además de no leer a Foucault y Derrida tampoco creo que conozca la obra del pensador argentino. Como concluye Carlos Fernández Liria (2016) en su libro *En defensa del populismo*, «no es posible movilizar al pueblo sin poemas y sin himnos. Así, mientras el marxismo intentaba en vano inculcar conciencia de clase mediante argumentarios, el populismo construía pueblos porque sabía moverse en la arena de las pasiones y la afectividad».

Ernesto Laclau, cuyas conexiones con Derrida son muy significativas, confirma claramente su posmarxismo —su deconstrucción del marxismo— al considerar equivocada la centralidad histórica de la lucha de clases. En la articulación política, ese papel no le corresponde a la clase sino al pueblo, con la aportación de su heterogeneidad constitutiva. La *razón populista* que propone rompe con dos formas de racionalidad política: tanto la revolución total como la práctica gradualista que reduce el ejercicio político a la mera administración. Y rechaza como «fetiches emocionales» términos como los aludidos de «lucha de clases» o «centralidad de la clase trabajadora». El pueblo pasa a ser, así, tal y como lo concibe Laclau, el eje de la historia como sujeto de formas particulares y contingentes de articular las demandas.

De acuerdo con esta razón populista, en cuanto a la formación de las identidades colectivas la unidad del *grupo* se fragmenta en unidades menores —a las que Laclau denomina *demandas*— que lo articulan, sin que ello conduzca a ninguna configuración estable y positiva que pudiese ser entendida como una «totalidad unificada». El populismo es simplemente «un modo de construir lo político» y esa «construcción deconstructiva» —valga el oxímoron— no deja de tener su incidencia en el tratamiento «populista» del lenguaje, en ese desapego y frivolidad que se manifiesta, por ejemplo, en la corrección política según desarrollaré enseguida, recordando una vez más al compatriota de Laclau, Enrique Santos Discépolo, al que también (como a nosotros; no por cierto al politólogo argentino) lo escandalizaba la falta de respeto y el atropello a la razón.

Ernesto Laclau es autor también de un libro sobre los fundamentos retóricos de la sociedad, índice de su interés por el lenguaje como clave de la política de modo equivalente a cómo también Jacques Derrida lo situaba en el centro de toda filosofía. A este respecto es muy ilustrativa la compilación que Chantal Mouffe (1996) hizo de las ponencias leídas en un importante simposio parisino del *Collège International de Philosophie* sobre la deconstrucción y el pragmatismo de Richard Rorty, quien no se privó de denunciar que los seguidores norteamericanos de Derrida habían añadido poco o nada a la comprensión de la literatura y contribuido mucho, por el contrario, a distraer la atención de los intelectuales hacia la política real mediante la invención de «a self-satisfied and insular academic left», nuevo reducto del ombliguismo. Entre los asistentes, además del propio Derrida, estuvieron entre otros Ernesto Laclau y Simon Critchley, al autor de *The Ethics of Deconstruction*.

Posdemocracia. Poslengua

Es obligado acabar relacionando la corrección política y la posverdad con el presente y el futuro de la democracia. Eso es lo que parcialmente hicieron en 2020 Jannick Schou y el profesor de la universidad sueca de Malmoe Johan Farkas, pues solo atienden a la «Politics of Falsehood» sin interesarse en esta oportunidad por la censura de la corrección.

Son especialmente críticos con Ernesto Laclau, Chantal Mouffe y otros posfundacionalistas como Jacques Rancière porque no vinculan necesariamente la democracia con los hechos, la razón y la evidencia de las cosas —esto es, la verdad— sino con la habilidad para incluir y dar voz a diferentes congregaciones y microproyectos políticos. La democracia consistiría, así, en la dialéctica entre diferentes visiones acerca de cómo debería organizarse la sociedad en función no de razones, sino de afectos, emociones y sensaciones. Chantal Mouffe, por ejemplo, es muy tajante al declarar que la democracia no es el fruto de un consenso *racional* en el seno de la esfera pública, ya que a este respecto nunca ha existido *una* Verdad, sino sucesivas verdades en minúscula. Estas son producto de las luchas sociales y políticas entre facciones generalmente ahormadas en torno a identidades puntuales, muy alejadas cuantitativa y cualitativamente de la reciedumbre de clases sociales como el proletariado que está en el eje del marxismo, deconstruido por este populismo posfundacionalista.

La democracia radical de Mouffe se identifica, pues, con un pluralismo agonístico totalmente ajeno a la racionalidad. Por el contrario, para Farkas y Schou esta es, junto con la verdad, «the only condition for democracy to thrive», el requisito imprescindible para la prosperidad de la democracia. Para los posmarxistas no cabe aceptar una concepción fundacionalista de la democracia, que ya no tendría así un significado sustancial o esencial. Para ellos, no puede reducirse el complejo de las relaciones sociales a principios singulares, básicos y estables. Todo en política es contingente y lo único necesario es la propia contingencia. Remedando la idea de Derrida de que no existe «hors-texte», para Laclau y Mouffe el mundo exterior es también una construcción discursiva, y todo está en función de la interacción entre las acciones y las palabras. La racionalidad y la verdad son en sí mismas coyunturales, como evidencia el ejercicio del antagonismo, pues lo que realmente importa es la implicación sin reservas «on people's desires and fantasies». El problema reside en aclarar si este sistema simbólico populista estará basado en la posverdad de los bulos y las patrañas, y si por seguir los dictados populares se acabará implantando en las posdemocracias la censura de la corrección política.

Frente a este posfundacionalismo relativista, líquido, poshumanista y emocional, Farkas y Schou contraponen la triple ecuación de democracia-racionalidad-verdad, que es el blanco contra el que apunta la deconstrucción populista inspirada lejanamente en la noción de «crisis orgánica» formulada en su día por Antonio Gramsci para describir la situación histórica en la que lo viejo está muriendo y lo nuevo no llega todavía a nacer. Pero, muy intencionadamente, los autores de este libro sobre *Post-truth, Fake News and Democracy* descubren en Donald Trump una rara habilidad para destruir esa tríada mediante un uso del lenguaje y de los medios basado en la falsedad, en los bulos y las patrañas. Contra estas armas de deconstrucción masiva de la verdad que nos advierten de una guerra no declarada contra la democracia se están dando reacciones institucionales en algunos países de Europa y en la propia Unión Europea, así como interesantes movimientos pro-verdad. Un grupo de la Universidad de Cambridge llegó a lanzar en 2017 la idea de una «fake news vaccine», consistente en la difusión de pequeñas dosis de informaciones falseadas en un contexto controlado para estimular los anticuerpos pro-verdad de los ciudadanos.

Precisamente cuando comenzaba el nuevo milenio, en el que estaría consolidándose esa galaxia *Post* de la que vengo hablando en *Morderse la lengua,* no debe extrañarnos que el prefijo de marras se le haya pegado también a la propia democracia. Por retomar el comienzo de este capítulo, recordaré asimismo que Jean-Marie Guéhenno había optado en 1993 por la radicalidad mortuoria en *La fin de la démocracie.* Pero ahora el politólogo Colin Crouch (2001; 2005; 2020) ha puesto en circulación el término *posdemocracia* para reflejar la evolución posmoderna de regímenes políticos de esta naturaleza que van perdiendo algunos de sus fundamentos y atributos característicos. Una sociedad posdemocrática sería aquella que parece mantener las instituciones que la acreditarían como tal si no fuera porque cada vez las está convirtiendo más en puras carcasas vacías. César Antonio Molina (2019) prefiere hablar a este respecto de «las democracias suicidas».

Se mantienen los tres poderes del Estado, pero cada vez más se deturpa la independencia entre ellos que estableció Montesquieu; sigue habiendo elecciones, pero los procesos que conducen a ellas son objeto de todo tipo de manipulaciones desde dentro y desde fuera del país, sin descartar la comisión de pucherazos o, incluso, el aviso de que se impugnarán los resultados si no se resulta ganador, como amagaba ya Donald Trump en el momento en que estoy escribiendo, en vísperas de las elecciones presidenciales de 2020; se mantiene abierto el Parlamento, pero si no es manejable por el Ejecutivo se inventa otra cámara paralela como ha ocurrido en la Venezuela chavista de Maduro; teóricamente, existe libertad de expresión, pero la corrección política ejercida desde la sociedad civil y secundada desde instancias de gobierno aplica el principio de la «tolerancia represiva» y ejecuta esa nueva forma de los autos de fe inquisitoriales que son los procesos no reglados de la llamada *cancelación;* y se destruye el principio de veracidad en la comunicación y el debate político mediante las múltiples formas de posverdad que los medios tradicionales y, sobre todo, las redes sociales contribuyen a difundir ecuménicamente contando para ello con la complicidad de los propios ciudadanos, felices de ser engañados, convencidos de que la verdad está ya en los hechos alternativos y abiertos a admitir las otras artimañas del *Trumpspeak.*

La propuesta de Crouch me parece oportuna y plena de sentido. Mas por su propia naturaleza, no me extraña que en torno a ella exista controversia, nutrida por interpretaciones diferentes de lo que está ocurriendo en este terreno a cargo de politólogos como Jens-Christian Rabe, Jürgen Kaube, Paul Nolte, Dirk Jörke y otros. Por mi parte quisiera destacar que tal deriva posdemocrática, tan patente en los Estados Unidos de la égida Trump, con antecedentes como los de la Italia de Berlusconi y concomitancias en el Brasil de Bolsonaro, se da también en la línea del populismo definido ideológicamente por Laclau, Mouffe y, en general, los posmarxistas posfundacionalistas. Unos y otros comparten un mismo empeño en el deterioro de la comunicación, para lo que cuentan con los instrumentos insustituibles de la posverdad y la corrección política; en volver a la implementación de privilegios para determinados individuos o grupos identitarios; y en proclamar a los cuatro vientos que ya no existen las clases sociales de siempre, lo que redunda en el desapego hacia los intereses comunes.

Varios de estos síntomas o indicios aparecen ya apuntados en las distopías novelísticas a las que dedicaré mi último capítulo. Quizá mejor que las de Zamiatin, Orwell o Nabokov, la que se acerque más a la posdemocracia sea la de *Un mundo feliz* publicada por Aldous Huxley en 1932 y evaluada en 1958 por el propio autor en cuanto al cumplimiento de sus previsiones. Pero me gustaría concluir preguntándome si los dictados de la galaxia *Post* han podido alcanzar también al lenguaje. George Orwell sitúa en el centro de su distopía menos amable, menos «posdemocrática» que la de Huxley, la *neolengua* como la herramienta principal del Estado y el partido único para la manipulación, la opresión y la posverdad. La cuestión es, para mí, si en vez del triunfo de la *neolengua* nosotros estamos a un paso de asistir al triunfo de una *poslengua* en cuya configuración desempeñarían un papel decisivo la corrección política y la posverdad.

Creo que es el momento de retomar el prefacio de *La razón populista* en donde Ernesto Laclau comienza explicando su teoría, sustitutiva del principio marxista de las clases sociales, consistente en que el pluralismo agonístico propio de la política populista se basa en unidades de *grupo* compartimentadas en unidades menores, las *demandas.* Y adelantábamos que semejante «construcción deconstructiva» de algún modo tendría que repercutir en el tratamiento «populista» del lenguaje.

Un tratamiento caracterizado, a mi modo de ver, por el desapego y la frivolidad. Por una escandalosa falta de respeto que bien podría buscar su justificación tanto en Lyotard como en Derrida. El repudio de este último a toda referencia céntrica incluye en el concepto de *logos* tanto a la razón o los principios como a la palabra o el lenguaje. Para él, logocentrismo significa, junto a la sobrevaloración de la lengua, la reprobable afirmación de la verdad como presencia cierta. Y en cuanto a Lyotard, su negación de los «grandes relatos legitimadores» probablemente incurrió en una omisión incomprensible al enumerarlos, pues ¿qué entidad reúne más y mejor todas condiciones para ser reconocida entre ellos que el lenguaje? El lenguaje, efectivamente, como el relato legitimador por antonomasia de todos los demás, pues los grandes sistemas de pensamiento, las ideologías, las ciencias, las religiones existen como tales y se manifiestan gracias a él, gracias a las palabras. Por eso el rechazo radical de una «razón totalizante» arrastra consigo, si no al lenguaje en su totalidad —una verdadera aporía—, sí al menos su consideración respetuosa, condigna con su naturaleza inobjetable. Esa falta de respeto, ese atropello es el que practica sin tiento ni mesura la corrección política.

Y no solo la corrección política. No me extenderé en ello, porque sería materia para otro libro de tantas páginas como *Morderse la lengua,* pero esa falta de respeto a la lengua que llega al atropello de Discépolo tiene otras manifestaciones. Por ejemplo, de menosprecio de la lengua trata un libro de Fernando Vilches Vivancos (1999) consagrado a analizar, con profusa documentación literaria y gráfica, las prevaricaciones idiomáticas de todo tipo cometidas en la prensa. Entre ellas, el abuso de extranjerismos y expresiones ajenas al espíritu del español.

Es, ciertamente, para preocuparse la contaminación, muchas veces incomprensible, del español por el inglés. Resulta desmesurada la incidencia de esta tendencia en la publicidad, que abunda en anglicismos como si las cosas, al ser mencionadas en esta lengua, tuvieran mayor calidad y más valor. Lo mismo cabe decir en el apartado de los dispositivos, programas o sistemas tecnológicos. Es absurdo que en español se siga utilizando *tablet* y no *tableta,* con lo cual unas veces se dice en masculino y otras en femenino pues en el inglés no existe género gramatical, sin mencionar la dificultad de pronunciar un plural en *-ts.* Detrás de estos comportamientos lingüísticos subyace cierto complejo de inferioridad que me parece indecoroso. Lo mismo que a los fundadores de la RAE les preocupaba en 1713 la presión del francés, ahora el problema es mucho mayor con la nueva lengua franca. Y no se trata de defender una actitud de purismo recalcitrante. En el siglo XIX, el ferrocarril significó un gran avance tecnológico. Sus constructores eran ingleses y, con las máquinas trajeron las palabras. Pero estas ya se han integrado totalmente en el español. Cuando decimos *vagón* o *raíl,* no sentimos que sean vocablos foráneos. Lo que es muy difícil de comprender es el papanatismo de la utilización innecesaria e inconsecuente de términos ingleses. Por ejemplo, que un servicio de manicura se anuncie como *Nails Factory,* o un organismo oficial envíe una invitación que empieza con un *Save the date* e indique después el *Dress Code.*

Desafortunadamente, no es difícil en nuestro día a día encontrar por doquier muestras de este papanatismo, de semejante falta de respeto a nuestra lengua. Nos topamos con vallas publicitarias, carteles en escaparates, rótulos de comercios o negocios nativos, nombres de programas de televisión, anuncios de artículos especialmente relacionados con la moda y la belleza todos cargados de anglicismos. El Ayuntamiento de Madrid tuvo en su fachada durante meses una enorme pancarta que rezaba *RefugeesWelcome,* numerosos establecimientos comerciales cuelgan el cartel de *shopping night* y convocan el *Black Friday,* el *Ciber Monday* o la *Fashion week.* Entre los profesionales, se da igualmente la tendencia a presentarse como *wedding planner, product manager, community manager, account executive,* o *CEO,* acrónimo de *chief executive officer*, en lugar de consejero delegado. Y gran número de programas televisivos, tanto de canales privados como públicos, producidos y emitidos en España, llevan títulos en inglés:

Master chef celebrities, Family, Spain in a day, La voz kids, Sábado deluxe, All you need is love... o no, First dates...

Nicolás Sartorius (2018), avalado por la coherencia que siempre mostró entre sus referencias ideológicas y su práctica como político activo, ha dedicado todo un libro a la manipulación del lenguaje inspirándose conceptualmente en la huella que dejó en su formación intelectual y su militancia el pensamiento de Antonio Gramsci. En esta figura fundamental para el marxismo descubrió la íntima conexión existente entre lenguaje, cultura, sentido común (a lo que enseguida me referiré también), hegemonía, política y, en definitiva, poder. Por eso, «cuanto más se manipula el lenguaje, mayor es el deterioro de la democracia, cuya fortaleza radica en la transparencia, en la claridad y en la verdad». Y desde tales convicciones, no le resulta difícil afirmar con toda energía que el mundo de la posverdad no consiste en otra cosa que en el universo de la mentira, y supone en todo caso «una tergiversación grave del lenguaje». Precisamente el líder comunista italiano alentaba la idea de que en la política «de masas» decir la verdad era indeclinable, estableciendo así una «relación esencial entre verdad y democracia».

Los juegos inquisitoriales con las palabras por mor de la corrección política conducen a resultados con frecuencia ridículos, por el abuso de eufemismos o circunloquios o por la invención de soluciones carentes de la más mínima lógica gramatical, de lo que hemos visto ya una buena serie de ejemplos. Esas intervenciones sobre la lengua, amén de ignorancia y falta de cultura lingüística, reflejan siempre un profundo desprecio hacia el idioma, en virtud de un egocentrismo narcisista por el que quien así actúa sobrepone a las bravas su *habla* individual —aunque imbuida de alguna causa considerada prioritaria— a la *lengua* que es una creación colectiva, sometida a un pacto interpersonal prolongado además a lo largo del tiempo conforme a su desarrollo histórico. La mención aquí al famoso episodio de *Alicia en el país de las maravillas* que ya comenté vuelve a ser pertinente: «—Cuando *yo* empleo una palabra —insistió Tentetieso [Humpty Dumpty] en tono desdeñoso— significa lo que yo quiero que signifique..., ¡ni más ni menos!». Así como también acudir a dos advertencias oportunas de expertos lingüistas como son los académicos José Antonio Pascual (2013) y Pedro Álvarez de Miranda (2018). Convengamos con este que «es mucho más fácil cambiar el Código Civil que la gramática». Y escuchemos a Pascual cuando nos advierte de que no caigamos en la ingenuidad de pretender amoldar la lengua a nuestra forma de ver el mundo; que seamos precavidos «cuando nos entran ganas de ser conciliadores y queremos limar las esquinas de la lengua para hacer felices a los demás y, salvar, de paso, al mundo».

Como síntoma de todo ello podemos reparar en la polémica entre feministas a propósito del proyecto de la llamada «Ley trans» en cuya filosofía el vocablo *mujer* da paso a *cuerpo feminizado* o *menstruante,* así como *madre* cede ante *progenitor gestante* o *lactante.*

Cuando este desprecio se manifiesta y ejerce desde una tribuna investida de autoridad pública el problema adquiere visos de gravedad extrema. Sirvan dos casos concretos —y reales, no inventados— como testimonio.

No es baladí decidir a título individual, y obrar luego ante los micrófonos en consecuencia, que la denominación de una mujer autorizada para comunicar a la opinión pública lo que piensan acerca de un asunto determinado las instituciones políticas o sus dirigentes es *portavoza.* La también académica Inés Fernández Ordóñez recuerda que para la gramática es redundante, además de erróneo, hablar de «portavozas». Al sustantivo «voz» lo precede el artículo femenino, por eso siempre será *la voz.* Y en consecuencia, *la portavoz.* Porque el género se expresa en el artículo, no en la terminación de la palabra, según el consenso lingüístico.

Por su parte, Elena Álvarez Mellado, la experta en lingüística computacional y Premio Nacional de Periodismo Miguel Delibes por uno de sus artículos de divulgación filológica, explicó claramente en los medios que la naturaleza de la palabra *portavoz* no es exactamente igual a la de otros términos ya feminizados como *arquitecta* o *ministra.* Está compuesta por el verbo *portar* en la 3.ª persona del singular (*porta*) del presente de indicativo, y el sustantivo *voz.* El significado de la composición es muy claro: *que porta la voz.* Como también el de *cascanueces*, *cortacésped* o *chupatintas.* Pero lo fundamental para aclarar la cuestión es que tales palabras carecen de una marca explícita de género. Como escribe Álvarez Mellado, «nada en su forma nos permite saber *a priori* si son masculinas o femeninas. Son palabras agénero». Guiarnos por su terminación es erróneo; lo determinante en cuanto a su género gramatical es el artículo definido: *el* portavoz / *la* portavoz.

Más extraña fue, en abril de 2019, otra intervención de la portavoz de Unidos Podemos (luego Unidas Podemos) en el Congreso de los Diputados, cuando criticó al Gobierno presidido por Pedro Sánchez por no haber retirado las condecoraciones a ciertos policías «presuntamente corruptos», lo que en su opinión manchaba «el nombre de muchos trabajadores y trabajadoras de los *fuerzos* y *cuerpas* de Seguridad del Estado».

Resulta difícil por no decir imposible comprender la lógica deconstruccionista del idioma que esta expresión encierra, salvo la pulsión de lo que Francisco Rodríguez Adrados alguna vez definió como «demoler nuestra lengua». Tal operación puede, en efecto, abordarse a través de una escalada por tres peldaños. En primer lugar, quitarle a las palabras su sentido, su capacidad de apuntar hacia un referente. Luego vendría, como consecuencia de lo anterior, retirarle su fuerza de veredicción, que es lo que se hace con la posverdad. Finalmente, habría que destruir su estructura, resultante de un pacto o contrato implícito decantado a través del tiempo. Deconstruir la gramática.

Escribía Nicolás Sartorius que en Gramsci halló la conexión entre el lenguaje y el poder político, pero también con el sentido común, al que luego dedica uno de los capitulillos de su libro. A través de Diderot encontramos el *sentido común* ya en la *Enciclopédie,* y en el mismo Siglo de las Luces un inglés partidario de la independencia norteamericana, Thomas Paine (1776), justifica a partir del *common sense* de los ciudadanos la inexorabilidad de la secesión, por ser la salida más razonable a la guerra entre la metrópoli y las colonias. Entre nosotros, un ingeniero de formación inglesa, Melitón Martín, escribió en 1872 una filosofía del sentido común. Y así llegamos hasta *El materialismo histórico,* la obra de Antonio Gramsci (1948) donde se admite que no hay un solo sentido común, pero que cuando las ideas defendidas por determinados sectores sociales alcanzan la hegemonía entonces se convierten en sentido común mayoritario.

Jakob Bronowski (1951) fue un gran defensor de la importancia del sentido común en la ciencia. Esta supone la existencia de un mundo real y compartido, y el universo está «lleno de sentido común», que no es algo que nosotros introduzcamos en él, sino que es lo que encontramos en su seno. También establecieron relaciones semejantes entre el conocimiento científico y el sentido común Thomas Reid y Karl Popper, como ha estudiado González de Luna

(2004). Por el contrario, Peter Burke (1996) denunciaba los intentos de Derrida de «poner patas arriba el sentido común», propósito coherente con su enemiga para con la racionalidad ilustrada. La definición de sentido común en nuestra lengua como capacidad de entender o juzgar de forma razonable apunta, sin embargo, en esa dirección. A este respecto, Umberto Eco (2006) publicó en el diario *La Repubblica* (2001) un artículo que no tiene desperdicio titulado «Ilustración y sentido común» en el que defendía que hay, en efecto, un modo razonable de razonar. Y si se tienen los pies en el suelo, sería normal que coincidiésemos en muchas cosas porque «incluso en filosofía hay que hacer caso al sentido común». Entre nosotros, ya en 1992 Gregorio Salvador había abogado por el sentido común en toda política lingüística.

Quiere ello decir, pienso yo, que aunque disputemos sobre la unicidad y univocidad de la verdad y admitamos con el raciovitalismo de Ortega y Gasset que cada uno de nosotros somos un agente de verdades, el sentido común, que por serlo es compartido, nos sugiere que admitamos la evidencia de lo verdadero frente a lo falso, de lo cierto en vez de lo utópico o irreal, la existencia segura y no el apocalipsis de la realidad. La posverdad, en cuanto hija de la suspicacia posmoderna y deconstruccionista, se basa en que la verdad no existe y los enunciados no tienen por lo tanto que ajustarse a ella, porque no es sino un fantasma o una quimera. El sentido común nos dice exactamente lo contrario. Basta con aplicarlo a lo que vemos —a los hechos— o a lo que pensamos, e iluminarlos con las luces de la razón.

Julian Baggini (2018) al trazar una breve historia de la verdad concluye que para mantener su vigencia es imprescindible practicar ciertas «virtudes espistémicas» que nuestro sentido común reconoce como tales, y que se oponen a vicios consustanciales al «mundo posverdad»: escepticismo exacerbado, cinismo, narcisismo individualista, regodeo en la estulticia, prepotencia, papanatismo ante el poder, y una moral «dirigida por las vísceras en lugar de por la cabeza».

Es el sentido común quien nos puede ayudar a descubrir los bulos y patrañas, y denunciarlos. Nos ofrece uno de los antídotos más eficaces contra la posverdad, si bien es cierto que en su contienda ha de enfrentarse con la necedad humana, que acaso no sea tan común de modo generalizado, pero sí puede ser muy activa intermitentemente, o incluso acabar imponiendo «el poder de los idiotas» que conjura Juan Luis Cebrián (2020).

Pero según ya adelanté a modo de sugerencia capítulos atrás, por lo mismo podemos hablar también de un «sentido común lingüístico». Otro de nuestros destacados especialistas, Francisco Moreno Fernández (2018), escribiendo sobre la naturaleza social del lenguaje afirma con acierto que en cada lengua existen principios comunes a las demás porque todas se asientan sobre «la naturaleza de las cosas y la constitución del corazón humano». Es decir, sobre aquellos universales que el poshumanismo niega.

Sobran muestras de cómo la corrección política produce monstruos verbales, semánticos, gramaticales e incluso ortográficos. Algunos, incluso han aflorado en las páginas de este capítulo de *Morderse la lengua* que ahora termina, igual que lo habían hecho en los anteriores. Cuando nos topamos con ellos no sufren nuestra sensibilidad, nuestras ideas o nuestras convicciones personales. Quien pone el grito en el cielo es nuestro sentido común lingüístico.

CAPÍTULO SEXTO

La verdad de las distopías

En una famosa carta de 1888 que Friedrich Engels envió a la periodista y escritora Margaret Harkness, el filósofo afirma que había aprendido más del novelista Honoré de Balzac acerca de la sociedad francesa entre 1816 y 1848 «que de todos los reconocidos historiadores, economistas y estadistas del periodo», y ello pese a que Balzac era políticamente un legitimista y sus simpatías estaban con «la clase condenada a la extinción» (la nobleza).

Igualmente, y según testimonio de Paul Lafargue, el politólogo y revolucionario francoespañol yerno de Karl Marx, la admiración de este hacia *La Comédie humaine* era tal que tenía el propósito de dedicarle a esta saga realista un estudio crítico tan pronto como sus obras sobre sociedad y economía estuvieran concluidas.

Efectivamente, la literatura en general (y la novela en particular) es un arte que expresa la belleza a través de la palabra; un juego lingüístico y recreativo que produce en los lectores diversión y placer. Pero también cabe pensar, por ejemplo, en la novela como revelación, la misma que Engels y Marx encontraban en las obras de un reaccionario como Balzac. La novela como epifanía, como descubrimiento ante los ojos de quien la lee de la propia realidad humana y social de la que participa sin disfrutar de un nivel de consciencia suficiente como para comprender lo que le está pasando.

Pero si eso es así gracias a novelas que nos revelan el presente y el pasado, existe también un género narrativo que se ha mostrado capaz de avanzarnos premonitoria, proféticamente, el futuro. Cuando las leemos, nos hablan de lo que va a ocurrir en varios decenios o varios siglos; tal sucede, por ejemplo, con la ciencia ficción, y baste con recordar al escritor francés Jules Verne, muerto en 1905, mucho antes de la llegada del hombre a la Luna, de los vuelos intercontinentales o de los submarinos de propulsión nuclear. Pero si llegan esas novelas a nuestras manos mucho tiempo después de que fuesen escritas, instalados ya en el futuro cronológico que ellas planteaban, somos sus lectores «póstumos», por decirlo así, quienes podemos apreciar hasta qué punto las profecías plasmadas en su texto a modo de relatos ficticios se han hecho realidad.

El escritor británico George Orwell publicó, así, en 1949 —un año antes de su muerte en Londres— una novela que en su título anunciaba una fecha futura, *1984*, a la que la vida del autor, sin embargo, podría haber llegado, pues había nacido en la localidad india de Motihari en 1903. La primera edición española fue en 1952: faltaban todavía treintaidós años para que se cumpliera la promesa del título *Nineteen Eighty-Four*. Pero a partir de ese año los lectores estamos en condición de contrastar las realidades sociales y humanas que Orwell imaginó con las que de hecho se ofrecen a la vista de todos.

En la historia de la literatura se han dado, desde el siglo XVI y XVII, relatos de una misma estirpe que acabaron siendo identificados con el título del más famoso de ellos, *Utopía,* el nombre de la isla imaginaria con un sistema político, social y legal perfecto, descrita por Tomás Moro en 1516. Igualmente serán otras tantas representaciones imaginativas de una sociedad futura de características favorecedoras del bien humano *La città del Sole* (1602-1623), de Tommaso Campanella, o *The New Atlantis* (1626), de Francis Bacon.

Pero a partir de estas valiosas y reconocidas referencias literarias, modernamente se abrió la posibilidad de otra serie novelística igualmente imaginativa, pero consagrada ahora a lo contrario, a la representación ficticia de una sociedad futura de características negativas causantes de la alienación humana. Son las *distopías,* género en el que sigue brillando con luz propia que no se extingue la obra de George Orwell.

Sabemos que el término fue utilizado por primera vez en 1868 por John Stuart Mill en un discurso ante la Cámara de los Comunes en el que denunciaba la política agraria del Gobierno en Irlanda. Sustituía, además, con su invención léxica un término menos afortunado para designar lo mismo que su mentor Jeremy Benthan había utilizado cincuenta años antes: *cacotopía*. No hay duda de que, entre los prefijos, *dis*-topía suena mejor que *caco*-topía para significar lo malo de una sociedad futura *in*-deseable. La traducción de la frase de Stuart Mill en los Comunes, referida a los responsables gubernamentales de aquella política, sería como sigue: «Es, quizás, también de cortesía que los llame utópicos, aunque deberían más bien ser llamados distópicos o cacotópicos. Lo que se llama comúnmente utópico es algo demasiado bueno para ser practicable: pero lo que parecen favorecer es demasiado malo para ser viable».

Tanto el asunto de lo políticamente correcto como el de la posverdad, como ya adelanté, tienen que ver fundamentalmente con el lenguaje, y con las lenguas a través de las cuales se manifiesta dicha capacidad privativamente humana. La corrección política equivale, insisto, a una verdadera *neocensura* y contamina la expresión con sus circunloquios y eufemismos. Stefan Zweig (1976), el más lúcido develador de los polvos que dieron de sí en la civilización occidental estos lodos posmodernos, advertía ya acerca de la catástrofe de que las palabras perdieran su autenticidad. El hablar sin la exigencia de la verdad conduciría a la negatividad máxima, a la indefensión del ser humano a la que nos aboca la deconstrucción del lenguaje.

Ambas cuestiones ocupan un lugar destacado, precisamente, en una de las más logradas distopías de la literatura contemporánea, que no es otra que la novela de George Orwell *Nineteen Eighty-Four* que acabo de mencionar. Ha pasado la fecha de su título, pero lo que nos cuenta, a lo que creo, cobra cada vez mayor actualidad.

Bien es cierto que el autor de *1984* sitúa en el año 2050 la implantación completa del nuevo régimen en un artículo titulado «Principios de nuevalengua» incluido en el libro facticio *El poder y la palabra. 10 ensayos sobre lenguaje, política y verdad* (2017). Y la *nuevalengua* que entonces arrumbaría definitivamente con la antigua consiste en una versión sumamente simplificada del inglés, mediante la cual el Partido único evita que la población piense en libertad mediante el expediente de eliminar los significados no deseados de las palabras, o de retorcerlos hasta el punto de que pasen a significar lo contrario de lo que genuinamente designaban.

Junto a las palabras de uso más común, ajenas a la abstracción o la ideología, que siguen procediendo de la denominada *viejalengua,* y aparte del vocabulario científico-técnico, considerado aséptico, el tronco principal del léxico de la *neolengua* lo forman palabras construidas con fines políticos, para dirigir y controlar el pensamiento de los hablantes. Por ejemplo, *goodsex* significa castidad, y *ungood,* malo. He de volver sobre ello, y sobre las propuestas correlativas a un *neoespañol* de inspiración orwelliana.

No deja de resultarme muy significativo, a propósito de la conexión entre nuestra sociedad de hoy y las distopías novelísticas, el hecho de que uno de los más inspirados ensayistas que se han ocupado de la posverdad, Lee McIntyre (2018), comience cinco de los siete capítulos de su libro con lemas tomados de George Orwell, el primero de los cuales ha sido ya muy citado: «En tiempos de engaño universal, decir la verdad es un acto revolucionario» (*In times of universal deceit, telling the truth will be a revolutionary act*). Pero también el segundo Hughes, Geoffrey, autor en 2010 de *Political Correctness. A History of Semantics and Culture,* dedica su libro a George Orwell «who understood political correctness in so many guises». Orwell, pues, ligado a la corrección política y la posverdad.

En el capítulo anterior he osado sugerir que nuestra *posmodernidad* podría consagrar, si la dejamos, el triunfo del *poshumanismo,* como obligada superación del humanocentrismo que marcó nuestra civilización a partir del Renacimiento y tuvo su fecunda continuidad en la Ilustración, cuya impronta racionalista se está poniendo también en entredicho. De consumarse este derrumbe, chapotearíamos entonces en una *modernidad líquida* nutrida por una cultura de la desafección, de la ruptura y la pérdida de toda memoria. Este escenario, con acusados ribetes apocalípticos, parece abocarnos inexorablemente a las profecías sociales negativas planteadas en las más logradas *distopías* que, en forma de novelas, fueron escritas y publicadas entre los años veinte y el medio siglo pasado, a partir de la primera de ellas, *MЫ*, escrita en 1921 por el ruso Evgueni Zamiatin y traducida con el título de *Nosotros.* Y luego, antes de Orwell, Aldous Huxley, y en español la chilena Rosa Arciniegas. Seguirían Burrhus Skinner, Vladimir Nabokov, Ray Bradbury... y hasta hoy. Pienso, por caso, en títulos como *The Handmaid´s Tale* (1985) y *The Testaments* (2019) de Margaret Atwood, *Hazards of Time Travel* (2018) de Joyce Carol Oates y algunas de las últimas novelas del nobel José Saramago. Con el precedente de una distopía de inspiración lírica, urgida por la angustia de una posible contienda atómica fruto de la Guerra Fría, que fue en 1950 *La bomba increíble* de Pedro Salinas, novelistas muy recientes como Silvia Terrón con *Umbra*, de 2018, o Laura Fernández con *Bienvenidos a Welcome,* de 2019, han seguido con esta tradición entre nosotros. El género de las distopías sigue vivo, *et pour cause!*

No se discute, ciertamente, que el fundamento del género se encuentra en *МЫ* (*We* en su traducción inglesa), que fue prohibida por la censura rusa y hubo de aparecer en una versión británica mutilada y no autorizada por el autor en 1924, y tres años después en una edición checa impresa en Praga, cuya publicación convirtió a su autor en el paria, el «diablo de la literatura soviética» en sus propias palabras, y lo condenó a un ostracismo equivalente a lo que él calificaba como «la sentencia de muerte que ha sido pronunciada contra mí como escritor».

En su lengua original, *Nosotros* no circularía hasta 1988, cuando ya era ampliamente reconocida —no sin alguna que otra polémica— su influencia patente en la ya muy famosa *Nineteen Eighty-Four.* Orwell reseñó *We* de Zamiatin en *Tribune* el 4 de enero de 1946, y la considera distopía más lograda que la de Aldous Huxley por su «comprensión intuitiva del lado irracional del totalitarismo —sacrificio humano, la crueldad como un fin en sí mismo, la adoración de un líder al que se atribuyen cualidades divinas—».

Se hizo a este respecto famosa la carta que, en junio de 1931, Evgueni Zamiatin escribió a Iósif Vissariónovich, *Stalin,* exponiéndole la crudeza de su situación y solicitando para él y para su esposa la pena del exilio exterior, en vez del ostracismo interior, cuya crueldad llegaba al extremo de que «basta la simple aparición de mi firma para calificar de criminal a cualquiera de mis escritos». Y todo a raíz de la edición checa de *Nosotros:* «Comencé a dar miedo a mis antiguos camaradas, a las editoriales, a los teatros. Quedó prohibida la distribución de mis libros en las bibliotecas [...]. Se cerró la última puerta que permitía a Zamiatin llegar al lector, lo que constituía la publicación de mi sentencia de muerte».

El proscrito confiesa ante Stalin, quien finalmente accedería a su petición y lo expulsaría de la URSS en 1932, cinco años antes de la muerte del escritor en París, cuál es su culpa: «Sé que tengo la mala costumbre de decir en un momento determinado no lo que podría resultar provechoso, sino *lo que creo que es verdad*» (el énfasis es mío). Y vaticina también lo que le espera en el exilio, a él quien por dos veces, en 1905 y 1911, había padecido la misma condena del zarismo por sus actividades revolucionarias: «Sé que aquí, debido a mi costumbre de escribir según mi conciencia y no por mandato alguno, se me considera un escritor de derechas; mientras que allí por esa misma causa, tarde o temprano me tildarán de bolchevique. Pero incluso bajo esas difíciles condiciones, allí no me condenarán a guardar silencio, allí tendré la posibilidad de escribir y publicar, aunque no sea en ruso».

Las sociedades distópicas

Las «afinidades electivas» entre Zamiatin y Orwell, entre *Nosotros* y *1984,* se hacen patentes en el hecho de que coinciden en presentar una sociedad brutalmente impositiva mediante una dictadura inspirada sobre todo en la establecida por la Unión Soviética bajo la férula de Stalin, aunque también con algunos atisbos del fascismo. Y ello, pese a que sus respectivos autores habían combatido a favor de la revolución tanto en la Rusia zarista como en la España de la Guerra Civil.

Entre las fechas de publicación de ambas novelas distópicas, Aldous Huxley había alcanzado en 1932 gran éxito con su *Brave New World*, cuyo título procede de Shakespeare: «*¡Cuán bella es la humanidad! Oh, mundo feliz, / en el que vive gente así*» («How breauteous mankind is! O brave new world, / That has such people in't», *The Tempest*, acto V). Este *mundo feliz* sugiere, al contrario que en Zamiatin y luego en Orwell, una tiranía aparentemente amable, en la que la alienación del ser humano es total pero menos cruenta gracias a la manipulación genética, tecnológica y propagandística de la ciudadanía. ¿La posdemocracia de hoy?

Resulta sumamente interesante, a los efectos de valorar en qué medida estos tres textos distópicos se relacionan entre sí —y hasta qué punto adelantaron en su momento lo que hoy por hoy, muchos decenios después de la publicación de *Nineteen Eighty-Four,* se reconoce en ciertos síntomas presentes en nuestra realidad— recurrir a otros dos reveladores escritos de Aldous Huxley. Me refiero al prólogo que puso a la edición de su novela aparecida en 1946 y, sobre todo, a su nuevo libro *Brave New World Revisited,* escrito ya después del de Orwell, en 1958. Allí, no sin un punto de jactancia, Huxley (1958) lanza una afirmación creo que irrebatible a la altura de 2021: «en el futuro inmediato, los métodos punitivos de *1984* cederán el sitio a los estímulos y manipulaciones de *Un mundo feliz*».

Esos «métodos punitivos» de la sociedad distópica en la novela de George Orwell son básicamente los mismos que Zamiatin había descrito ya un cuarto de siglo antes, y por lo tanto la concomitancia entre *Nosotros* y *1984* resulta palmaria. Aldous Huxley leyó atentamente la segunda de ellas, que está muy presente en su secuela *Brave New World Revisited.* Pero existen al menos tres indudables inspiraciones de Zamiatin presentes también en *Brave New World.*

En *Nosotros* los «antiguos», los seres humanos que vivían en «la época antidiluviana de los Shakespeare, Dostoievski o como quiera que les llamaran [...] rendían culto a un Dios absurdo y desconocido», mientras que, como escribe en primera persona el protagonista, identificado no por un nombre sino como D-503, «nosotros servimos a una divinidad racional [...] brindamos a nuestro Dios, el Estado Único». Esta conceptualización religiosa confiere el papel de Mesías «al más genial de los antiguos [...] ese profeta que supo vislumbrar el futuro con diez siglos de adelanto», que no es otro que Frederick Winslow Taylor, el ingeniero y economista norteamericano muerto en 1915 y fundador del movimiento de organización científica del trabajo. Su propósito era crear un tipo nuevo de obrero, cabalmente plasmado en la tenebrosa factoría subterránea de la más destacada distopía cinematográfica, *Metrópolis,* de Fritz Lang, estrenada en 1927 y por lo tanto rigurosamente coetánea de *Nosotros.* Filme en el que, por cierto, se reitera un lema que cierra sus imágenes en la escena, bastante absurda, de la reconciliación oficiada en la escalinata de la catedral metropolitana entre el capitalismo salvaje de Frederer y María, la lideresa de los obreros explotados en las factorías subterráneas donde la máquina fabril se había encarnado en la figura terrible de Molloch. El lema aludido tiene que ver con las contradicciones propias de nuestra liquidez posmoderna comentadas en el capítulo anterior, para neutralizar las cuales se propone también un pacto: EL MEDIADOR ENTRE EL CEREBRO Y LAS MANOS HA DE SER EL CORAZÓN.

El título de Zamiatin apunta, en contra del propuesto por el escritor francés Jules Romains, hacia un *unanimismo* negativo y alienador de la individualidad humana que el taylorismo propició: «Observé: al ritmo que marcaba Taylor, con velocidad uniforme, los hombres de abajo se doblaban, enderezaban y giraban como bielas de una enorme máquina [...]. Aquello era un único ser: máquinas humanizadas, convertidas en gente».

Esta visión tenebrosa de cómo la sociedad capitalista estaba evolucionando se generalizará en la literatura europea de esos mismos años, en la que destaca a este respecto la novela de la escritora chilena Rosa Arciniega *Mosko-strom. El torbellino de las grandes metrópolis,* publicada en Madrid en 1933: «Nada era individual. Ningún esfuerzo, por desarticulado, por desconectado, al parecer, de la gran máquina, era perdido. Todos colectivamente, iban apoyándose en un émbolo, en un pistón que, presionando así, cedía, vencido, imprimiendo un movimiento rotatorio a la ingente máquina del Progreso». Y reaparecerá en la distopía que Vladimir Nabokov publica ya en inglés en 1947: *Bend Sinister* (*Barra siniestra*).

Su filiación distópica es reconocida por el propio autor ruso en su prólogo en el que, aludiendo a Kafka y a Orwell, los califica respectivamente como «gran escritor germano» y «mediocre escritor inglés». Sin embargo, *Barra siniestra* queda muy lejos de la excelencia justamente atribuida a las tres distopías a las que estoy prestando mayor atención. Nabokov, acomodado ya en los Estados Unidos, reconoce que se ha inspirado para reflejar —sin demasiado acierto literario, en mi opinión— el «grotesco Estado policíaco» que describe, en «los idiotas y despreciables regímenes que todos conocemos y que me rozaron en el curso de mi vida: mundos de tiranía y de tortura, de fascismo y bolcheviques, de pensadores filisteos y de mandriles de botas altas».

El protagonista, personaje de tragedia, es un profesor de Filosofía y rector de universidad, Adam Krug, que conoce desde la infancia a Paduk, el jefe máximo, nombrado por el mote de «el Sapo». Frente a su sofisticación intelectual, el mandatario le anuncia que la nueva universidad de la era que se inaugurará con él impondrá «una grande y bella simplificación» que sustituya «el maligno refinamiento de un pasado regenerado». La ideología que rige el Partido del Hombre Común que Paduk ha formado es el *ekwillismo,* una especie de unanimismo alienante y arrasador de toda individualidad. Su inspirador, el filósofo Fradrik Skotoma, propugnaba el logro en la sociedad de una «conciencia esencialmente uniforme». Afortunadamente para él, murió antes de ver su «vago y benévolo ekwillismo» transformado en «una virulenta y violenta doctrina política, una doctrina que se proponía imponer la uniformidad espiritual en su país natal, por medio del sector más uniformado de sus habitantes, a saber, el Ejército, bajo la supervisión de un Estado inflado y peligrosamente divinizado».

El políglota Nabokov presta especial atención en *Barra siniestra* al lenguaje. Inventa el idioma que se habla en la capital Padukgrado y en todo el país como una mezcla híbrida de eslavo y germánico, e incluso en todo un capítulo de la novela, el VII, se regodea en juegos verbales que nos recuerdan a James Joyce. Y es también aquí en donde se habla de la inexistente libertad de prensa, consagrada en la Constitución a modo de verdadera posverdad paradójica. Según la carta magna del desafortunado país, la prensa tiene como misión «orientar las actividades y las emociones de sus lectores en la dirección necesaria». Porque, y subrayo la expresión que más me interesa por razones obvias, «en nuestro país, realmente democrático, una Prensa homogénea es responsable ante la nación *de la corrección de la educación política* que proporciona». Para ello el Estado cuenta con un aparato que recuerda el Ministerio de la Verdad de la distopía orwelliana.

Barra siniestra de Vladimir Nabokov pone en evidencia un régimen político basado en una filosofía que me gustaría calificar una vez más de *unanimismo distópico,* frente al unanimismo lírico y benéfico que propuso el escritor francés Jules Romains desde comienzos del pasado siglo con sus libros de poemas, piezas teatrales y ensayos, pero sobre todo a través de su obra narrativa que alcanzó su cenit en la serie *Les Hommes de bonne volonté.* Compuesta por veintisiete novelas publicadas entre 1932 y 1946, en ellas se refleja, en el terrible escenario histórico de la Europa de la época, una visión humanista y positiva de la sociedad como la suma de diferentes *unánimes,* neologismo configurado en francés a base de la unión de *unité* y *âme*. Esa unidad de las almas es creativa y enriquecedora, a diferencia de lo que el régimen de «el Sapo» Paduk propone a sus súbditos para que alcancen la felicidad «dejando que vuestra persona se disuelva en la unicidad del Estado». Solo entonces «vuestras individualidades, que andan a tientas, se volverán intercambiables, y el alma desnuda, en vez de permanecer acurrucada en su celda carcelaria de un ego ilegal, estará en contacto con la de los demás hombres de este país [...] tan íntimamente unidos estaréis en el abrazo del Estado, tan felices os sentiréis todos juntos».

Aunque no tan conocida, ni tan lograda literariamente como las otras distopías en las que me estoy fijando, esta obra de Nabokov ha sido considerada por Geoffrey Hughes (2010) un precedente y, a la vez, un puente o transición en la historia del concepto *correc-*

ción política, nacido según él en el seno de la terminología y la retórica comunista y consagrado en los Estados Unidos a partir de los años noventa. La novela de Nabokov, un escritor que viene huyendo de la Unión Soviética y se ha refugiado en Estados Unidos, introduce en 1947, como hemos visto ya, este término en una «satirical allegory on a totalitarian dystopia in which all individuality is discouraged».

El taylorismo de Zamiatin encuentra su réplica en la «era fordiana» de Aldous Huxley. El calendario del Estado mundial de *Brave New World* tiene su inicio en 1908, cuando se fabricó el primer Ford modelo T, letra convertida en símbolo religioso que sustituye a la cruz cristiana. Y en las misas de la nueva religión, en las que se comulga con tabletas de una droga denominada *soma,* se canta un himno de solidaridad cuyos primeros versos dicen: «Ford, somos doce; haz de nosotros uno solo, /como gotas en el Río Social».

También relaciona a Huxley con Zamiatin el recurso a la alteración genética, biológica y anatómica de los seres humanos practicada en la sociedad distópica que ambos nos presentan. En *Nosotros* se recurre a la cirugía para extirpar la imaginación y la fantasía de los ciudadanos, y *Brave New World* comienza con la visita de un grupo de estudiantes a un centro «de incubación y condicionamiento» en el que se aplica el método Bokanovsky, una sofisticada manipulación ovípara a partir de la extirpación de los ovarios a las donantes, que recibían en contrapartida una prima equivalente al salario de seis meses.

En vez de obtener de cada óvulo un embrión y un individuo, el método consistía en subdividirlo hasta lograr un máximo de noventa y seis seres humanos. El director del *Central London Hatchery and Conditioning Centre* resume con toda claridad el extraordinario avance que esto representaba: «El método Bokanovsky es uno de los mayores instrumentos de la estabilidad social [...]. Hombres y mujeres estandarizados, en grupos uniformes. Todo el personal de una fábrica podía ser el producto de un solo óvulo bokanovskificado». A tal condicionamiento genético, conducente al logro de la uniformidad humana, se añade el complemento de técnicas sofisticadas de hipnopedia que, desde niños, se aplican a los ciudadanos para imbuirlos de las «suggestions from the State», o la reiteración de determinados tratamientos a los bebés en las salas de condicionamiento neopauloviano de las guarderías infantiles.

Posverdad y corrección política distópicas

No encontramos en Zamiatin ningún barrunto del asunto fundamental que, sin embargo, con Orwell sí podemos relacionar con las distopías: la posverdad (aunque en la carta a Stalin destaque su compromiso por escribir «lo que creo que es verdad»). Otra cosa sucede en el caso de las obras de Aldous Huxley, tanto en su novela de 1932 como en la revisión de los términos de la misma que él mismo publicó en 1959.

A este respecto, en *Nueva visita a un mundo feliz* se expresa un argumento demoledor. Se reconoce que en muchas esferas de la actividad humana, hemos aprendido a atenernos a la razón y a la verdad, pero no especialmente en lo que toca a la política, la religión y la ética. Porque, por desgracia, lo que estaba predominando era la tendencia a la sinrazón y la falsedad, «especialmente en esos casos en que la falsedad evoca alguna emoción grata o el recurso a la sinrazón hace vibrar alguna cuerda en las primitivas y subhumanas profundidades de nuestro ser». Preguntémonos hasta qué punto esta premonición huxleiana apunta a la entraña de la posverdad actual, que ya sabemos que se ha definido en castellano como toda información o aseveración que no se basa en hechos objetivos, sino que apela a las emociones, creencias o deseos del público; como una distorsión deliberada de una realidad, que manipula creencias y emociones con el fin de influir en la opinión pública y en actitudes sociales. En *Nueva visita a un mundo feliz* Huxley reitera, incluso con mayor énfasis, estas mismas ideas, afirmando, por ejemplo, que «una verdad sin interés puede ser eclipsada por una falsedad emocionante» y que, en todo caso, el comportamiento de las masas, a las que desdeña, «está determinado no por el conocimiento y la razón, sino por los sentimientos e impulsos inconscientes».

El estado totalitario que se describe en *Nineteen Eighty-Four* rige una de las tres superpotencias en que está organizado el mundo: Oceanía. Y la gobierna un partido único, el *Ingsoc* (de *Socialismo inglés*), para el que los «sacred principles» son «neolengua, doblepensar, mutabilidad del pasado», y sus lemas fundamentales «LA GUERRA ES LA PAZ. LA LIBERTAD ES LA ESCLAVITUD. LA IGNORANCIA ES LA FUERZA».

El encargado de difundir de forma avasalladora semejantes mentiras es el Ministerio de la Verdad, en neolengua *Minitrue*, así como al Ministerio del Amor compete la represión, la tortura, la reeducación y la instigación al odio hacia las otras dos potencias, Eurasia y Asia Oriental. El Ministerio de la Paz se ocupa de mantener con ellas, alternativamente, un constante estado de guerra, y el Ministerio de la Abundancia (*Miniplenty*) controla una economía planificada que se basa en el racionamiento de todos los bienes.

Es el Ingsoc el que persigue el control absoluto de la realidad mediante lo que en neolengua se denomina *doublethink,* doblepensar. El protagonista de la novela, Winston Smith, trabaja como funcionario del Ministerio de la Verdad cuya misión es alterar todos los testimonios escritos de lo que una vez sucedió para hacerlos coincidir con la voluntad cambiante del Partido. Conoce la verdad de los hechos a través de aquellas fuentes inconvenientes —por ejemplo, los ejemplares del diario *Times* sobre los que trabaja constantemente—, pero este conocimiento solo habita «en su propia conciencia», que puede ser en cualquier momento aniquilada. En cambio, al modo de Goebbels, «si todos los demás aceptan la mentira que impuso el Partido, si todos los testimonios decían lo mismo, entonces la mentira pasaba a la Historia y se convertía en verdad». La rentabilidad política, en términos de poder, que esto representa es evidente: «El que controla el pasado —decía el *slogan* del Partido—, controla también el futuro. El que controla el presente, controla el pasado [...]. Todo lo que ahora era verdad, había sido verdad eternamente y lo seguiría siendo. Era muy sencillo».

Es esta última una de las aseveraciones distópicas de Orwell que más me han hecho pensar, y que considero a la vez clarividente y tenebrosa. Tiene que ver con la posverdad, por ejemplo, en todo lo que hemos señalado ya que se está haciendo para reescribir la historia. Pero tiene también enlace con la corrección política en cuanto censura, en este caso retrospectiva. No se impedirá que los escritores de hoy o de mañana se expresen a través de sus obras, pero se les impondrá previamente un código de pensamiento y conducta literaria que si no es cumplido a rajatabla pueda conducir al expurgo o la prohibición de sus libros. Pero al mismo tiempo se irrumpirá como caballo en cacharrería en los textos escritos en el pasado por autores ya fallecidos para corregir sus desviaciones de lo políticamente correcto (de hoy).

Tal aberración está sucediendo ya en nuestros días, con antecedentes que podrían conducirnos incluso hasta el *Index Librorum*

Prohibitorum que la Iglesia católica promulgó desde el Concilio de Trento y estuvo vigente hasta 1966. Ahora, a tal fin, podría tomar el relevo de la *Sacra Congregatio Indicis* un departamento específico de la Administración pública al que fuese destinado un Winston Smith de nuestros días, pero por el momento en nuestras posdemocracias la tarea sucia de su Ministerio de la Verdad se ve eficazmente secundada por la propia sociedad civil a través de sus múltiples tentáculos.

Uno de los casos más significativos de esta situación se está dando en los Estados Unidos y afecta al rechazo que una de las obras clásicas de su literatura, *Huckleberry Finn,* publicada por Mark Twain en 1884, está padeciendo por el uso frecuente que en ella hace el autor de la palabra *nigger.* Nada ha valido la argumentación, por ejemplo, de Lionel Trilling, en el sentido de que esa era la única voz que en el inglés del momento se empleaba para *negro,* que tal hecho de lengua pertenece a la historia del país y que esta no se ha ido trenzando exclusivamente con acciones y comportamientos amables («is not made up of pleasant and creditable things only»).

A este respecto, hay que reconocer que se ha abierto la veda (no solo en Estados Unidos), y que basta la denuncia de una minoría, un grupo, una tendencia social o, incluso, de un individuo para que caiga el estigma de la incorrección política sobre una obra o un autor hasta entonces generalmente admirado. Así, por ejemplo, la *Royal Mint Ltd.,* la casa de la moneda británica, ha declinado homenajear a una de las autoras de literatura infantil y juvenil más famosas, Enid Blyton, cuyas casi ochocientas novelas publicadas desde 1922 la han convertido en uno de los veinte escritores más vendidos de todos los tiempos. Es proscrita por considerar que su obra es racista, sexista y homófoba. Algo que la casi totalidad de sus lectores, entre los que en su día me encontré (en España irrumpió con sus series en los años sesenta, cuando yo estaba en la edad) nunca percibimos (ni creo que nos haya corrompido en las tendencias denunciadas). Incluso la factoría fundada por Walt Disney, actualmente operativa sobre todo a través de su plataforma de transmisión de video en línea operada por Disney Streaming Services, ha excluido de su catálogo *Canción del sur,* un musical de 1946 protagonizado por el Tío Remus, un negro que trabaja en una plantación de algodón. En otros casos se introduce un aviso, «Este programa se muestra como se creó originalmente. Puede contener representaciones culturales anticuadas», previo al visionado de *Blancanieves* (1937), *Dumbo* (1941), *Peter Pan* (1953), *La dama y el vagabundo* (1955) o *Los aristogatos* (1970). Warner Bross había hecho algo semejante al reeditar sus filmes de animación, por los chistes de sesgo racista que cuentan Bugs Bunny o Tom y Jerry.

James Finn Garner, un inspirado escritor satírico, ha alcanzado gran éxito en más de veinte países, y vendido en los Estados Unidos dos millones y medio de ejemplares de sus libros publicados en 1994 y 1995 con el título de *Politically Correct Bedtime Stories*, traducidos al español como a *Cuentos infantiles políticamente correctos.*

Finn Garner comienza su prólogo, sutilmente irónico, con la afirmación de que, evidentemente, los cuentos infantiles cumplían una función determinada, consistente sobre todo en afianzar el patriarcado, pero que no sería justo criminalizar a los hermanos Grimm por su insensibilidad ante la situación de la mujer en su tiempo, los problemas de las culturas minoritarias y el deterioro del entorno natural. Aduce también que en la farisaica Copenhague de Hans Christian Andersen poca simpatía se podía esperar a favor de los derechos inalienables de las sirenas. Pero ahora son otros tiempos, que ofrecen la oportunidad e imponen la obligación de reescribir estos cuentos clásicos para adaptarlos a los nuevos aires epocales. Él lo va a intentar, pero solicita con sorna la ayuda de sus lectores para que lo avisen de actitudes todavía presentes, incluso de forma residual, en las nuevas redacciones que puedan ser «inadvertidamente sexistas, racistas, culturalistas, nacionalistas, regionalistas, intelectualistas, socioeconomistas, etnocéntricas, falocéntricas, heteropatriarcales o discriminatorias por cuestiones de edad, aspecto, capacidad física, tamaño, especie u otras no mencionadas».

La ironía llega a ceder espacio al sarcasmo en el prólogo al volumen segundo de Finn Garner, en cuyo prefacio pide perdón por los árboles sacrificados a causa del éxito editorial de la edición anterior y la contribución que ello haya podido representar al calentamiento global. Pide asimismo disculpas por su «falocéntrica ortografía» en palabras por él usadas como *human* y *person,* que incluyen agresivamente en su composición *man* (hombre) y *son* (hijo varón), y promete desde ya sustituirlas siempre por el neologismo políticamente correcto —«inclusivo y neutro»— *persun*. Y, por supuesto, en vez de *woman* está dispuesto a emplear *wommon* (no *wimmin*, como propone *A Feminist Dictionary* de Kramarae y Treichler).

El fingido propósito de este émulo del Winston Smith orwelliano es «despojar a los cuentos "infantiles" más populares de la "cultura occidental" de las arbitrariedades y prejuicios que campaban a sus anchas en las "versiones" originales», criterio que se aplica a algunos de los relatos más arraigados en nuestra cultura e imaginario colectivo.

Así, en *Caperucita roja,* cuando el lobo advierte a la protagonista que es muy peligroso para una niña como ella ir sola por el bosque, la respuesta que recibe es de antología: «Encuentro esa observación sexista y en extremo insultante, pero haré caso omiso de ella debido a tu tradicional condición de proscrito social y a la perspectiva existencial que la angustia de tal condición te produce te ha llevado a desarrollar».

En el cuento *El traje nuevo del emperador,* una de las versiones de la fábula de origen oriental que ya utilicé para mi preámbulo a partir de la versión teatral de Cervantes, el inexistente tejido mágico que se supone viste al gobernante «solo puede ser visto por ciertas personas políticamente correctas, moralmente nobles, intelectualmente agudas y culturalmente tolerantes». *El enano saltarín* es «un hombrecillo verticalmente limitado», a diferencia de *El flautista de Hamelín,* un hombre «verticalmente privilegiado». La protagonista de *Cenicienta,* por su parte, lleva una túnica de seda «arrebatada a inocentes gusanos», se adorna con perlas «producto del saqueo de laboriosas ostras indefensas» y llega al palacio del príncipe en una carroza movida por «un tiro de esclavos equinos». En *Hansel y Gretel* el padre leñador es «de profesión carnicero arbóreo», y en *La cigarra y la hormiga,* aquella no es reprobada, sino todo lo contrario, por su «actitud alternativa» consistente en rechazar de plano el «codicioso concepto burgués de *éxito*».

En algunos casos, la corrección política alcanza al propio título del cuento. *La bella durmiente* será desde ahora *La persona durmiente de belleza superior a la media*. Y en *La sirenita,* la heroína que salva a un náufrago rechaza enérgicamente tal denominación: «—Escucha, tío, otro comentario sexista como el que acabo de oír y por mí te puedes ir nadando a casa». Para ella el término aceptable es «persona marina», aunque no la satisface del todo, pues «destaca en demasía nuestra parte humana en detrimento de nuestra *piscitud*». En *Blancanieves y los siete enanitos,* aparte de otros aspectos, es inaceptable que en el nombre de la protagonista se refleje «la discriminación implícita en el hecho de asociar cualidades agradables o atractivas con la luz y otras más antipáticas o repelentes con la oscuridad».

Y una vez más, de esta censura no gubernamental, como de todo, hay precedentes (para la censura eclesiástica ya he recordado el índice trentino, de larga vida hasta Pablo VI). Noel Perrin publicó en 1969 una historia de los libros expurgados en Inglaterra y Estados Unidos bajo el título de *Dr. Bowdler's Legacy*. Thomas Bowdler fue, efectivamente, un censor por libre desde finales del siglo XVIII hasta el año de su muerte, 1825, no mucho antes del comienzo de una época, la victoriana, especialmente pacata y represora. El objetivo preferente de su escrutinio censorio fue William Shakespeare, en su empeño contó con la ayuda de su hermana Henrietta María, y la tarea de ambos tuvo continuación en discípulos que se ocuparon de los novelistas ingleses del XVIII, de los escritores del XIX e, incluso, de la misma Biblia. También Bowdler quiso hacer lo propio ni más ni menos que con la *Historia y decadencia del Imperio romano* del historiador ilustrado Edward Emily Gibbon.

En 1807 apareció una primera edición anónima con veinte obras de Shakespeare expurgadas. Y a partir de 1818 tuvo numerosas reimpresiones una nueva compilación con treintaiséis piezas bajo el título explícito de *The Family Shakespeare, in Ten Volumes; in which nothing is added to the original text; but those words and expressions are omitted which cannot with propriety be read aloud in a family*. El papel como editores de los dos hermanos —pues Henrietta tuvo mucho que ver en todo el proyecto—, amén de censurar los textos, incluía la redacción de sendas introducciones en las que se justificaban las modificaciones introducidas con el fin de que el vate de Stratford-upon-Avon pudiese ser leído «en voz alta y en familia», con las mismas salvaguardas y garantías con que había podido hacerlo en su hogar el padre de los Bowdler. Swinburne reconoció que nadie le había prestado mejor servicio a Shakespeare al permitir así que llegase al conocimiento «de niños inteligentes e imaginativos». Aunque para ello hubiese que recurrir al expediente de enmendarle la plana al vate sustituyendo sistemáticamente, por ejemplo, la exclamación «¡Dios!» (*God!*) por «¡Cielos!» (*Heavens!*). O atribuyendo en *Hamlet* el suicidio de Ofelia a un ahogamiento accidental.

En la lengua inglesa, el apellido de los Bowdler ha dado de sí un neologismo, *to bowdlerize,* para designar la acción de censurar y expurgar un texto por mostrencas razones morales. La relación que yo veo con claridad entre este precedente y la corrección política la establecía ya en 1994 Sarah Dunant en su libro *The War of the Words*: el *bowdleanism* tradicional se fijaba en la sexualidad explícita y contenidos profanos; el moderno, el políticamente correcto, en cuestiones de raza, etnicidad, clase y género (sexual). Por eso, el periodista y escritor Brian Patrick Eha se refería, en un artículo de *City Journal* publicado en 2020, a «los nuevos puritanos», estimulado en principio por las críticas a la concesión del Nobel de Literatura al novelista y dramaturgo austríaco Peter Handke, al que John Updike había considerado el mejor escritor en lengua alemana.

Esta «superioridad moral coactiva» ha generado en los Estados Unidos un neologismo, *woke,* cuya raíz está en el verbo *despertar,* con el que se designa a alguien que se siente algo así como renacido por su entrega de neófito fundamentalista hacia causas que los otros, paganos indignos, no atendemos con suficiente eficacia y convicción. Con la brillantez de su escalpelo periodístico (en *El País*, 11 de febrero de 2020), Félix de Azúa ha relacionado esta actitud con la posverdad: «Quienes más temen a la verdad son aquellos que viven de la bondad subvencionada. Las almas bellas, los compasivos profesionales, no soportan la verdad porque destruye sus sueños narcisistas y arruina sus negocios». Ya en 1979 Christopher Lasch había aplicado a la sociedad norteamericana pre-posmoderna el rubro de «the culture of narcissism» en un libro donde muchos de los rasgos y comportamientos individuales y colectivos (y no solo en Estados Unidos) reseñados por mí en *Morderse la lengua* son convenientemente identificados, descritos y analizados.

Neopuritanismo y revisionismo

Brian Patrick Eha recuerda también la lucha intelectual de Harold Bloom (1994) contra la que el comparatista de Yale denominaba «Escuela del resentimiento», y subraya que su obituario publicado en el *New York Times* destacaba que la mayoría de los integrantes de su canon literario universal eran hombres blancos. Este artículo de Eha en *City Journal* se identifica claramente con la línea de la revista, reconocida como «conservadora» con los matices que este adjetivo tiene en la sociedad estadounidense, y con una tradición que encuentra sus precedentes no solo en Harold Bloom, sino también en Allan Bloom (1987), en el polémico libro *Illiberal Education* de Dinesh D'Souza (1992), y continúa viva en obras posteriores como *The Silencing,* de Kirsten Powers (2015).

Ciertamente, el autor de «Los nuevos puritanos» (traducido en *Letras Libres,* n.º 223) no oculta su indignación ante «el nuevo moralismo iliberal» que, sin embargo, no consiguió que *Érase una vez... en Hollywood* de Tarantino fracasase, pese a los esfuerzos incluso de los críticos de *The New Yorker, Time* y *The Guardian*. Y advierte de peligros para la libertad creativa que nos eran desconocidos hasta ahora y se alimentan sobre todo de las redes sociales. Denuncia que muchos miembros de los clubes de libros juveniles de Twitter se han convertido en verdaderos policías culturales. En 2019 la escritora novel Amélie Wen Zhao se vio obligada a retirar *Blood heir* porque trataba argumentalmente la esclavitud. Lo mismo hizo con su primera novela Kosoko Jackson, acusado de presentar a protagonistas privilegiados y a un villano musulmán. Paradójicamente, este joven negro y gay había sido en Twitter un duro combatiente en batallas identitarias. Entre nosotros, vuelvo a recordar que Félix Ovejero (2018) ha llamado asimismo la atención sobre «ese nuevo oscurantismo revestido de progresismo que sustituye los argumentos por la intimidación», y ha contrapuesto la tiranía de la corrección política a los valores de la libertad y la igualdad, que el hoy tan denostado racionalismo ilustrado aportó a la historia de la civilización humana.

No dudo que me alejaría peligrosamente del rumbo tomado para esta singladura de *Morderse la lengua* si me detuviera ahora en un fenómeno que, sin embargo, tiene relación con lo políticamente correcto. Me refiero al revisionismo implacable del discurso institucional y social construido a base de los homenajes públicos que se han rendido a personalidades históricas en forma de monumentos, estatuas, condecoraciones, asignación de sus nombres a lugares o edificios, etc. El poscolonialismo multiculturalista ha hecho de ello caballo de batalla, y se ha fijado, y sigue haciéndolo cada vez con mayor insistencia, en figuras vinculadas a la historia hispanoamericana. Pero no excusivamente.

Leo en *The Washington Post* a principios de septiembre de 2020, en plena reactivación del movimiento de protesta *Black Lives Matter* nacido en 2013 cuando el policía que mató de un disparo a un adolescente de raza negra fue absuelto, que un comité dependiente de la alcaldesa del Distrito Federal Muriel E. Bowser, tras analizar circunstancias relacionadas con la esclavitud y la opresión, aconsejó cambiar los nombres de docenas de parques, edificios oficiales y escuelas públicas en la capital. Entre los señalados están siete presidentes de los Estados Unidos. Después de Thomas Jefferson, autor principal de la declaración de la independencia norteamericana y al tiempo amo de esclavos, figuran en la lista James Monroe, Andrew Jackson, John Tyler, William Henry Harrison, Zachary Taylor y Woodrow Wilson, Premio Nobel de la Paz y uno de los promotores de la Sociedad de Naciones, pero anfitrión que fue un día en la Casa Blanca del cineasta David W. Griffith con motivo de un pase privado de su mítico filme *El nacimiento de una nación,* que a tantos escandalizó en 1915 por su apologia del Ku Klux Klan. Llevado hasta sus últimas consecuencias este criterio, la capital de los Estados Unidos se quedaría sin su nombre (el del primer presidente George Washington, propietario asimismo de esclavos) y sin el de su distrito, Columbia (por Cristóbal Colón). Y el Ayuntamiento debería contar para semejante operación de limpieza políticamente correcta con un departamento bien dotado de medios y personal que, al igual que el famoso programa televisivo *Gran Hermano,* llevase un nombre tomado también de *Nineteen Eighty-Four:* el de su protagonista, Winston Smith, funcionario del Ministerio de la Verdad.

La última noticia de esta nueva variante de Inquisición —¿posinquisición?— me llega cuando estoy terminando de escribir mi libro, en octubre de 2020. En la universidad escocesa de Edimburgo ha cuajado la iniciativa, en la onda del movimiento norteamericano del *Black Lives Matter,* de retirarle los honores académicos que se le hubiesen concedido al filósofo David Hume por racista, sobre la base de algunas líneas de su ensayo *Of National Characters.* La universidad de su ciudad natal, en la que nació en 1711 y falleció en 1776, lo rechazó en 1744 como titular de una «cátedra de moral y filosofia pneumática» porque sus ideas eran religiosamente incorrectas, a lo que el filósofo respondió con su famosa *Carta de un caballero a su amigo de Edimburgo.* Emblema de la purga de ahora fue también, como en Washington D. C., un cambio del nombre de un inmueble, en este caso la *David Hume Tower,* medida que el rectorado justificó por la violencia de «pedir a los estudiantes que utilicen un edificio que lleva el nombre del filósofo del siglo XVIII cuyos comentarios sobre cuestiones raciales, aunque no eran infrecuentes en ese momento, hoy provocan angustia». El campus de Edimburgo, *safe space*. ¿Qué pasará con la costumbre estudiantil de utilizar como amuleto, acariciado para aprobar, el dedo gordo de la estatua de Hume erigida hace veinticinco años en el Royal Mile si el Ayuntamiento de la ciudad decide retirarla por las mismas razones?

Regresando a la literatura, y siempre en clave distópica, el Estado totalitario en forma de verdadero ogro filantrópico (no la sociedad civil) que nos presenta Huxley logra inocular en sus súbditos un «odio "instintivo" hacia los libros y las flores. Reflejos condicionados definitivamente. Estarán a salvo de los libros y de la botánica para toda su vida». Y de tal modo, en cuanto a un «tipo llamado Shakespeare» —al que tan despectivamente se alude en el capítulo III de *Brave New World*—, su obra literaria merece, páginas adelante, la siguiente valoración: «solo dice tonterías. Un autor que estaba por civilizar». Igualmente, cuando se cita una frase shakesperiana, el personaje de la «ingeniera embrional» Linda reacciona así: «—¡Por el amor de Ford, John, no digas cosas raras! No entiendo una palabra de lo que me estás diciendo».

Aquí puede estar la inspiración para lo que en otra distopía deudora de *Brave New World* como es *Fahrenheit 451,* publicada por Ray Bradbury en 1953, el jefe de los bomberos pirómanos de toda literatura le explica a su subalterno, el protagonista Guy Montag, quien «el lunes quema a Millay, el miércoles a Whitman, el viernes a Faulkner»: *los libros no dicen nada*. Nada que pueda enseñarse o creerse. Bizarra afirmación que podrían suscribir sin empacho Jacques Derrida y sus conmilitones deconstructivistas, inmediatos inspiradores de la posverdad. El título de Bradbury remite a la temperatura a la que el papel de los libros se inflama y arde. Y que la función de estos bomberos no sea apagar incendios, sino, con habilidad profesional, quemar libros, recuerda vivamente la antífrasis del Ministerio de la Verdad orwelliano en el que trabajaba Winston Smith.

Trascendiendo la paradoja argumental, *Farenheit 451* desarrolla ampliamente una idea coincidente con todos los efectos secundarios de la deconstrucción cultural que hoy percibimos. El aceleramiento del siglo distópico que Bradbury nos pinta hace que en él los libros nuevos sean cada vez más breves, que todo se reduzca a una anécdota narrativa que concluye con un final brusco, y que su pervivencia en los escaparates y plúteos a disposición de los lectores se convierta en totalmente efímera. Es el programa de lo que en mi capítulo anterior, muy de pasada, me atrevía a definir también como *posliteratura.* Pero las obras que no eran así por ser verdadera literatura están siendo adaptadas al nuevo ritmo, «los clásicos reducidos a una emisión radiofónica de quince minutos», luego «vueltos a reducir para llenar una lectura de dos minutos. Por fin, convertidos en un resumen de diccionario de diez o quince líneas». *Hamlet* en una página. El hijo de Linda, John «el Salvaje», que vive en la reserva de Malpaís, protesta por la prohibición del teatro de Shakespeare, sustituido por nuevas películas «horribles, estúpidas. ¿Esas películas en las que solo salen helicópteros y el público siente cómo los actores se besan?», esto último gracias a un dispositivo llamado sensorama, que acompaña las imágenes y los sonidos con «efectos táctiles asombrosos». Pero los interventores del Estado Mundial tienen la explicación para justificar este trueque entre *Otelo* y el sensorama: «Ese es el precio que debemos pagar por la estabilidad. Hay que elegir entre la felicidad y lo que la gente llama arte puro [...]. No se pueden crear tragedias sin estabilidad social. Actualmente el mundo es estable. La gente es feliz; tiene lo que desea y nunca desea lo que no puede obtener». Y me pregunto: ¿esas películas en las que solo salen helicópteros no nos recuerdan la invasión actual de efectos especiales insólitos, producidos mediante ordenador, que está expulsando de las pantallas al llamado desde Riciotto Canudo «séptimo arte»? Y ¿se retrasará mucho más la aparición del sensorama en nuestras salas y su generalización para el uso doméstico como una prestación más del llamado *home cinema*?

Este proceso de castración desculturizadora así descrito por Huxley puede fácilmente conectarse con los *safe spaces* que tardarían unos decenios en aparecer después de que se publicara *Farenheit 451.* Sin embargo, Ray Bradbury parece estar pensando en ellos cuando escribe: «Salir de la guardería infantil para ir a la universidad y regresar a la guardería. Esta ha sido la formación intelectual durante los últimos cinco siglos o más». En un diálogo capital con su compañera Mildred, al fin de la primera parte de *Farenheit 451,* Montag explica con toda claridad el proceso: «Los años de universidad se acortan, la disciplina se relaja, la filosofía, la historia y el lenguaje se descuidan; la gente se expresa cada vez peor a tal punto que apenas se recurre ya al uso de las palabras para comunicarse. La vida es inmediata, solo el empleo cuenta, el placer lo domina todo después del trabajo. ¿Por qué aprender algo, excepto apretar botones, accionar conmutadores, encajar tornillos y tuercas?».

El capitán de los bomberos Beatty transmite también dialéctica y dilogísticamente los basamentos del régimen a que está sometida la sociedad en la que viven Montag y Mildred, con sus coches retropropulsados, las «pequeñas radios auriculares», el sabueso mecánico que hace de perro guardián, el metro neumático o los cajeros automáticos como los de hoy, pero todavía no puestos en servicio por las sucursales bancarias en 1953. Y, sobre todo, como en Huxley, la televisión mural del cuarto de estar, con, por el momento, tres paredes que ofrecen «un océano electrónico de sonido, de música y de palabras», y que emite programas interactivos en los que cada espectador puede participar desde su casa.

Entre aquellos fundamentos invocados por el capitán está la alienación, por ejemplo: «Más deportes para todos, espíritu de grupo, diversión, y no hay necesidad de pensar», propuesta muy parecida por una parte a la de Nabokov en *Barra siniestra* (aquel unanimismo tóxico del que hablé), y por otra a la de *Un mundo feliz*.

Otro principio constitutivo es el igualitarismo arrasador: «Debemos ser todos iguales. No nacemos libres e iguales, como afirma la Constitución, sino que nos convertimos en iguales. Todo hombre debe ser la imagen del otro. Entonces todos son felices porque no pueden establecerse diferencias ni comparaciones desfavorables... Un libro es un arma cargada en la casa de al lado. Quémalo. Quita el proyectil del arma. Domina la mente del hombre». De ahí la importante misión que incumbe a los bomberos pirómanos: «somos los Guardianes de la Felicidad, los Payasos del Pueblo... No permitir que el torrente de melancolía y la funesta filosofía ahoguen nuestro mundo». Esta es una de las arengas de Beatty al protagonista, en la que va una cita implícita de Huxley: «Dependemos de ti. No creo que te des cuenta de lo importante que eres *para nuestro mundo feliz,* tal y como está ahora organizado». Montag parece estar de acuerdo con su jefe, pero algo está fallando, sin embargo, según le confiesa a su compañera: «Lo importante es la felicidad. La diversión lo es todo. Y, sin embargo, sigo aquí sentado, diciéndome una y otra vez que no soy feliz».

Para adentrarnos más en la premonición por parte de Bradbury de nuestras obsesiones posmodernas, aparece ya en *Farenheit 451* el *morderse la lengua,* precisamente. Siempre habla el oráculo de

Beatty: «Cuanto mayor es la población, más minorías hay. No debemos meternos con los aficionados a los perros, a los gatos, con los médicos, abogados, comerciantes, directivos, mormones, baptistas, unitarios, chinos de segunda generación, suecos, italianos, alemanes, texanos, habitantes de Brooklyn, irlandeses, nativos de Oregón o de México. Cuanto mayor es el mercado, Montag, menos hay que hacer frente a la controversia, recuerda esto. Todas las minorías, por muy pequeñas que sean, con sus ombligos siempre limpios. Los autores están llenos de pensamientos malignos; hay que bloquear las máquinas de escribir».

El diagnóstico del capitán es tajante. Los libros dejaron de venderse no por una imposición del Gobierno. «No hubo ningún edicto, ni declaración, ni censura, no. La tecnología, la explotación de las masas y la presión de las minorías produjo el fenómeno». Tan solo, quizá, hayan intervenido los agentes que Beatty comanda: «A la gente de color no le gusta *El negrito Sambo*. Quemémoslo. La gente blanca se siente incómoda con *La cabaña del tío Tom*. Quemémoslo. ¿Alguien escribe un libro sobre el tabaco y el cáncer de pulmón? ¿Los fabricantes de cigarrillos protestan? Quememos el libro. Serenidad, Montag. Paz, Montag». Y esta es la conclusión del capitán: «—¡Allá vamos para que el mundo siga siendo feliz, Montag!».

Esa potencialidad adivinatoria y profética de lo que podría venir en el futuro, la gran virtud de las mejores distopías, se manifiesta de nuevo en el vaticinio de los «espacios seguros» que hoy se están extendiendo en las universidades. En la novela de Bradbury Montag, en un gesto de disidencia, lee ante la señora Phelps y la señora Bowles «La playa de Dover», un poema de amor de Matthew Arnold publicado en 1867. Y ellas se echan a llorar: «Estúpidas palabras, estúpidas y horribles palabras que acaban por herir —dijo la señora Bowles—. ¿Por qué querrá la gente herir al prójimo? Como si no hubiera suficiente maldad en el mundo, además hay que preocupar a la gente con material de este tipo».

NEOLENGUA

Poco antes de la redacción y publicación de *Farenheit 451*, cuyo autor mira más hacia Huxley que hacia Orwell, algunos síntomas preocupantes de la posmodernidad líquida sobre las que estoy reflexionando en *Morderse la lengua* encuentran su más convincente fundamentación distópica en *Nineteen Eighty-Four*. En cuanto a su autor, estamos de acuerdo en que se quedó corto, cuando en 1948 estaba escribiéndola, al proyectar la sociedad reflejada en ella tan solo treintaiseis años hacia adelante. Pero como ya comenté al principio de este capítulo, consciente de la cortedad de ese plazo proyectivo, Orwell demora hasta el año 2050, por ejemplo, la sustitución definitiva del «Oldspeak (or Standard English, as we should call it)», por el *Newspeak,* la famosa *neolengua* orwelliana, asimismo de tanta actualidad hoy en día, por ejemplo, en relación con la corrección política.

La «neolengua», a la que finalmente las sucesivas ediciones de *1984* dedican el apéndice «The Principles of Newspeak», es el resultado de la manipulación del inglés por parte del Ingsoc para empobrecerlo y desconectarlo totalmente de la conciencia de los hablantes, hasta imposibilitar cualquier forma de pensamiento que no coincidiese con la ideología del poder. Ello representaría, luego de la implantación definitiva del «newspeak» en el año 2050, la prohibición de muchas palabras y expresiones, y la imposición de neologismos basados en el eufemismo, la paradoja, el oxímoron o la antífrasis.

Si en la distopía orwelliana encontramos una formulación inconfundible de lo que hoy denominamos posverdad, también está en ella, en esa «neolengua», el fundamento cumplidamente desarrollado del otro gran asunto de máxima actualidad al que hemos aludido ya en este capítulo, pero que merecería un tratamiento monográfico independientemente. Porque la «political correctness» actual consiste también en la censura de la lengua común y de la imposición de un idioma sustitutivo que altere, incluso, las reglas fundamentales de la gramática por voluntad de un poder hasta cierto punto indefinido, pues no coincide necesariamente en su génesis con el del Estado, el Partido o la Iglesia.

La neolengua es el idioma oficial de Oceanía, la potencia fundamentalmente anglosajona formada por las islas británicas, toda América, Australia y Nueva Zelanda y el sur de África, en perenne guerra alternativa con Eurasia, suma de la Unión Soviética y la Europa continental, y Asia Oriental con China, Japón y Corea. También se emplea allí el inglés como «lingua franca». Pero el designio del Gran Hermano es darle su forma final al idioma en proceso de construcción para que se convierta en la lengua única. Y ese proceso, que concluirá con la undécima edición del *Diccionario de neolengua,* que será la definitiva, se basa en la simplificación: no inventar palabras, sino destruirlas. Podar el idioma para dejarlo en los huesos. Así, por ejemplo, todo lo relativo a la bondad se expresaría en seis palabras. Sus compañeros lexicógrafos critican a Winston porque prefiere el viejo idioma «con toda su vaguedad y sus inútiles matices de significado». «No sientes la belleza de la destrucción de las palabras», le dicen.

Cada año habrá menos vocablos y en consecuencia el radio de acción de la conciencia será cada vez más pequeño, con lo cual desaparecerá el «crimen de pensamiento» o *thought-crime* (traduciríamos por «crimental») cometido por los «caracrimen» (*facecrime*), así denominados porque en su rostro muestran su desafección, por caso, al Gran Hermano. Y la ortodoxia exige no pensar, no sentir la necesidad del pensamiento. Es la inconsciencia. La intención del Ingsoc era formar un lenguaje lo más independiente de la conciencia que fuese posible, construir una lengua articulada que brotara de la laringe del hablante sin involucrar para nada en el proceso los mecanismos cerebrales.

En 2050 habría concluido aquel proceso, erradicado del todo el conocimiento del viejo idioma, lo que exigiría la destrucción de toda la literatura del pasado. De Shakespeare, Milton, Swift, Dickens y Byron solo quedarían versiones neolingüísticas, pues sus originales serían destruidos. Y como adelanto de *Farenheit 451,* en las escasas y paupérrimas librerías supervivientes no se encontraría ni un solo volumen anterior a 1960 después de «la caza y destrucción de libros» que se habría realizado de un modo generalizado y sistemático.

La distopía de Zamiatin es menos radical a este respecto, pero refleja transparentemente su calvario como escritor en la Unión Soviética de Stalin. El Estado Único no ha tomado ejemplo de Platón decretando la expulsión de los poetas, sino que los ha sometido al control del «Instituto estatal de poetas y escritores» porque «ahora la poesía es útil. Es un asunto de Estado», y las creaciones de referencia llevan títulos tan significativos como *Odas diarias al Benefactor, Flores de las sentencias jurídicas,* la tragedia *Quien llega tarde al trabajo* o *Estrofas sobre la vida sexual,* cuyas efusiones están debidamente planificadas, se han de realizar siempre con el mismo horario, con permiso, eso sí, para correr las cortinas de los ventanales domésticos obligadamente abiertas el resto del tiempo.

Aquel empobrecimiento del idioma, favorecido por la erradicación o el sometimiento de la literatura, nos suena a algo conocido, pues el expurgo del diccionario que continuamente se exige desde instancias de corrección política busca precisamente suprimir palabras. Proceso que va avanzando si hacemos caso a los sociolingüistas que computan la cuantía del léxico habitual entre determinadas cohortes de edad en cifras que no alcanzan las mil unidades. En la neolengua no existen matices en el campo semántico de la *bondad*: todo se reduce al juego de *nobueno, plusbueno*, y *dobleplusbueno*. *Negroblanco* («blackwhite») es el término que se aplica al militante del Partido Único por su flexibilidad para afirmar que los opuestos son lo mismo cuando se le exija, en función del *doblepensar* («doublethink»), sistema de pensamiento que proporciona la facultad de sostener dos opiniones contradictorias simultáneamente, dos creencias contrarias albergadas a la vez en la mente.

Prueba fehaciente de la importancia que Orwell le concedía al lenguaje, de lo que tenemos asimismo muestras en su labor ensayística y periodística, es que al texto novelístico propiamente dicho de *1984* añadiese aquel apéndice titulado «Principles of newspeak» en el que, por ejemplo, se especifica cómo es el léxico de este idioma artificial construido a base de la «vieja lengua» que era el inglés.

El vocabulario A son las palabras de uso cotidiano, reducidas en su número y limitadas en su polisemia. El sustantivo *cuchillo* sirve también para la función del verbo *cortar*. *Pensar* es, al contrario, verbo y sustantivo. Lo opuesto no tiene palabra propia, sino que se forma con el prefijo *in-*. Y tampoco hay vocablos para enunciar cualidades que se van incrementando, sino que el refuerzo viene por *plus-* o *sobreplus-*. El vocabulario C, científicotécnico, tendría por su parte carácter complementario.

El más interesante desde el punto de vista distópico es el vocabulario B, compuesto por palabras construidas deliberadamente con propósitos políticos. En capítulos anteriores, ya he comentado alguna creación léxica de tal tipo presente en el español actual por exigencias de la corrección política. A veces son compuestas, como *bienpensar* («goodthink»), sustituta de la sofisticada y culta *ortodoxia*. Y las expresiones incómodas o inconvenientes, políticamente incorrectas según los criterios del Partido, son simplemente suprimidas. Por ejemplo, todo lo que tiene que ver con la libertad o la igualdad, materia del *crimenpensar* («crimethink»). Curiosamente, en contra de una de las prioridades del mundo feliz de Huxley, el sexo aquí es tabú, en una sociedad en la que se promueve el celibato, el deseo es un *crimental* y la mayoría de los embarazos se producen por inseminación artificial. Por eso *goodsex* es precisamente la castidad.

Y como no podría ser de otro modo, no faltan los eufemismos. *gozocampo* («joycamp») es en realidad el campo de trabajos forzados. Y cuando la policía te sacaba por la noche y desaparecías, pasabas a ser un *vaporized.* Otra tendencia sistémica del *newspeak,* solidaria de la supresión de lemas, es el acortamiento de formas compuestas. Así, el Ministerio de la Paz que se encarga de las guerras es *Minipax*, el Ministerio del Amor (*Miniluv)* tiene como competencia la represión y la tortura, y en español sería *Minimor,* siempre según la traducción de Rafael Vázquez Zamora. De la economía planificada y el racionamiento se encarga el Ministerio de la Abundancia, *Miniplenty* («Minidancia»). Y el más importante es el Ministerio de la Verdad, *Minitrue* o «Miniver», que es de quien depende la posverdad del sistema. En él trabaja Winston Smith destruyendo los documentos indeseables y reescribiendo la historia para que se acomode a los designios cambiantes del Gran Hermano.

Posverdad en los lemas del partido: *La guerra es la paz; la libertad es la esclavitud; la ignorancia es la fuerza.* Y sus principios fundacionales son igualmente tres: la neolengua y el doblepensar (en los que va, para mí, el germen de la corrección política), y la mutabilidad del pasado junto a la degeneración de la realidad objetiva. En esto último nos encontramos de nuevo con la posverdad, que está arraigada en la conciencia de la gente. Para el protagonista, Winston, la vaciedad (líquida) de la vida consistía en que «todo se desvanecía en la niebla. El pasado estaba borrado. Se había olvidado el acto mismo de borrar, y la mentira se convertía en verdad» (capítulo VII de la primera parte). Y finalmente su amante, la joven rebelde Julia, «estaba dispuesta a aceptar la mitología oficial, porque no le parecía importante la diferencia entre verdad y falsedad» (capítulo V de la segunda).

Pese a la coincidencia en su título, poco tiene que ver, según creo, con George Orwell la guía práctica de neoespañol que en 2015 publicó la editora Ana Durante, interesada sobre todo en los enigmas y curiosidades del nuevo idioma que a su parecer está arraigando entre los hispanohablantes. Lo denomina así por ser un español «nuevo», pero otras veces utiliza casi como sinónimos para designarlo «español aproximado» o, simplemente, «aproximado».

La perspectiva de Ana Durante es sumamente crítica contra lo que considera «una forma de comunicación que está sustituyendo al español a marchas forzadas», un nuevo idioma (o dialecto) que se está imponiendo, y cuya omnipresencia se aprecia en todos los estratos y actividades de nuestra sociedad. Para dar cuenta de él, la autora, que escribe con desenfado, dedica una primera parte de su libro a la estructura gramatical básica de la lengua, con la inclusión de unos ejercicios para que el lector practique el neoespañol, y ofrece en la segunda una antología de enigmas y curiosidades documentadas a partir de ejemplos concretos, reseñados sin identificación en ningún caso de la fuente o autor de los desaguisados lingüísticos que selecciona.

La conclusión a la que llega Ana Durante es que el español está en un franco proceso de extinción, fundamentalmente por la falta de dominio de sus reglas y recursos por parte de los hispanohablantes. Ninguno de ellos (de nosotros) está libre de pecado, incluida «la gente teóricamente cultivada», que se ha pasado «en bloque al neoespañol con armas y bagajes».

Sorprendentemente, la autora no presta ninguna atención a la influencia que en tal degradación pueda estar teniendo la corrección política, a diferencia de lo que yo estoy sosteniendo por activa y por pasiva en *Morderse la lengua*. Convengo, por el contrario, con ella en que cuando España tiene por primera vez en su historia una educación universal y gratuita hasta el nivel universitario, y se supone que la enseñanza de nuestra lengua (o lenguas en el caso de las comunidades bilingües) está en el eje central de nuestro sistema formativo, resulta una triste paradoja comprobar no solo el precario conocimiento del español entre los españoles, sino incluso el descuido o desdén hacia un idioma compartido además por casi seiscientos millones de personas en cuatro continentes.

Ana Durante no culpa directamente a los políticos de la hecatombe, aunque reconozca la influencia que ha tenido en ella nuestra legislación promulgada a partir de la Ley General de Educación de 1970, la primera que instituyó la enseñanza obligatoria hasta los catorce años, luego ampliada hasta los dieciséis. No menciona expresamente la falta de consenso entre los partidos, ya en democracia, a favor de una estabilidad legislativa en este trascendental asunto para la formación de la ciudadanía y el desarrollo del país. No le falta razón en adjudicar responsabilidad en la debacle a los individuos y al conjunto de la sociedad civil. Pero su diagnóstico es demoledor, y el neoespañol que describe está logrando objetivos que el Ingsoc de *1984* también se había propuesto con el *newspeak:* la uniformización a la baja de todos los hablantes («ya no hay sabios ni ignorantes», afirmación de la autora que me sugiere una paráfrasis de *Cambalache*: «¡ Todo es igual!/ ¡Nada es mejor!/ ¡Lo mismo un burro/ Que un gran profesor!»); «que el pensamiento vaya por un lado y el lenguaje por otro o que no haya siquiera pensamiento que sustente las palabras»; que las palabras adquieran un significado errático; «que los verbos sean intercambiables incluso por sus opuestos, que las conjugaciones pasen a la historia, que podamos inventar nuestro propio vocabulario».

No más optimista se mostraba George Orwell (2017) cuando publicaba en 1946 su ensayo «La política y la lengua inglesa», cuyo primer párrafo es ya demoledor: «La mayoría de quienes tienen alguna preocupación por el asunto, reconocerán que la lengua inglesa goza de una pésima salud, aunque, en general, se da por sentado que no hay acción consciente que pueda remediarlo. Nuestra civilización está en decadencia, y nuestra lengua, según este argumento, participa inevitablemente del desplome general. De ahí se sigue que cualquier lucha contra el mal uso de la lengua sea un arcaísmo sentimental, como preferir las velas a la luz eléctrica o los carromatos a los aviones».

Resulta para mí clarividente —cualidad esta en la que, repito, el novelista británico brilla con luz propia— esta conexión entre deterioro de la lengua y decadencia de una sociedad. Si esta ligazón se daba, como Orwell afirma, en relación al inglés inmediatamente después del final de una guerra en que Gran Bretaña había sido una de las potencias vencedoras, a costa, eso sí, de la pérdida inmediata de las joyas de su Imperio, lo que ahora está sucediendo con la lengua de la posverdad y la corrección política tiene que ver con otras circunstancias que he tratado de referir en mi capitulo anterior. La quiebra del racionalismo, el auge del sentimentalismo tóxico y la llamada inteligencia emocional, caracterizan nuestra sociedad líquida, liquidadora del humanismo (sociedad poshumanista o transhumanista) y de la modernidad ilustrada (el posmodernismo). Una sociedad asimismo —por usar el neologismo eufemístico de Derrida que pretende atemperar la lisa y llana *destrucción* de Heidegger en la que se inspira— *deconstructora* del discurso en cuanto portador de significados incumbentes y aniquiladora de los «grandes relatos legitimadores», los recios sistemas de pensamiento e ideología incapaces, al parecer, de resistir al relativismo y el anarquismo epistemológico posmodernos.

Como ya concluía en el capítulo anterior, en este escenario decadente la lengua está sometida a embates de todo tipo que se ceban en ella como el mayor de los «relatos legitimadores» existentes, porque es el que legitima a todos los demás, y en su entraña está la humanidad —nuestra especie goza del lenguaje como un patrimonio privativo—, está la razón y la capacidad de buscar la verdad de las cosas, de las personas y de los acontecimientos. Amén de ser el lenguaje sustento de la sociabilidad, y por ello el instrumento imprescindible para articular la convivencia en democracia. Pero que puede servir, desafortunadamente, para pervertirla, convirtiéndola en *posdemocracia*, o para sustentar fatalmente la tiranía.

Y continúa Orwell: «Un hombre puede darse a la bebida porque se considera un fracasado, y fracasar entonces aún más porque se ha dado a la bebida. Algo parecido está ocurriendo con la lengua inglesa. Se vuelve fea e inexacta porque nuestros pensamientos rayan en la estupidez, pero el desaliño de nuestro lenguaje nos facilita caer en esos pensamientos estúpidos». Vuelvo mi mirada, capítulos atrás, al elogio de la estulticia (no de la locura) en Erasmo de Rotterdam, que me sigue acompañando de la mano de Maquiavelo y bajo la mirada sabia, desde otro siglo, de Miguel de Cervantes Saavedra.

Además de la creatividad imaginativa y de la contrastada calidad literaria de las tres obras fundacionales del género, *Nosotros* (1924) de Evgueni Zamiatin, *Un mundo feliz* (1932) de Aldous Huxley y *1984* de George Orwell, publicada en 1949, nos siguen seduciendo sus atisbos proféticos, como si hubiesen sido escritas por verdaderas sibilas narrativas. Así, por ejemplo, el novelista ruso y Huxley coinciden en la presencia protectora, en sus respectivas sociedades distópicas, de un elemento arquitectónico que se convierte a la vez en un emblema cargado de simbolismo, todavía de inquietante actualidad en 2019 (pero en otro continente) cuando se conmemoraba en Europa la caída del muro de Berlín treinta años atrás. En *Nosotros*, el protagonista está convencido de que «los muros son la base de toda obra humana», y en consecuencia el Muro Verde erigido por el Estado Único «es, quizá, la más importante de nuestras invenciones. El hombre dejó de ser un animal salvaje cuando construyó el Muro, cuando gracias a él pudimos aislar nuestro perfecto mundo mecánico del irracional y grotesco mundo de los árboles, los pájaros y las bestias».

Bestias que pueden ser, también, humanas: son el Otro, el desplazado, el migrante, los espaldas mojadas (*wetbacks*). Son los salvajes que en *Brave New World* pueblan la reserva del conocido como «the valley of Malpais». Es de destacar el nombre de la reserva, que consta de varios *pueblos,* así mencionados también en español. El muro está representado, en este caso, por «la frontera que separaba la civilización del salvajismo». Tras ella, confinados, perviven salvajes que conservan todavía «repugnantes hábitos y costumbres: [...] matrimonio, [...] familias [...], monstruosas supersticiones como el cristianismo, los totemismos y la adoración de los antepasados; lenguas muertas como el español y el athabasco».

DOBLEPENSAR Y POSVERDAD

Nos resulta ciertamente difícil asimilar o encajar, por caso, las sorpresas e inquietudes que desde su toma de posesión como presidente de la hasta ahora más poderosa y avanzada nación del mundo provocó ecuménicamente Donald Trump, quien había prometido ya como candidato construir un muro a lo largo de toda la frontera entre los más grandes países de América del Norte, adelantando además que su coste sería asumido por los Estados Unidos de México. Pero Donald Trump fue un presidente elegido democráticamente en virtud de un sistema que lo encumbró a tan alta magistratura pese a que su oponente en las elecciones, la candidata Hillary Clinton, obtuviese varios millones más de votos populares.

Precisamente por estas circunstancias, resultan clarividentes algunas afirmaciones que Aldous Huxley hacía al final de su interesante secuela de 1959 titulada *Brave new world revisited* refiriéndose precisamente a los Estados Unidos, potencia a la que ve como «la imagen profética del resto del mundo urbano-industrial tal y como será dentro de unos cuantos años». Estima que los jóvenes norteamericanos menores de veinte años, los electores del mañana, no tenían ya fe en las instituciones democráticas, no creían en la posibilidad de un gobierno del pueblo por el pueblo, se sentirían plenamente satisfechos siendo gobernados «desde arriba por una oligarquía de variados peritos» siempre que pudieran continuar viviendo «en la forma a la que se han acostumbrado durante la bonanza», e, incluso, no se opondrían «a la censura de las ideas impopulares», lo que constituye el fundamento de esa forma de censura perversa que llamamos corrección política, ya denunciada por Robert Hughes en su libro imprescindible de 1993.

A diferencia de Zamiatin, en el caso de las obras de Aldous Huxley, tanto en su novela de 1932 como en la revisión de los términos de la misma que él mismo publicó veintisiete años después, está ya presente la idea de la posverdad. Frente a la ortodoxia oficial del Estado, en el mundo feliz de la llamada *Era Fordiana,* «la verdad es una amenaza, y la ciencia un peligro público», razón por la cual «el propio Ford hizo mucho por desplazar el énfasis puesto en la verdad y la belleza a la comodidad y la felicidad. La producción en masa exigía ese cambio fundamental de ideas. La felicidad universal mantiene en marcha constante las ruedas, los engranajes; y no la verdad y la belleza». Y cuando en 1959 el autor escribe su «nueva visita» a la novela distópica de 1932, vuelve a definir la felicidad ni más ni menos que con estas terribles palabras: «el problema de lograr que la gente ame su servidumbre».

A este respecto, en lo que toca a George Orwell fue determinante la experiencia que vivió al comienzo de la Guerra Civil española, cuando en diciembre de 1936 se incorporó en Barcelona a las milicias del POUM, el Partido Obrero de Unificación Marxista de orientación trotskista, con las que combatió, y fue herido, en el frente de Aragón. Fue testigo también, en mayo de 1937, de los choques armados entre comunistas, anarquistas y trotskistas que tuvieron lugar en la ciudad condal. El testimonio de todo ello está en su libro de 1938 *Homage to Catalonia,* en el que manifiesta reiteradamente su desazón por las tergiversaciones de la verdad urdidas por los diferentes partidos políticos que se difundían a través de la prensa española e internacional, versiones trapaceras en contra de lo que él había visto en los frentes de batalla o en los enfrentamientos de Barcelona. Y en su testimonio de 1942 «Mirando hacia atrás a la guerra civil española» llega a temer que la idea de verdad objetiva estuviese desapareciendo del mundo, y que finalmente, «*para fines prácticos la mentira se habrá convertido en verdad*».

Si en la distopía orwelliana encontramos una formulación inconfundible de lo que hoy denominamos posverdad, también está en ella, en su «neolengua», el programa cumplidamente desarrollado de este otro gran asunto. Porque la «political correctness» actual consiste también en la censura de la lengua común y en la imposición de un idioma sustitutivo que adultere, incluso, la gramática por voluntad de un poder hasta cierto punto indefinido, pues no coincide con el del Estado, el Partido o la Iglesia.

También en *1984* el mecanismo del *doublethink* que Winston consigue desenmascarar con precisión ilustra muchas de las facetas, virtualidades y contradicciones de nuestra *posverdad* actual, especialmente en el uso abusivo que de ella hacen los políticos. No encuentro formulación más certera y exacta de ello que en esta cita de Orwell: «Saber y no saber, hallarse consciente de lo que es realmente verdad mientras se dicen mentiras cuidadosamente elaboradas, sostener simultáneamente dos opiniones sabiendo que son contradictorias y creer sin embargo en ambas; emplear la lógica contra la lógica».

Winston Smith, cuando descubre dicho mecanismo, se incorpora a una hermandad de resistentes que será finalmente traicionada por uno de sus líderes, un infiltrado, y esto precipita su autoderrota y su sumisión a la voluntad del Partido, su devoción fanática hacia el Gran Hermano. Su fracaso final contradice los propósitos disidentes que le habían inducido a empezar a escribir un diario «desde esta época de uniformidad, de este tiempo de soledad, la Edad del Gran Hermano, la época del doblepensar» hacia un futuro más amable, «para la época en que se pueda pensar libremente, en que los hombres sean distintos unos de otros y no vivan solitarios... Para cuando la verdad exista y lo que se haya hecho no pueda ser deshecho». Futuro que desafortunadamente no podremos identificar con el nuestro (ni con nuestro presente) en la medida en que siga creciendo en él la posverdad.

En 2017 la consultora Gartner Inc, especializada en la investigación de las tecnologías de la información, anunciaba que, según sus estudios, en cuatro años las posverdades, los bulos y patrañas —en definitiva: las noticias falsas— superarían a las verdaderas en la galaxia de la comunicación. Comunicación no jerarquizada en la que por el momento reinan las redes sociales, capaces de dotar además de extrema viralidad a los contenidos que difunden, en perjuicio de los medios tradicionales —la radio y la televisión, pero sobre todo la prensa, cuya muerte definitiva Bill Gates anunció para 2000 y ahora demora hasta 2023—, confiados a la profesionalidad y la deontología de sus servidores. Una investigación del Massachusetts Institute of Technology sobre un corpus de 126 000 «relatos» de Twitter —el *storytelling* ya comentado— que fueron compartidos por tres millones de internautas durante el periodo 2006-2017, demostró que en un 70 % las posverdades eran preferidas por personas reales —y no por *bots*— para su retuiteo.

Acaso por ello, precisamente en el último año abarcado por el estudio del MIT, Facebook, Google y Twitter se comprometieron en ofrecer a los usuarios «indicadores de confianza» para ayudarlos en la discriminación de lo verdadero y de lo falso entre todos los contenidos circulantes por las redes. Facebook admitió que en 2016 ciento veintiséis millones de estadounidenses recibieron noticias falaces durante la campaña electoral de Donald Trump, y sigue viva la sospecha de que la tecnología rusa intervino en su ayuda decisivamente.

Por suerte, ese combate contra bulos y patrañas tecnológicamente propaladas va ganando militantes. En Europa, Matthias Nießner ha desarrollado en el Departamento de «Visual Computing & Artificial Intelligence» de la Universidad Técnica de Múnich el programa *FaceForensics* para detectar si un video es verdadero o no mediante la falsificación de los rostros humanos, especialmente útil porque puede ser incorporado a navegadores como Firefox o Chrome. Precisamente, por causa de la amenaza rusa la Unión Europea creó la *East Stratcom Task Force* como la sección del Servicio Europeo de Acción Exterior encargada de vigilar las intervenciones de Moscú en las redes sociales. Y en 2018 se dispuso ya de un exhaustivo informe elaborado por el *European Commission's High Level Expert Group on Fake News and Online Disinformation.* En España, en marzo de ese mismo año la Comisión mixta Congreso-Senado de Seguridad Nacional aprobó, por iniciativa del PSOE, una propuesta relacionada con el combate contra bulos y patrañas con el voto en contra de Unidas Podemos. En la misma dirección, el Reino Unido, Alemania, Italia o la República Checa han tomado medidas legislativas y gubernativas.

Comparto la tesis de Pau Solanilla (2019) de que esta proliferante y poderosa manipulación informativa puede considerarse una de las grandes amenazas del mundo actual, activa (y destructiva) no solo en el ámbito de la política, sino también en el de la economía, la empresa, la publicidad, de las artes incluso. Y como también advirtió el MIT, la gravedad de tal amenaza puede verse considerablemente incrementada con el concurso de la inteligencia artificial, cuyos avances resultan a la vez prodigiosos y carentes de límites de todo tipo (cuantitativos, cualitativos y, sobre todo, éticos). En años anteriores Nicholas Carr (2011) se había preguntado *¿Qué está haciendo Internet con nuestras mentes?*, Martin Ford (2016) relacionaba el auge de los robots y de nuevas tecnologías con la amenaza de un futuro sin empleo, y Cathy O'Neil (2017) calificaba, sin que le temblara la voz, como *armas de destrucción matemática* los avances del Big Data, posibles y presuntos culpables del aumento de la desigualdad y el colapso de la democracia. Y uno de los centros punteros en cuanto a las investigaciones sobre inteligencia artificial, el Massachusetts Institute of Technology, en su MIT *Technology Review* (3 de abril de 2018) alertaba de que con sus avances se podría lograr la generación de informes falsos adaptados a los intereses de un individuo, una corporación o un Gobierno, fácilmente «viralizables» en las redes.

En ese año 2017, próximo todavía al momento en que escribo, tres investigadores de la Universidad de Washington (Suwajanakorn, Sez y Kemelmaitcher-Shlizerman) sintetizaron la voz del expresidente Barack Obama, y elaboraron un programa que permitía sincronizar, a partir de tomas reales de su imagen, el movimiento de sus labios con palabras y frases dotadas de sentido que él nunca había (ni hubiera) pronunciado o emitido. De tal modo se le podría hacer decir con su voz, entonación y gestualidad algo totalmente contrario a sus ideas, o particularmente contraproducente. En esta línea, por ejemplo, el cómico Jordan Peele, a base de Photoshop y la aplicación FakeApp, puso en boca de Obama, precisamente, el calificativo de *imbécil total y completo* referido a su sucesor en el despacho oval, y lo difundió por BuzzFeed, una empresa de noticias y entretenimiento social basada en la tecnología digital y en la práctica de potenciar la viralidad de ciertos videos en Internet.

Y siempre en 2017, con otro *software* de inteligencia artificial que Google ofrece gratuitamente con el nombre de TensorFlow, el programa Deepfake (traducible por «falsedad profunda», término que se está popularizando sobremanera) insertó con verosimilitud total el rostro de Gal Gadot en el cuerpo de una actriz porno en acción. Otras estrellas del cine como Angelina Jolie, Natalie Portman o Taylor Swift han aparecido ya involuntariamente como protagonistas en varias películas pornográficas. De estas agresiones se ha ocupado entre nosotros con amplio apoyo gráfico y documental Marc Amorós (2020) en su libro *¿Por qué las* fake news *nos joden la vida?*

Falsificación, pues, de doble espectro: de la confidencialidad de las ideas y de la intimidad de los cuerpos. Doble distopía, también, frente a lo que amenazaba *Nineteen Eighty-Four.* En la Oceanía de George Orwell, carteles que rezan EL GRAN HERMANO TE VIGILA reproducen un rostro de bigotes negros con unos ojos penetrantes que «le siguen a uno adondequiera que esté». Incluso en la supuesta intimidad de los hogares, la telepantalla, «una placa oblonga de metal, una especie de espejo empañado, que formaba parte de la superficie de la pared», actuaba como espía para la policía de pensamiento, y los ciudadanos vivían sabiendo que cualquier sonido emitido por ellos podía ser registrado y escuchado, y sus movimientos, salvo en la oscuridad, observados. Porque, como la narración avisa, «con el desarrollo de la televisión y el adelanto técnico que hizo posible recibir y transmitir simultáneamente en el mismo aparato, terminó la vida privada».

Doble distopía, adelantaba yo, porque ahora ya no es que nuestra vida privada sea pública, dando lugar a lo que Rosa María Rodríguez Magda (2004) califica certeramente como «la obscenidad de la intimidad», sino porque esa obscenidad puede ser inventada a nuestra costa, y las imágenes que la muestren ser pura y simplemente posverdad. Lo mismo que nuestros pensamientos, propuestas o proclamas: nos harán decirlas convincentemente para quienes las escuchen, pero todo será una patraña. Cada vez es mayor la disponibilidad de recursos para ello al servicio no solo de los Gobiernos, sino también de individuos de a pie, o agrupaciones integrantes de la sociedad civil.

Contra el infoapocalipsis

En pocas palabras: asistimos a la distorsión sistemática y programada de la realidad. El infoapocalipsis. Un video ya no volverá a ser prueba de nada que se podría suponer que había ocurrido porque las imágenes así lo confirmaban. Para desacreditar a Emma González, militante contra las armas de fuego especialmente activa en las redes después de haber sobrevivido a la masacre en su instituto de Parkland, se manipuló un video suyo en que manoseaba el pergamino de una diana para hacerla aparecer en las pantallas rompiendo la constitución de los Estados Unidos. Era una falsedad, no como las imágenes en directo desde el Congreso de los Diputados en otoño de 2015 cuando un diputado de Amaiur (Bildu) desgarró ostensiblemente varias páginas de la Constitución española en el transcurso de un debate sobre la reforma del Tribunal Constitucional. Y la falsificación de la voz contribuye, lógicamente, a lo mismo. Adobe lanzó en 2016 el programa VoCo, que sobre la base de veinte minutos de grabación de la voz de una persona nutre a los algoritmos de todas sus características vocales distintivas, lo que abre paso a la formulación de frases enteras, a la impostación de todo un discurso verosímil que nadie dudaría en atribuir a alguien en concreto que nunca lo pronunció.

Google dispone también de un asistente, de nombre Duplex, que con voz profunda y matizadamente humana puede hacer por nosotros cualquier gestión sin que el receptor de sus mensajes ni tan siquiera sospeche que está hablando con una máquina. Hay quien denuncia que con estos inventos Sillicon Valley está perdiendo todo norte ético. Y el beneficio va también para los cultivadores más conspicuos de la posverdad, como Donald Trump, que ya se atreve a desautorizar la grabación en la que profiere una muy difundida obscenidad machista diciendo ahora de la voz registrada que no es la suya.

Por eso mismo, no debiera caer en saco roto, ni perderse en los anaqueles de las hemerotecas o en los archivos videográficos, la intervención del presidente de la República francesa Emmanuel Macron pronunciada el 25 de abril de 2018 ante el Congreso y el Senado norteamericanos, reunidos conjuntamente para escuchar su discurso, titulado *To protect our democracies.*

Comienza Macron hablando en él, dos años antes de la irrupción de la COVID-19, de «the ever-growing virus of fake news» que puede someter a «nuestro pueblo al miedo irracional y a riesgos imaginarios». Erigiéndose en portavoz de la mejor tradición nacida de «le siècle des Lumières», contra la que, paradójicamente, nadie hizo más daño que la «Frenh Theory» de Foucault y Derrida, da un toque de rebato impagable: «Sin razón, sin verdad, no existe democracia real, porque la democracia implica elecciones verdaderas y decisiones racionales. La corrupción de la información representa un atentado para corroer el espíritu genuino de nuestras democracias».

No está solo en esta batalla (tampoco excesivamente acompañado). Incluso en el empleo de una terminología clara y fuerte, lejos de cualquier asomo de corrección política, va con él el líder indio Subramanian Swamy, quien describía por aquel mismo entonces los bulos y patrañas de la posverdad como «un cáncer» que precisaba «cirugía».

Llegados a este punto, comparto una propuesta muy simple, que para algunos parecerá sin embargo sumamente ingenua, formulada por Pau Solanilla (2019) con claridad y secundada entre otros por Johan Farkas y Jannick Schou: LA TECNOLOGÍA AL SERVICIO DE LA VERDAD. El aprendizaje automático («machine learning») puede ser un catalizador en el proceso de intoxicación de la sociedad a base de bulos y patrañas, pero también podría sernos útil «como un inestimable y formidable aliado en esta batalla contra el autoritarismo de la mentira».

De hecho, hemos registrado ya varios ejemplos de dispositivos y programas para chequear la veracidad de las informaciones que nos llegan por los cuatro costados, y desde hace ya tiempo, por ejemplo, los algoritmos detectan y apartan los correos basura (el *spam*). Solanilla cree, pues, en la posibilidad de que la inteligencia artificial ponga los recursos del aprendizaje automático al servicio de la lucha contra la posverdad o la cruda mentira: «Se trata, al fin y al cabo, de poner la tecnología al servicio del interés general». Y que contribuya a lo que Farkas y Schou denominan «centers of Truth-making», imprescindibles para el objetivo de «policing the Truth».

No cabe duda, sin embargo, de que hay en ello una contradicción preocupante. Una experta norteamericana en sistemas de información, Anjana Susarla, la explicaba así en unas declaraciones a *El País* (20 de mayo de 2018): «El mayor reto de usar la inteligencia artificial para detectar noticias falsas es que sitúa la tecnología en una carrera de armamento contra ella misma».

No solo hay que combatir en origen —¿y cómo?, me pregunto— los bulos y patrañas que particulares mal o peor intencionados, troles o artificios como los *bots* introducen en las redes sociales, sino reparar también en la responsabilidad de las grandes plataformas tecnológicas que propagan la posverdad. Ese es su negocio, y gracias a su colosal rentabilidad las *big tech* —cuatro primero, ahora (por el momento) las *Big Five* también conocidas como *S & P 5*: Alphabet, Amazon, Facebook, Apple y Microsoft— se han convertido en multinacionales que atesoran, además de dividendos, un poder temible, casi ilimitado, que ha exigido ya la intervención de organismos oficiales de los Estados Unidos y la Unión Europea responsables de actuar contra las prácticas monopolísticas.

Porque cuando comienzo ya a escribir la coda de *Morderse la lengua,* imbuido además de las presuntas fantasías anticipatorias, que no posverdades, de la literatura distópica, me siento obligado a dejar planteada una pregunta que me he hecho a mí mismo continuamente desde que hace años —probablemente, desde mi experiencia como profesor visitante en Boulder que ya narré— empezaron a intrigarme la corrección política e, inmediatamente después, la posverdad.

Los latinos se preguntaban también frecuentemente *Cui prodest?,* que significa lo mismo que *Cui bono?,* locución atribuida en su origen a un cónsul y censor que fue asumida por Cicerón y finalmente pasó al Derecho Romano. Pau Solanilla, en su libro *La república de la reputación,* para expresar lo mismo recurre a otra frase hecha procedente de un poema decimonónico de William Ross Wallace: «¿Quién mece la cuna de esta nueva industria de la mentira?».

Habida cuenta de fenómenos como la guerra de Irak, el Brexit, la campaña electoral y la presidencia de Trump o el *procés,* sería fácil responder que la posverdad aprovecha o beneficia a los poderes políticos. Pero hemos visto también cómo antecedentes claros de lo que ella representa en plena posmodernidad aparecen ya en las manipulaciones de la opinión pública y la tergiversación de las verdades científicas por parte de grandes empresas que veían peligrar sus beneficios, y para preservarlos se integraban en esa imaginaria entidad que Ari Rabin-Havt y Media Matters han bautizado como *Lies Incorporated.*

En las distopías que nos han acompañado a lo largo de este último capítulo, el poder político es omnímodo, pero se expresa en dos formas distintas, entre las cuales la de Aldous Huxley es la que se singulariza más.

En Zamiatin, Nabokov y Orwell está muy presente el totalitarismo soviético, con algunos matices coincidentes con el fascismo italiano y nazi. El tirano de *Nosotros* no tiene nombre propio, sino que es conocido como *Benefactor del Estado Único,* uno de cuyos fundamentos ideológicos principales es, según vimos ya, el taylorismo. En la liturgia del régimen, émula de la cristiana, el «Día de la Unanimidad», equiparado a la «"Pascua" de los antiguos», es la jornada «de la elección del Benefactor» cuando, dice el protagonista identificado como D-503, «le volveremos a entregar las llaves de la infranqueable fortaleza de nuestra felicidad». Porque en el Estado Único «las elecciones tienen un significado simbólico: recordamos que formamos un único y poderoso organismo de millones de células; que somos, para decirlo en palabras del Evangelio de los antiguos, una única Iglesia». Nada queda, pues, de la mecánica propia de «las caóticas elecciones de los antiguos, cuyos resultados [...] no se conocían de antemano». ¿No nos recuerda esto la posdemocracia de la galaxia *Post*?

Al contrario de Zamiatin, Nabokov pone incluso mote al jefe máximo, Paduk «el Sapo», que gobierna con mano de hierro inspirándose vagamente en el *ekwillismo* de Fradrik Skotoma. En *Nineteen Eighty-Four,* el libro de referencia para el régimen se titula *Teoría y práctica del colectivismo oligárquico,* de Emmanuel Goldstein, y la cabeza visible del régimen es el Gran Hermano. Y nunca mejor aplicada la frase hecha «cabeza visible». El Big Brother es el comandante en jefe, el guardián de la sociedad, el dios pagano y el juez supremo. Pero sobre todo es la personificación de los ideales del Ingsoc. La ironía del caso está en que se insinúe la posibilidad de que no sea una persona real, sino un mero icono. En el capítulo primero del libro de Goldstein se explica esto en los siguientes términos: «es una cara en los carteles, una voz en la telepantalla [...]. Es la concreción con que el Partido se presenta al mundo».

Aldous Huxley, por su parte, refleja un futuro político constituido por un Estado Mundial, de inspiración fordiana, cuya triple divisa es *Comunidad, identidad, estabilidad.* En él existen diez grandes agrupaciones territoriales, al frente de cada una de las cuales se encuentra un interventor mundial. El correspondiente a la Europa occidental tiene nombre y apellido, que, como gusta hacer Orwell en su novela, se inspira en el de personajes históricos reales. Se llama, así, Mustafá Mond, suma del nombre del general modernizador de Turquía Mustafá Kemal Atatürk y del apellido de sir Alfred Mond, el político y líder empresarial británico creador del holding *Imperial*

Chemical Industries. El pensamiento del interventor europeo se resume en esta frase, que vincula los *safe spaces* posmodernos con este distópico mundo feliz: «Un hombre civilizado no tiene ninguna necesidad de soportar nada que sea desagradable. En cuanto a realizar cosas, Ford no quiere que tal idea penetre en la mente del hombre civilizado. Si los hombres empezaran a obrar por su cuenta, todo el orden social se vería trastornado».

So capa de ser una especie de ogro filantrópico, el régimen descrito por Aldous Huxley no deja de constituir una dictadura. Una dictadura perfecta porque, mostrando una apariencia de democracia (nosotros diríamos ahora «posdemocracia»), consiste en una especie de prisión sin muros en la que los presos ni siquiera soñasen con escapar. Sería en esencia un sistema de esclavitud en el que, gracias a la eugenesia y la programación genética, al condicionamiento con técnicas de hipnopedia, al consumismo, al sexo libre, las sustancias euforizantes o simplemente dopantes —el *soma:* la droga perfecta, «todas las ventajas del cristianismo y el alcohol, y ninguno de sus inconvenientes»— y al entretenimiento —el *Divertirse hasta morir* de Neil Postman (1985)—, los esclavos acabarían por amar la servidumbre del sometimiento.

Cuando en 1958 el novelista inglés «revisita» su novela del mundo feliz, afirma con complacencia que «las profecías que hice en 1931 se están haciendo realidad mucho más pronto de lo que pensé», y que su distopía se estaba mostrando más atinada que la de Orwell. Alguno de los vaticinios que hizo, sin embargo, no se han cumplido sino parcialmente hasta hoy, como sostener que en veinte años —en torno a 1978, pues— todos los países muy poblados y poco desarrollados estarían bajo una u otra forma «de gobierno totalitario, probablemente del Partido Comunista». Mas otras de sus anticipaciones no nos queda más remedio que aceptarlas como posibles, como por ejemplo esta: «Y el siglo XXI, supongo yo, será la era de los gobernadores del mundo, del sistema científico y del mundo feliz».

Cierto que no tuvo la premonición de lo que fue la revolución informática, preámbulo de la galaxia Internet y la sociedad digital. Igualmente, salvo su verdadera obsesión por el crecimiento demográfico y su incidencia en el agotamiento de los recursos naturales, no hay en su obra atisbos de una excesiva preocupación ecológica, y nada de la conexión entre las emisiones de CO_2 y el cambio climático. Pero en relación con el *Cui prodest?* que nos hemos formulado, Huxley acierta cuando afirma en sus reflexiones de 1958 que «la tecnología moderna ha llevado a la concentración del poder económico y político y al desarrollo de una sociedad gobernada (implacablemente en los Estados totalitarios y cortés e invisiblemente en las democracias) por la gran empresa y el gran gobierno».

También es clarividente la vinculación que establece entre la gobernanza y la posverdad. En plena coincidencia con algunos de los argumentos que he ido desgranando en capítulos anteriores, el novelista inglés escribe, por ejemplo: «El poder de atenernos a la razón y la verdad existe en todos nosotros. Pero, por desgracia, otro tanto sucede con la tendencia a atenernos a la sinrazón y la falsedad, especialmente en esos casos en que la falsedad evoca alguna emoción grata o el recurso a la sinrazón hace vibrar alguna cuerda en las primitivas y subhumanas profundidades de nuestro ser».

A tal fin, ve como decisiva la propaganda, y, frente a la proliferación de diarios y periodistas independientes, acusa la tendencia a la concentración de los medios. Proceso que coincide en los países comunistas con el mantenimiento de la censura del Estado, y en los demás, con la irrupción de la censura económica ejercida por una élite poderosa. Así como, citando a Albert Speer, recuerda que con Hitler «mediante elementos técnicos como la radio y el megáfono, ochenta millones de personas fueron privadas del pensamiento independiente», apunta ahora que «gracias al progreso tecnológico» de la televisión «el Gran Hermano puede actualmente ser casi tan ubicuo como Dios». En los nuevos tiempos «el arte de gobernar las mentes ajenas va camino de convertirse en ciencia», sobre el supuesto psicológico e incluso neurológico de que el comportamiento de las masas «está determinado no por el conocimiento y la razón, sino por los sentimientos e impulsos inconscientes». El propagandista los manipula. El individuo en multitud es víctima de lo que Huxley denomina «envenenamiento de rebaño»: abandona la responsabilidad, la inteligencia y la moral y «entra en una especie de irracional animalidad frenética».

En su *Nueva visita a un mundo feliz* Aldous Huxley incluye todo un capítulo que parece inspirado proféticamente por la personalidad y la carrera empresarial y política de Donald Trump. Se titula «El arte de vender», en donde escribe (y lo está haciendo en 1958):

«en nuestro tiempo, en la más poderosa democracia del mundo, los políticos y sus propagandistas prefieren convertir en pura estupidez los procedimientos democráticos y recurrir casi exclusivamente a la ignorancia y la irracionalidad de los electores». A tal propósito, cuentan con una vieja arma reinventada con un nuevo nombre: posverdad. De la que pródigamente echa mano el sistema, pero a la que no le hace ascos tampoco el antisistema, que, como hemos visto, sabe aprovechar en beneficio de sus objetivos la corrección política gestada en la sociedad civil.

Llegado a este punto final, en relación ahora con lo políticamente correcto me parece mucho más complicado responder a la pregunta del *Cui prodest?;* de quién saca el provecho. Admito la posibilidad de que en algunos casos sea el propio poder establecido el que asume los mismos objetivos, dando con ello lugar a un ejercicio censorial «posdemocrático» (si se me permite la expresión); y asumo asimismo la evidencia de que la sociedad civil por propia definición no posee una entidad singular, institucionalizada y organizada en un sistema de poder (aunque la esfera pública lo ejerza a su modo). Pero en este terreno movedizo de lo políticamente correcto, me parece forzoso reconocer que son muchas manos las que mecen la cuna (y no digamos, las que podrían sumarse a la tarea). Las distintas minorías, los multiculturalistas, los poshumanistas, los que se consideran a sí mismos víctimas o marginados. Pero también los deshijados, los que se sienten ultrajados por el significado de su apellido, los que no soportan los adverbios en *mente*, o los que denuncian que la sustancia del adjetivo *racional* es ofensiva hacia los seres irracionales.

EPÍLOGO

... NO ES TRAIDOR

Cuando escribo la última página de *Morderse la lengua* confío en que el aviso al discreto lector con que comenzaba mi libro lo haya hecho sentirse a salvo de toda traición. Me refiero a la que podría infligirle un universitario metido a ensayista que prometía esforzarse, sin embargo, en corregir los aspectos menos llevaderos de su deformación profesional, aunque me temo que algunos tics de filólogo y profesor se me habrán escapado.

Al echar la vista atrás, me siento al menos reconfortado al comprobar que todos los datos y la información que he manejado confirman algo que también anunciaba: que dos asuntos de tanta actualidad e incidencia en la vida social de este nuevo milenio como son la corrección política y la posverdad no pueden entenderse sin indagar en sus orígenes universitarios. Estamos, pues, ante sendos casos en que algo cocido en las torres de marfil de los campus —estadounidenses, al menos en un principio— ha trascendido con mucho sus muros y ha alcanzado una repercusión que no sería exagerado calificar de global.

Igualmente, al menos para mí ha merecido la pena afrontar la comprensión de la posverdad y la corrección política con la mayor amplitud de miras, buscando siempre un enfoque pluridisciplinar, más allá de la raíz lingüística de ambos fenómenos. Y así, nos resultaría ya imposible, al final del camino recorrido, limitarlos al ámbito exclusivo de la falsedad y la censura que siempre han existido, y no entenderlos como dos síntomas epocales, directamente conectados con la evolución de la sociedad, la política y la tecnología, pero también de la ciencia, la filosofía y las ideologías en el tránsito entre dos siglos y milenios. Habida cuenta, eso sí, de significativos antecedentes, sobre todo derivados de la crítica del racionalismo ilustrado y de los fundamentos de la civilización promovida sobre la base de las ideas de las Luces.

Me tranquiliza, pues, al cerrar página, el haber tenido la prudencia de avisar en el preámbulo para no engañar alevosamente a mis posibles lectores, a los que en todo caso compete el dictamen definitivo acerca de la legibilidad de lo escrito. Páginas y capítulos en los que, además de la impronta universitaria y profesoral, asoma también mi dedicación como miembro de la RAE a la observación atenta de los modos en que la lengua española está evolucionando. Pero sin duda pesa más en mi aquello (medio siglo de vida universitaria) que esto (el paréntesis académico que en mi biografía representó el periodo 2009-2019). Y fue la exigencia de las aulas la que me llevó a consultar y asimilar un corpus muy nutrido de fuentes bibliográficas en varias lenguas, que he procurado proyectar en su secuencia cronológica hasta hoy mismo, pues la posverdad y la corrección política siguen dando mucho que pensar, mucho que debatir y mucho que escribir.

Era imprescindible actuar así para no incurrir en el vicio del adamismo muy extendido, en nuestra época de liquidez posmoderna, también en el ámbito intelectual. Claro que ha corrido mucha tinta sobre cualquier asunto de interés antes de nosotros. El conocimiento y consulta de esa tupida selva bibliográfica nos vacunan contra la ridiculez de descubrir continuamente mediterráneos y nos aparta de otro serio peligro: el fraude que algunos posmodernos consideran no punible si se lo llama simplemente *intertextualidad*.

Por ello, aunque he evitado convertir mi texto en una carrera de salto de vallas olímpicas salpicándolo de numerosas notas a pie de página, siempre que procedía he mencionado la autoridad en la que me estaba inspirando, añadiendo entre paréntesis, solamente la primera vez en que la mencionaba, el año de publicación de la fuente en su versión original. Los datos completos de la obra en cuestión figuran en la relación bibliográfica que sigue, que en vez de ser unitaria, por orden correlativo, va distribuida en apartados temáticos ordenados alfabéticamente. No he pretendido hacer una recopilación bibliográfica exhaustiva, como es de ley en un trabajo universitario, sino simplemente cumplir con lo que acabo de confesar: reconocer mis deudas intelectuales e informativas. No será difícil, pues, apreciar ausencias y echar en falta algunos títulos —no sé si muchos; probablemente, sí— que serían pertinentes para iluminar determinados aspectos de tan vastos campos como los abordados en *Moderse la lengua.*

Los apartados que organizan este apéndice son los treintaicuatro siguientes, a saber: CENSURA; CORRECCIÓN POLÍTICA; DECONSTRUCCIÓN; DISTOPÍA; FALSEDAD; FEMINISMO; GÉNERO Y SEXO; HISTORIA CULTURAL; IDENTIDAD; ILUSTRACIÓN; INTELIGENCIA EMOCIONAL; LENGUAJE Y PODER; LEXICOGRAFÍA Y DICCIONARIOS; LINGÜÍSTICA; MARXISMO Y POSMODERNISMO; MEDIOS Y TECNOLOGÍAS; MENTIRA; MODERNIDAD LÍQUIDA; MULTICULTURALISMO; NECEDAD (IMBECILIDAD, ESTUPIDEZ); PATRAÑAS, BULOS Y PROPAGANDA; POLÍTICA Y SOCIEDAD; POPULISMO; POSDEMOCRACIA; POSHUMANISMO; POSMODERNISMO; POSVERDAD; RACIONALISMO; REALISMO; RELATIVISMO EPISTEMOLÓGICO; SENTIDO COMÚN; SENTIMENTALISMO Y SESGOS; SEXISMO LINGÜÍSTICO, y VERDAD.

Varios de los títulos reseñados podrían incluirse en más de uno de estos apartados por razón de los temas que abordan, pero para evitar más prolijidades de las estrictamente necesarias los he adscrito solo a uno de ellos de acuerdo con mi criterio personal y el aprovechamiento que les he dado en la redacción de este libro.

Hasta aquí he pretendido explicarme a mí mismo y, si hubiere suerte, a algunos lectores interesados el origen y la naturaleza de dos fenómenos que afectan a la lengua y que, sin ser totalmente novedosos, han cobrado singular relevancia en nuestra realidad contemporánea. Para ello me he tenido que fijar en esa quiebra de la racionalidad fruto de la deconstrucción posmodernista, el ariete del poshumanismo que caracteriza la sociedad líquida regida por la llamada inteligencia emocional y acompañada por un pensamiento débil que abandona y rechaza los grandes relatos legitimadores imprescindibles para alcanzar una interpretación ilustrada del mundo y la humanidad.

Entre esos pilares inexcusables se incluye el lenguaje, deconstruido en dos direcciones. En cuanto a su veredicción, a la correspondencia de la palabra con el referente, el resultado es la posverdad. Y en cuanto a la erradicación censorial de las palabras cuyos significados enturbian los lugares seguros de una ortodoxia impuesta en principio por sectores de la sociedad civil, surge el instrumento coercitivo de la corrección política. La suma de esta y la posverdad dibuja el espectro de una verdadera poslengua.

No dejaré de utilizar también este epílogo fundamentalmente documental para los agradecimientos a los que me siento obligado.

En el germen de mi libro están algunas vivencias y también algunos compromisos universitarios. Entre las primeras, fue fundamental mi introducción en el fecundo universo académico estadounidense muy a principio de los años ochenta del pasado siglo de la mano del profesor Luis T. González del Valle. Desde entonces, y sin interrupción, he sido un asiduo visitante a los campus de numerosas universidades de aquel gran país, en los que, además de profesar mis disciplinas, fui testigo de muchos avatares intelectuales, institucionales y vitales que fueron articulando el triunfo, luego exportado globalmente, de la corrección política y de la posverdad. Posteriormente, como presidente de la Asociación de Academias de la Lengua Española (ASALE) tuve el privilegio de participar en las actividades en la norteamericana (ANLE), de la que soy correspondiente, y en cuya conmemoración de su cuadragesimoquinto aniversario participé en los actos realizados en 2018 en la Biblioteca del Congreso de Washington.

Con González del Valle, que es cubano y ciudadano estadounidense, pero también español de sentimiento y cultura, comencé conociendo la Norteamérica profunda del *Mid West,* apuntando luego más hacia el *Far West* en Colorado, y regresando con él en sus últimos años de actividad como catedrático a la cuna de la independencia, para escuchar juntos el tañido de la Liberty Bell en Philadelphia. Volando ya con alas propias, desde mediados los ochenta seguí siendo hasta hoy un observador atento de lo que acontecía por aquellos pagos desde las atalayas privilegiadas, entre otras, de varias universidades de la Ivy League (Harvard, Brown, Princeton, Darmouth y Cornell), de alguna californiana como la de Davis, de la City University of New York (CUNY) y de un famoso *college* de Vermont —Middlebury— que ha salido más de una vez en páginas anteriores de este libro.

Benigno Pendás, a la sazón director del Centro de Estudios Jurídicos y Constitucionales, me empujó a comenzar un proceso de escritura que concluye ahora con *Morderse la lengua,* cuando en junio de 2017 me invitó a clausurar el máster universitario en Derecho Constitucional coorganizado por él con la Universidad Internacional Menéndez Pelayo pronunciando la conferencia *Verdad, ficción, posverdad. Política y literatura.* Atendió con toda simpatía y generosidad, y siguió con manifiesto interés mis propuestas de aquella jornada, como muestra el hecho de que luego me encargase la entrada POSVERDAD para la *Enciclopedia de la ciencias morales y políticas para el siglo XXI,* promovida en 2019 por la Real Academia de Ciencias Morales y Políticas.

Al año siguiente de aquella primera conferencia, en marzo de 2018 Antonio Rovira me encargó también cerrar el máster en Gobernanza y Derechos Humanos, que la Cátedra de Estudios Iberoamericanos Jesús de Polanco y la Fundación Santillana crearon con la Universidad Autónoma de Madrid, mi segunda *alma mater* en la que me doctoré en octubre de 1976. Mi viejo amigo el escritor y editor Basilio Baltasar se empeñó para mi suerte en publicar desde la Fundación que entonces dirigía el texto en una versión más amplia de lo leído, que salió en 2019 con el título de *Corrección política, lengua y posverdad.* Pero mis gratitudes no quedan aquí, pues el propio profesor Rovira reincidió encargándome para mayo de 2019 una nueva conferencia sobre *Sociedad, distopía y neolengua (1984-2019).*

En la primavera de 2020, en pleno confinamiento por la COVID-19, el Club de Roma me encomendó la organización de un seminario telemático —ya veremos si cuaja el neologismo *webinar*— sobre *Informacion y posverdad en las sociedades avanzadas,* para el que conté, además del diplomático y escritor Miguel Albero, con dos admirados colegas universitarios, Amelia Valcárcel, catedrática de Filosofía Moral y Política de la UNED, que ya había tratado premonitoriamente del asunto, antes de que existiese el neologismo, en un artículo de 1988, y Fernando Vallespín, catedrático de Ciencia Política de la Universidad Autónoma de Madrid, uno de los asistentes a mi conferencia de 2018 en la UAM. Sendos libros de mis tres invitados me han sido también de gran utilidad.

Pero hubo un empujón imprevisto para que naciera *Morderse la lengua.* Otro colega universitario y brillante escritor, Jon Juaristi, publicó en 2017 (2 de julio) una columna en el diario *ABC* en la que afirmaba que «lo de la posverdad solo se lo he oído al director de la Real Academia Española Darío Villanueva». El que no le sonase la palabra me extrañó, en persona tan leída e intelectualmente activa como es el autor de *El bucle melancólico.* Pero mayor perplejidad me produjo que el concepto en sí le resultase ajeno a quien escribió obras tan ilustrativas para identificar los antecedentes de la posverdad en la manipulación histórica como *El linaje de Aitor. La invención de la tradición vasca*, de 1987 o, en 1994, *El Chimbo Expiatorio. La invención de la tradición bilbaína, 1876-1939* y en 2000 *El bosque originario. Genealogías míticas de los pueblos de Europa*. En cierto modo, pues, *Morderse la lengua* nace de una duda mía al respecto de la posverdad: ¿se trataría de una mera obsesión personal, sin apenas repercusión social, o por el contrario sería una idea compartida? Creo, en fin, que la he despejado razonablemente al registrar tantas ocurrencias del concepto y la palabra entre nosotros y por el mundo adelante. Lo que sí debo desmentir en aras de la justicia y la verdad de los hechos es la mención que Juaristi hace de mí como «nuestro mayor especialista vivo en la obra de don Francisco de Quevedo». De ser cierto el hiperbólico elogio, sería un verdadero prodigio, pues solo he escrito sobre el autor de *El Buscón* un librillo de 141 páginas publicado por la Universidad de Manchester en 1995 y reeditado en Madrid doce años después con el título de *La poética de la lectura en Quevedo*.

No quisiera olvidarme de la RAE en este capítulo de reconocimientos. Compartir las sesiones académicas con sus miembros equivale a disfrutar de una fuente inagotable de aprendizaje. Aparte de otras menciones que he hecho ya a varios de sus miembros en capítulos anteriores, debo mucho en especial a mis compañeros filólogos y lingüistas, todos, amén de académicos, catedráticos universitarios. De ellos había aprendido ya sobradamente antes de nuestra coincidencia en Felipe IV 4, y varios de sus libros aparecen como referencias inexcusables en el desarrollo del que ahora termino, y en consecuencia están recogidos en la bibliografía que lo arropa.

Morderse la lengua está en deuda asimismo con la comprensión y paciencia para conmigo que han tenido en Espasa mis editoras Ana Rosa Semprún y Pilar Cortés, incluido un cambio de orientación en el proyecto inicial acordado hace años al que ahora, en su versión final que entrego desde ya al escrutinio de los lectores, no lo reconocería ni su propio padre.

Finalmente, hago constar mi agradecimiento, *in memoriam,* a Giacomo Justerini y Alfred Brooks sin cuyo concurso hubiese sido menos placentero escribir *Morderse la lengua*.

REFERENCIAS BIBLIOGRÁFICAS

CENSURA

ATLAS, James (1992), *Battle of the Books,* Nueva York, Norton.

DOVIĆ, Marijan [compiladora] (2008), *Literature and Censhorship. Who is Afraid of the Truth in Literature?,* Lubiana, VB&S.

KAISER, Axel (2020), *La neoinquisición. Persecución, censura y decadencia cultural en el siglo XXI,* Barcelona, Ediciones Deusto.

MILOSZ, Czesław (2016), *La mente cautiva,* Barcelona, Galaxia Gutenberg. Primera edición polaca, 1951.

PERRIN, Noel (1969), *Dr. Bowdler's Legacy. A History of Expurgated Books in England and America,* Boston, David Godine Pub. Inc.

POWERS, Kirsten (2015), *The Silencing. How the Left is Killing Free Speech,* Washington, Regenery Publishing.

CORRECCIÓN POLÍTICA

ALONSO BARAHONA, Fernando (1998), *Políticamente incorrecto. Ensayo de pensamiento para final del milenio,* Madrid, Ediciones Internacionales Universitarias.

AUFDERHEIDE, Patricia [compiladora] (1992), *Beyond PC: Toward a Politics of Understanding,* Minneápolis, Graywolf Press.

BEARD, Henry, y CERF, Christopher (1993), *The Official Politically Correct Dictionary and Handbook,* Nueva York, Villard Books.

BERMAN, Paul [compilador] (1992), *Debating PC: The Controversy Over Political Correctness on College Campuses,* Nueva York, Laurel Press.

BOTAYA, Felipe (2016), *¡No me llame negro, llámeme subsahariano! Guía para conocer y evitar ser «políticamente correcto»,* Alicante, Editorial Eas. Primera edición, 2009.

CAMERON, Deborah (2012), *Verbal Hygiene,* Londres/Nueva York, Routledge. Primera edición inglesa, 1995.

CARVAJAL ROCHE, Fanny (2004), *Políticamente incorrecto,* La Habana, Instituto Cubano del Libro.

CRISAFULLI, Edoardo (2004), *Higiene verbale. Il políticamente corretto e la libertà lingüística,* Florencia, Vallecchi Editore.

DUDDA, Ricardo (2019), *La verdad de la tribu. La corrección política y sus enemigos,* Barcelona, Debate.

DUNANT, Sarah [compiladora] (1994), *The War of the Words: The Political Correctness Debate,* Londres, Virago Press.

ECO, Umberto (2010), *A paso de cangrejo,* Barcelona, De Bolsillo. Primera edición italiana, 2006.

ELIAS, Norbert (1939), *Über den Prozeß der Zivilisation,* Basilea, Verlag Haus zum Falken.

FELDSTEIN, Richard (1997), *Political Correctness. A Response from the Cultural Left,* Minneapolis/Londres, University of Minnesota Press.

GARNER, James Finn (1995), *Cuentos infantiles políticamente correctos,* Barcelona, Circe. Primera edición inglesa, 1994.

— (1996), *Más cuentos infantiles políticamente correctos,* Barcelona, Circe. Primera edición inglesa, 1995.

FISH, Stanley (1994), *There's No Such Thing as Free Speech and it's a Good Thing Too,* Nueva York/Oxford, Oxford University Press.

— (1995), *Professional Correctness. Literary Studies and Political Change,* Oxford, Clarendon Press.

— (2019), *The First. How to Think About Hate Speech, Campus Speech, Religious Speech, Fake News, Post-Truth, and Donald Trump,* Nueva York, Simon & Schuster.

GAMPER, Daniel (2019), *Las mejores palabras. De la libre expresión,* Barcelona, Anagrama.

GRIFFITS, Rudyard [compilador] (2019), *La corrección política,* Barcelona, Planeta. Primera edición inglesa, 2018.

GUITART ESCUDERO, María Pilar (2005), *Discurso parlamentario y lenguaje políticamente correcto,* Madrid, Congreso de los Diputados.

HOUELLEBECQ, Michel (1998), *Interventions,* París, Flammarion.

HUGHES, Geoffrey (2010), *Political Correctness. A History of Semantics and Culture,* Londres, Wiley-Blackwell.

HUGHES, Robert (1994), *La cultura de la queja. Trifulcas norteamericanas,* Barcelona, Editorial Anagrama. Primera edición inglesa, 1993.

KURZWEIL, Edith, y PHILLIPS, William [compiladores] (1994), *Our Country, Our Culture: The Politics of Political Correctness,* Nueva York, Partisan Review Press Book.

LESSING, Doris (2006), *Time Bites*, Londres, Four State. Primera edición, 2004.

LÓPEZ SCHLICHTING, Cristina (2005), *Políticamente incorrecta,* Madrid, Temas de Hoy.

MARCUSE, Herbert (2010), *La tolerancia represiva y otros ensayos,* Madrid, Catarata.

MARTÍN RUANO, María Rosario (2001), *Traducción y corrección política: Interrelaciones teóricas, reescrituras ideológicas, trasvases interculturales,* Salamanca, Universidad de Salamanca.

MARTÍNEZ GARCÍA, José Antonio (2006), *El Lenguaje (políticamente) correcto,* Oviedo, Universidad de Oviedo.

MATE, Reyes (2006), *Contra lo políticamente correcto: política, memoria, justicia,* Buenos Aires, Altamira.

MUÑOZ GUERRERO, Francisco (2019), *¡Eso no se dice! Algunos males no menores en el uso del lenguaje (con una miscelánea y dos apéndices),* Madrid, Pie de Página.

NÚÑEZ CORTÉS, Carlos (2020), *Los juegos de Mastropiero. Palíndromos, retruécanos y demás yerbas en Les Luthiers,* Barcelona, Península. Primera edición, 2007.

PETERSON, Jordan; FRYE, Stephen; GOLDBERG, Michelle y DYSON, Michael E. (2019), *La corrección política,* Barcelona, Planeta. Primera edición inglesa, 2018.

PINTOR, Luigi (2001), *Políticamente scorretto: cronache di un quinquenio, 1996-2001,* Turín, Bollati Boringhieri.

QUEIROZ, Antônio Carlos (2004), *Politicamente correto & Direitos humanos,* Brasilia, Presidência da República. Secretaria especial dos Direitos humanos.

RAMONCÍN [MARTÍNEZ MÁRQUEZ, José Ramón] (1997), *Políticamente correcto, o cómo decir las cosas sin llamarlas por su nombre,* Madrid, Temas de Hoy.

REES, Nigel (1993), *The Politically Correct Phrasebook,* Londres, Bloomsbury.

REUTNER, Ursula, y SCHAFROTH, Elmar [compiladores] (2012), *Political correctness. Aspectos políticos, sociales, literarios y mediáticos de la censura lingüística,* Studia Romanica et Linguistica 38, Frankfurt am Main, Peter Lang Edition.

ROTH, Philip (2016), *The Human Stain,* Londres, Vintage. Primera edición inglesa, 2000.

SAMPER PIZANO, Daniel (2014), *Les Luthiers de la L a la S,* Buenos Aires, Ediciones de la Flor. Segunda edición actualizada. Primera edición, 2007.

SARTORIUS, Nicolás (2018), *La manipulación del lenguaje,* Madrid, Espasa.

VILALLONGA, José Luis de (2006), *Políticamente incorrecto,* Barcelona, Ediciones B.

VILLANUEVA, Darío, (2019), *Corrección política, lengua y posverdad,* Madrid, Fundación Santillana.

WHITTINGTON, Keith E. (2018), *Speak Freely. Why Universities Must Defend Free Speech,* Princeton/Oxford, Princeton University Press.

WILSON, John K. (1995), *The Myth of Political Correctness. The Conservative Attack on Higher Education,* Durham, Duke University Press.

DECONSTRUCCIÓN

DERRIDA, Jacques (1967), *L'écriture et la différence,* París, Du Seuil.

— (1978), *De la gramatología,* México, Siglo XXI (segunda edición). Primera edición francesa, 1967.

HEIDEGGER, Martin (2018), *Ser y tiempo,* Madrid, Trotta. Primera edición alemana, 1927.

LEHMAN, David (1991), *Signs of the Times. Deconstruction and the Fall of Paul de Man,* Nueva York, Poseidon Press.

MOUFFE, Chantal [compiladora] (1996), *Deconstruction and Pragmatism,* Londres/Nueva York, Routledge.

SAID, Edward (2004), *Humanism and Democratic Criticism,* Nueva York, Palgrave Macmillan.

SOKAL, Alan, y BRICMONT, Jean (1999), *Imposturas intelectuales,* Barcelona, Paidós. Primera edición inglesa, 1998.

DISTOPÍA

ARCINIEGA, Rosa (2019), *Mosko-strom. El torbellino de las grandes metrópolis,* Sevilla, Espuela de Plata. Primera edición de 1933.

BRADBURY, Ray (2018), *Fahrenheit 451,* Barcelona, Debolsillo. Primera edición inglesa, 1953.

HUXLEY, Aldous (2004), *Un mundo feliz. Nueva visita a un mundo feliz,* Barcelona, Edhasa. Primeras ediciones inglesas de 1932 y 1958, respectivamente.

MARTÍN, Luisgé (2018), *El mundo feliz. Una apología de la vida falsa,* Barcelona, Anagrama.

NABOKOV, Vladimir (1976), *Barra siniestra,* Barcelona, Plaza y Janés. Primera edición inglesa, 1947.

ORWELL, George (1979), *Mil novecientos ochenta y cuatro,* Barcelona, Destino. Primera edición inglesa de 1949.

SALINAS, Pedro (1950), *La bomba increíble. Fabulación,* Buenos Aires, Sudamericana.
SKINNER, Burrhus Frederic (1968), *Walden Dos,* Barcelona, Fontanella. Primera edición inglesa, 1948.
ZAMIATIN, Evgueni Ivánovich (2011), *Nosotros,* traducción de Alfredo Hermosillo y Valeria Artemyeva. Madrid, Cátedra. Primera edición inglesa, 1924. Primera edición rusa, 1988.

FALSEDAD

AMORÓS, Marc (2020), *¿Por qué las* fake news *nos joden la vida?,* Madrid, LID.
ALBERO, Miguel (2020), Fake. *La invasión de lo falso,* Barcelona, Espasa.
ÁLVAREZ BARRIENTOS, Joaquín (2014), *El crimen de la escritura. Una historia de las falsificaciones literarias españolas,* Madrid, Abada Editores.
GRAFTON, Anthony (2001), *Falsarios y críticos. Creatividad e impostura en la tradición occidental,* Barcelona, Crítica. Primera edición inglesa, 1990.
MARZO, Jorge Luis (2018), *La competencia de lo falso. Una historia del fake,* Madrid, Cátedra.

FEMINISMO

CAMERON, Deborah (1985), *Feminism and Linguistic Theory,* Houndsmill, The Macmillan Press.
GRIFFITS, Rudyard [compilador] (2014), *Are Men Obsolete? Camille Paglia & Caitlin Moran vs. Hanna Rosin & Maureen Dowd,* Londres, Ebury Press.
KRAMARAE, Cheris, y TREICHLER, Paula (1985), *A Feminist Dictionary,* Boston, Pandora.
PAGLIA, Camille (2018), *Feminismo pasado y presente,* Madrid, Turner. Primera edición inglesa, 2017.
YAGUELLO, Marina (1978), *Les mots et les femmes. Essai d'approche socio-linguistique de la condition féminine,* París, Payot.

GÉNERO Y SEXO

ÁLVAREZ DE MIRANDA, Pedro (2016), *Más que palabras,* Barcelona, Galaxia Gutenberg.
— (2018), *El género y la lengua,* Madrid, Turner.

ARIAS BARREDO, Aníbal (1995), *De feminismo, machismo y género gramatical. El género, un monema no exclusivamente metalingüístico,* Valladolid, Universidad de Valladolid.

BENGOECHEA, Mercedes (2015), *Cuerpos hablados, cuerpos negados y el fascinante devenir del género gramatical,* Alcalá de Henares, Universidad de Alcalá de Henares.

GRIJELMO, Alex (2019), *Propuesta de acuerdo sobre el lenguaje inclusivo,* Madrid, Taurus.

LEDO-LEMOS, Francisco José (2003), *Femininum Genus. Un estudio sobre el origen del género gramatical femenino en las lenguas indoeuropeas,* Múnich, Lincom-Europa.

MÁRQUEZ GUERRERO, María del Pilar (2013), *Género gramatical y discurso sexista,* Madrid, Síntesis.

MARTÍNEZ GARCÍA, José Antonio (2008), *El lenguaje de género y el género lingüístico,* Oviedo, Universidad de Oviedo.

REAL ACADEMIA ESPAÑOLA (2020), *Crónica de la lengua española,* Barcelona, Espasa.

RODRÍGUEZ FERNÁNDEZ, María (2009), *La evolución del género gramatical masculino como término genérico. Su reflejo en la prensa española contemporánea,* Madrid, Fundamentos.

HISTORIA CULTURAL

ANÓNIMO (1994), *Enuma elish. Poema babilónico de la Creación,* Madrid, Trotta.

ANÓNIMO (1993), *El libro del consejo (Popol Vuh),* México, Universidad Nacional Autónoma de México (quinta edición).

FUKUYAMA, Francis (1992), *El fin de la historia y el ultimo hombre,* Barcelona, Planeta. Primera edición inglesa, 1992.

HOBSBAWM, Eric (1995), *Historia del siglo XX. 1914-1991,* Barcelona, Crítica. Primera edición inglesa, 1994.

— (1998), *On History,* Londres, Abacus.

JUARISTI, Jon (1997), *El bucle melancólico. Historias de nacionalistas vascos,* Madrid, Espasa.

— (2000), *El bosque originario. Genealogías míticas de los pueblos de Europa,* Madrid, Taurus.

SASSOON, Donald (2006), *Cultura. El patrimonio común de los europeos,* Barcelona, Crítica. Primera edición inglesa, 2006.

TARNAS, Richard (2008), *La pasión de la mente occidental. Para una comprensión de las ideas que han configurado nuestra visión del mundo,* Girona, Atalanta. Primera edición inglesa, 1991.

VAN DOREN, Charles (2006), *Breve historia del saber,* Barcelona, Círculo de Lectores. Primera edición inglesa, 1991.

WATSON, Peter (2002), *Historia intelectual del siglo XX,* Barcelona, Crítica. Primera edición inglesa, 2000.

— (2006), *Ideas. Historia intelectual de la Humanidad,* Barcelona, Crítica. Primera edición inglesa, 2005.

IDENTIDAD

APPIAH, Kwame Anthony (2006), *Cosmopolitanism. Ethics in a World of Strangers,* Nueva York, W. W. Norton.

— (2019), *Las mentiras que nos unen. Repensar la identidad. Creencias, país, color, clase, cultura,* Madrid, Taurus. Primera edición inglesa, 2018.

CASTELLS, Manuel (1998), *La era de la información: Economía, sociedad y cultura. Volumen II: El poder de la identidad,* Madrid, Alianza Editorial. Primera edición inglesa, 1997.

FUKUYAMA, Francis (2019), *Identidad. La demanda de dignidad y las políticas de resentimiento,* Barcelona, Deusto. Primera edición inglesa, 2018.

HUNTINGTON, Samuel P. (2004), *¿Quiénes somos? Los desafíos a la identidad nacional estadounidense,* Barcelona, Paidós. Primera edición inglesa, 2004.

JULLIEN, François (2017), *La identidad cultural no existe,* Madrid, Taurus. Primera edición inglesa, 2016.

KAPUŚCIŃSKI, Ryszard (2007), *Encuentro con el Otro,* Barcelona, Anagrama. Primera edición polaca, 2006.

LILLA, Mark (2018), *El regreso liberal. Más allá de la política de la identidad,* Barcelona, Debate. Primera edición inglesa, 2017.

MORENO FERNÁNDEZ, Francisco (2020), *La lengua y el sueño de la identidad,* Roma, Cruces y bordes: la voz de la otredad.

ILUSTRACIÓN

ARTOLA, Miguel (2007), *Europa,* Madrid, Espasa Calpe.

KANT, Immanuel (2017), *En defensa de la Ilustración,* Barcelona, Alba editorial. Primeras ediciones alemanas, 1784-1798.

PAGDEN, Anthony (2016), *La Ilustración. Y por qué sigue siendo importante para nosotros,* Madrid, Alianza Editorial. Primera edición inglesa, 2013.

PINKER, Steven (2019), *En defensa de la Ilustración. Por la razón, la ciencia, el humanismo y el progreso,* Barcelona, Paidós. Primera edición inglesa, 2018.

Inteligencia emocional

Camps, Victoria (2011), *El gobierno de las emociones,* Barcelona, Herder Editorial.

Goleman, Daniel (2018), *Inteligencia emocional,* Barcelona, Kairós (centésima edición). Primera edición inglesa, 1995.

Matthews, Gerald, Zeidner, Moshe, y Roberts, Richard D. (2004), *Emotional Intelligence. Science and Myth,* Cambridge, The MIT Press.

Lenguaje y poder

Golino, Enzo (2010), *Parola di Duce. Il linguaggio totalitario del fascismo e del nazismo,* Milán, Rizzoli.

Kemplerer, Victor (2005), *LTI. La lengua del Tercer Reich,* Barcelona, Círculo de Lectores. Primera edición alemana, de 1947.

Klein, Gabriella (1982), *La política lingüística del fascismo,* Bolonia, Il Mulino.

Lakoff, George (2019), *No pienses en un elefante. Lenguaje y debate político,* Barcelona, Península. Primera edición inglesa, 2004.

Lakoff, Robin Tolmach (2000), *The Language War,* Berkeley, University of California Press.

Lazzari, Giovanni (1975), *Le parole del fascismo,* Roma, Argileto.

Leso, Erasmo, y otros (1977), *La lingua italiana e il fascismo,* Bolonia, Conzorzio Provinciale Pubblica Lettura.

Lim, Elvin T. (2008), *The Antillectual Presidency. The Decline of Presidential Rhetoric from George Washington to George W. Bush,* Oxford/Nueva York, Oxford University Press.

Maquiavelo, Nicolás (2010), *El príncipe*, comentado por Napoleón Bonaparte, Madrid, Espasa. Primera edición italiana, 1513.

Montolío Durán, Estrella (2019), *Tomar la palabra. Política, género y nuevas tecnologías en la comunicación,* Barcelona, Universitat de Barcelona.

Simonini, Augusto (1978), *Il linguaggio di Mussolini,* Milán, Bompiani.

Thjulen, Lorenzo Ignacio (2017), *Nuevo vocabulario filosófico-democrático indispensable para todos los que deseen entender la nueva lengua revolucionaria,* Logroño, Cilengua. Primera edición italiana, 1799.

Lexicografía y diccionarios

Caba, Rubén (2010), *Topicario. Manual del perfecto trepador,* Sevilla, Renacimiento.

DURANTE, Ana (2015), *Guía práctica de neoespañol. Enigmas y curiosidades del nuevo idioma,* Barcelona, Debate.

GREEN, Jonathon (1996), *Chasing the Sun: Dictionary Makers and the Dictionaries They Made,* Londres, Jonathan Cape.

ORTEGA Y GASSET, José (1983), *El hombre y la gente,* en *Obras Completas,* tomo VII, Madrid, Alianza Editorial/Revista de Occidente.

PASCUAL, José Antonio (2013), *No es lo mismo ostentoso que ostentóreo. La azarosa vida de las palabras,* Barcelona, Espasa.

SWIFT, Jonathan (1992), *Los viajes de Gulliver,* Madrid, Cátedra. Primera edición inglesa, 1726.

WILLIMSKY, John (1994), *The Empire of Words: The Reign of the OED,* Princeton, Princeton University Press.

LINGÜÍSTICA

APPIANI, Marta (2006), *Il pudore nel linguaggio. Il tabù linguistico: un'interpretazione psicoanalítica,* Milán, Hoepli.

BALDINGER, Kurt (1970), *Teoría semántica. Hacia una semántica moderna,* Madrid, Ediciones Alcalá.

BÜHLER, Karl (1950), *Teoría del lenguaje,* Madrid, Revista de Occidente. Traducción de Julián Marías. Primera edición alemana, 1934.

BURKE, Peter (1996), *Hablar y callar. Funciones sociales del lenguaje a través de la historia,* Barcelona, Gedisa. Primera edición inglesa, 1996.

CAMPS, Victoria (1976), *Pragmática del lenguaje y filosofía analítica,* Barcelona, Península.

CARROLL, Lewis (2003), *Alicia en el País de las Maravillas. A través del espejo,* Madrid, Cátedra (sexta edición). Primera edición inglesa, 1865.

CRISTAL, David (2002), *El lenguaje e Internet,* Madrid, Cambridge University Press.

GALLI DE'PARATESI, Nora (1964), *Semantica dell'eufemismo. L'eufemismo e l'espressione verbale con esempi tratti dall'italiano contemporaneo,* Turín, G. Giappichelli.

GUIRAUD, Pierre (1960), *La Semántica,* México, FCE. Primera edición francesa, 1955.

GUTIÉRREZ ORDÓÑEZ, Salvador (2002), *De pragmática y semántica,* Madrid, Arco Libros.

LEVINSON, Stephen C. (1989), *Pragmática,* Barcelona, Editorial Teide. Primera edición inglesa, 1983.

MORENO FERNÁNDEZ, Francisco (2018), *Tras Babel. De la naturaleza social del lenguaje,* Oviedo, Ediciones Nobel.

OSGOOD, Charles E. (1986), *Conducta y comunicación,* Madrid, Taurus.

PINKER, Steven (1994), *The Language Instinct,* Londres, Penguin Books.

SAUSSURE, Ferdinand de (1973), *Curso de Lingüística general,* Buenos Aires, Losada. Traducción de Amado Alonso (decimosegunda edición). Primera edición francesa, 1916.

ULLMANN, Stephen (1968), *Lenguaje y estilo,* Madrid, Aguilar. Primera edición inglesa, 1964.

— (1976), *Semántica. Introducción a la ciencia del significado,* Madrid, Aguilar (segunda edición). Primera edición inglesa, 1962.

VERÓN, Eliseo (1998), *La semiosis social. Fragmentos de una teoría de la discursividad,* Barcelona, Gedisa.

VILCHES VIVANCOS, Fernando (1999), *El menosprecio de la lengua. El español en la prensa,* Madrid, Dykinson.

WITTGENSTEIN, Ludwig (1973), *Tractatus Logico-Philosophicus,* versión de E. Tierno Galván, Madrid, Alianza Editorial. Primera edición alemana, 1921.

— (1988), *Investigaciones filosóficas,* versión de Alfonso García Suárez y Ulises Moulines, México/Barcelona, UNAM/Editorial Crítica. Primera edición inglesa, 1953.

MARXISMO Y POSMODERNISMO

CALLINICOS, Alex (1990), *Against Posmodernism. A Marxist Critique,* Londres, Basil Blackwell.

EAGLETON, Terry (1998), *Las ilusiones del postmodernismo,* Buenos Aires, Paidós. Primera edición inglesa, 1996.

ERICE, Francisco (2020), *En defensa de la razón. Contribución a la crítica del posmodernismo,* Madrid, Siglo XXI.

JAMESON, Fredric (1991), *El posmodernismo o la lógica cultural del capitalismo avanzado,* Barcelona, Paidós.

— (2016), *Teoría de la postmodernidad,* Madrid, Trotta. Cuarta edición. Primera edición inglesa, 1991.

MARCHART, Oliver (2007), *Post-Foundational Political Thought: Political Difference in Nancy, Lefort, Badiou and Laclau,* Edinburgo, Edibungurgh University Press.

VAQUERO, Roberto (2019), *Resistencia y lucha contra el posmodernismo,* Madrid, Letrame Grupo Editorial.

MEDIOS Y TECNOLOGÍAS

BOURDIEU, Pierre (1996), *Sur la television,* París, Liber-Raison d'Agir.

CARR, Nicholas (2011), *Superficiales. ¿Qué está haciendo Internet con nuestras mentes?,* Madrid, Taurus. Primera edición inglesa, 2010.
CASTELLS, Manuel (2001), *La Galaxia Internet. Reflexiones sobre Internet, empresa y sociedad,* Barcelona, Plaza & Janés.
CASTELLS, Manuel (2012), *Networks of Outrage and Hope: Social Movements in the Internet Age,* Cambridge, Polity Press.
DONI, Anton Francesco (1999), *I Marmi,* Santiago de Compostela, Universidade de Santiago de Compostela. Primera edición italiana, 1552.
ECO, Umberto (2015), *Número cero,* Barcelona, Lumen. Primera edición italiana, 2015.
FORD, Martin (2016), *El auge de los robots. La tecnología y la amenaza de un futuro sin empleo,* Barcelona, Paidós. Primera edición inglesa, 2015.
GARRIDO MEDINA, J. [compilador] (1999), *La lengua y los medios de comunicación,* Madrid, Universidad Complutense.
MCLUHAN, Marshall (1969), *La galaxia Gutenberg. Génesis del* Homo typographicus, Madrid, Aguilar. Primera edición inglesa, 1962.
— (2009), *Comprender los medios de comunicación. Las extensiones del ser humano,* Barcelona, Paidós.
MCLUHAN, Eric, y ZINGRONE, Frank [compiladores] (1998), *McLuhan. Escritos esenciales,* Barcelona, Paidós.
MORLEY, David (2008), *Medios, modernidad y tecnología. Hacia una teoría interdisciplinaria de la cultura,* Barcelona, Gedisa. Primera edición inglesa, 2007.
NEGROPONTE, Nicholas (1999), *El mundo digital. Un futuro que ya ha llegado,* Barcelona, Ediciones B. S. A.
ONG, Walter J. (1987), *Oralidad y escritura. Tecnologías de la palabra,* México, Fondo de Cultura Económica.
POSTMAN, Neil (1993), *Technopoly. The Surrender of Culture to Technology,* Nueva York, Vintage Books.
TERCEIRO, José B. (1996), *Socied@d digit@l. Del* Homo sapiens *al* Homo digitalis, Madrid, Alianza Editorial.

MENTIRA

CASTILLA DEL PINO, Carlos [compilador] (1988), *El discurso de la mentira,* Madrid, Alianza Editorial.
CONDORCET, Marqués de (2009), *¿Es conveniente engañar al pueblo?,* Madrid, Sequitur. Primera edición francesa, 1790.
DE SCUDÉRY, Madeleine (2017), *Sobre la mentira, el disimulo y la sinceridad,* Madrid, Siruela. Primera edición francesa, 1680-1692.
KOYRÉ, Alexandre (2004), *Réflexions sur le mensonge,* París, Editions Allia. Primera edición francesa, 1943.

MUÑOZ RENGEL, Juan Jacinto (2020), *Una historia de la mentira,* Madrid, Alianza Editorial.

SWIFT, Jonathan (2019), *El arte de la mentira política,* Madrid, Sequitur. Primera edición francesa, 1733.

WILDE, Oscar (2014), *La decadencia de la mentira. Un comentario,* Barcelona, Acantilado. Primera edición inglesa, 1898.

MODERNIDAD LÍQUIDA

BAUMAN, Zygmunt (2018), *Modernidad líquida,* Madrid, FCE. Primera edición inglesa, 2000.

BAUMAN, Zygmunt, y LEONCINI, Thomas (2018), *Generación líquida. Transformaciones en la era 3.0,* Barcelona, Paidós. Primera edición italiana, 2017.

DEBORD, Guy (2002), *La sociedad del espectáculo,* Valencia, Pretextos (segunda edición revisada). Primera edición francesa, 1996.

POSTMAN, Neil (1991), *Divertirse hasta morir. El discurso público en la era del «show business»,* Barcelona, Ediciones de la Tempestad. Primera edición inglesa, 1985.

VARGAS LLOSA, Mario (2012), *La civilización del espectáculo,* Madrid, Alfaguara.

MULTICULTURALISMO

FALACI, Oriana (2002), *La rabia y el orgullo,* Madrid, La Esfera de los Libros. Primera edición italiana, 2001.

— (2004), *La fuerza de la razón,* Buenos Aires, El Ateneo. Primera edición italiana, 2004.

HART, Michael, y NEGRI, Antonio (2000), *Empire,* Cambrige/Londres, Harvard University Press.

HUNTINGTON, Samuel P. (1997), *El choque de civilizaciones y la reconfiguración del orden mundial,* Barcelona, Paidós. Primera edición inglesa, 1996.

SAID, Edward (2017), *Orientalismo,* Barcelona, De Bolsillo. Primera edición inglesa, 1979.

— (2019), *Cultura e imperialismo,* Barcelona, Debolsillo. Primera edición inglesa, 1993.

NECEDAD (IMBECILIDAD, ESTUPIDEZ)

AMIS, Martin (2008), *El infierno imbécil,* Barcelona, El Aleph Editores. Primera edición inglesa, 1986.

CEBRIÁN, Juan Luis (2020), *Caos. El poder de los idiotas,* Barcelona, Espasa.
CIPOLLA, Carlo (2013), *Las leyes fundamentales de la estupidez humana,* Barcelona, Crítica. Primera edición italiana, 1988.
ECO, Umberto (2018), *De la estupidez a la locura. Crónicas para el futuro que nos espera,* Barcelona, Debolsillo. Primera edición italiana, 2016.
ERASMO DE ROTTERDAM (1949), *Elogio de la locura,* Madrid, Aguilar. Primera edición latina, 1511.
MORENO CASTILLO, Ricardo (2018), *Breve tratado sobre la estupidez humana,* Madrid, Fórcola.

PATRAÑAS, BULOS Y PROPAGANDA

BAIDAL VIDAL, Vicent [compilador] (2020), *Pseudohistòria contra Catalunya,* Vic, Eumo Editorial SAU.
BLACK, Max (1985), *The Prevalence of Humbug and other Essays,* Ithaca, Cornell University Press.
BORRELL, Josep, y LLORACH, Joan (2015), *Las cuentas y los cuentos de la independencia,* Madrid, Catarata.
BROCK, David, y RABIN-HAVT, Ari (2012), *The Fox Effect: How Roger Ailes Turned a Network into a Propaganda Machine,* Nueva York, Anchor Books.
CARO BAROJA, Julio (1992), *Las falsificaciones de la Historia (en relación con la de España),* Barcelona, Seix Barral.
CHOMSKY, Noam (2002), *La propaganda y la opinión pública. Conversaciones con David Barsamian,* Barcelona, Crítica. Primera edición inglesa, 2001.
CHOMSKY, Noam, y RAMONET, Ignacio (2002), *Cómo nos venden la moto. Información, poder y concentración de medios,* Barcelona, Icaria (decimocuarta edición). Primera edición inglesa, 1993. Primera edición española, 1995.
CUENCA, José (2019), *Las mentiras del separatismo (Cataluña y Quebec),* Madrid, Ediciones insólitas.
MACNAIR, Brian (2018), *Fake News. Falsehood, Fabrication and Fantasy in Journalism,* Londres y Nueva York, Routledge.
MALTESE, John Anthony (1994), *Spin Control. The White House Office of Communications and the Management of Presidential News,* Chapel Hillo, The University of North Carolina Press.
MURADO, Miguel-Anxo (2013), *La invención del pasado. Verdad y ficción en la historia de España,* Barcelona, Debate.
POMERANTSEV, Peter (2017), *La nueva Rusia. Nada es verdad y todo es posible en la era de Putin,* Barcelona, RBA. Primera edición inglesa, 2015.

SALMON, Christian (2010), *Storytelling. La máquina de fabricar historias y formatear las mentes,* Barcelona, Península. Primera edición francesa, 2007.

POLÍTICA Y SOCIEDAD

ARENDT, Hannah (2017), *Verdad y mentira en la política,* Barcelona, Página Indómita. Primera edición alemana, 1972.

ARISTÓTELES (2005), *Política,* edición bilingüe y traducción de Julián Marías y María Araújo, Madrid, Centro de Estudios Políticos y Constitucionales. Primera edición, 1951.

CANNON, Lou (1991), *President Reagan. The Role of a Lifetime,* Nueva York, Simon & Schuster.

CASTELLS, Manuel (2009), *Comunicación y poder,* Madrid, Alianza Editorial.

CORNOG, Evan (2004), *The Power and the Story. How the Crafted Presidential Narrative Has Determined Political Success from George Washington to George W. Bush,* Nueva York, The Penguin Press.

DRAPER, Robert (2020), *To Start a War. How the Bush Administration Took America into Iraq,* Nueva York, Penguin Press.

ECO, Umberto (2010), *A paso de cangrejo,* Barcelona, De Bolsillo. Primera edición italiana, 2006.

HAMILTON, Alexander, MADISON, James, y JAY, John (2016), *O Federalista,* Santiago de Compostela, Universidade de Santiago de Compostela/ Fundación BBVA.

HIRSCHMAN, Albert O. (2020), *La retórica reaccionaria. Perversidad, futilidad y riesgo,* Madrid, Clave intelectual. Primera edición inglesa, 1991.

NOELLE-NEUMANN, Elisabeth (1995), *La espiral del silencio. Opinión pública: nuestra piel social,* Barcelona, Paidós.

OVEJERO, Félix (2018), *La deriva reaccionaria de la izquierda,* Barcelona, Página Indómita.

PÉREZ-DÍAZ, Víctor (1997), *La esfera pública y la sociedad civil,* Madrid, Taurus.

POPPER, Karl R. (2017), *La sociedad abierta y sus enemigos,* Barcelona, Paidós. Primera edición inglesa, 1945.

SCHAPIRE, Alejo (2019), *La traición progresista,* Barcelona, Edhasa.

SOLANILLA, Pau (2019), *La república de la reputación. Economía, poder y emociones,* Madrid, Punto de Vista Editores.

STALIN, Iósif V. (1979), *Obras escogidas,* Tirana, Editorial Nentori.

TIERNO GALVÁN, Enrique (1981), *Cabos sueltos,* Barcelona, Bruguera.

ŽIŽEK, Slavoj (1999), *The Ticklish Subject. The Absent Centre of Political Ontology,* Londres, Verso.

Populismo

Fernández Liria, Carlos (2016), *En defensa del populismo,* Madrid, Catarata.

Laclau, Ernesto (2014), *The Rhetorical Foundations of Society,* Londres/ Nueva York, Verso.

— (2018), *La razón populista,* Madrid, FCE. Primera edición, 2005.

Posdemocracia

Arias Maldonado, Manuel (2016), *La democracia sentimental. Política y emociones en el siglo XXI,* Barcelona, Página Indómita.

— (2020), *La nostalgia del soberano,* Madrid, Catarata.

Crouch, Colin (2001), *Coping with Post-Democracy,* Londres, Fabian Society.

— (2005), *Post-Democracy,* Cambridge, Polity Press.

— (2020), *Post-Democracy. Afther the Crises,* Cambridge, Polity Press.

Guéhenno, Jean-Marie (1993), *La fin de la démocracie,* París, Flammarion.

Molina, César Antonio (2019), *Las democracias suicidas y otros escritos de política,* Madrid, Fórcola Ediciones.

O'Neil, Cathy (2018), *Armas de destrucción matemática. Cómo el Big Data aumenta la desigualdad y amenaza la democracia,* Madrid, Capitán Swing. Primera edición inglesa, 2017.

Sennett, Richard (2006), *La cultura del nuevo capitalismo,* Barcelona, Anagrama. Primera edición inglesa, 2006.

Poshumanismo

Braidotti, Rosi (2015), *Lo posthumano,* Barcelona, Gedisa. Primera edición inglesa, 2013.

Foucault, Michel (1966), *Les mots et les choses: Une archeology des sciences humaines,* París, Éditions Gallimard.

— (2018), *El orden del discurso,* Madrid, Tusquets. Primera edición francesa, 1970.

Fuster Sánchez, Nicolás, y Tello, Andrés Maximiliano [compiladores] (2013), *Subversión Foucault. Usos teórico-políticos,* Madrid, Ediciones / Metales pesados.

Heidegger, Martin (2000), *Carta sobre el Humanismo,* Madrid, Alianza Editorial. Primera edición alemana, 1947.

MIDGLEY, Mary (1978), *Beast and Man: The Roots of Human Nature,* Londres, Routledge.
NUSSBAUM, Marta C. (2019), *Non per profitto. Perché le democrazie hanno bisogno della cultura umanistica,* Bolonia, Il Mulino. Primera edición inglesa, 2010.

POSMODERNISMO

ÁFRICA VIDAL, M. Carmen (1989), *¿Qué es el posmodernismo?,* Alicante, Universidad de Alicante.
BARTHES, Roland (1987), *El susurro del lenguaje. Más allá de la palabra y la escritura,* Barcelona, Paidós. Primera edición francesa, 1984.
BAUDRILLARD, Jean (1991), *La guerra del Golfo no ha tenido lugar,* Barcelona, Anagrama. Primera edición francesa, 1991.
— (1993), *Cultura y simulacro,* Barcelona, Kairós (cuarta edición). Primera edición francesa, 1978.
— (1994), *Le crime parfait,* París, Éditions Galilée.
— (1995), *La ilusión del fin o La huelga de los acontecimientos,* Barcelona, Anagrama (segunda edición). Primera edición francesa, 1992.
BINET, Laurent (2016), *La séptima función del lenguaje,* Barcelona, Seix Barral. Primera edición francesa, 2015.
BLOOM, Allan (1989), *El cierre de la mente moderna,* Barcelona, Plaza y Janés. Primera edición inglesa, 1987.
BLOOM, Harold (2005), *El canon accidental. La escuela y los libros de todas las épocas,* Barcelona, Anagrama. Primera edición inglesa, 1994.
CUSSET, François (2005), *French Theory. Foucault, Derrida, Deleuze & Cia. y las mutaciones de la vida intelectual en Estados Unidos,* Barcelona, Melusina. Primera edición francesa, 2003.
D'SOUZA, Dinesh (1992), *Illiberal Education: The Politics of Race and Sex on Campus,* Nueva York, Vintage Books.
ECO, Umberto (1968), *Apocalípticos e integrados ante la cultura de masas,* Barcelona, Lumen.
— (1986), *La estrategia de la ilusión,* Barcelona, Lumen. Primera edición italiana, 1973.
— (1992), *Los límites de la interpretación,* Barcelona, Lumen. Primera edición italiana, 1990.
FINKIELKRAUT, Alain (1987), *La derrota del pensamiento,* Barcelona, Anagrama. Primera edición francesa, 1987.
GAY, Peter (2007), *Modernidad. La atracción de la herejía de Baudelaire a Beckett,* Barcelona, Paidós. Primera edición inglesa, 2007.
HABERMAS, Jürgen (1989), *El discurso filosófico de la modernidad,* Madrid, Taurus. Primera edición alemana, 1985.

KERNAN, Alvin (1990), *The Death of Literature,* New Haven/Londres, Yale University Press.

LASCH, Christopher (1991), *The Culture of Narcissism. American Life in an Age of Diminishing Expectations,* Nueva York/Londres, W. W. Norton & Co. Primera edición, 1979.

LEHMANN, Hans-Thies (2016), *Teatro posdramático,* Murcia, Cendeac Editorial. Primera edición alemana, 2005.

LEVINE, Lawrence (1996), *The Opening of American Mind,* Boston, Beacon Press.

LUKIANOFF, Greg, y HAIDT, Jonathan (2019), *The Coddling of the American Mind. How Good Intentions and Bad Ideas Are Setting Up a Generation for Failure,* Londres, Penguin Books. Primera edición inglesa, 2018.

LYOTARD, Jean-François (2016), *La condición posmoderna. Informe sobre el saber,* Madrid, Cátedra. Primera edición francesa, 1979.

MAALOUF, Amin (2019), *El naufragio de las civilizaciones,* Madrid, Alianza Editorial. Primera edición francesa, 2019.

NICHOLS, Tom (2017), *The Death of Expertise: The Campaign against Established Knowledge and Why it Matters,* Nueva York, Oxford University Press.

NIETZSCHE, Friedrich (2008), *La muerte de Dios,* México, UNAM. Textos procedentes de *La gaya ciencia,* primera edición alemana de 1882, y *Así habló Zaratrustra,* 1883-1885.

PICÓ, Josep [compilador] (1988), *Modernidad y posmodernidad,* Madrid, Alianza Editorial.

PLUM, J. H. (1974), *La muerte del pasado,* Barcelona, Seix Barral. Primera edición inglesa, 1969.

RODRÍGUEZ MAGDA, Rosa María (1989), *La sonrisa de Saturno. Hacia una teoría transmoderna,* Barcelona, Anthropos.

— (2004), *Transmodernidad,* Barcelona, Anthropos.

STEINER, George (1983), *Heidegger,* México, FCE. Primera edición inglesa, 1978.

— (2011), *La muerte de la tragedia,* Madrid, Siruela. Primera edición inglesa, 1961.

THOMPSON, Damian (1998), *El fin del tiempo. Fe y temor a la sombra del milenio,* Madrid, Taurus. Primera edición inglesa, 1997.

VATTIMO, Gianni (1986), *El fin de la modernidad. Nihilismo y hermenéutica en la cultura posmoderna,* Barcelona, Gedisa. Primera edición italiana, 1985.

VATTIMO, Gianni, y otros (1990), *En torno a la posmodernidad,* Barcelona, Anthropos.

VILLANUEVA, Darío (2008), *Las fábulas mentirosas. Lectura, realidad, ficción,* Aguascalientes, Universidad Autónoma de Aguascalientes.

ZWEIG, Stefan (2004), *El mundo de ayer. Memorias de un europeo,* Barcelona, Acantilado. Primera edición alemana, 1976.

POSVERDAD

BALL, J. (2017), *Post-truth: How Bullshit Conquered the World,* Londres, Biteback Publishing.

DAVIS, Evan (2018), *Post-truth: Peak Bullshit and What We Can Do About It,* Londres, Abacus. Primera edición inglesa, 2017.

D'ANCONA, Matthew (2019), *Posverdad. La nueva guerra contra la verdad y como combatirla,* Madrid, Alianza Editorial. Primera edición inglesa, 2017.

ECO, Umberto (2002), *Sobre Literatura,* Barcelona, RqueR editor. Primera edición italiana, 2002.

FARKAS, Johan, y SCHOU, Jannick (2020), *Post-Truth, Fake News and Democracy. Mapping the Politics of Falsehood,* Routledge, Nueva York/ Londres.

FONTCUBERTA, Joan (2000), *El beso de Judas. Fotografía y verdad,* Barcelona, Gustavo Gili. Primera edición española, 1997.

FRYE, Northrop (1986), *El camino crítico. Ensayo sobre el contexto social de la crítica literaria,* Madrid, Taurus. Primera edición inglesa, 1971.

FULLER, Steve (2018), *Post-truth: Knowledge as a Power Game,* Londres, Anthem Press.

GIUSTI, Miguel [compilador] (2020), *Verdad, historia y posverdad. La construcción de narrativas en las humanidades,* Lima, Fondo Editorial PUCP.

IBÁÑEZ FANÉS, Jordi [compilador] (2017), *En la era de la posverdad. 14 ensayos,* Barcelona, Calambur Editorial.

JUARISTI, Jon (1987), *El linaje de Aitor. La invención de la tradición vasca,* Madrid, Taurus.

— (1994). *El Chimbo expiatorio. La invención de la tradición bilbaína, 1876-1939*, Madrid, Espasa.

KAKUTANI, Michiko (2019). *La muerte de la verdad. Notas sobre la falsedad en la era Trump,* Barcelona, Galaxia Gutenberg. Primera edición inglesa, 2018.

KEYES, Ralph (2004), *The Post-Truth Era. Dishonesty and Deception in Contemporary Life,* Nueva York, St. Martin's.

MCINTYRE, Lee (2018), *Post-Truth,* Cambridge, MIT.

RABIN-HAVT, Ari & MEDIA MATTERS (2016), *Lies, Incorporated. The World of Post-Truth Politics,* Nueva York, Anchor Books.

VALCÁRCEL, Amelia (2018), *Ensayos sobre el bien y el mal,* Colloto, Saltadera.

VALLESPÍN, Fernando (2012), *La mentira os hará libres. Realidad y ficción en la democracia,* Barcelona, Galaxia Gutenberg/Círculo de Lectores.
WILBER, Ken (2018), *Trump y la posverdad,* Barcelona: Kairós. Primera edición inglesa, 2017.

RACIONALISMO

BURROW, John W. (2001), *La crisis de la razón. El pensamiento europeo (1848-1914),* Barcelona, Crítica. Primera edición inglesa, 2000.
COFFIN, Judith G., y STACEY, Robert. C. (2012), *Breve historia de Occidente,* Barcelona, Planeta. Primera edición inglesa, 2012.
HABERMAS, Jürgen (1996), *Conciencia moral y acción comunicativa,* Barcelona, Península. Primera edición alemana, 1983.
MUGUERZA, Javier (1977), *La razón sin esperanza,* Madrid, Taurus.
QUINTANILLA, Miguel A. (1981), *A favor de la razón,* Madrid, Taurus.

REALISMO

BRUNER, Jerome Seymour (1986), *Actual Minds, Possible Worlds,* Cambrige (Mass.), Harvard University Press.
BUNGE, Mario (1985), *Racionalidad y realismo,* Madrid, Alianza Editorial.
DEVITT, Michael (1984), *Realism and Truth,* Princeton, Princeton University Press.
FRANCESCUTTI, Pablo (2004), *La pantalla profética. Cuando las ficciones se convierten en realidad,* Madrid, Cátedra.
VILLANUEVA, Darío, (2020), *Teorías del realismo literario,* tercera edición española, Madrid, Biblioteca Nueva. Primera edición, 1992.
WARTZLAWICK, Paul (1981), *¿Es real la realidad? Confusión. Desinformación. Comunicación,* Barcelona, Herder. Primera edición alemana, 1976.

RELATIVISMO EPISTEMOLÓGICO

FEYERABEND, Paul K. (1984), *Contra el método. Esquema de una teoría anarquista del conocimiento,* Barcelona, Orbis. Primera edición inglesa, 1970.
— (1985), *Realism, Rationalism and Scientific Method. Philosophical Papers. Volume I,* Cambridge, Cambridge University Press. Primera edición inglesa, 1981.

— (1995), *Adiós a la razón,* Barcelona, Altaya. Primera edición inglesa, 1987.

KUHN, Thomas S. (1971), *La estructura de las revoluciones científicas,* México, FCE. Primera edición inglesa, 1962.

— (1989), *¿Qué son las revoluciones científicas? y otros ensayos,* Barcelona, Paidós. Primera edición inglesa, 1987.

LAUDAN, Larry (1993), *La ciencia y el relativismo,* Madrid, Alianza Editorial. Primera edición inglesa, 1990.

RORTY, Richard (1991), *Objectivity, Relativism and Truth,* Cambridge, Cambridge University Press.

SEBRELI, Juan José (1992), *El asedio a la modernidad. Crítica del relativismo cultural,* Barcelona, Ariel.

SENTIDO COMÚN

BRONOWSKI, J. (1978), *El sentido común de la ciencia,* Barcelona, Península. Primera edición inglesa, 1951.

GONZÁLEZ DE LUNA, Eduardo Manuel (2004), *Filosofía del sentido común. Thomas Reid y Karl Popper,* México, UNAM.

GRAMSCI, Antonio (1977), *Il materialismo storico,* Roma, Editori Reuniti. Primera edición, 1948.

MARTÍN, Melitón (1872), *La filosofía del sentido común,* Madrid, Imprenta de Segundo Martínez.

PAINE, Thomas (2015), *El sentido común,* Madrid, Editorial Funambulista. Primera edición inglesa, 1776.

SALVADOR, Gregorio (1992), *Política lingüística y sentido común,* Madrid, Istmo.

SENTIMENTALISMO Y SESGOS

BURNS´S, David (1980), *Feeling Good: The New Mood Therapy,* Nueva York, Wm. Morrow & Co.

CAMPBELL, Bradley, y MANNING, Jason (2018), *The Rise of Victimhood Culture. Microaggresions, Safe Spaces, and the New Culture Wars,* Cham, Palgrave Macmillan.

CASTELAO, Alfonso R. (1999), *Obras,* tomo I, Vigo, Editorial Galaxia.

DALRYMPLE, Theodore (2017), *Sentimentalismo tóxico. Cómo el culto a la emoción pública está corroyendo nuestra sociedad,* Madrid, Alianza Editorial. Primera edición inglesa, 2010.

HARRIS, Thomas A. (1969), *I'm OK, You're OK,* Nueva York, Harper & Row.

SEXISMO LINGÜÍSTICO

BACH ARÚS, Marta, y otros (2000), *El sexo de la noticia. Reflexiones sobre el género en la información y recomendaciones de estilo,* Barcelona, Icaria.

CALERO FERNÁNDEZ, María Ángeles (1999), *Sexismo lingüístico. Análisis y propuestas ante la discriminación sexual en el lenguaje,* Madrid, Narcea.

CAREAGA, Pilar (2002), *El libro del buen hablar. Una apuesta por un lenguaje no sexista,* Madrid, Fundación Mujeres.

CATALÁ GONZÁLEZ, Aguas Vivas, y GARCÍA PASCUAL, Enriqueta (1995), *Ideología sexista y lenguaje,* Barcelona, Octaedro.

FRANK, Francine, y ANSHEN, Frank (1983), *Language and the Sexes,* Albany, SUNY.

GARCÍA MESEGUER, Álvaro (1977), *Lenguaje y discriminación sexual,* Madrid, Cuadernos para el Diálogo.

— (1994), *¿Es sexista la lengua española? Una investigación sobre el género gramatical,* Barcelona, Paidós.

LOZANO DOMINGO, Irene (1995), *Lenguaje femenino, lenguaje masculino. ¿Condiciona nuestro sexo la forma de hablar?,* Madrid, Minerva Ediciones.

LLEDÓ CUNILL, Eulàlia (1992), *El sexismo y el androcentrismo en la lengua: Análisis y propuestas de cambio,* Barcelona, Universitat Autònoma de Barcelona.

MARTÍN, María (2019), *Ni por favor ni por favora. Cómo hablar con lenguaje inclusivo sin que se note (demasiado),* Madrid, Catarata.

MILLER, Casey, y SWIFT, Kate (1988), *The Handbook of Nonsexist Writing. For Editors, Writers and Speakers,* Nueva York, Harper & Row, Publishers. Primera edición inglesa, 1980.

MORENO CABRERA, Juan Carlos (2012), *Acerca de la discriminación de la mujer y de los lingüistas en la sociedad. Reflexiones críticas,* Madrid, Universidad Autónoma de Madrid.

QUEIZÁN, María Xosé, y otros (2001), *Mujeres en medio. Repaso crítico a los medios de comunicación y su lenguaje,* Madrid, Ameco.

ROMAN, Camille, JUHASZ, Suzanne, y MILLER, Cristanne [compiladoras] (1994), *The Women and Language Debate. A Sourcebook,* New Brunswick, Rutgers University Press.

SABATTINI, Alma [compiladora] (1993), *Il sessismo nella lingua italiana,* Roma, Istituto Poligrafico e Zacca dello Stato.

SAPEGNO, Maria Serena [compiladora] (2010), *Che genere di lingua? Sessismo e potere discriminatorio delle parole,* Roma, Carocci.

SUARDÍAZ, Delia Esther (2002), *El sexismo en la lengua española,* Zaragoza, Libros Pórtico.

VERDAD

AGUSTÍN DE HIPONA (2020), *La búsqueda de la verdad [Confesiones, IV-VI],* Madrid, Guillermo Escolar. Fecha de escritura, 397-398.

ARISTÓTELES (1994), *Metafísica,* introducción, traducción y notas de Tomás Calvo Martínez, Madrid, Editorial Gredos.

BAGGINI, Julian (2018), *Breve historia de la verdad,* Barcelona, Ático de los libros. Primera edición inglesa, 2017.

Biblia de Ferrara (1996), Madrid, Biblioteca Castro.

BLACKBURN, Simon (2006), *La verdad. Guía de perplejos,* Barcelona, Crítica. Primera edición inglesa, 2005.

CARPINTERO, Helio (2008), *Julián Marías. Una vida en la verdad,* Madrid, Biblioteca Nueva.

GRACIÁN, Baltasar (2011), *Obras completas,* Madrid, Cátedra.

HIERRO S. PESCADOR, José (1990), *Significado y verdad. Ensayos de semántica filosófica,* Madrid, Alianza Editorial.

KANT, Immanuel (1993), *Teoría y Práctica,* Madrid, Tecnos. Primeras ediciones alemanas de 1793 y 1797.

LEVINE, Timothy (2020), *Duped. Truth-Default Theory and the Social Science of Lying and Deception,* Tuscaloosa, The University of Alabama Press.

MACDONALD, Hector (2018), *Verdad,* Barcelona, Debate. Primera edición inglesa, 2018.

NIETZSCHE, Friedrich (2017), *Sobre verdad y mentira en sentido extramoral y otros fragmentos de filosofía del conocimiento,* Madrid, Tecnos. Primera edición alemana, 1903.

ORWELL, George (1988), *Mi guerra civil española,* Barcelona, Destino.

— (2017), *El poder y la palabra. 10 ensayos sobre lenguaje, política y verdad,* Barcelona, Debate.

— (2019), *Orwell on Truth,* Nueva York, Mariner Books.

ROTH, Joseph (2020), *La marcha Radetzky,* Madrid, Alianza Editorial. Primera edición alemana, 1932.

RUSSELL, Bertrand (1983), *Significado y verdad,* Barcelona, Ariel. Primera edición inglesa, 1940.

— (1992), *El conocimiento humano,* Barcelona, Planeta-De Agostini. Primera edición inglesa, 1948.

SERNA, Justo (2017), *Todo es falso salvo alguna cosa. Observaciones sobre el mundo contemporáneo,* Madrid, Punto de Vista Editores.

VÁZQUEZ, Juan (1986), *Lenguaje, verdad y mundo. Modelo fenomenológico de análisis semántico,* Barcelona, Anthropos.

WILLIAMS, Bernard (2006), *Verdad y veracidad. Una aproximación genealógica,* Barcelona, Tusquets. Primera edición inglesa, 2002.

WILSON, John (1971), *El lenguaje y la búsqueda de la verdad,* Barcelona, Edhasa. Primera edición inglesa, 1956.